Lean Para Leigos

Para entender como aplicar o Lean em qualquer organização, você conhecer os conceitos básicos: os princípios, as definições de val desperdício, como liderar efetivamente e como definir e melhorar valor. Você também deve estar ciente de como um líder Lean pensa e age.

O que é o Lean?

Lean é uma metodologia centrada no cliente usada para melhorar continuamente qualquer processo através da eliminação de desperdício em tudo o que se faz. Ele se baseia nas ideias de "Melhoramento Incremental Contínuo" e "Respeito pelas Pessoas".

Foco nos fundamentos

Os princípios básicos do Lean são:

- Focar na entrega efetiva de valor ao Cliente.
- Respeitar e engajar as pessoas.
- Melhorar o Fluxo de Valor por meio da eliminação de todos os tipos de desperdício.
- Manter o Fluxo.
- Introduzir através do sistema.
- Buscar a Perfeição.

Se o cliente diz a você o que ele valoriza

Seu cliente define valor e valor não agregado com base nas três condições seguintes:

- Você deve transformar o produto ou serviço.
- O cliente deve estar disposto a "pagar" por aquilo.
- O produto ou serviço deve ser feito da forma certa desde a primeira vez.

Se você não atende a esses três critérios, então tem atividades sem valor agregado ou desperdício.

O que é "desperdício" afinal?

O desperdício vem em três formas:

- **Mura** ou desperdício por irregularidade.
- **Muri** ou desperdício por sobrecarga ou estresse de pessoas, equipamentos ou sistemas.
- **Muda**, também conhecida como as "sete formas de desperdício".

A seguir estão os desperdícios mais comumente associados ao Lean:

- **Transporte:** Existe uma movimentação desnecessária (sem valor agregado) de peças, materiais ou informação entre processos?
- **Espera:** Pessoas, peças, sistemas ou instalações estão ociosos – esperando até que um ciclo de trabalho seja completado?
- **Superprodução:** Você está produzindo mais cedo, mais rápido ou em maior quantidade do que o cliente está demandando?
- **Defeitos:** O processo resulta em qualquer coisa que o cliente consideraria inaceitável?

Para Leigos®: A série de livros para iniciantes que mais vende no mundo.

Lean Para Leigos

- **Estoque:** Você tem matéria-prima, produtos em elaboração (WIP), ou bens acabados que não estão tendo valor agregado a eles?
- **Movimento:** O quanto você move materiais, pessoas, equipamento e bens dentro de um passo de processamento?
- **Processamento extra:** Quanto de trabalho extra é executado além do padrão exigido pelo cliente?

Às vezes você também verá "o desengajamento de pessoas" identificado como uma forma de muda.

Comportamentos de um Líder Lean

Os líderes Lean exibem efetivamente os seguintes comportamentos diariamente. Eles sabem como o negócio serve ao cliente por:

- Entender o que o cliente quer, precisa e valoriza, ou o que irá impressioná-lo.
- Saber como o negócio satisfaz o cliente.
- Melhorar a eficácia de como o negócio satisfaz o cliente.

Eles capacitam as pessoas ao:

- Guiar a resolução de problemas — raiz do problema, problema certo, recursos certos.
- Liderar a partir do *gemba*, aplicar o 3Gen.
- Fazer perguntas abertas e sondagens.

Eles demonstram uma mentalidade de melhoramento contínuo por:

- Desafiar continuamente o status quo.
- Saber que existe sempre espaço para melhorias.
- Entender que o cliente muda — o que hoje atrai amanhã é uma necessidade.

Eles focam no processo e nos resultados por:

- Obter resultados.
- Garantir que o modo como os resultados são alcançados é a utilização mais efetiva de todos os recursos em direção ao estado ideal.
- Melhorar o modo como a organização obtém resultados.

Eles demonstram um entendimento do fluxo de valor em nível micro e macro por:

- Saber o que o cliente exige e como o fluxo de valor o satisfaz.
- Ter conhecimento de todo o fluxo de valor, incluindo os afluentes.
- Fazer perguntas onde as mudanças são feitas em nível local para garantir que a equipe entenda como a mudança impactará o cliente e o resto do fluxo de valor

Para Leigos®: A série de livros para iniciantes que mais vende no mundo.

Lean
PARA
LEIGOS®

Tradução da 2ª Edição

Por Natalie J. Sayer e Bruce Williams

ALTA BOOKS
E D I T O R A
Rio de Janeiro, 2016

Lean Para Leigos, Tradução da 2º Edição — ISBN: 978-85-7608-927-8
Copyright © 2016 da Starlin Alta Editora e Consultoria Eireli.

Translated from original Lean For Dummies, 2nd Edition © 2012 by John Wiley & Sons, Inc. ISBN 978-1-118-11756-9. This translation is published and sold by permission of John Wiley & Sons, Inc., the owner of all rights to publish and sell the same. PORTUGUESE language edition published by Starlin Alta Editora e Consultoria Eireli, Copyright © 2016 by Starlin Alta Editora e Consultoria Eireli.

Todos os direitos reservados e protegidos por Lei. Nenhuma parte deste livro, sem autorização prévia por escrito da editora, poderá ser reproduzida ou transmitida.

Erratas: No site da editora relatamos, com a devida correção, qualquer erro encontrado em nossos livros, bem como disponibilizamos arquivos de apoio se aplicável ao livro. Acesse o site www.altabooks.com.br e procure pelo título do livro desejado para ter acesso a erratas e/ou arquivos de apoio.

Marcas Registradas: Todos os termos mencionados e reconhecidos como Marca Registrada e/ou Comercial são de responsabilidade de seus proprietários. A Editora informa não estar associada a nenhum produto e/ou fornecedor apresentado no livro.

Impresso no Brasil, 2016

Vedada, nos termos da lei, a reprodução total ou parcial deste livro.

Produção Editorial Editora Alta Books	**Supervisão Editorial** Sergio de Souza	**Design Editorial** Aurélio Corrêa	**Gerência de Captação e Contratação de Obras** J. A. Rugeri Marco Pace autoria@altabooks.com.br	**Vendas Atacado e Varejo** Daniele Fonseca Viviane Paiva comercial@altabooks.com.br
Gerência Editorial Anderson Vieira	**Produtor Editorial** Claudia Braga Thiê Alves	**Marketing Editorial** marketing@altabooks.com.br		**Ouvidoria** ouvidoria@altabooks.com.br
Assistente Editorial Letícia de Souza				
Equipe Editorial	Carolina Giannini Christian Danniel	Jessica Carvalho Juliana Oliveira	Renan Castro Silas Amaro	
Tradução Rafael dos Reis Mendes	**Copi** Paola Gossain	**Revisão Gramatica** Fatima Regina Silva Thamiris Leiroza	**Revisão Técnica** Carlos Bacci Elizabeth de S. Alves	**Diagramação** Lucia Quaresma

Erratas e arquivos de apoio: No site da editora relatamos, com a devida correção, qualquer erro encontrado em nossos livros, bem como disponibilizamos arquivos de apoio se aplicáveis à obra em questão.

Acesse o site www.altabooks.com.br e procure pelo título do livro desejado para ter acesso às erratas, aos arquivos de apoio e/ou a outros conteúdos aplicáveis à obra.

Suporte Técnico: A obra é comercializada na forma em que está, sem direito a suporte técnico ou orientação pessoal/exclusiva ao leitor.

Dados Internacionais de Catalogação na Publicação (CIP)

```
S274l    Sayer, Natalie J.
              Lean para leigos / por Natalie J. Sayer, Bruce Williams. – Rio
         de Janeiro, RJ : Alta Books, 2015.
              416 p. : il. ; 24 cm. – (Para leigos)

              Inclui índice.
              Tradução de: Lean for dummies (2. ed.).
              ISBN 978-85-7608-927-8

              1. Administração da produção. 2. Eficácia organizacional. 3.
         Eficiência organizacional. I. Williams, Bruce. II. Título. III. Série.

                                                          CDU 658.5
                                                          CDD 658.515
```

Índice para catálogo sistemático:
1. Administração da produção   658.5

(Bibliotecária responsável: Sabrina Leal Araujo – CRB 10/1507)

Rua Viúva Claudio, 291 – Bairro Industrial do Jacaré
CEP: 20970-031 – Rio de Janeiro – Tels.: (21) 3278-8069/8419
www.altabooks.com.br – e-mail: altabooks@altabooks.com.br
www.facebook.com/altabooks – www.twitter.com/alta_books

Sobre os Autores

Natalie J. Sayer é proprietária da I-Emerge, uma consultoria global com base no Arizona e coautora do *Lean For Dummies*, 1ª Edição. Ela viaja com frequência ao redor do mundo, comunicando-se em inglês e espanhol e trabalhando com as lideranças locais no sentido de aprimorar suas vidas, negócios e resultados. Natalie começou a estudar e aplicar o Lean na indústria automobilística dos Estados Unidos e México antes que ele fosse formalmente conhecido por esse nome. Natalie ofereceu treinamento, foi mentora e arregaçou as mangas para implementar as práticas de Lean, das empresas Fortune 130 aos micronegócios.

Ela traz uma combinação única de pessoas, processos e habilidades culturais para cada projeto. É bacharel em Engenharia Mecânica, mestre em Engenharia de Sistemas de Produção, graduada pela Coachu, oradora profissional, faixa preta em Seis Sigma, Treinadora Executiva de Liderança Global e atriz. Natalie é uma pessoa apaixonada, que vive sua vida convicta de que "existe sempre um melhor caminho", "a mudança não acontece sem pessoas", "é preciso ajustar-se às circunstâncias" e "aprenda com cada experiência de vida e siga em frente".

"Lutar, buscar, encontrar e não se render" — Lord Alfred Tennyson

Bruce Williams é perfeccionista e agrega valor como cientista, educador, consultor e empreendedor. Alavancando o princípio do Lean do trabalho padronizado, esta é sua sétima colaboração para a coleção For Dummies desde 2005, em tópicos Seis Sigma, Lean, Gerenciamento de Processos de Negócio e Inteligência de Processo.

Seu primeiro bacharelado, em Física e Astrofísica na Universidade do Colorado, é um atestado de sua paixão precoce em ir ao âmago da natureza das coisas. Remando em meio ao fluxo de valor dos sistemas aeroespaciais, atirou-se em meio às tumultuadas corredeiras que caracterizaram o programa do telescópio espacial Hubble. Ao se graduar em gestão técnica e engenharia da computação pela Universidade Johns Hopkins e pela Universidade do Colorado, Bruce elevou seu papel como fluxo de valor para se tornar o capitão de um rebocador, liderando e gerenciando equipes e projetos técnicos.

Uma década de *kaisen* pessoal inspirou sua jornada contínua através da tecnologia de ponta, software, melhoria de projetos e gerenciamento estratégico. Um movimento *kaikaku* libertou seu lado empreendedor em 1999; ele agora segue mapeando as águas mais profundas do fluxo de valor como executivo da AG Software.

Ele e sua família residem na zona rural ao norte de Scottsdale, Arizona, aplicando o "just in time" em resposta a suas recorrentes demandas "pull". Ele sofre o *muri* dos 5S em torno da casa e, ocasionalmente, persegue o inatingível jogo de golfe perfeito.

Dedicatória

A todos os líderes do Lean, que o perseguem a todo custo, que sabem que ele acontece através de pessoas, é sustentado pela cultura e se constitui em uma longa jornada de excelência e empreendedorismo. Ao meu círculo íntimo: vocês enriquecem minha vida com seu apoio, orientação, torcida e me desafiando a cada momento. À minha família que está sempre presente, não importando as circunstâncias. Obrigada a todos vocês.

— Natalie J. Sayer

Aos meus filhos: Hannah, que tem sempre sido sutilmente capaz de me ajudar a identificar o que adiciona e o que não adiciona valor, e ao meu filho, Evan — a maior personificação do 5S que eu já conheci. Vocês dois parecem praticar o *kaisen* naturalmente e me inspiram a fazer o mesmo. Eu dedico este trabalho a vocês.

— Bruce Williams

Agradecimentos dos Autores

Os autores agradecem às muitas pessoas que direta ou indiretamente contribuíram com a segunda edição do *Lean Para Leigos*. Somos especialmente gratos a Christine Dicken por seu feedback de consumidor, implacável busca por excelência e por aqueles incríveis mapas ARIS de fluxo de valor.

Como membros da comunidade Lean, nós temos a mais alta estima pelas inestimáveis ações e contribuições da equipe do Shingo Prize à excelência de nosso setor de atividade, reconhecendo em Bob Miller seus predicados de visão e liderança. E obrigado a você, Bob, por seu prefácio perfeito e inspirador.

Por suas contribuições de conexões, experiências ou estudos de caso, Linda LaGanga do Centro de Saúde Mental de Denver, Erica Gibbons, Elissa Torres, Frank Cooney, Todd McCann, John Miller, Tim Briones, Scott Kurish, Eleanor Clements Hagood e Jason Baldwin.

Obrigado a Tim Mullet por ter contribuído com seus anos de sabedoria como nosso revisor técnico. Sua experiência prática, tempo, esforço e sugestões foram de extrema valia para a execução deste projeto.

Obrigado a vocês, Patricia Hatem e Mary Miller, por obterem a permissão para usarmos essa excelente tabela da Diversey Inc., parte da Sealed Air.

Todos aqueles que se interessam pelo Lean devem sua contínua gratidão a Mark Graban e seus colaboradores, que através do Lean Blog (www.leanblog.org) traduzem o Lean para o mundo ao nosso redor.

Como autores e pesquisadores, nós humildemente reverenciamos o milagre contínuo que é o Google, a também onipresente, estimulante e colaborativa experiência que é a Starbucks, a qual homenageamos tanto como consumidores quanto por sua iniciativa Lean.

Na condição de usuários, e em nome de todos aqueles como nós, agradecemos às contribuições dos pioneiros brilhantes que contribuíram para a evolução e disseminação do que conhecemos como Lean: W. Edwards Deming, Taiichi Ohno, Shigeo Shingo, Norm Bodek, James Womack e Jeffrey Liker.

Mas, acima de tudo, somos gratos aos muitos milhares de líderes e praticantes do Lean a nível global, que regularmente confrontam estruturas estabelecidas, silos funcionais, ambientes de negócios desafiadores, práticas arcaicas de contabilidade e procedimentos enraizados, para cortar desperdícios e encontrar o real valor do cliente. Vocês fazem com que o Lean prospere. Vocês são nossos heróis.

Sumário Resumido

Prefácio xxi

Introdução 1

Parte I: Conceitos Básicos do Lean 9

Capítulo 1: Definindo o Lean 11

Capítulo 2: Os Fundamentos e a Linguagem do Lean 29

Parte II: A Cultura do Lean 51

Capítulo 3: O Lean na Organização: Princípios, Comportamentos
e Mudança 53

Capítulo 4: Poder às Pessoas 71

Capítulo 5: Adote o Lean: Estratégia de Implementação, Início
e Evolução 95

Parte III: Entendendo Fluxo e Fluxo de Valor 123

Capítulo 6: Enxergando Valor Pelos Olhos do Cliente 125

Capítulo 7: Você Está Aqui: Mapeando o Estado Atual 145

Capítulo 8: Mapeando o Curso: Usando Mapas de Fluxo de Valor............... 171

Capítulo 9: Fluindo na Direção Certa: Projetos de Lean e Kaizen............... 197

Parte IV: A Caixa de Ferramentas do Lean 217

Capítulo 10: Ferramentas de Fluxo de Valor e Cliente 219

Capítulo 11: Ferramentas de Fluxo e Pull 233

Capítulo 12: Ferramentas de Perfeição.................................. 257

Capítulo 13: Ferramentas de Gerenciamento 281

Parte V: O Empreendimento Lean 299

Capítulo 14: O Lean Dentro da Empresa 301

Capítulo 15: O Lean nos Vários Setores Econômicos 327

Capítulo 16: O Lean na Vida Real 345

Parte VI: A Parte dos Dez 371

Capítulo 17: As Dez Melhores Práticas do Lean 373

Capítulo 18: Dez Armadilhas a Serem Evitadas 379

Capítulo 19: Dez Lugares Onde Procurar Ajuda 387

Glossário 397

Índice 403

Sumário

Prefácio .... *xxi*

Introdução **1**

    Sobre Este Livro 2
    Convenções Usadas Neste Livro 3
    Penso Que… 3
    Como Este Livro é Organizado.. 4
        Parte I: Os Conceitos Básicos do Lean 4
        Parte II: A Cultura do Lean....................................... 4
        Parte III: Entendendo Fluxo e Fluxo de Valor 5
        Parte IV: A Caixa de Ferramentas do Lean 5
        Parte V: O Empreendimento Lean 5
        Parte VI: A Parte dos Dez 5
    Ícones Usados Neste Livro.. 6
    De Lá para Cá, Daqui para Lá 6

Parte I: Conceitos Básicos do Lean **9**

Capítulo 1: Definindo o Lean **11**

    O que É Lean? 13
        A lógica do Lean 15
        Onde está o Lean?... 16
        O que o Lean não é 18
        O que torna o Lean tão especial?............................. 19
    O Pedigree do Lean 20
        Toyoda e Ohno 21
        O Sistema de Produção da Toyota 22
    O Lean e o Mundo do Melhoramento Contínuo................. 25
        Seis Sigma 26
        Lean Seis Sigma... 26
        Gestão de Processos de Negócios (BPM) 27

Capítulo 2: Os Fundamentos e a Linguagem do Lean **29**

    Entendendo os Conceitos Básicos do Lean 30
        Criando a fundação.. 30
        Aprendendo com o TPS... 37
        Construindo os fundamentos 40

Se Não Desperdiçar, Não Vai Faltar 45

    Muda, muda, muda 45

    A família toda 48

Parte II: A Cultura do Lean 51

Capítulo 3: O Lean na Organização: Princípios, Comportamentos e Mudança 53

Sondando a Cultura Organizacional 54

    Os princípios reais poderiam ficar de pé por favor? 55

    Levando a cultura para a linha de partida 56

    Mensurando a diferença 58

Mudando a Organização 61

    Passando pelas cinco fases da mudança 61

    Superando os obstáculos para o sucesso 65

Estado Mental Lean 68

Capítulo 4: Poder às Pessoas 71

O Lado Humano da Mudança 72

    A mudança e o indivíduo 73

    A mudança e a equipe 82

    A mudança e os gestores 85

Capítulo 5: Adote o Lean: Estratégia de Implementação, Início e Evolução 95

Preparando-se para Adotar o Lean 96

    Começando do topo 97

    Criando a infraestrutura Lean 100

Encontrando o Mestre e Desenvolvendo os Aprendizes 102

    O sensei Lean 102

    Aprendizes Lean 105

Começando a Jornada: A Implementação do Lean 107

    Mentalizando o quadro geral 107

    Selecionando o ponto de partida 109

    Gerando conscientização 110

    Evitando a síndrome do programa do mês 112

    Medições: Uma visão geral da empresa 114

Vivendo o Lean 115

    A Evolução do Lean 116

    Libertando a mentalidade kaizen 120

    Facilitando a função financeira 121

    Agora eu sou o mestre 121

Sumário *xv*

Parte III: Entendendo Fluxo e Fluxo de Valor 123

Capítulo 6: Enxergando Valor Pelos Olhos do Cliente....................125

O que É Valor? 126
Agregar Valor ou Não Agregar Valor, Eis a Questão 127
Definindo valor agregado 127
Definindo valor não agregado... 128
Quando atividades sem valor agregado parecem ser
o contrário 130
Entendendo Como o Cliente Define o Valor.................................... 131
Descobrindo o cliente evasivo... 132
Considerando o valor de cliente... 133
Entendendo Como o Cliente Define o Valor.................................... 137
Respondendo ao consumidor.. 138
Entendendo o que os consumidores valorizam........................... 140

Capítulo 7: Você Está Aqui: Mapeando o Estado Atual 145

Apresentando o Fluxo de Valor.. 146
Visualizando o fluxo de valor.. 146
Os Fundamentos dos Mapas de Fluxo de Valor 148
Introdução à leitura do mapa.. 148
O propósito de um mapa de fluxo de valor................................ 149
As pessoas que usam um mapa de fluxo de valor....................... 150
Os elementos de um mapa de fluxo de valor.............................. 151
Faça Suas Malas: O que Você Precisa para Começar 152
Identificando o detentor natural.. 152
Reunindo a equipe 153
Usando ferramentas de mapeamento...................................... 153
Reunindo informação de suporte... 155
Saladas gourmet prontas:
Um estudo de caso do fluxo de valor............................... 156
Pegando a Estrada: Criando o Mapa de Fluxo do Estado Atual 160
Identificando as atividades.. 160
Qualificando e quantificando 162
Determinando o fluxo de informação...................................... 165
Resumindo o Processo... 166
O quadro de pontos 166
Tempo takt.. 168
Confira o Gráfico: Validando o Mapa de Fluxo de Valor 168

Capítulo 8: Mapeando o Curso: Usando Mapas de
Fluxo de Valor..171

Investigando o Fluxo de Valor em Busca de Pistas............................. 172
Detendo os suspeitos de sempre.. 173
Analisando de diferentes perspectivas..................................... 176

Avaliando a evidência: Um exemplo analisado 182
Pintando um Quadro do Futuro 185
Criando o mapa de fluxo de valor de estado ideal:
Possibilidades de visão a longo prazo 186
Aproximando-se da perfeição: O mapa de fluxo de
valor do estado futuro 187
Criando o Mosaico de Melhoramento Contínuo: Preparando
o Terreno para o Kaizen 193
Olhando em direção ao horizonte anual 194
Implementações de estado futuro 195

Capítulo 9: Fluindo na Direção Certa: Projetos de Lean e Kaizen 197

Kaizen: Um Estilo de Vida 198
Kaizen: A filosofia 199
O Kaizen em ação 200
Melhorando o Fluxo de Valor com o Kaizen 204
Selecionando os projetos 204
Metodologia do projeto 205
Projetos individuais 207
Projetos de grupo 208
Kaizen: O Workshop 209
Planejando o workshop kaizen 210
Conduzindo o workshop kaizen 213
Sustentando os ganhos do workshop kaizen 215

Parte IV: A Caixa de Ferramentas do Lean 217

Capítulo 10: Ferramentas de Fluxo de Valor e Cliente 219

Comunicando-se com o Cliente 219
Capturando a voz do cliente 220
Entendendo a satisfação do cliente 222
Mensurando a competição 222
Trabalhando com o Fluxo de Valor 225
Quantificando o fluxo de valor 225
Dando uma de Sherlock: Investigando o fluxo de valor 227
À Frente da Curva — Usando 3P 229
Trabalhando com Ferramentas de Software 231

Capítulo 11: Ferramentas de Fluxo e Pull 233

Fluxo 234
Acalmando as águas — 5S (mais um) 234
Pegue um, faça outro 237

Prevenindo obstruções de fluxo 245
Pull 251
Suavizando as lombadas.. 251
Sinalizando a reposição.. 252
Mudando a logística 254

Capítulo 12: Ferramentas de Perfeição **257**

Começando pelo Trabalho Padronizado 258
Orientações para o trabalho padronizado.................................... 258
Implementando o trabalho padronizado 260
Melhorando com o kaizen 263
O evento de kaizen.. 263
Utilizando Ferramentas de Gerenciamento Visual 266
Andon... 267
Painéis de exibição.. 267
Tabelas de treinamento cruzado 267
Resolvendo problemas com o A3.. 269
Ferramentas de Melhoramento Diário... 270
Os 5 Porquês... 271
As sete ferramentas básicas de qualidade..................................... 272
Usando Ferramentas Qualitativas 280

Capítulo 13: Ferramentas de Gerenciamento.............................**281**

Estratégia de Gerenciamento.. 282
Hoshin: Planejamento balanceado 282
O Balanced Scorecard 288
Vá e Observe.. 290
O poder do 3 Gen 291
Caminhadas gemba.. 292
Ferramentas de Gerenciamento de Informação............................... 294
Software de facilitação do processo Lean 294
Gráficos de aranha.. 295
Software de Gerenciamento de Processos de Negócio............... 298

Parte V: O Empreendimento Lean **299**

Capítulo 14: O Lean Dentro da Empresa **301**

Gerenciamento do Empreendimento Lean.. 302
O mundo é Lean, Lean, Lean, Lean.. 302
Tem Tudo a Ver com o Cliente.. 304
Marketing do cliente 305
Vendendo ao cliente 305
Servindo ao cliente.. 307

Satisfazendo o Cliente por meio de Produtos e Serviços.........................307
    A abordagem do sistema 310
    Ouvindo a voz do cliente..310
    Antecipando o processo de engenharia................................311
    Padronização rigorosa — para uma máxima flexibilidade..........312
    Design para a produção..313
    Incorporação do Aprendizado...314
    Quando o produto é software 314
Processos de Produção Lean 316
"Enxugando" as Funções de Suporte...318
    O Lean nos recursos humanos..319
    Administração e finanças no Lean 320
    TI Lean...320
Gerenciamento Lean de Fornecedor 322
    Agindo como tal: A arquitetura do fornecimento 323
    Estreitando os vínculos 323
    Deixe fluir...325
    Logística..325
    Posicionando o estoque de forma estratégica na cadeia.............326

Capítulo 15: O Lean nos Vários Setores Econômicos 327

Começando com o que É Comum..327
Fabricantes Lean 329
    Do lote ao fluxo...329
    Reduzindo o estoque 330
    Kanban, just-in-time e o sistema pull..................................331
    Volume e variedade 332
O Lean nos Serviços 334
    Serviços comerciais versus Serviços internos.........................335
    Um serviço é um produto! 336
    As sete formas de desperdício nos serviços 336
    Melhorando os serviços do modo Lean.................................337
Lean Transacional 339
O Lean na Assistência à Saúde 340
    Melhorando a assistência à saúde através do Lean...................340
    Definindo o desperdício na assistência à saúde......................340
O Lean no Governo 342
O Lean no Varejo..343
O Lean em Toda Parte 344

Capítulo 16: O Lean na Vida Real..345

Melhorando a Assistência à Saúde..345
    Fluxo de trabalho e fila de laboratório 346
    Fazendo os novos clientes comparecerem às
    consultas agendadas 351

O SMED e a rotatividade nas salas de cirurgia 356
Primeira Experiência de Kaizen após uma Fusão 359
    Condições iniciais — antes do kaizen 359
    Kaizen: Pessoas, processo e atitude 361
    Estado futuro — depois do kaizen.. 364
Redução Lean de Atrito em Call Center 366
    Caracterização do problema... 367
    A solução da equipe Lean 369

Parte VI: A Parte dos Dez 371

Capítulo 17: As Dez Melhores Práticas do Lean................................373

    Sinta a Força (do Cliente), Luke.. 373
    Pessoas Primeiro — e Acima de Tudo...................................... 374
    Genchi Genbutsu... 374
    A Arte da Simplicidade... 375
    Só de Olhar.. 375
    Passo a Passo, Centímetro a Centímetro.................................. 375
    O Modo Padrão.. 376
    Não Deixe Pedra sobre Pedra 376
    Siga o Fluxo de Valor.. 377
    A Dieta Balanceada 377

Capítulo 18: Dez Armadilhas a Serem Evitadas................................379

    Objetos Reluzentes 379
    Por que Fazer Isso? Isso Não É para Nós.................................. 380
    Complacência.. 380
    Os Mesmos Velhos Gerentes Seniores de Sempre 382
    Preso no Meio do Caminho Novamente.................................... 382
    É um Reparo Rápido! 383
    Escolha Seletiva 384
    Jogando o Jogo dos Copos.. 384
    Os Mecânicos.. 385
    Grãos São Grãos.. 385
    Abelhas Ocupadas 386

Capítulo 19: Dez Lugares Onde Procurar Ajuda................................387

    Livros e Publicações.. 387
    Informação Online 388
    Blogs.. 389
    Sociedades e Associações Profissionais 389
    Conferências e Simpósios... 390
    Consultores, Facilitadores e Treinadores 391
    Periódicos sobre Lean.. 392

Provedores de Software 393
Profissionais 394
Gêneros Relacionados 394

Glossário 397

Índice 403

Prefácio

lguma coisa bem lá no fundo da gente nos diz que é bom melhorar. É melhor se mover para frente do que para trás. É melhor se mover mais rápido do que mais devagar. Contribuir pessoalmente em uma busca implacável pela perfeição talvez seja a coisa mais estimulante que pode acontecer com um indivíduo, seguido de perto por ser reconhecido por essa contribuição.

Eu amo ser parte de uma organização que tem suas raízes no reconhecimento. Recentemente, nós elevamos substancialmente o padrão que é exigido para se receber um Prêmio Shingo incluindo uma avaliação da cultura. Muitos líderes Lean bastante experientes, quando expostos pela primeira vez a um padrão dessa magnitude, aconselharam-nos fortemente contra o que estávamos tentando fazer. Eles disseram: "O padrão é alto demais; ninguém será capaz de alcançá-lo. Suas expectativas são muito maiores do que praticamente qualquer organização é capaz de realizar." Isso era exatamente o que queríamos ouvir.

Sabíamos que algo tinha que livrar as empresas dos ciclos de desperdícios resultantes de iniciativas de aprimoramento promovidas por programas baseados em ferramentas de gestão que haviam se tornado um lugar-comum. No meu cargo, de diretor-executivo do Prêmio Lean Shingo de Excelência Operacional (nomeado em homenagem ao engenheiro industrial japonês Shiego Shingo, que se destacou como um dos líderes mundiais na construção da excelência operacional), tenho observado em primeira mão os muitos programas de melhoramentos fracassados que têm surgido e, em sua maioria, abandonados em muitas organizações ao redor de todo o mundo. "A moda do momento" é a descrição universal para essas iniciativas.

Todos parecem reconhecer essa prática do desperdício, mas poucos sabem como pará-la. Cada nova moda parece atrativa demais, tão lógica! Fazer nada nunca é uma opção atraente, então pulamos de cabeça, esperando contra toda a esperança, por um resultado diferente. O Lean tem o potencial de se tornar uma dessas modas.

Esta nova edição do *Lean Para Leigos* percorre um longo caminho em direção à exposição das necessidades de um desenvolvimento Lean de sucesso. Os autores não apenas ensinam as ferramentas e metodologias associadas com o Lean, porém, mais importante do que isso, ajudam a fazer as conexões entre ferramentas e técnicas e os princípios e conceitos por trás delas. Shigeo Shingo disse: "Não basta ensinar as pessoas como fazer algo; elas precisam saber o porquê." Os princípios corretos são "o porquê".

Quando as pessoas entendem "o porquê" por trás do "como", elas se tornam capazes de agir de forma independente e tomar a iniciativa. Criar uma cultura Lean requer que cada indivíduo em uma organização se torne engajado no melhoramento contínuo. Quando as pessoas entendem os princípios por trás das ferramentas, elas se tornam capazes de inovar a aplicação das ferramentas de acordo com seus problemas específicos. Um melhoramento bem-sucedido, seguido de outro sutilmente diferente e, então, de outro ainda diferente, libera um fluxo contínuo de inovação, entusiasmo e comprometimento em uma jornada sem fim.

Alguém que tenha provado do fruto do melhoramento contínuo nunca irá se satisfazer em um ambiente de mediocridade e estagnação. Colaboradores que aprendem os princípios e ferramentas associadas com o Lean se tornam agentes de mudança, líderes, inspiradores e poderosos. Isso acontece do topo à base de uma organização. Eu tenho observado, vez após outra, que um líder poderoso dos escalões inferiores da organização não é menos impactante do que um líder que está no topo.

Esta edição do *Lean Para Leigos* devidamente reconhece que as organizações não são capazes de bancar a implementação do Lean do mesmo modo como o fizeram JIT, TQM e uma variedade de outros programas similares. Ao enfatizar os princípios do Lean e insistir na transformação cultural, Sayer e Williams encorajam o leitor a quebrar o ciclo de programas fracassados e criar uma cultura duradoura de melhoramento contínuo.

Robert D. Miller
Diretor-Executivo do Prêmio Shingo de Excelência Operacional

Introdução

O Lean é reconhecido globalmente como uma das mais poderosas e eficazes maneiras de se construir, melhorar e sustentar negócios e instituições. Seguindo o caminho do Lean, qualquer empresa de qualquer tipo ou tamanho, pode melhorar continuamente — tanto a curto quanto a longo prazo. Liderados por avanços inicialmente feitos pela Toyota Motor Corporation há mais de 50 anos e desde então traduzidos e refinados por especialistas e profissionais em todo o mundo, os princípios, métodos e práticas do Lean constituem uma abordagem de sucesso na organização e operação de qualquer empresa.

Se você está em alguma indústria manufatureira, empresas de serviço de saúde ou instituição pública, provavelmente já ouviu falar do Lean. Você deve até mesmo já ter passado por um evento *kaizen* ou ter participado da implementação do trabalho padronizado. Se for esse o caso, você já experimentou um pouco do poder das ferramentas do Lean. Mas, se você é como muitas pessoas, ainda que o termo *Lean* soe familiar, seus princípios e práticas não são.

O Sistema de Produção Toyota (TPS) foi a incubadora na qual os métodos, técnicas e ferramentas do Lean foram pioneiramente refinados. Mas, por décadas, todo o sistema de princípios e práticas do Lean foi conhecido apenas por fabricantes especializados, alguns pesquisadores acadêmicos e gurus da qualidade. Seu potencial completo era um mistério para a maioria das organizações e profissionais.

Tudo isso mudou no final dos anos 1980, quando o termo *Lean* foi cunhado para descrever os fundamentos da TPS para o resto do mundo. À medida que o entendimento do Lean se espalhou através de continentes, indústrias e organizações, tornou-se menos misterioso e mais fácil de entender e implementar.

De maneira simplificada, o Lean é uma abordagem provada de longo prazo usada para alinhar tudo em uma empresa ou instituição, de modo a entregar um crescente valor de cliente. Trata-se de engajar pessoas e alinhar sistemas em processos que entregam um fluxo contínuo de valor aos clientes ao mesmo tempo que elimina continuamente o desperdício e as deficiências no processo. Mas as técnicas de Lean não são apenas para especialistas; o Lean é uma prática diária, executada por todos, em todos os níveis, de modo a aprimorar consistentemente o desempenho.

Sobre Este Livro

Este livro torna o Lean acessível a você. Nós o escrevemos porque o Lean é aplicável em qualquer lugar — é aplicável em corporações grandes e complexas, mas também em pequenos negócios e indústrias, assim como em instituições do setor público — e se aplica a todos os níveis.

Escrevemos este livro para você, um indivíduo. Você talvez seja o proprietário de um pequeno negócio, uma pessoa com ambição de carreira, um administrador de hospital, ou um gerente que quer saber o que é o Lean e como aplicá-lo. Sua companhia talvez esteja adotando e executando o Lean. Você talvez seja um aluno de faculdade ou candidato a uma vaga de emprego que deseja ter uma vantagem nas próximas entrevistas de trabalho. Não importa o que você é; quer saber mais sobre o Lean, este livro é para você.

O *Lean para Leigos* não é apenas uma visão geral ou pesquisa sobre Lean. Ele é uma descrição abrangente dos princípios do Lean, bem como dos métodos e ferramentas para colocá-lo em prática.

Este livro é

- Um livro de referência organizado em partes, capítulos e seções, de modo que você pode pular diretamente para onde precisa, quando precisar

- Um texto abrangente que aborda tanto as ferramentas comuns do Lean quanto os princípios e práticas de aprimoramento

- Um guia para liderar uma iniciativa Lean, que o auxilia a identificar e gerenciar projetos de Lean e usar suas ferramentas

- Um guia para engajar com sucesso as pessoas em uma organização Lean

- Um conjunto de instruções passo a passo sobre o mapeamento do fluxo de valor e a metodologia dos projetos de Lean

- Um rol de informações sobre aonde você pode ir para buscar ajuda adicional, porque o campo do Lean é extenso demais para caber em algumas centenas de páginas

O Lean *é* diferente e contém termos em japonês e ideias que talvez sejam estranhas para você. Mas pegamos esse assunto difícil e o tornamos inteligível através de exemplos, explicações simples e auxílios visuais.

Convenções Usadas Neste Livro

Quando uma palavra do jargão técnico aparece pela primeira vez neste livro, nós a dispomos em itálico e fornecemos uma definição. Também grafamos em itálico quaisquer palavras estrangeiras, incluindo os muitos termos em japonês que compõem o jargão do Lean.

No caso de termos e frases que os profissionais do setor usam como acrônimos, nós os definimos primeiro e, então, o usamos em sua forma abreviada, seguindo adiante.

Colocamos os endereços da web e de e-mail em `monofont` para diferenciá-los do resto do texto. Quando este livro foi impresso, alguns endereços da web podem ter sido divididos em duas linhas de texto. Nesse caso, tenha certeza de que não inserimos quaisquer caracteres extras (tais como hifens) para indicar a quebra. Então, ao usar um desses endereços, apenas digite-o exatamente como ele aparece no livro, como se não houvesse a quebra de linha.

Usamos algumas linguagens e conceitos estatísticos e de gerenciamento de negócios no decorrer do livro. Para obter mais informações sobre estatística e aspectos de resolução de problemas, leia *Seis Sigma Para Leigos*, de Craig Gygi, Neil DeCarlo e Bruce Williams; *Six Sigma Workbook for Dummies*, de Craig Gygi, Bruce Williams e Terry Gustafson. Confira também *Managing For Dummies*, 2nd Edition, de Bob Nelson, PhD e Peter Economy; *Statistics For Dummies*, de Deborah Rumsey, PhD; e *Coaching & Mentoring For Dummies* e *Managing Teams For Dummies*, ambos de Marty Brounstein (todos publicados pela John Wiley & Sons).

Penso Que...

Presumimos que você tenha ouvido algo a respeito do Lean e esteja intrigado e compelido a descobrir mais, por uma ou mais das seguintes razões:

- Você está considerando o uso do Lean em seu negócio ou organização e precisa entender com o que poderá se deparar.

- Seu negócio ou organização está implementando o Lean e você precisa se inteirar. Talvez até mesmo tenha sido indicado para participar de um evento *kaizen* ou um exercício de mapeamento de fluxo de valor.

- Você acredita que o Lean é o caminho para uma melhor performance em seu trabalho e pode ajudá-lo a avançar em sua carreira.

✔ Você está considerando uma mudança de emprego ou carreira e suas novas oportunidades exigem que você entenda das práticas de Lean.

✔ Você é um estudante de negócios, negócios internacionais, operações ou engenharia industrial, e se dá conta de que o Lean é parte de seu futuro.

Presumimos que você se dá conta de que o Lean demanda uma abordagem rigorosa para a análise do fluxo de valor de processos de negócio. Também presumimos que você acredita que a mudança acontece apenas por meio de pessoas engajadas trabalhando juntas, de forma inteligente, para resolver problemas e melhorar processos e designs. Presumimos também que você aceita o fato de que a prática do Lean exige a captação de dados e a aplicação de ferramentas analíticas para descobrir a verdadeira natureza da criação de valor e as causas do desperdício em seu ambiente. Além disso, presumimos que você talvez pertença a qualquer setor de atividade, incluindo a indústria manufatureira, serviços, transacional, saúde, ou até mesmo governamental. Por essas razões, devotamos vários capítulos deste livro para descrever e definir o conjunto de ferramentas do Lean.

Como Este Livro é Organizado

Dividimos este livro em seis partes separadas. Cada capítulo é escrito como uma seção independente, o que significa que você pode avançar por todo o livro e examinar um determinado tópico sem ter que necessariamente ler todo o material precedente primeiro. Em todas as partes em que explicamos ou aprofundamos outro material, cruzamos referências com o capítulo ou parte de origem, de modo que você possa conectá-los.

Parte I: Os Conceitos Básicos do Lean

A Parte I é um panorama do Lean, incluindo seus princípios e linguagem. O Capítulo 1 é uma visão geral compreensível do Lean. O Capítulo 2 aborda os princípios-chave, assim como a linguagem e o léxico do Lean.

Parte II: A Cultura do Lean

A Parte II foca no aspecto "Respeito pelas Pessoas" do Lean, muitas vezes negligenciado. O Capítulo 3 aborda o Lean na organização, incluindo princípios, comportamentos e mudança. O Capítulo 4 mostra o Lean e a mudança em um nível individual. O Capítulo 5 cobre a estratégia organizacional e a evolução do Lean.

Parte III: Entendendo Fluxo e Fluxo de Valor

A Parte III entra na essência do Lean: a compreensão do modo como o valor é criado e flui para o cliente. Em quatro capítulos, descrevemos de forma completa o fluxo de valor. O Capítulo 6 define o valor precisamente, em termos de cliente e consumidor final. O Capítulo 7 apresenta e explica o processo de mapeamento do fluxo de valor, uma das ferramentas-chave do Lean. O Capítulo 8 explica como usar um mapa de fluxo de valor para definir aonde você quer ir e como será sua abordagem ao chegar lá. O Capítulo 9 explica os princípios e práticas do *kaizen* — a base do melhoramento contínuo.

Parte IV: A Caixa de Ferramentas do Lean

Nesta parte, apresentamos uma listagem clara e uma visão geral de cliente, fluxo de valor, fluxo, pull, perfeição e ferramentas de gerenciamento do Lean em quatro capítulos. De modo coletivo, a Parte III e a Parte IV cobrem as ferramentas que formam o kit do Lean.

O Capítulo 10 descreve as muitas ferramentas usadas para entender as necessidades/desejos dos clientes e para entregar valor de cliente. O Capítulo 11 descreve as ferramentas de fluxo e pull. O Capítulo 12 cobre as ferramentas de perfeição usadas dentro do Lean para reduzir variação, criar trabalho padronizado, habilitar a gestão pelo olhar e melhorar todos os dias. O Capítulo 13 aborda as ferramentas de gestão do *hoshin*, *gemba* e ferramentas de gestão de informação.

Parte V: O Empreendimento Lean

A Parte V contém três capítulos e descreve como o Lean se torna parte da empresa. O Capítulo 14 explica como o Lean trabalha nas diferentes funções e na organização de um empreendimento. O Capítulo 15 aborda o Lean em diferentes setores de atividade. O Capítulo 16 mostra cinco estudos de casos da vida real em diferentes organizações.

Parte VI: A Parte dos Dez

Esta parte, na tradição do *Para Leigos*, é uma compilação dos pontos-chave de referência. O Capítulo 17 discute dez práticas para o sucesso. O Capítulo 18 aborda dez armadilhas a serem evitadas. E, no Capítulo 19, falamos sobre dez lugares adicionais onde você pode buscar por ajuda.

Ícones Usados Neste Livro

Por todo o livro, você verá pequenos símbolos chamados *ícones* nas margens e eles destacam tipos especiais de informação. Nós os utilizamos para ajudar você a entender e aplicar melhor o material. Quando você vir qualquer um dos ícones a seguir, eis o que eles significam:

Estes são pontos-chave a serem lembrados que podem ajudá-lo a implementar o Lean com sucesso.

Quando você vir este ícone, nós o estamos alertando sobre um risco em particular ou armadilha que podem lhe causar problemas.

Este ícone sinaliza uma questão técnica mais detalhada ou uma referência.

Utilizamos este ícone para resumir alguma informação em passagens curtas e fáceis de memorizar.

De Lá para Cá, Daqui para Lá

A beleza de um livro *Para Leigos* é que você não tem que começar do início e ir avançando lentamente. Em vez disso, cada capítulo é independente, o que significa que você pode pular de uma parte, um capítulo ou de uma seção para outra, da forma que quiser.

Aqui estão algumas sugestões sobre onde começar:

- Se você é novo no Lean, comece do início, com o Capítulo 1.
- Interessado nos elementos organizacionais e de pessoas do Lean? Vá para os Capítulos 3 e 4.
- Quer saber sobre os conceitos básicos de mapeamento de fluxo de valor? Confira o Capítulo 7.
- Se você quer conhecer outras ferramentas do Lean, passe para o Capítulo 10.

Introdução 7

✔ Se estiver interessado em exemplos do mundo real, vá para o Capítulo 16.

✔ Se você deseja entender todo o jargão e a terminologia do Lean, pule para o glossário na parte final do livro.

O Lean é uma jornada. Como qualquer jornada, ele é excitante e estimulante, extensivo e transformador, desafiador e inesperado. Mas *vale* a pena. Nós desejamos que tudo corra bem nessa jornada. Com este livro a seu lado, você tem o que é necessário para viver o Lean e prosperar!

8 Lean Para Leigos

Parte I
Conceitos Básicos do Lean

A 5ª Onda

Por Rich Tennant

"Estou escrevendo o regulamento corporativo. Como se soletra 'guilhotina'?"

Nesta Parte...

Pense no Lean como um programa de fitness para seu negócio. Como uma dieta e regime de exercícios para o corpo, o Lean é uma forma de deixar seu negócio em forma, através do foco no cliente, da implementação de novas práticas de negócio e do comprometimento constante com o melhoramento contínuo. Nesta parte, iremos instruí-lo com respeito a fundamentos, filosofias e conceitos básicos do Lean.

Capítulo 1

Definindo o Lean

Neste Capítulo

▶ Definindo o Lean como uma filosofia, plataforma de trabalho, metodologia, técnicas e ferramentas

▶ Sondando o pedigree do Lean — o que é e o que não é

▶ Entendendo Lean e Toyota — a história e o presente

▶ Descobrindo como o Lean se encaixa na família global dos sistemas de melhoramento de negócios

*Q*uando você ouve pela primeira vez a palavra *lean*, uma imagem vem à mente. É mais provável que você esteja vendo a imagem de uma pessoa em forma — como corredores de longa distância ou aqueles aficionados por ginástica que de algum modo parecem não ter sequer um grama de gordura extra no corpo. Talvez você esteja pensando em comida light — os alimentos com baixo teor de gordura e, é claro, muito melhores para sua saúde. Há embutido no termo *lean*, também, um certo sentido de rapidez e agilidade, de algo enxuto e inerentemente agressivo.

Isso é porque a palavra *lean* sugere não apenas uma condição física, mas também uma certa disciplina — uma tenacidade mental. A noção de Lean carrega consigo um comprometimento com um conjunto de princípios e práticas que não apenas *fazem* você ficar em forma, mas o *mantêm* em forma. As pessoas que são Lean, parecem ser assim não apenas por um período, mas continuamente. As pessoas Lean são comprometidas a serem assim; elas agem de uma determinada forma em seus hábitos e rotinas. Ser Lean não é um modismo ou uma dieta — trata-se de um modo de vida.

Agora pegue esse conceito e o aplique em um negócio ou organização. O que significa Lean em termos de negócios? Em 1988, um grupo de pesquisadores que trabalhavam no Instituto de Tecnologia de Massachusetts (MIT), liderado pelo Dr. James P. Womack, estava examinando a indústria automotiva internacional e observou comportamentos únicos na Toyota Motor Company. O pesquisador

Parte I: Conceitos Básicos do Lean

John Krafcik e os outros se empenharam para encontrar um termo que descrevesse o que estavam vendo. Eles olharam para todos os atributos de desempenho de um sistema estilo Toyota e compararam com a produção em massa tradicional. O que eles viram foi uma companhia que:

- Precisava de menos esforço para ser configurar, produzir e oferecer os seus produtos.

- Exigia menos investimento para alcançar um certo nível de capacidade de produção.

- Produzia bens com menos defeitos.

- Usava menos fornecedores.

- Executava seus processos-chave — incluindo conceito do lançamento, pedido a ser entregue e problema a ser reparado — em menos tempo e com menos esforço.

- Precisava de menos estoque a cada passo.

- Tinha menos funcionários vitimados por acidentes.

Eles concluíram que uma empresa como aquela, que usa menos de tudo, é uma companhia "lean". A Tabela 1-1 contrasta uma organização de produção em massa tradicional e uma empresa Lean.

E, dessa forma, o termo *Lean* se tornou associado a uma certa capacidade empresarial — a habilidade de "fazer mais com menos". Organizações Lean usam menos esforço humano para operar, menos material para criar seus produtos e serviços, menos tempo para desenvolvê-los, e menos energia e espaço para produzi-los. Organizações Lean também são melhor orientadas em direção à demanda do cliente e desenvolvem produtos com uma qualidade maior da forma mais eficaz e econômica possível.

A prática do Lean — de aqui em diante em letra maiúscula porque, neste contexto, trata-se de um nome próprio — é, portanto, um comprometimento com o conjunto de princípios e comportamentos que não apenas deixam sua organização em forma, mas a mantêm assim.

Capítulo 1: Definindo o Lean   *13*

Tabela 1-1	Empresa Lean *versus* Produção em Massa Tradicional	
	Produção em Massa	*Empresa Lean*
Estratégia primária de negócios	O foco está na exploração das economias de escala dos designs de produtos estabilizados e tecnologias não exclusivas. Uma estratégia centrada no produto.	Uma estratégia focada no cliente. O foco está na identificação e exploração de mudanças na vantagem competitiva.
Estrutura organizacional	Estruturas hierárquicas ao lado de linhas funcionais. Encoraja alinhamento funcional e acatamento de ordens. Inibe o fluxo de informação vital que destaca defeitos, erros de operação, anormalidades de equipamento e deficiências organizacionais.	Estruturas planas e flexíveis ao lado de linhas de criação de valor. Encoraja a iniciativa individual e o fluxo de informação, destacando defeitos, erros de operação, anormalidades de equipamento e deficiências organizacionais.
Plataforma operacional	Aplicação de ferramentas ao lado de divisões de trabalho. Acatamento de ordens e pouca habilidade de resolução de problemas.	Aplicação de ferramentas que adotam o trabalho padronizado. Força na identificação de problemas, geração de hipóteses e experimentação.

Neste livro, nós lhe daremos informações sobre as origens, aplicações e evolução contínua do Lean, que é agora uma ciência estabelecida e uma prática global madura. Embora o Lean tenha um conjunto de ferramentas, ele é mais do que isso. O Lean é uma filosofia, uma abordagem para sua vida e trabalho. O Lean é uma jornada, sem um caminho predefinido ou final estabelecido. Trata-se de uma forma de seguir adiante que garante o melhoramento contínuo. O Lean não é uma dieta ou um modismo; é um modo de vida disciplinado.

O que É Lean?

Lean é um lema amplo que promove uma abordagem holística e sustentável de se usar menos de tudo para obter mais. Os conceitos do Lean não são novos; grandes e pequenas companhias ao redor do mundo têm praticado as técnicas de várias formas por décadas. O termo *Lean* pode ser descrito pelas seguintes ideias:

- Manter um foco implacável na provisão de valor de cliente.
- Respeitar as pessoas acima de tudo.
- Adotar uma filosofia de aprendizado contínuo e aprimoramento diário.
- Usar técnicas para reduzir a variação e eliminar perdas.
- Assumir uma visão de longo prazo.
- Melhorar o valor não apenas localmente, mas globalmente — através de todo o "fluxo de valor".
- Prover exatamente o que é necessário na hora certa, baseado na demanda do cliente.
- Liderar com foco não apenas nos resultados, mas em *como* os resultados são alcançados, onde o valor de cliente é criado, e desenvolver o nível de capacitação dos empregados.
- Construir relacionamentos de longo prazo entre todas as partes interessadas, incluindo empregados, gerentes, donos, fornecedores, distribuidores, clientes, a comunidade, a sociedade e o meio ambiente.
- Manter as coisas em movimento — fluindo — de uma maneira eficaz e agregando valor.

Lean significa menos de muitas coisas — menos desperdícios, ciclos de tempo menores, menos fornecedores, menos burocracia. Mas Lean também significa mais — mais empregados capacitados e fortalecidos, mais agilidade e capacidade organizacional, mais produtividade, mais clientes satisfeitos e mais sucesso a longo prazo.

Embora o termo *Lean* tenha sido originalmente associado com processos de manufatura e produção, o Lean cobre todo o empreendimento, abraça todos os aspectos das operações, incluindo funções internas, redes de fornecedores e cadeias de valor de cliente. Uma ampla gama de setores — incluindo a indústria automobilística, aeroespacial e manufatureira, bem como o comércio varejista, bancos, construção, energia, saúde e governo — tem aplicado o Lean.

O Prêmio Shingo, chamado de "o Prêmio Nobel da Manufatura" pela *Business Week*, foi desenvolvido para promover as práticas do Lean, e tem sido entregue na América do Norte todo ano desde 1988. Honrando o renomado gênio da engenharia Shigeo Shingo, seu propósito é "promover conhecimento sobre os conceitos da manufatura Lean".

Essas definições amplas e toda essa história são bastante interessantes, mas o que realmente interessa é que os consumidores do mundo são os grandes beneficiários. Isso tem sido invisível a muitas pessoas, mas o Lean tem trazido a todos, produtos e serviços melhores, e tem feito isso de forma mais rápida, mais barata e mais confiável. O seu sucesso tem economizado bilhões de dólares. E sua competitividade tem forçado organizações tradicionais a se reequipar e focar no valor do cliente. Além disso, o Lean tem equipado companhias em momentos de dificuldade com métodos e técnicas para incrementar seu desempenho.

A lógica do Lean

No Lean, você persegue o estado ideal de processos e desempenho perfeitos. Você busca entender as fontes e arrancar pela raiz as causas do desperdício. (Leia mais sobre isso no Capítulo 2.) A prática do Lean como erradicador do problema do desperdício é baseada em um conjunto nuclear de pressuposições fundamentais. Siga esta lógica:

- **Você fornece produtos e/ou serviços a seus clientes.** O cliente tem a necessidade e define o propósito. Tudo isso começa e termina satisfazendo as exigências de seu cliente. Tudo além disso é trivial.

- **O cliente é o único árbitro verdadeiro do valor.** Seu cliente está disposto a trocar o capital dele por seu produto ou serviço apenas quando acredita que essa é uma troca justa de valor. Trata-se da combinação certa da qualidade certa de produtos e serviços, no lugar certo, na hora certa e com o preço certo.

- **Criação de valor é um processo.** Você cria valor para o cliente através de uma combinação de passos — tais como marketing, design, produção, processamento, entrega e suporte — corretamente executados, que resultam nos produtos e/ou serviços que o cliente valorizará da forma correta.

- **O desperdício diminui o processo de criação de valor.** Fatores que minam e impedem que as etapas de seus processos fluam rapidamente inibirão sua habilidade de criar valor para o cliente.

- **Em um processo perfeito não há desperdícios.** Se cada passo do processo é totalmente capaz, age apenas quando necessário, flui perfeitamente e se adapta para executar exatamente como é necessário, o processo irá desenvolver e entregar produtos e serviços perfeitamente — sem perdas. Esse é o estado ideal.

- **A busca pela perfeição dos processos maximiza o valor de cliente.** Quanto mais perto os processos estiverem da perfeição, mais eficaz será a criação de valor, mais satisfeitos estarão os clientes e mais bem-sucedido será o empreendimento.

As pessoas criam valor. Elas implementam os processos e utilizam tecnologia e equipamento. Erradicar o desperdício através do Lean depende da criação de cultura e ambiente certos, onde as pessoas sejam engajadas, inovadoras e executem um trabalho com significado.

Algumas organizações acreditam no "ser prático" e não buscam pelo "processo perfeito". O Lean previne que você defina sua visão por um ângulo muito baixo. A perfeição por meio do Lean é uma jornada, não um destino. Embora sua próxima implementação prática possa estar longe do ideal, você deve sempre ter uma visão de como o ideal poderia ser.

Onde está o Lean?

Você pode aplicar o Lean em qualquer lugar onde há desperdício e/ou existe a oportunidade de melhoramento. Em outras palavras, o Lean se aplica em qualquer lugar. Ele não está confinado em uma área em particular ou dentro de uma função específica. As práticas do Lean se aplicam em todos os setores.

Ele está na empresa

O Lean é uma iniciativa de aprimoramento empresarial, melhor aplicada através de toda a companhia e enraizada na cultura organizacional. Uma concepção equivocada comum define o Lean como um tipo de programa de qualidade de produção. Não é bem assim! A filosofia, princípios e práticas do Lean são aplicáveis em qualquer lugar e são mais eficazes quando permeiam toda uma organização. (Veja o Capítulo 14.)

Em um empreendimento, pense no Lean não como um grupo de práticas funcionais ou departamentais, mas como um conjunto de ações multidisciplinares que cruzam linhas funcionais. Isso porque o Lean foca nos processos que criam o valor de cliente, que por sua natureza são transfuncionais.

Alguns exemplos incluem:

- Processo fornecedor-montador.
- Processo montador-distribuidor-cliente
- Processo marketing-design-desenvolvimento.
- Processo de assistência ao paciente administração-seguro.
- Processo de admissão-treinamento-avaliação de funcionário.
- Processo pedido-pagamento.
- Processo compra-pagamento.
- Processo companhia-governo-regulamentação.

Em cada um desses casos, o trabalho não é alinhado pelos departamentos funcionais clássicos. Em vez disso, equipes multidisciplinares facilitam o processo.

Ele está nas pessoas

O Lean conclama todos a se adaptar a uma certa mentalidade e utilizar um conjunto de ferramentas de facilitação e técnicas que eliminam perdas e maximizam o valor de cliente. (Veja nas Partes III e IV.) Embora as ferramentas do Lean sejam importantes, o Lean diz respeito primeiro às pessoas e, aí então, às ferramentas. Este é um ponto crítico — companhias que falharam em reconhecer isso se depararam com consequências desastrosas.

Organizações em uma jornada Lean de sucesso valorizam e respeitam seu pessoal. Elas colocam a ênfase primária nas pessoas da organização. A jornada deve engajar a todos, e continuamente educá-los e treiná-los. Os empregados devem estar seguros e se sentir em segurança no ambiente e situações de trabalho. Eles devem ser estimulados e incentivados, celebrados e devidamente compensados.

Uma organização Lean vê as pessoas como sua realização mais valiosa. Elas são mais importantes do que as ferramentas, instalações, equipamento, materiais ou capital. Algumas organizações Lean têm prometido trabalho para a vida toda, em troca de comprometimento individual e dedicação na busca pela perfeição.

Ele está na cultura

Em uma organização Lean, os princípios e a filosofia do Lean são fundamentalmente parte de sua tessitura — incorporada na cultura da organização. Todos praticam as técnicas do Lean habitualmente. Quando você observa uma organização praticando o Lean, verá que:

- ✔ Os líderes têm uma visão a longo prazo do negócio e entendem que é preciso continuar contribuindo para seu melhoramento.

- ✔ As pessoas sempre veem as atividades como processos; elas lutam para padronizar esses processos de trabalho, eliminar atividades sem adição de valor (veja o Capítulo 6) nesses processos, e trabalham segundo o padrão que criaram.

- ✔ As pessoas se comunicam rotineiramente através de mapas de fluxo de valor, reuniões de equipe na área de trabalho, diagramas de fluxo de processo, centros de comunicação, análises gráficas, tabelas de controle, e outros instrumentos explícitos.

- ✔ Os líderes frequentemente estão onde a organização cria valor. Eles estão em contato com seus clientes e sua organização.

- ✔ Sinais visuais e pistas estão em toda parte. As pessoas estão em movimento deliberado e decisivo, executando o trabalho padronizado. As reuniões são rápidas e diretas.

Parte I: Conceitos Básicos do Lean

- ✔ As pessoas, de modo natural, usam regularmente o *kaizen* para eliminar o desperdício que envolve os trabalhos que não agregam valor e seguem a metologia Planeje-Faça-Verifique-Aja (PDCA). (Veja o Capítulo 9 para mais informações sobre o *kaizen*.)

- ✔ Todos fazem sugestões de melhoria — recorrentemente.

- ✔ As pessoas regularmente assumem novos papéis e tarefas com o intuito de serem contribuidores mais completos dentro da equipe. Elas abraçam o aprendizado, compartilham conhecimento e estão abertas a mudanças e a novas formas de fazer as coisas.

- ✔ A empresa constrói relações de longa duração com os empregados, fornecedores, provedores e clientes.

O que o Lean não é

O Lean é muitas coisas — é uma filosofia; um conjunto de princípios; uma linguagem (completa, com seus próprios jargões e acrônimos); uma estratégia de gestão; uma metodologia; um conjunto de técnicas, comportamentos, ferramentas, e até mesmo inclui alguns softwares especiais — todos esses dão suporte a você na redução de perdas e na entrega de um valor de cliente de longo prazo. O Lean é muitas vezes associado com outros programas de melhoramento de processo e iniciativas e, em particular, é frequentemente pareado ao Seis Sigma. (Leia mais sobre isso logo à frente neste capítulo.) E o Lean, como forma de pensar e agir, pode ser parte de muitas iniciativas.

Então, o Lean é muitas coisas. Mas existe um número de outras coisas que ele não é:

- ✔ **O Lean não é uma varinha mágica.** Ele não é um punhado de palavras pretensamente técnicas mas vazias de sentido, sessões de mapeamento misteriosas ou agradáveis exercícios em grupo, salpicados com termos japoneses pomposos. O Lean é uma plataforma bem fundamentada, madura e muito realista para o desenvolvimento e sustentação da excelência de desempenho. Embora alguns conceitos do Lean possam soar contraintuitivos de início — e vai muito contra o modo como muitas organizações são comandadas —, as ferramentas e técnicas do Lean estão por aí há décadas e são totalmente complementares em relação a métodos consagrados.

- ✔ **O Lean não é caro.** Diferentemente da maioria das outras iniciativas de melhoramento de processo, o Lean não requer um grande aporte de investimentos, treinamento prescritivo ou softwares caros; ele sequer necessita de uma implementação estereotipada de modelo único. Ele requer apoio de gerenciamento sênior de cima para baixo, mas pode começar com um grupo pequeno e se expandir naturalmente à medida que cresce e de acordo com a necessidade do negócio. A facilidade de implementação é a razão pela qual o Lean tem funcionado tão bem em pequenas e médias empresas, bem como em organizações maiores — e até mesmo dentro de unidades operacionais de grandes companhias.

✔ **O Lean não é um sistema estilo Ocidental.** Tome nota desse ponto-chave: o Lean pode ser muito distinto do que você está acostumado. Diferentemente da maioria das ferramentas e técnicas estilo Ocidental, o Lean não é uma solução mágica para resolver os problemas de ontem neste exato instante. De fato, é totalmente o contrário. O Lean é uma abordagem contínua, estável, de longo prazo e diária para a construção da flexibilidade e adaptabilidade que o habilita a abordar os desafios de amanhã, sejam quais forem. Os eventos *kaizen* e os projetos Lean muitas vezes apresentam muitos benefícios a curto prazo, mas não veja o Lean como uma sensação imediata. O Lean é mais uma questão de longo prazo. E, para sustentar os ganhos, você deve desenvolver uma cultura de respeito pelas pessoas e de melhoramento contínuo além de uma mentalidade de projeto — até chegar ao Lean no dia a dia.

O que torna o Lean tão especial?

Companhias, organizações e entidades do governo, todos sabem que precisam fazer algo — as circunstâncias atuais simplesmente não permitirão que qualquer um de nós se acomode. Há muito tempo se foram os dias em que se faziam as coisas do mesmo velho modo de sempre e se obtinha sucesso assim mesmo — ou os dias em que se era esperto, trabalhava-se duro e esperava-se pelo melhor. Agressividade, economia implacável e pressões demográficas estão forçando todos a abraçarem algum tipo de abordagem e estratégia dependente para executar o gerenciamento e o melhoramento. Com certeza você vai fazer alguma coisa para melhorar — então, o que vai ser?

A abordagem do Lean é crescentemente popular, porque ela oferece às organizações um caminho sensível, provado e acessível para o sucesso a longo prazo. Diferente de muitas das alternativas, o Lean é algo que qualquer um pode entender, qualquer um pode fazer e do qual qualquer um pode se beneficiar:

✔ **O Lean é provado.** Os princípios e técnicas do Lean têm sido praticados com êxito por milhares de organizações de todos os tipos e tamanhos em cada ramo de atividade ao redor do mundo, encabeçada por mais 50 anos de aprimoramento contínuo por uma das corporações mais bem-sucedidas do mundo.

✔ **O Lean faz sentido.** Em uma era de uma complexidade extraordinária, o Lean é uma fundação sólida para a abordagem de todos os tipos de desafios — com simplicidade. O Lean é amplamente aplicável em qualquer situação, combinando a lógica e a razão do velho mundo com ferramentas do novo mundo e algumas restrições. O Lean ajuda você a focar no que o cliente quer e como entregar um valor de cliente mais atrativo de forma mais eficaz.

- ✔ **O Lean é acessível.** O Lean é acessível a qualquer um, com qualquer orçamento. O Lean é um comprometimento sério, mas não é oneroso, exclusivo ou difícil.

- ✔ **O Lean é prático.** Um dos segredos do Lean é sua abordagem prática. Dos líderes da organização às pessoas trabalhando na linha de frente, todos entendem como contribuir e melhorar onde eles podem ajudar a organização a criar valor.

- ✔ **O Lean é para todo mundo.** Muitas soluções para melhor desempenho são estritamente adaptadas para disciplinas especializadas, ou isoladas em funções ou departamentos específicos — exigindo habilidades e conhecimento avançados. Não o Lean. O Lean é tão poderoso, em parte porque é fácil de ser aprendido e aplicado por qualquer um. O Lean não exclui ninguém.

O Pedigree do Lean

Ainda que o conjunto específico de princípios e práticas conhecido como *Lean* date do final dos anos 1980, as origens do Lean são muito mais antigas. O Lean possui um pedigree tradicional. Historiadores citam o Rei da França Henrique III, em 1574, assistindo Venice Arsenal construir navios completos em menos de uma hora usando processos de fluxo contínuo. No século XVIII, Benjamin Franklin estabeleceu princípios concernentes ao desperdício e excesso de estoque. Eli Whitney desenvolveu as peças intercambiáveis. No final do século XIX, Frank e Lillian Gilbreth foram pioneiros do entendimento da eficiência de movimento dos dias de hoje relacionados ao trabalho. No início do século XX, Frederic Wislow Taylor, o pai da gestão científica, apresentou o conceito de trabalho padronizado e melhores práticas. [O legendário Shigeo Shingo cita a obra seminal de 1911 de Taylor, *Principles of Scientific Management* (Princípios do Gerenciamento Científico), como sua inspiração.]

No entanto, foram nas revolucionárias fábricas de montagem de produção em massa de Henry Ford que muitas práticas inicialmente emergiram. Em 1915, Charles Buxton Going, no prefácio do livro de Arnold e Faurote *Ford Methods and the Ford Shops* (Os Métodos e as Oficinas da Ford), observou:

> O sucesso da Ford tem surpreendido o país, quase que o mundo, financeiramente, industrialmente e mecanicamente. Ela exibe, num nível mais alto do que a maioria das pessoas pensaria ser possível, as exigências aparentemente contraditórias da verdadeira eficiência,

que são: aumento constante da qualidade, grande aumento de pagamento aos trabalhadores, redução repetitiva de custo para o consumidor. E com isso aparecem, tanto como causa e quanto como efeito, um aumento de produção absolutamente incrível em menos de dez anos — cem vezes mais — e um lucro enorme para o fabricante.

Henry Ford também entendia explicitamente muitas das formas de desperdício e os conceitos de tempo de adição de valor e esforço.

Tanto os Estados Unidos quanto o Japão desenvolveram novas práticas durante crescimento industrial que precedeu e, depois, apoiou a Segunda Guerra Mundial. Nos Estados Unidos, líderes da qualidade como W. Edwards Deming e Joseph Juran refinaram os conceitos de gestão e estatística em apoio à produção para a guerra. O Training within Industry (TWI) formalizou práticas de gestão, treinamento e produção enquanto enfatizava métodos e relacionamento. Após a guerra, no Japão, Deming e Juran trabalharam com os líderes industriais japoneses para aplicar essas práticas durante a reconstrução nacional.

Toyoda e Ohno

A Toyoda Automatic Loom Works foi fundada por Sakichi Toyoda em 1926, na qual ele foi pioneiro da prática do *jidoka* — automação com um toque humano. Dez anos depois, a companhia mudou o nome para Toyota e o filho de Toyoda, Kiichiro, e o sobrinho engenheiro, Eiji, começaram a produzir automóveis com peças da General Motors. A entrada do Japão na Segunda Guerra, em 1941, desviou a empresa para a produção de caminhões; durante a reconstrução pós-guerra, a companhia quase foi à falência.

Enquanto isso, a Ford convidava gestores e engenheiros de todo o mundo regularmente para visitarem as fábricas e observarem seus sistemas de produção em massa. Na primavera de 1950, Eiji Toyoda participou de uma visita de três meses à famosa fábrica Rouge em Dearborn, Michigan. Naquela época, a Rouge era o maior complexo produtivo do mundo. A Toyota estava produzindo cerca de 2.500 carros por ano; a Ford produzia aproximadamente 8.000 carros por dia.

Eiji voltou ao Japão junto com o gerente de produção da Toyota, Taiichi Ohno, tendo concluído que o sistema de produção em massa que a Ford tinha desenvolvido *não* funcionaria para eles no Japão. O mercado automotivo interno japonês era pequeno demais e muito diversificado, as demandas de força de trabalho eram diferentes e as exigências de capital para as fábricas eram muito altas. Toyoda e Ohno passaram a desenvolver meios de produção inteiramente novos, incluindo engenharia, manufatura, fornecimento, montagem e gerenciamento da força de trabalho.

O Sistema de Produção da Toyota

Algumas das principais corporações mundiais são conhecidas por desenvolverem sistemas de negócios únicos e competitivos. Alguns são legendários. A General Electric desenvolveu o Workout. Na Hewlett-Pavkard, existe o Método HP. A P&G possui o IWS (Sistema de Trabalho Integrado).

E existe o Sistema de Produção Toyota. Esse sistema é tão famoso que é referido apenas pelas suas iniciais: TPS (Toyota Production System). O TPS é talvez o sistema de produção e gerenciamento de operações mais estudado no mundo. Incontáveis companhias têm visitado a Toyota e observado o TPS em ação. Dúzias de livros têm falado sobre seu sucesso e elogiado seus métodos. (Veja o Capítulo 19.) Ele é o fundamento do o que hoje é conhecido como Lean.

O Lean e os desafios da Toyota nos EUA

Em 2008–2010, a Toyota Motor Company encarou a chamada tempestade perfeita de problemas. Primeiro, para a grande consternação dos industrialistas americanos, a Toyota havia se tornado a maior fabricante de veículos do mundo, destronando o titã americano General Motors. Isso tornou a Toyota um alvo. Então, a Grande Recessão criou um ambiente de negócios desafiador em todo o mundo para todos os fabricantes de veículos, incluindo a Toyota. Mas, através desses anos, a Toyota continuou a seguir sua cultura corporativa (O Método Toyota) e seu sistema de produção (TPS). Durante a recessão, eles não despediram nenhum funcionário permanente ou fecharam quaisquer fábricas, o que vai contra a resposta tradicional do ocidente a tais condições de negócio. Em vez disso, eles focaram seu pessoal na redução de perdas, investiram no melhoramento contínuo das atividades e treinaram seus empregados de forma mais profunda, tanto no Método Toyota quanto no TPS. A Toyota também trabalhou com seus fornecedores, aos quais consideravam recursos estratégicos de longo prazo, para ajudá-los a passar pela recessão apoiando atividades de kaizen e implementando estratégias de estoque. Mesmo em um clima difícil para os negócios, a Toyota se manteve fiel à sua cultura e modo de conduzir os negócios.

Bem quando a recessão começou a acalmar, a tempestade perfeita se fortaleceu. Em agosto de 2009, em San Diego, Califórnia, uma família estava dirigindo um Lexus emprestado a eles pelo revendedor, enquanto seu veículo estava em reparo. No veículo emprestado haviam sido instalados tapetes inadequados. Quando o pedal do acelerador ficou preso no tapete, o carro acelerou e perdeu o controle, batendo e matando toda a família. Como resultado desse acidente, a Toyota se tornou foco de uma tempestade midiática e do escrutínio por parte do governo. Outros acidentes e incidentes foram identificados e aglomeradas em uma grande categoria; as pessoas começaram a questionar a lendária qualidade de produção da Toyota.

Movidas pelas notícias imprecisas e sensacionalistas da mídia americana, muitas pessoas começaram a perder a fé na Toyota e

Capítulo 1: Definindo o Lean   23

questionar o comprometimento da companhia com os clientes e com a qualidade do produto. A resposta da companhia não foi a que o público e o governo esperavam, baseados nos preconceitos sobre como companhias ocidentais deveriam agir em situações similares. Akio Toyoda, presidente da Toyota, não culpou os outros ou nomeou bodes expiatórios, mas, em vez disso, desculpou-se com todos os clientes afetados pelo problema com os tapetes. A impressão da mídia americana foi a de que a Toyota não estava fazendo o suficiente ou agindo de forma rápida o suficiente. Isso motivou uma suspeita ainda maior sobre a Toyota e aumentou as reclamações a respeito de outros problemas de qualidade. Em fevereiro de 2010, a Toyota fez um recall para vários problemas de qualidade, incluindo problemas pós-venda dos tapetes sob qualquer condição que pudesse fazer com que o pedal do acelerador ficasse preso, pedais de aceleração rígidos, problemas com relação à sensibilidade dos pedais de freio do Prius, e o problema não confirmado da falha no sistema eletrônico de aceleração. No passado, eles emitiriam boletins de serviço para os padrões da indústria, porque eles não eram inerentes aos problemas de design-qualidade, mas, devido à opinião pública negativa e do risco oferecido à marca Toyota em si, a companhia fez os recalls.

O que aconteceu de fato? O Método Toyota e o TPS falharam? O que a Toyota aprendeu dessa experiência?

Depois que os dados haviam sido colhidos, a análise — incluindo uma análise feita pela NASA e pela NITSA — confirmaram que a Toyota não tinha um problema de qualidade de produto sistêmico. A Toyota tinha um problema de percepção pública. A curto prazo, eles teriam que conter o problema e trabalhar para ganhar a confiança do consumidor novamente. Eles conseguiram recolocar pessoas que haviam sido treinadas durante a recessão, para que elas focassem na resolução de problemas e fortalecessem o relacionamento com o consumidor. A longo prazo eles tinham que entender os verdadeiros problemas dentro da organização que causaram ou contribuíram com a forma como eles lidaram com a crise — tanto a recessão quanto as preocupações dos clientes com relação à qualidade.

É uma questão central para o TPS e para o Método Toyota uma profunda reflexão (*hansei*) para entender o verdadeiro problema, de modo que se possa melhorar continuamente a situação certa, em vez de desperdiçar esforços resolvendo os problemas errados. A cultura da Toyota é de melhoramento e entendimento, e não de culpa. A liderança da Toyota sempre esperou que a organização aperfeiçoasse continuamente o modo como funciona, mesmo não estando em crise. Fiel à sua cultura e às suas práticas, a Toyota identificou vários fatores-chave que contribuíram para a crise e está trabalhando regularmente para melhorar essas condições.

Alguns dos achados mais importantes:

- O crescimento rápido da organização resultou em menos investimento no treinamento e incorporação do Método Toyota e do TPS através da organização global.

- A tomada de decisão centralizada e a engenharia no Japão causaram burocracia e uma desconexão com a voz do cliente. (A ideia fundamental do TPS é a de que as pessoas vão para onde está a ação para poder entendê-la de modo completo.)

- Informações vindas das redes de revendedores e centros de serviço ao cliente não fluíam efetivamente para todas as áreas da organização.

(continua)

Parte I: Conceitos Básicos do Lean

(continuação)

- As diferenças culturais entre os Estados Unidos e o Japão resultaram em uma falta de comunicação e entendimento dos impactos contextuais e culturais da situação.

- As estratégias de globalização precisavam incluir líderes nacionais confiáveis e capacitados.

- O sucesso causou um afastamento da rigorosa aderência aos conceitos básicos — TPS e Método Toyota.

A Toyota transformou a crise em uma oportunidade de aprendizado e melhoramento, uma oportunidade não relacionada diretamente às áreas de produção. O TPS e o Método Toyota são o modo como a companhia faz negócios em qualquer parte da organização. O impacto a longo prazo desses desafios está, ainda, para ser determinado, mas, a curto prazo, os dados indicam que a Toyota agiu corretamente com seus clientes e tem mantido a lealdade deles. O TPS e o Método Toyota falharam? A análise diz que não; eles foram de fato a base que permitiu à empresa mover-se ao longo da crise.

Para uma análise mais detalhada sobre esse assunto, veja *Toyota Under Fire: Lessons for Turning Crisis into Opportunity*, de Jeffrey K. Liker e Timothy N. Ogden (14 de março de 2011).

O TPS foi principalmente arquitetado pelos primos Eiji, Kiichiro Toyoda e Taiichi Ohno. A História credita Ohno como Pai do TPS. Ele liderou seu desenvolvimento, extensão para a base de fornecimento e integração com os parceiros globais do início dos anos 1950 até os anos 1980. Quando o Lean foi introduzido na manufatura dos EUA, a Toyota já havia evoluído e estava aplicando o TPS de forma bem-sucedida por mais de 40 anos. No ano 2000, a Toyota definiu explicitamente o Método Toyota, que traduziu em palavras a cultura deu suporte a seu sucesso a longo prazo.

A Toyota construiu seu primeiro modelo de Casa do TPS (veja a Figura 1-1), representando graficamente que a qualidade Toyota se baseia em uma combinação de pontualidade, qualidade interna e pessoal altamente motivado. Tudo isso fundado na estabilidade operacional e kaizen, e reforçado por gestão visual e trabalho padronizado.

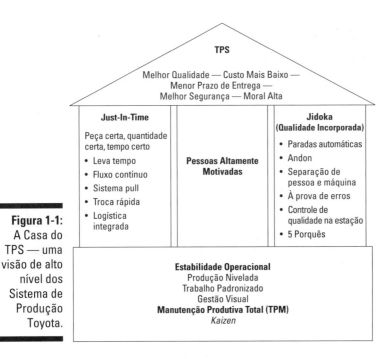

Figura 1-1: A Casa do TPS — uma visão de alto nível dos Sistema de Produção Toyota.

O Lean e o Mundo do Melhoramento Contínuo

Nós estivemos inundados de programas e processos de aprimoramentos de negócios por décadas. Tem sido uma sopa de letrinhas de iniciativas. Lembra-se de TQM, BPR, MBOs e QITs? Bem, agora nós também temos TPM, TOC, GMP, QRM, ISO, Seis Sigma, LSS, BPM e BPE. São todos parte de um processo contínuo de melhoramento (daí outro acrônimo: PCM!). É tudo muito confuso — e, de certo modo, de propósito! Alguns vêm e vão; outros se transformaram em outra coisa. Esta seção ocupa-se com aqueles que, além do Lean, são atualmente conhecidos no meio dos negócios.

Devido ao fato de todas essas iniciativas, metodologias e "sistemas" focarem nos mesmos problemas básicos, eles têm muito em comum. Eles compartilham algumas das mesmas ferramentas e técnicas. E reivindicam resultados similares. Mas também têm diferenças significativas — diferenças críticas — em termos de foco, escopo, aplicação, investimento e retorno.

Seis Sigma

A Motorola inicialmente desenvolveu o Seis Sigma como uma iniciativa interna de qualidade. A empresa ganhou o Prêmio Malcom Baldridge de Qualidade Nacional nos EUA, em 1988, como resultado disso. O Seis Sigma passou a ter um caráter nacional em função de sua adoção bem-sucedida pela General Electric em 1996. Em 2006, cerca de 90% das companhias globais *Fortune* 500 estavam praticando o Seis Sigma de alguma forma, e a economia combinada estimada supera US$100 bilhões!

O Seis Sigma ajuda uma organização a identificar e controlar a variância nos processos que mais afetam o desempenho e os lucros. Seguindo uma metodologia prescritiva, profissionais treinados conhecidos como *Black Belts* (Faixas Pretas) analisam a raiz do problema e implementam uma ação corretiva. Os projetos Black Belt normalmente levam de quatro a seis meses e podem trazer centenas de milhares de dólares de retorno.

Note que muitas das ferramentas usadas no Seis Sigma são comuns ao Lean. As técnicas do Seis Sigma e sua famosa metodologia de resolução de problemas DMAIC (sigla em inglês para Defina-Meça-Analize-Melhore-Controle) são aplicáveis dentro de uma plataforma Lean como um conjunto de ferramentas subordinadas para a eliminação de perdas por defeitos e redução da variância no processo. [Leia *Seis Sigma Para Leigos*, de Craig Gygi, Bruce Williams, e *Six Sigma Workbook For Dummies*, de Craig Gygi, Bruce Williams e Terry Gustafson (publicados pela Alta Books e Wiley, respectivamente), para descobrir tudo o que você precisa saber sobre Seis Sigma.]

Muitas pessoas acreditam, erroneamente, que o Lean exclui qualquer método estatístico. No Capítulo 2, você aprende os tipos de desperdício que incluem desperdício devido a variação. Na Parte IV você aprende algumas ferramentas específicas que estão incluídas na caixa de ferramentas Lean. As pessoas que verdadeiramente entendem o Lean percebem que métodos estatísticos — do simples ao mais complexo — são fundamentais para se transformar em uma organização Lean de sucesso.

Lean Seis Sigma

Muitas grandes empresas tentam uma abordagem "otimizada" e implementam uma combinação de Lean e Seis Sigma. Elas acreditam que podem obter o melhor dos dois mundos unindo a estrutura de distribuição (Black Belts, Green Belts, e assim por diante), o foco do projeto, o processo DMAIC e a profundidade estatística do Seis Sigma com parte da eliminação de perdas e técnicas de pull e fluxo do Lean. Você vai descobrir que muitas dessas iniciativas são chamadas hoje de "Lean Seis Sigma" (LSS, ou L6S).

Os que implementam pela primeira vez a abordagem Seis Sigma perceberão os benefícios das técnicas mais acessíveis do Lean. O Lean permite um maior equilíbrio com uma abordagem mais inclusiva por meio de eventos de melhorias, o oposto da especialização e da hierarquia da estrutura do Seis Sigma. Além disso, onde o Seis Sigma se concentra na resolução de problemas localizados mais profundos, o Lean guia a empresa rumo a uma perspectiva de solução que inclui processos mais amplos. Mais do que isso, a prática do Seis Sigma busca projetos "inovadores", enquanto que o Lean ajuda você a focar no melhoramento incremental contínuo.

Falando de um modo geral, o Lean Seis Sigma na prática tem mais a ver com ferramentas do que com pessoas e cultura. Você não encontrará muito do "respeito pelas pessoas" do Lean no Lean Seis Sigma. Algumas companhias estão usando treinamento independente para tentar compensar a ausência de cultura e pessoas no LSS.

O LSS não é nem Seis Sigma nem Lean. A combinação de Lean e Seis Sigma em uma iniciativa superior única é uma manobra de negócios que normalmente faz com que as pessoas se concentrem mais em ferramentas de melhoramento. Mas as iniciativas Lean Seis Sigma muitas vezes deixam escapar os elementos-chave exigidos para que haja uma sustentabilidade a longo prazo, alcançada por meio tanto do melhoramento diário quanto pelo respeito pelas pessoas. Lean e Seis Sigma refletem abordagens culturais vastamente diferentes para praticamente todos os aspectos de liderança e gestão. Você não pode simplesmente mesclar culturas ou pinçar elementos de décadas de desenvolvimento do Lean para formar uma filosofia integrada e um conjunto de métodos e princípios.

Gestão de Processos de Negócios (BPM)

O termo Gestão de Processos de Negócios (BPM, em inglês) se refere às atividades executadas pelas empresas, de modo a otimizar e adaptar seus processos formais — particularmente para aqueles processos controlados por sistemas automatizados. A BPM é muitas vezes associada mais diretamente a sistemas de software e tecnologia que implementam integração extensiva e gestão de processamento de dados e informação. As ferramentas da BPM incluem modelagem de processo, integração de dados, fluxo de trabalho e monitoramento e controle do trabalho por meio da Inteligência de Processo (PI). A BPM pode ser um habilitador significante para o Lean e facilita diretamente seus objetivos e práticas por:

28 Parte I: Conceitos Básicos do Lean

- ✔ Modelar ferramentas que podem definir e categorizar o trabalho padronizado

- ✔ Capacidades de integração de dados que capturam fornecedor crítico, estoque, ciclos de tempo, status, entrega e outros parâmetros de caracterização de fluxo de valor

- ✔ Ferramentas de monitoramento de atividade para a verificação regular do desempenho de processos contra controles e limites, alertando pessoas ou outros processos se indicadores-chave indicar uma tendência inapropriada

Capítulo 2

Os Fundamentos e a Linguagem do Lean

Neste Capítulo

▶ Entendendo os fundamentos do Lean

▶ Aprendendo os termos e expressões do Lean

▶ Identificando o desperdício

Se você já assistiu de perto a um profissional de elite — um atleta, ator, ou artista — apresentando sua arte, deve ter ficado maravilhado com a naturalidade e a facilidade que eles demonstram. Às vezes, o que eles fazem não parece humanamente possível — pergunte a qualquer atleta de fim de semana ou aos adeptos do faça você mesmo. O que esses profissionais dirão a você não é apenas quanto tempo levou para que alcançassem aquele status, mas também que nunca o alcançaram — eles sempre podem ficar ainda melhores.

Quando você assume uma jornada Lean, de início pode parecer que está tentando se tornar um dançarino de balé ou um piloto de corrida. É novo, diferente e desconfortável. As práticas podem parecer estranhas ou até mesmo contraintuitivas. Mas, com tempo, educação, aplicação disciplinada e entendimento, você se tornará um profissional Lean. Para começar a jornada pelo Lean, você aprenderá neste capítulo sobre seus princípios e termos únicos.

Entendendo os Conceitos Básicos do Lean

O Capítulo 1 explica o contexto do Lean: o que é, de onde vem e o quão intimamente alinhado ele está com o TPS. À medida que você passa a entender o Lean ainda mais, descobrirá que não existe apenas uma definição concisa. Os especialistas em Lean e profissionais sequer concordam com um único conjunto de princípios padrão. Existe uma plataforma geralmente aceita e um conjunto de ferramentas para o Lean, bem como crenças fundacionais e modelos de liderança. De modo coletivo, eles formam a ampla prática conhecida como Lean.

Criando a fundação

Seis princípios básicos do Lean incluem: valor de cliente, análise de fluxo de valor, melhoramento diário, fluxo, pull e perfeição. O Lean sempre começa e termina com o cliente; é o cliente, — e *apenas* o cliente — quem define e determina o *valor* do produto e serviço. Além disso, o *fluxo de valor* é usado no Lean para descrever todas as atividades que são executadas — e a informação exigida — para produzir e entregar um determinado produto ou serviço. Para criar valor de forma mais eficaz para o cliente, você deve focar no melhoramento do fluxo, aplicação do pull e lutar pela perfeição. (Leia mais sobre isso nas Partes III e IV.) E você implementa o Lean através das pessoas que são respeitadas, engajadas, inovadoras e competentes.

Tem sempre a ver com o cliente

A razão subjacente de se estar em qualquer empreendimento é servir ao cliente de maneira bem-sucedida. Seus clientes são o foco: sem eles, seu negócio efetivamente não existe. Seus clientes definem o que eles valorizam ou não. Eles definem as expectativas e respondem às suas ofertas com suas carteiras e suas opiniões. A premissa fundamental para todas as organizações Lean, e o primeiro passo de qualquer empresa Lean, é identificar seu cliente e o que ele realmente valoriza — o que ele quer hoje e amanhã.

Os clientes estão sempre mudando. Tecnologias, mercados e demografia mudam o comportamento dos clientes continuamente. Pense a respeito da diferença no modo como as pessoas interagem, trabalham, produzem, comem, brincam e viajam, em comparação a 5, 10, ou 20 anos atrás. A maioria dos segmentos econômicos e mercados de consumo tem vivido um estado de reinvenção desde 2000.

Eventos como o boom da internet, o estouro do mercado residencial americano, o crescimento da mídia social, e várias crises econômicas globais têm mudado os hábitos do consumidor significativamente.

Tudo o que você faz em uma organização Lean é fundamentalmente focado em servir ao cliente da forma mais eficiente possível. Todas as organizações que compreendem o fluxo de valor devem entender o que o cliente quer, traduzir isso em um produto ou serviço que esse cliente comprará e fornecê-lo a um preço que ele está disposto a pagar.

No Lean, *apenas* o cliente pode definir quais comportamentos no fluxo de valor adicionam valor. Para ter *valor adicionado*, qualquer processo, tarefa, ou atividade agindo no produto ou serviço de qualquer forma, deve atender a todos estes três critérios-chave:

- ✓ O cliente deve estar disposto a pagar por ele.
- ✓ A atividade deve transformar o produto ou serviço de algum modo.
- ✓ A atividade deve ser feita corretamente logo na primeira vez.

No Capítulo 6, você pode encontrar mais informações sobre clientes, consumidores e ferramentas usadas para entendê-los.

Escrutinando o fluxo de valor

Quando você vai a um supermercado local fazer compras, já parou para pensar sobre todas as atividades que ocorreram, exatamente na sequência certa, para que você compre prontamente o que está na sua lista? Considere os produtos, por exemplo. Você pode encontrar agora praticamente qualquer fruta ou vegetal no supermercado o ano todo. Analisando a seção de produtos, você vai encontrar itens do mundo inteiro. Os produtos têm mais milhas de voo do que você! Vindo do campo, através do transporte, até seu mercado e por último para sua mesa, centenas de eventos ocorreram precisamente da forma correta e precisamente no tempo certo para que aquelas frutas estivessem disponíveis para você a um preço e com um nível de frescor que você comprará.

A entrega de valor aos clientes ocorre através do que é chamado de *fluxo de valor*. Em um mundo ideal ou perfeito, o fluxo de valor consiste apenas em atividades de valor agregado. Esse ideal é o que você deseja, mas, na realidade, nada é perfeito. Algum desperdício existe em todo processo. (Nós apresentamos a você os vários tipos de perda na seção "Se não desperdiçar, não vai faltar" mais à frente neste capítulo.)

Ao analisar o fluxo de valor, você identifica todas as atividades e eventos que ocorrem para obter o produto ou serviço para o cliente, juntamente com o fluxo de informação correspondente. Essas atividades e eventos podem ocorrer em suas instalações, ou podem vir antes no fluxo de valor de um fornecedor ou mais tarde no fluxo de valor na distribuição ou entrega. Geralmente, um negócio começa seus esforços de melhoramento naquilo que controla diretamente e, mais tarde, expande-os para além das barreiras organizacionais.

No Lean, você usa uma ferramenta chamada *mapa de fluxo de valor* (VSM, na sigla em inglês) para capturar e especificar as atividades, informação, tempo e eventos no fluxo de valor. (O mapeamento do fluxo de valor é uma atividade importante, e nós a abordamos extensivamente nos Capítulos 7 e 8.) Primeiro, você escrutina e mapeia o fluxo de valor em seu *estado atual*: como tudo funciona hoje? Então você visualiza o *estado ideal*: como ficaria o fluxo de valor se eu pudesse fazer tudo de modo perfeito? Esse mapa de fluxo de valor do estado ideal permite que você visualize e entenda como o fluxo de valor ficaria sem desperdícios — apenas atividades que agregam valor — perfeição.

Depois que você definiu os mapas de fluxo de valor do estado atual e estado ideal, você trabalha bem perto do intervalo entre os dois. Normalmente uma equipe Lean conduz atividades de *kaizen* (melhoramento contínuo) para identificar e implementar o *próximo estado futuro*, colocando você próximo do estado ideal. Todos da organização, dentro e em volta do fluxo de valor, estão envolvidos no *kaizen*, tanto como indivíduos quanto como parte das equipes. De início, a maioria das organizações começa a implementação do Lean com *kaizen* em um ambiente de workshop. As equipes usam as ferramentas do Lean para melhorar significativamente um segmento do fluxo de valor de maneira rápida — normalmente em um período de três a cinco dias. Em uma organização Lean madura, o *kaizen* é parte das atividades diárias do negócio. (O Capítulo 9 aborda o *kaizen* em detalhes.)

Para que você planeje, desenvolva, ou entregue qualquer produto ou serviço, precisa de *informação* — muita informação! Você precisa disso do jeito certo, no tempo certo, em um fluxo que suporte com eficácia o fluxo de valor. Você identifica essa informação exatamente no mapa de fluxo de valor. Por exemplo, quando um consumidor compra alguma coisa, você diminui o estoque. Para manter o fluxo do produto e reabastecer o estoque, a informação deve fluir do ponto de venda até os fornecedores. Companhias como Coca-Cola, Staples e Ahold usam os sistemas de Gestão de Processos de Negócios (BPM) de modo que, no momento da compra, a informação engatilha a reposição.

Mantenha o fluxo

Clientes e consumidores finais querem seus produtos e serviços completamente acabados. Eles não querem um monte de coisas em processo ou parcialmente prontas. Não se importam com o que está em

Capítulo 2: Os Fundamentos e a Linguagem do Lean *33*

andamento, nem com seu maquinário interno! Um dos princípios centrais do Lean ajuda você a entregar um fluxo contínuo e sem atropelos.

O estado ideal do fluxo de valor no Lean é o fluxo único, em cada processo, sem interrupções em qualquer lugar que seja. Multitarefa, paradas para a realização de inventários, quebra de equipamento e lotes são todos inibidores de fluxo e devem ser eliminados. Quando você tem um fluxo, todos mantêm o sistema em movimento na velocidade correta para que a quantidade certa seja entregue ao cliente na hora certa.

No mundo Lean, você aplica o conceito de fluxo em tudo, incluindo, e especialmente, produtos e serviços distintos. Idealmente, no momento em que a primeira ação é estimulada no fluxo de valor, os produtos e serviços nunca param até chegarem ao cliente. A partir da demanda do cliente, eles fazem sua jornada continuamente por um conjunto de atividades de valor agregado até chegar ao destino.

Pense nisto por um momento: o que seria necessário para que um produto ou serviço nunca fosse interrompido — jamais — em sua caminhada através dos sucessivos passos da criação inicial até chegar ao consumidor? Imagine uma instalação médica onde o paciente nunca precise esperar por um tratamento. Ou comprar o último lançamento tecnológico sem ter que esperar na fila, ou descobrir uma liquidação nos primeiros 20 minutos.

Em um ambiente de produção, o fluxo exige um sistema de desenvolvimento e processamento que adicione valor a cada componente, um de cada vez, sem interrupções, sem paradas para inventário, sem defeitos ou retrabalho, e sem quebras de equipamento. Os processos são sincronizados precisamente de acordo com a taxa de consumo do cliente. As Partes III e IV mostram a você ferramentas a serem aplicadas para a criação de processos de fluxo.

Esse conceito de fluxo não é a forma como as pessoas normalmente tendem a pensar, nem mesmo a forma como a maioria de nós foi treinada. As pessoas tendem a organizar as coisas em grupos e lotes, mas no Lean você pensa em termos de *fluxo único contínuo*. Tome como exemplo uma ação de mala direta. Que tipo de processo você usaria? A Figura 2-1 mostra a você um gráfico de um processo por lote. Agora veja a Figura 2-2, que mostra o mesmo processo em um fluxo único. Nesse tipo de processo, os documentos são menos manipulados, usam menos espaço, são finalizados e ficam prontos para serem enviados mais rapidamente para o destinatário. Ainda assim, a maioria das pessoas pensa que é mais rápido processar em lotes.

34 Parte I: Conceitos Básicos do Lean

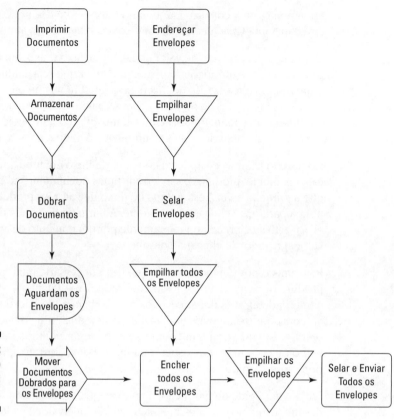

Figura 2-1: Um processo de mala direta.

O fluxo é um dos princípios contraintuitivos do Lean. Você de fato gasta menos tempo, usa menos recursos e investe menos dinheiro em estoque se produzir com uma perspectiva de fluxo.

Figura 2-2: Um processo de postagem usando fluxo único.

O Lean exige que você pense diferente. Jogue fora as noções preconcebidas sobre barreiras de trabalho, departamentos, organizações ou outros obstáculos que poderiam impedir a implementação das práticas de Lean.

Capítulo 2: Os Fundamentos e a Linguagem do Lean   *35*

Para que o *fluxo contínuo* funcione, você deve reduzir a variação e eliminar todos os defeitos, quebra de equipamentos, retrabalho e interrupções de qualquer tipo. Esses fatores impedem o fluxo, esteja você à frente de uma produção, varejo, prestação de serviço, área de saúde ou operação de suporte. A chave para o sucesso está em identificar e eliminar essas barreiras dentro do contexto de seu mundo.

Sendo puxado pelo sistema

Pense em produtos e serviços sendo *puxados* através de um sistema como resultado da demanda do cliente, em vez de serem puxados pelo processo anterior sem qualquer relação com consumo por processos subsequentes ou pelo consumidor. Isso é um *sistema pull* — uma característica de um empreendimento Lean.

A clássica cena da fábrica de doces na série americana de televisão *I Love Lucy* é um exemplo perfeito de um sistema push desequilibrado. Lucy está trabalhando em uma linha de produção, quando doces de chocolate chegam em sua estação de trabalho por uma esteira rolante, e o trabalho dela é colocá-los na embalagem. No início, os chocolates chegam devagar, e Lucy está indo bem. Mas então a esteira misteriosamente acelera, indo cada vez mais rápido. Lucy quer fazer seu melhor e tenta dar conta do trabalho. Mas o estoque não tem para onde ir. Quando os doces começam a se acumular, ela passa a colocá-los debaixo da blusa, na boca, onde pode e, assim, nada ultrapassa a estação dela. Finalmente, tudo termina em uma hilariante e abrupta parada. Perda, fluxo instável, excesso de estoque, abundância de defeitos — tudo por empurrar material demais para a pobre Lucy. Por que a esteira acelerou, o público nunca vai saber. O que sabemos é que este *não* foi um processo Lean!

No Lean, você pratica *níveis de programação* para manter o sistema operando em um ritmo constante e alcançável. Você começa programando com o processo que está mais perto do cliente. À medida que o cliente consome um produto ou serviço, cada passo restante do sistema é sucessivamente engatilhado para repor o que o próximo cliente subsequente consumiu. No Lean, o ritmo da produção de fluxo de valor é conhecido como *takt time*[1]. (Veja o Capítulo 7.)

Um dos exemplos mais comuns de um sistema pull é seu supermercado local (de fato, o supermercado foi a fonte de inspiração para o sistema pull). Um espaço na prateleira possui uma placa contendo informações sobre um dado produto. Uma quantidade específica do produto ocupará

---

[1] N.E.: Tempo disponível para a produção dividido pela demanda de mercado. Orienta a maneira pela qual a matéria-prima avança pelos processos (sistema). Um ritmo de produção mais rápido gera estoque, enquanto que um ritmo de produção mais lento gera a necessidade de aceleração do processo e, consequentemente, perdas, como refugos, retrabalhos, horas extras, enfim, um desequilíbrio na produção.

o espaço vazio. Quando o nível diminui, o espaço que ficou vazio age como um sinal para que o repositor reponha o produto. A placa contém as informações sobre o produto que pertence àquele espaço.

A mesma ideia governa o sistema de produção Lean. Em vez de criar um excesso do que é chamado de estoque de produtos em elaboração (em inglês, "work in process" — WIP), a demanda do cliente pelo produto ou serviço puxa os bens através do sistema. A noção-chave é que você produz somente na proporção em que o cliente consome. Pense nisso como "pegue um, faça outro". Um sinal de pull, conhecido como *kanban*, engatilha a necessidade de reposição. *Kanbans* podem vir em várias formas — um cartão, uma lâmpada, uma campanhia, um e-mail, um contêiner, ou um espaço vazio. Independentemente da forma, o sinal *kanban* contém as informações do produto e as quantidades exigidas para a reposição do estoque. (Leia mais sobre isso no Capítulo 11.)

Uma regra de ouro para disponibilidade de equipamento em um sistema pull é que o mesmo deve estar disponível para produção 90% do tempo e parado para troca e manutenção 10% do tempo.

Quando bem implementado, em conjunto com fluxo e perfeição, os sistemas pull resultam em maior giro de estoque, menor espaço físico utilizado, resposta de cliente mais rápida, e fluxo de caixa melhorado.

Vendas tradicionais e técnicas de marketing precisam estar em harmonia com o fluxo em estado estacionário da empresa Lean. Os incentivos de venda e as campanhas sazonais, como vendas para renovação de estoque, aumentam a demanda e fazem com que os produtos sejam vendidos a preços mais baixos. Isso cria artificialmente um efeito chicote na cadeia de fornecimento. Os conceitos de nível de venda e precificação do estado estacionário suportam um empreendimento mais eficaz.

Lutando pela perfeição

Sua habilidade de prover valor de forma eficaz para o cliente se relaciona diretamente com sua habilidade de eliminar desperdícios e mantê-los longe de forma definitiva. Isso significa que o Lean é uma jornada sem fim. Embora isso possa soar oneroso, especialmente em uma sociedade movida por metas, a realidade é que existe e sempre existirá algo a ser melhorado. À medida que você examina seus processos, descobrirá perdas onde nunca imaginou que existissem, porque elas estavam mascaradas por desperdícios maiores. É como drenar lagos ou pântanos: nunca se sabe ao certo o que está se escondendo abaixo da superfície até ter coragem suficiente para olhar — e então é preciso fazer alguma coisa a respeito. O Lean divide a ampla categoria de perdas em sete categorias e três classificações. (Nós as abordamos na seção "Se não desperdiçar, não vai falhar" mais à frente neste capítulo.)

Constantes incrementos de melhorias são obtidos através do *kaizen*. (Nós cobrimos o *kaizen* mais profundamente no Capítulo 9.) Em sua forma mais simples, *kaizen* significa que você melhora algo todo dia. Ele é tanto uma filosofia quanto uma metodologia. Os melhoramentos do *kaizen* geralmente não têm o intuito de serem radicais e arrasadores — em vez disso, eles são melhoramentos de incrementação regular que eliminam perdas, aqui, ali e em todo lugar, pouco a pouco.

Companhias que estão apenas começando a jornada do Lean muitas vezes usam o que é conhecido como *eventos de kaizen*. Tais eventos na maioria das vezes começam com workshops que oferecem uma oportunidade significativa para a organização. Essa oportunidade pode ser um impacto visual através do uso do que é conhecido como *5S* (veja o Capítulo 11), ou pode ser uma oportunidade relacionada com o cliente, como a redução significante de um defeito de qualidade específico. Você também pode usar um evento de *kaizen* para superar um desafio e romper barreiras. Um exemplo disso é a redução no tempo de troca de equipamento de horas para minutos.

Quando um melhoramento acontece em uma escala radical o suficiente, ele é conhecido como *kaikaku*. Quando você pensa em *kaikaku*, pense: "Jogue fora todas as regras." Ele pode vir na forma de eventos *kaizen* múltiplos e simultâneos (também conhecidos como um *kaizen blitz*). De modo alternativo, o termo *kaikaku* pode implicar uma completa mudança de tecnologia ou metodologia de processo. Você ainda usa todas as mesmas ferramentas do Lean (veja a Parte IV), mas as aplica para objetivos mais elevados.

Seja através do *kaizen* ou do mais ambicioso *kaikaku,* o objetivo é o mesmo: lutar pela perfeição através do aprimoramento. Eliminar o desperdício em tudo o que você faz. Criar um negócio sustentável e próspero por um longo período. Buscar continuamente formas de servir melhor o cliente.

Aprendendo com o TPS

Como o Lean evoluiu do estudo do Sistema de Produção Toyota (TPS), você talvez espere que os princípios do Lean e do TPS sejam similares. Eles são muito similares, mas são organizados de uma forma diferente. Para entender o Lean, você precisa entender um pouco sobre TPS.

Tenha em mente que o Lean e o TPS são aplicáveis em muitos setores de atividade, muito além dos ambientes de produção automotiva que formam sua herança. (Este é o assunto da Parte V.)

Pessoas altamente motivadas

Organizações tradicionais frequentemente operam com uma mentalidade "cale a boca e faça o seu trabalho". Esse não é o caso no ambiente TPS. Na cultura TPS, espera-se e encoraja-se as pessoas a se comprometerem inteiramente, não apenas para executarem suas funções diárias, mas também contribuírem com atividades de melhoramento diário. As pessoas usam sua criatividade e fornecem sugestões úteis e importantes para eliminar problemas e melhorar o fluxo de valor. É através das pessoas — trabalhadores e gestores — que o melhoramento acontece. As pessoas usam ferramentas, as pessoas elaboram soluções e as pessoas implementam melhorias — tem tudo a ver com as pessoas!

No TPS, as pessoas trabalham tanto em suas tarefas individuais quanto como parte de equipes maiores. As equipes podem ser grupos de trabalho naturais ou podem ser formadas por projetos especiais. Como parte de grupos de trabalho naturais, os membros dos grupos são rotineiramente treinados para executar de forma especializada múltiplas tarefas de trabalho, através da extensão da responsabilidade da equipe. Estejam eles agindo como indivíduos ou como parte de uma equipe, todos, regular e rotineiramente, eliminam desperdícios como parte de seu trabalho normal.

A abordagem das interfaces homem-máquina é filosoficamente diferente no TPS do que nos ambientes tradicionais. No TPS, as máquinas são sempre subordinadas às pessoas. Isso significa que os processos são desenvolvidos de modo que as pessoas não servem às máquinas — as máquinas servem às pessoas. As abordagens ocidentais valorizam os custos de recursos das pessoas versus o equipamento e podem concluir que o equipamento é mais valioso do que a pessoa, mas isso nunca acontece no TPS. As pessoas são sempre mais importantes. Máquinas, equipamentos e sistemas são ferramentas usadas por pessoas à medida que estas agregam valor.

Muitos profissionais têm erroneamente focado nas ferramentas e no equipamento do Lean e negligenciado o aspecto *Respeito pelas Pessoas*. O sucesso acontece apenas através das pessoas! Sem elas, as mudanças não são sustentáveis.

Estabilidade operacional

O fundamento do TPS é a *estabilidade operacional*. Estabilidade operacional significa que a variação dentro de todos os aspectos das operações está sob controle. Para obter um fluxo sem obstrução, pedidos devem ser pontuais e precisos, programações devem ser estáveis e niveladas, o equipamento deve funcionar como planejado, deve haver uma equipe qualificada no local, e o trabalho padronizado deve ser documentado e implementado.

Capítulo 2: Os Fundamentos e a Linguagem do Lean   *39*

Um dos erros mais comuns que as companhias que adotam o TPS cometem é o de não entender como o TPS é um sistema completo e o quão importante as práticas holísticas são para o sucesso geral. Elas acham que implementar o *kanban* é a resposta — mas sem nível e cronogramas estáveis, por exemplo, o *kanban* não funciona muito bem.

Gestão visual

A *gestão visual* possibilita que as pessoas vejam exatamente o que está acontecendo e respondam aos problemas de maneira muito rápida. Um método de gestão visual é conhecido como *andon* (um sinal que alerta as pessoas sobre problemas em um local específico de um processo). A organização responde de acordo com o sinal mostrado; a resposta segue a prática de trabalho padronizado documentada. Os líderes do TPS esperam que os trabalhadores disparem um *andon* toda vez que tiverem um problema; isso possibilita que a liderança entenda melhor as barreiras para o padrão e aborde os problemas rapidamente. Eles sabem que, se não houver um *andon*, existe um problema, e isso levará à perda de oportunidades de melhora. (Veja o Capítulo 12 para mais informações.)

Outros aspectos da gestão visual incluem juntas de treinamento cruzado, rastreamento de produção, estações de informação do cliente, displays de comunicação e quadros de ferramentas. (Nós abordamos as ferramentas do Lean de forma mais profunda na Parte IV.)

Just in time

Just in time (JIT) é o mais conhecido pilar da casa do TPS. JIT significa fazer apenas o que você precisa, quando você precisa e na quantidade necessária — nem mais, nem menos. Se você está fornecendo JIT, você sincroniza seu sistema inteiro com as demandas do cliente. É aí onde o *takt time* entra em cena. Um ambiente JIT é quase como um ecossistema onde tudo trabalha em conjunto um com o outro. Se um elemento está fora de equilíbrio, então todo o sistema responde e se ajusta. Por exemplo, se um problema significativo de qualidade ou de fornecimento aparece, um sistema JIT parará todo o funcionamento até que o problema seja resolvido.

Para operar com o JIT, você aplica várias técnicas e práticas, incluindo:

- **Produzindo para takt:** Usar o *takt* para conectar a taxa de produção à demanda do cliente.
- **Trabalho padronizado:** Criar métodos consistentes e formas padronizadas de trabalho para reduzir variações e fornecer uma base de referência para o melhoramento.
- **Troca rápida:** Desenvolver a flexibilidade para produzir uma gama mais ampla de produtos em períodos mais curtos.

- ✔ **Fluxo contínuo:** Criar um fluxo estável de produtos e serviços que fluem continuamente para o cliente.

- ✔ **Pull:** Usar a demanda do cliente para engatilhar atividades de reposição através do sistema. Note que os sistemas de *pull* e fluxo contínuo no TPS mapeiam diretamente para os conceitos de *pull* e fluxo na estrutura do Lean.

- ✔ **Logística integrada:** Ver todos os aspectos de sua cadeia de suprimento como um sistema e gerenciá-los como um todo. (Veja o Capítulo 11 para descobrir modos de fazer isso.)

Jidoka

O termo *jidoka* significa que você introduz qualidade no recurso. Reconhece que a qualidade não pode ser transferida — depois que o trabalho deixou a estação, já é tarde demais. Ao praticar o jidoka, não aceite defeitos, não produza defeitos e não deixe passar nenhum defeito.

A filosofia *jidoka* diz que a pessoa que está produzindo o trabalho dentro de um determinado passo tem a responsabilidade pela qualidade do trabalho que está executando. Se um problema existe, aquela pessoa é responsável por resolvê-lo. Se a pessoa não pode resolver o problema, então ela é responsável por parar o processo para que o problema seja resolvido.

A definição mais ampla do *jidoka* inclui técnicas de análise da causa raiz como os *5-Por quês* e as técnicas de prevenção de erros como *poka yoke* (veja o Capítulo 11 para mais informações) quando se implementam soluções para prevenir fisicamente que erros aconteçam. As técnicas de gestão visual como os painéis *andon* também fazem parte de uma prática *jidoka*.

Construindo os fundamentos

Além das ideias básicas de valor de cliente, fluxo de valor, fluxo, *pull* e perfeição são princípios adicionais do Lean e, quando pareados com o aprendizado do TPS, levam à mentalidade, métodos, conjuntos de ferramentas e técnicas do Lean. Quando você realmente obtém essa perspicácia, você obtém o Lean.

Respeito pelas pessoas

Um aspecto fundamental do Lean é o respeito pelas pessoas, que não existe na maioria dos sistemas tradicionais de gerenciamento e liderança. As organizações Lean são organizações que aprendem. Elas apoiam efetivamente seus membros através de ambientes de trabalho seguros, comunicações abertas, treinamento extensivo e, em alguns casos, garantias de emprego. O treinamento cruzado de empregados desenvolve os funcionários, enquanto, ao mesmo tempo, adiciona profundidade à organização. As pessoas são recompensadas por fazerem melhoramentos nos sistemas. As pessoas que têm conhecimento de aspectos múltiplos do fluxo de valor fazem com que a organização minimize variações que provêm do absenteísmo e da rotatividade.

Em um ambiente Lean, espera-se que os empregados usem os cérebros para a melhor satisfação do cliente, fluxo de valor e da organização como um todo. Eles se comprometem com o ambiente, contribuem com ele, aprendem com os erros e expandem sua base de conhecimento.

As pessoas sempre têm mais valor do que as máquinas. Nos ambientes de manufatura tradicional, não é difícil ver uma pessoa parada de frente para uma máquina, assistindo enquanto ela opera. O Lean vê isso como um desperdício do recurso mais precioso — o ser humano. A visão Lean é implementar a tecnologia apropriada, de modo que as pessoas possam executar um trabalho de maior valor. Essa é parte da prática de *autonomação* (automação com um toque humano). Não se trata de acreditar que as pessoas podem ser substituídas por máquinas; em vez disso, trata-se da prática de adicionar inteligência às máquinas para detectar defeitos, evitar que problemas passem junto com o fluxo de valor e descarregar peças automaticamente, assim, as pessoas não têm que perder seu tempo e capacidade cerebral assistindo uma máquina trabalhar.

Torne visual

A transparência ajuda você a eliminar desperdícios. Quando você consegue ver rapidamente o que está acontecendo, não precisa perder tempo, energia ou esforço tentando descobrir. Se existe um lugar para tudo, você pode rapidamente ver onde qualquer coisa está fora do lugar. O velho ditado "uma imagem vale mais que mil palavras" não poderia ser mais verdadeiro no Lean. Através de uma imagem, um gráfico, uma luz de alerta, ferramentas de inteligência de processo e outras técnicas visuais, você pode rápida e facilmente entender a informação, responder aos eventos e melhorar o processo. (Nós falamos mais a respeito de gestão visual na Parte IV.)

Anualmente, incontáveis milhares de árvores cedem suas vidas para se tornarem grandes relatórios que ninguém lê — mas não no Lean. Relatórios grossos são desperdícios. Já que o propósito do relatório é fornecer informações para que as pessoas realmente as usem, no Lean você usa um formato de página única (também chamado de *relatório A3*, em referência ao tamanho internacional do papel) para ver a informação verdadeiramente crítica e necessária, como uma descrição do problema, ações, dados e resolução. Dessa forma, o leitor pode usar seu tempo agindo, em vez de ter que digerir dados.

Jornada a longo prazo

O Lean produz, de fato, resultados instantâneos; você vê melhoramento imediato. Na verdade, você vê o melhoramento mais rápido do que praticamente qualquer outro modo. Mas o Lean não é uma dieta da moda para seu negócio. Para sustentar esse melhoramento, você deve entrar no jogo para uma jornada a longo prazo. O Lean é uma mudança de estilo de vida que exige diligência. Se o Lean fosse uma corrida, ele seria mais como a tartaruga do que como a lebre: aprimoramentos sendo incrementados constantemente por um longo período. Não quer dizer que você não experimenta um aumento de velocidade em alguns trechos; isso acontecerá quando você conduzir múltiplos workshops de melhoramentos simultaneamente (conhecido como *kaizen blitz*). Qualquer um que tenha alguns dados, ferramentas de análise e tabelas de controle pode sempre melhorar algo em curto prazo; a chave do Lean é a sustentabilidade e incorporação de mudanças na rotina diária normal da empresa ao longo do tempo.

O simples é melhor: o princípio KISS

A vida tem se tornado tão complexa que você praticamente precisa de um grau avançado de conhecimento para trocar o óleo do carro ou para programar o controle da TV. Essa complexidade realmente adiciona valor? Quando tudo funciona bem, parece que sim — mas, caso contrário, bem, aí é outra história. Pelo fato de tudo ter se tornado tão complexo, nada funciona sempre tão bem.

Quanto mais simples uma coisa for, mais fácil você irá aprendê-la, e mais fácil será lidar com ela quando houver problemas — seja isso um produto, um serviço, ou o processo que o cria. A simplicidade é uma das belezas do Lean. Não significa que você não soluciona problemas complexos, mas significa que você luta para encontrar soluções simples para eles. Os melhoramentos do Lean não custam necessariamente muito dinheiro. Se você pode tornar algo à prova de erros tão bem usando um bloco de madeira e fita adesiva em vez de usar um aparato controlado por computador, o Lean lhe diz para optar pela madeira e a fita adesiva. Considere a solução que é mais rápida e mais barata, tanto em curto quanto em longo prazo.

Qualidade na fonte

Você alguma vez já vestiu uma calça jeans e encontrou uma etiqueta de inspeção? Isso agregou valor para você, o cliente? Você sente que a calça tem um nível de qualidade mais elevado pelo fato de um inspetor de qualidade ter deixado uma etiqueta que você teve que tirar do bolso para jogar fora? "Certificado pelo Inspetor Número 12" foi um slogan que os gurus do marketing usaram para fazer com que as pessoas acreditassem que o produto que estavam comprando era melhor de alguma forma (ou pelo menos aceitável), porque o Inspetor Número 12 fez o trabalho. A realidade é que no momento em que o Inspetor Número 12 vê o produto, é tarde demais: a qualidade já está lá, ou não.

Você não pode inspecionar qualidade *dentro* de um produto — jamais. Muitas companhias usam inspetores para tentar detectar defeitos antes de os produtos serem lançados no mercado, mas o ato de inspeção não muda a qualidade do que já está produzido. As pessoas também usam o confinamento, que é uma desculpa para inspecionar enquanto se continua produzindo produtos suspeitos. No Lean, você cria um produto de qualidade a cada passo do fluxo de valor. Se um defeito ocorre, o produto ou serviço não deixa o processo no qual está, ou porque a pessoa que está fazendo o trabalho detectou o erro ou porque a autonomação o fez. Enquanto isso, o próximo operador no processo pode verificar características-chave de um produto. Se ele encontrar um problema, envia o produto de volta para a operação anterior. A pessoa que executou os passos transformacionais detém a responsabilidade pela qualidade do seu trabalho. Agora todos são "inspetores," e a qualidade na fonte se torna uma realidade.

Nem toda inspeção é necessariamente ruim, mas toda inspeção, por definição, não agrega valor. A inspeção não faz nada para transformar o produto ou serviço. Ela é considerada necessária quando o risco de que o produto ou serviço avance para além do espaço do fluxo de valor colocará o cliente em risco ou ter um impacto financeiro grande; poderia ser um ponto sem retorno para reparos, por exemplo. Se você exige estações de inspeção separadas, certifique-se de que elas sigam um processo de trabalho padronizado e claramente definido.

Sistemas de medida: reforçando os comportamentos do Lean

As pessoas respondem ao modo como elas são medidas. Se o sistema de medida apoia os princípios do Lean, reforçará os comportamentos do Lean. Além disso, se o sistema de medida facilita uma mudança para o Lean, você verá a mudança acontecer.

Um dos principais desafios das implementações eficazes do Lean é que a maioria dos sistemas de medidas tradicionais em vigor hoje não suporta as práticas do Lean.

Um exemplo comum de um sistema de medida que não apoia o Lean é o sistema de contabilidade de custos tradicional. A contabilidade tradicional para equipamento e mão de obra direta realmente encoraja o desperdício. Sob tais sistemas, o equipamento absorve as despesas gerais, assim, os supervisores administram o equipamento para tornar seus números melhores, estejam eles precisando produzir ou não. Isso leva a uma das formas de desperdício — superprodução — que nós discutimos na seção "*muda-muda-muda*", mais à frente neste capítulo.

Além disso, os ambientes de contabilidade de custos enfatizam exageradamente o impacto da mão de obra direta. Quando tais sistemas foram originalmente estabelecidos, a mão de obra compunha a maior parte dos custos reais; agora a mão de obra direta pode ser a menor parte do custo. As companhias têm comprado equipamentos automatizados para eliminar a mão de obra direta, apenas para descobrir que eles usam o mesmo número de pessoas para operar o equipamento que eles usavam antes para executar o trabalho! A diferença é que essas pessoas agora são mão de obra *indireta* e, ironicamente, são normalmente mais habilidosas e, desta forma, trabalham por um valor mais alto. No entanto, o sistema de contabilidade ainda vê isso como um benefício por causa do sistema de medida. Ai!

Ademais de mudar as práticas de negócio, organizações Lean de sucesso sabem que precisam dos processos de medidas certos para reforçar os comportamentos do Lean. Uma ferramenta que essas organizações usam é o Balanced Scorecard. (Veja o Capítulo 13.) O Balanced Scorecard rastreia aspectos do negócio além das medições financeiras tradicionais. Áreas como segurança, qualidade, entrega, inovação e custo são medidas para mostrar a saúde geral do negócio e identificar onde existem oportunidades de melhoramento.

Não existe organização perfeita. Até mesmo a Toyota, o pináculo do sucesso Lean, tem seus problemas. Embora os originais Toyodas e Ohno já tenham ido embora, eles deixaram para todos nós um legado de reflexão, aprendizado e incansável busca pelo melhoramento. Os novos líderes têm o dever de continuar esse legado aprendendo por meio dos problemas e abordando inconsistências e desafios usando os fundamentos do TPS.

O aprendizado dura toda uma vida

O aprendizado acontece milhares de vezes em um dia — todos os dias — em uma organização Lean. Aprender e melhorar através de observações, experimentos e erros é fundamental para o *kaizen*. No Lean, depois que uma lição é aprendida, o conhecimento é institucionalizado por meio de padrões de trabalho atualizados. E então o ciclo se repete: observe, melhore, institucionalize. Indivíduos aprendem; equipes aprendem. Coletivamente, o conhecimento da organização aumenta. Cada instante de cada dia é o momento certo para aprender e crescer.

Se Não Desperdiçar, Não Vai Faltar

Como indivíduo, se você alguma vez já tentou entrar em forma, sabe que precisa mudar o modo como come, se exercita, se hidrata e descansa com o intuito de ter sucesso em longo prazo. Na sua dieta, você precisa declinar de alimentos sem valor nutricional e produtos altamente processados que não fazem nada para adicionar valor nutricional. Quando você começa a prestar atenção no que coloca em sua boca, se dá conta de quanto lixo tem passado inconscientemente por seus lábios.

Quando você inicia uma jornada Lean, uma das maneiras-chave de melhorar a saúde do fluxo de valor é eliminar o desperdício. Como os alimentos sem valor nutricional, você verá que muitas atividades que não agregam valor têm se infiltrado na dieta de seu fluxo de valor. O desperdício no Lean é descrito pelos três *Ms* do *muda* (desperdício), *mura* (irregularidade) e *muri* (sobrecarga). O *muda* é dividido em sete formas de desperdício, as quais nós cobrimos na seção seguinte.

Muda, muda, muda

O desperdício está por toda a volta, todo dia e em todo o lugar. Você perde tempo esperando na fila, esperando no trânsito, ou esperando por causa de um serviço mal prestado. Em sua casa, você já deve ter passado pela situação de entrar em um cômodo procurando por algo que não estava onde deveria estar — perdeu tempo e esforço. Na cozinha, já deve ter tido que jogar fora experimentos científicos de dentro do refrigerador — novamente, perda. Refazer coisas? Isso é perda também.

Por agora, você deve estar se perguntando o que "desperdício" ou *muda* exatamente é e não é. Taiichi Ohno categorizou o desperdício em sete formas: transporte, espera, superprodução, defeitos, estoque, movimento e processamento em excesso. A Tabela 2-1 fornece um resumo das sete formas de perda.

Parte I: Conceitos Básicos do Lean

Tabela 2-1	As Sete Formas de Desperdício	
Forma de Desperdício	*Também Conhecida Como*	*Explicação*
Transporte	Transferência	Quaisquer movimentos do produto ou dos materiais que não são de alguma forma necessários para o processamento de valor agregado é perda. Quanto mais você movimenta, mais oportunidades você tem de danos ou ferimentos.
Espera	Atraso	Todas as formas de espera caracterizam desperdício. A cada momento que as mãos de um trabalhador estão ociosas existe um desperdício daquele recurso, seja por interrupções, carga de trabalho desequilibrada, necessidade de instrução, ou por design.
	Superprodução	Produzir mais do que o cliente quer é perda. Isso causa outros desperdícios como custos de estoque, mão de obra e transporte para lidar com o excesso de produto, consumo de matéria-prima, excesso de capacidade das instalações, e assim por diante.
Defeito	Correção, reparo, rejeição	Qualquer processo, produto ou serviço que não alcança as especificações é um desperdício. Qualquer processamento que não transforma o produto ou que não é feito da forma correta da primeira vez também é um desperdício.

Capítulo 2: Os Fundamentos e a Linguagem do Lean 47

Forma de Desperdício	Também Conhecida Como	Explicação
Estoque	Estoque	O estoque em qualquer lugar do fluxo de valor não está agregando valor. Você pode precisar de um estoque para gerenciar o equilíbrio entre demanda e produção, mas ainda assim ele não agrega valor. Ele "amarra" recursos financeiros. Ele está sob risco de dano, obsolescência, estrago e problemas de qualidade. Ele ocupa espaço na fábrica e gasta outros recursos para ser gerenciado e rastreado. Além disso, grandes estoques podem cobrir outros pecados no processo, como desequilíbrios, problemas com equipamentos ou práticas de trabalho deficientes.
Movimento	Movimento ou movimentação	Qualquer movimento de uma pessoa que não agrega valor ao processo é um desperdício. Isso inclui caminhar, agachar, levantar, virar e alcançar. Inclui também quaisquer ajustes ou alinhamentos feitos antes de o produto poder ser transformado.
Processamento extra	Processamento em excesso ou superpro- cessamento	Qualquer processamento que não agrega valor ao produto ou é resultado de uma tecnologia inadequada, materiais sensíveis, ou prevenção de qualidade é perda. Alguns exemplos incluem embalagens protetoras em produtos em elaboração, alinhamento de peças de vestuário ou a remoção de excesso de material resultante de peças fundidas ou moldadas.

Você pode estar pensando que alguns desses desperdícios estão totalmente fora de seu controle. Demandas regulatórias, requerimentos contábeis, ou eventos naturais podem estar causando tais perdas. Por essa razão, o *muda* é dividido em duas classificações:

- **Muda tipo-1** inclui ações que não agregam valor, mas por alguma razão são consideradas necessárias. Essas formas de desperdício normalmente não podem ser eliminadas de imediato.
- **Muda tipo-2** são aquelas atividades que não agregam valor e não são necessárias. Esses são os primeiros alvos a serem eliminados.

A família toda

Além das formas gerais do *muda* estão outros dois primos da família do desperdício: *mura* e *muri*. Assim como as formas do *muda*, o objetivo é eliminar esses tipos de perda também.

Mura (Irregularidade)

Mura é a variância em uma operação — quando as atividades não ocorrem de forma tranquila ou consistente. Esse é um desperdício causado pela variação da qualidade, custo, ou entrega. *Mura* são todos os recursos que são perdidos quando a qualidade não pode ser prevista. Esse é o custo de coisas como teste, inspeção, contenção, retrabalho, retornos, horas extras, viagens não programadas até o cliente e, potencialmente, o custo de um cliente perdido. Para entender e reduzir a variância, você pode usar ferramentas estatísticas e métodos, incluindo tabelas Pareto e Design de Experimentos (em inglês, "Design of Experiments DOE"). Leia mais sobre isso na Parte IV.

Muitas pessoas acreditam, erroneamente, que a estatística e a análise de dados rigorosa não fazem parte do Lean. Isso não é verdade. Para reduzir *mura* e *muda*, você precisa usar dados. Ao medir o processo antes e depois, você verifica que houve melhora.

Muri (Sobrecarga)

Muri é a sobrecarga desnecessária e irracional de pessoas, equipamento, ou sistemas por demandas que excedem a capacidade. *Muri* é a palavra japonesa para irracional, impossível ou exagerado. Em uma perspectiva Lean, o *muri* se aplica ao modo como o trabalho e as tarefas são concebidas. Um dos princípios centrais do Lean é o *respeito pelas pessoas*.

Se uma companhia está pedindo que as pessoas executem constantemente movimentos que são nocivos, desnecessários ou desperdiçadores, isso significa que ela não está respeitando as pessoas e, deste modo, não está respeitando o fundamento do Lean. Você executa avaliações ergonômicas das operações para identificar movimentos que sejam nocivos ou desnecessários.

Além da sobrecarga física, exigir que as pessoas trabalhem horas a fio é uma forma de *muri*. Reuniões excessivas, e-mails de alerta e as demandas do ambiente global de negócios, todos contribuem para o *muri*. E você verá o *muri* manifestado na rotatividade de funcionários, licenças médicas, interrupções e tempo de inatividade e tomadas de decisão equivocadas.

No clima atual do "fazer mais com menos", existe o risco de que você sobrecarregue e estresse seu pessoal. Pessoas estressadas são o maior risco para o surgimento de erros. Questione pressupostos, trabalhe os métodos, tudo para garantir que as atividades que o pessoal está desempenhando agreguem valor, e você não terá muito *muri* agregado ao sistema e processos.

Jargão do Lean

Devido ao fato de fundamentos do Lean terem se originado do Sistema Toyota de Produção, sua linguagem contém muitas palavras japonesas. Essas palavras vieram para representar os sistemas e conceitos Lean. Além disso, o Lean possui seus termos únicos em inglês. O glossário no final deste livro inclui uma lista completa de termos que são críticos para o entendimento do Lean. Pense nesses termos no Lean como você pensaria com *por favor*, *obrigado* e *olá* ao aprender uma língua estrangeira. Dentro de pouco tempo, você estará falando como um nativo.

Também, você pode ouvir a palavra *eficiente* usada em conjunção com os melhoramentos nas operações de uma organização. No entanto, o objetivo de uma organização Lean é fornecer valor da forma mais *eficaz* possível. No Lean, a palavra *eficaz* é usada no lugar de *eficiente*, para evitar as definições tradicionais de eficiência associadas com lote e fila e outras formas de produção em massa, como *eficiência da mão de obra*. Quando você está operando *eficazmente*, está fornecendo a coisa certa, na hora certa, através de uma força de trabalho comprometida e motivada, produzindo com o máximo nível de qualidade, o mínimo prazo de entrega e o custo mais baixo.

Um dos fundamentos do Lean é o respeito pelas pessoas. Evite usar termos como "à prova de idiotas" ou "à prova de estúpidos", que são humilhantes para as pessoas. A linguagem adequada é "à prova de erros".

50 Parte I: Conceitos Básicos do Lean

Parte II
A Cultura do Lean

A 5ª Onda
Por Rich Tennant

"Nós mapeamos nosso fluxo de valor corporativo, Phillip, e seu departamento foi como um manguezal do qual iremos eliminar tudo, menos os mexilhões e os caranguejos."

Nesta parte...

Nesta parte, focamos no aspecto muitas vezes negligenciado do Lean, que é o Respeito pelas Pessoas. Analisamos o Lean dentro da organização, incluindo princípios, comportamentos e mudanças. Também mostramos o Lean e a mudança em um nível individual, e examinamos a estratégia organizacional e a evolução do Lean.

Capítulo 3

O Lean na Organização: Princípios, Comportamentos e Mudança

Neste Capítulo

▶ Sondando o clima cultural
▶ Alinhando os comportamentos com os princípios do Lean
▶ Entendendo as fases de mudança organizacional

*V*ocê é parte de uma ou mais organizações. Uma *organização* é um grupo de pessoas envolvidas e estruturadas para um propósito. Poderia ser um propósito de negócios, como desenvolver e fornecer bens e serviços para clientes em busca de lucro. O propósito poderia ser outro, como educação, governo, ou contribuições filantrópicas para a humanidade. Uma família é um tipo de organização.

A cultura de uma organização e os princípios que movem os comportamentos das pessoas determinam os graus de desempenho, qualidade e sucesso de uma organização. Pense nas culturas organizacionais famosas — como Facebook, Nordstrom, P&G, Nike, Toyota ou Goldman Sachs — e como foi o desempenho de cada uma. Em cada um desses casos — como o caso em cada organização —, o comportamento das pessoas tanto foi determinante quanto foi determinado diretamente pelos princípios e crenças fomentados por dentro e disseminados na tessitura organizacional… para o bem ou para o mal.

As culturas organizacionais são profundamente enraizadas. Os princípios que guiam os comportamentos das pessoas dentro de uma organização são propositalmente duradouros e de mudança lenta. A cultura organizacional tem massa: quanto maior ela for e mais rápido estiver indo, mais dinâmica ganha. Isso é uma coisa boa quando a dinâmica está levando você na direção certa, mas não tão boa quando você vagueia fora de curso ou se as circunstâncias ditam a mudança.

Poucas organizações nascem e crescem como organizações Lean; então, se você está embarcando agora em uma jornada Lean, provavelmente está no processo de mudança de curso. Isso significa que, além de aplicar os métodos e técnicas descritas no restante do livro, você também mudará a cultura organizacional ao mudar princípios, estilos de liderança e comportamentos individuais. À medida que você inicia essa jornada, precisará entender como os princípios e comportamentos atuais de sua organização se alinham com os princípios e comportamentos do Lean. A extensão da lacuna entre as duas coisas irá ajudá-lo a entender quais mudanças são necessárias e como fazê-las. Como em qualquer mudança, é pelo modo e frequência com que você muda o curso e como comunica essas mudanças que você influenciará a resposta da organização.

Neste capítulo, falaremos tudo sobre os princípios organizacionais e comportamentais que refletem uma organização Lean. Mostramos a você como acessar os princípios verdadeiros de uma organização *versus* seus princípios estabelecidos. Você entenderá como comparar os princípios atuais de sua organização com os princípios do Lean e ter uma ideia de um modelo básico de mudança organizacional. Finalmente, verá como passar a organização pelos bloqueios da estrada. Você pode combinar este capítulo com os Capítulos 4 e 5 para obter um entendimento completo da implementação do Lean com seu pessoal e na cultura de sua organização.

Muitos analistas e conhecedores usam o termo *valores* para definir e descrever princípios e culturas organizacionais. No mundo do Lean, o termo *valor* é mais diretamente associado com o conceito do que o cliente valoriza e da agregação de valor dentro de um processo ou atividade de trabalho. Para evitar confusão neste capítulo, quando quisermos nos referir a princípios e cultura organizacional, utilizaremos a palavra *princípios*.

Sondando a Cultura Organizacional

Antes que você possa mudar a cultura de sua organização, precisa entender a cultura de fato. Nesta seção, nós lhe diremos como sondar o clima atual da organização, compará-lo aos princípios do Lean e identificar a diferença que existe entre os dois.

Os princípios reais poderiam ficar de pé por favor?

A maioria das organizações possui tanto um conjunto formal quanto um conjunto informal de princípios. De forma coletiva, eles formam a base de virtudes e crenças que reforçam a integridade e caráter dos quais todos — incluindo empregados, clientes, fornecedores, acionistas, analistas e consumidores — dependem.

Os princípios *formais* são muitas vezes uma lista de palavras bonitas pendurada na parede ou ocupando uma página no portal do empregado. A maioria das organizações hasteia bandeiras como serviço ao cliente, confiança, trabalho em equipe, diversidade, honestidade e respeito pelas pessoas em suas declarações de princípios. Não há dúvidas de que uma equipe cara de pessoas de alto nível passou a melhor parte de uma sessão esculpindo precisamente aquelas palavras idealistas para transformá-las em uma nobre declaração de princípios — apenas para descobrir que, na realidade, a maioria delas é desconhecida ou ignorada dentro da organização.

Os princípios *informais* muitas vezes não são declarados, mas as pessoas os refletem através de suas interações diárias. Tome cuidado, porque essas atitudes, palavras e ações influenciarão novos empregados antes mesmo que eles terminem o treinamento! Os princípios informais são a base do que realmente acontece em uma organização — quando a gestão não está olhando. Seu objetivo é alinhar o formal e o informal, assim, não importa quem estiver olhando, as pessoas levam a cultura na direção que você quer.

Os princípios informais podem estar em desacordo com princípios formais. Essa discrepância causa tensão e conflito através da organização. Se "Respeito pelas Pessoas" é um princípio formal, mas as pessoas são maltratadas ou demitidas indiscriminadamente, os princípios estão em conflito. Se "Confiança" é um princípio formal, mas as pessoas são constantemente menosprezadas ou anuladas, você tem um problema. "Integridade" era um dos princípios declarados da Goldman Sachs, mas está claro que o real conjunto de princípios resultou em um comportamento diferente.

Em vez de uma declaração de princípios nobres que são amplamente ignorados, o Google, por exemplo, possui um conjunto de princípios que são demandáveis e consistentes, incluindo "Ótimo não é bom o suficiente". Outro de seus princípios é "Você pode fazer dinheiro sem fazer o mal". Bem, esse é um princípio que realmente pode guiar um comportamento!

Em uma organização Lean ideal, você vive e respira um conjunto específico de princípios. Eles são consistentes e poderosos, e têm vida tanto formal quanto informalmente. Todos na organização estão em sintonia. Na realidade, você pode não ser capaz de viver em função desses princípios durante 100% do tempo, mas você luta pela perfeição — cada minuto do dia com cada membro da organização. Como uma organização Lean, você lutará para eliminar barreiras que o impedem de viver de acordo com os princípios.

Levando a cultura para a linha de partida

Se você está iniciando a jornada Lean, precisa saber onde sua organização está no momento em que a jornada começa. Identifique os princípios atuais e crenças, e o que precisa mudar antes de embarcar. Você tem uma bagagem organizacional o acompanhando na jornada. A fada da cultura não sacudirá uma varinha mágica e mudar instantaneamente todo o clima e cultura da organização — você terá que trabalhar nisso com cada interação a cada dia.

Se você é como a maioria das organizações, empreendeu muitas iniciativas antes de tentar o Lean. Uma reação normal para uma organização é resistir à mudança, esperando que "isso vai passar". Você vai ouvir pessoas resmungarem a respeito de precisarem fazer seu "verdadeiro trabalho". Tenha em mente que essas atitudes são parte do estado atual. O registro do caminho anterior influenciará a aceitação da organização quanto a uma nova iniciativa. Comece sondando o estado atual da organização. Aí então você pode identificar as falhas que poderiam impedir os esforços de implementação do Lean.

Identificando o estado atual da organização

Fazer o inventário da cultura organizacional é uma tarefa esmagadora: por sua própria natureza, ela é imprecisa. O autor e poeta Hans Magnus Enzensberger disse uma vez: "A cultura é como colocar um antiácido efervescente em um copo — você não vê, mas, de algum modo, ele faz alguma coisa."

Comece a sondagem da situação atual fazendo perguntas. Você pode usar diversos mecanismos para reunir dados: pesquisas de comprometimento de funcionários, estudos de observação, enquetes eletrônicas, análise da rede organizacional e contratar observadores externos ou entrevistadores — essas são todas opções para reunir informação sobre o clima organizacional atual.

Aqui estão algumas questões para começar a avaliação:

- Quais são os princípios e crenças oficialmente declarados da organização?
- Quais comportamentos organizacionais apoiam esses princípios?
- Quais comportamentos sugerem um conjunto de crenças diferente?
- Onde os princípios declarados e implícitos entram em conflito? Onde eles são consistentes?
- Descreva a relação entre funcionários gerentes e os demais. Identifique comportamentos que tipificam a relação gerenciamento/não gerenciamento.
- A organização se submeteu a fusões e aquisições? Em caso afirmativo, como as muitas culturas coexistem na organização atual?
- Como a organização lidou com iniciativas de mudança no passado?
- Quando foi a última vez que a organização promoveu um esforço de melhoramento significativo? Por quanto tempo durou?
- Existem quaisquer iniciativas de mudança ativas atualmente?
- O quão efetivas essas iniciativas têm sido?
- Quantos membros da organização atual foram envolvidos no esforço de mudança?
- Quais comportamentos apoiam uma organização Lean e devem continuar?

Você não pode observar e medir qualquer um desses fatores de dentro de sua sala. Você precisa ir "aonde a ação" acontece para ter uma visão real. (Veja o Capítulo 13 sobre *3Gen*.) Você está tentando identificar comportamentos para alavancar, bem como desalinhamentos e incongruências, antes de introduzir formalmente um conjunto de princípios do Lean. Por exemplo, se um dos valores declarados é "qualidade em primeiro lugar", mas você observa produtos defeituosos sendo despachados para atender o prazo do cliente, isso é incongruente. Se um valor é "O cliente é o rei" e, ainda assim, você nota os empregados ignorando ou sendo rudes com seus clientes, você tem uma falha para sanar. Se "melhoramento contínuo" é outro valor declarado, mas todo ano a organização luta contra os mesmos problemas de sempre, o que isso lhe diz?

Os princípios formais da organização podem estar próximos do Lean, ainda que os princípios informais possam estar do outro lado de um abismo tão grande quanto o Grand Canyon. Conhecer as falhas em sua credibilidade irá ajudá-lo a formular uma estratégia de mudança para apoiar a troca das operações tradicionais pelo Lean.

Definindo os princípios do Lean em uma organização

Lembre-se, o princípio abrangente do Lean é *mudança gradual contínua*. Vinculadas a isso estão duas categorias adicionais:

- ✔ Satisfação do cliente
- ✔ Respeito pelas pessoas

Muitos profissionais e programas Lean focam na "satisfação do cliente" e se esquecem do "respeito pelas pessoas". Você deve ter "respeito pelas pessoas" para obter sucesso; isso é tão fundamental para a iniciativa Lean quanto a satisfação do cliente para que seus esforços sejam sustentados e seu sucesso continue. Cada área contém princípios subordinados, como mostrado na Tabela 3-1.

Tabela 3-1	Um Resumo dos Princípios Lean
Mudança Gradual Contínua	
Satisfação do Cliente	*Respeito pelas Pessoas*
Executar atividades que agregam valor	Garantir a segurança pessoal
Operar em just-in-time	Promover a segurança do empregado
Eliminar perdas	Desafiar e engajar a todos
Gerar fluxo e pull continuamente	Celebrar conquistas
Criar qualidade na fonte	Crescer e aprender continuamente
Viver o trabalho padronizado	Comunicar eficazmente

Mensurando a diferença

Para entender a cultura atual da organização e definir o que os princípios do Lean significam para você, vá observar o que está de fato acontecendo e faça uma avaliação formal. Além das questões encontradas na seção "Identificando o estado atual da organização", essa avaliação deve incluir:

- ✔ Quais são os princípios atuais?
- ✔ Cada um deles é um princípio formal ou informal?
- ✔ Quais comportamentos refletem ou demonstram cada princípio?
- ✔ Esse princípio e o modo como ele é expresso estão alinhados com o Lean?

Capítulo 3: O Lean na Organização   **59**

- Como especificamente cada princípio se alinha com o Lean?
- Quais ações de suporte devem ficar na organização?
- Quais novas ações e hábitos você deve desenvolver para fortalecer cada princípio?
- Quais mecanismos no "processo de desenvolvimento de pessoas" você pode usar ou criar para promover o crescimento desses hábitos e ações?
- Como você pode medir esses elementos e ações culturais?

Uma ferramenta gráfica comumente usada no Lean para mostrar o progresso de várias áreas para um objetivo específico é o *gráfico aranha*. Nesse tipo de gráfico, o círculo externo representa conformidade total ou 100% de concretização, enquanto que o centro do círculo representa nenhuma conformidade ou 0% de concretização. O objetivo é preencher o círculo à medida que o desempenho aumenta. O gráfico aranha na Figura 3-1 mostra o progresso da transformação cultural. Nesse exemplo, a organização classificou segurança pessoal em 90% e valor agregado em 20%. (Veja o Capítulo 13 para mais informações sobre gráficos aranha.)

À medida que uma organização amadurece, sua definição de cada elemento mudará, porque você e a organização evoluirão continuamente. Seus números iniciais podem diminuir à medida que você continua a aprender e escrutinar o desempenho. Você pode notar também que sua avaliação inicial foi alta demais ou que precisa definir um objetivo mais rigoroso para a organização. A busca constante pelo melhoramento em todos os aspectos é mais importante do que os números.

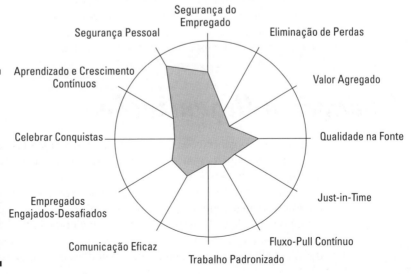

Figura 3-1: Este gráfico aranha representa o progresso de uma organização em direção a seus objetivos de transformação cultural.

O Norte Verdadeiro da Toyota

Pelo fato de a Toyota ser tão amplamente reconhecida como a companhia que criou o Lean, ela se destaca como sendo um modelo a ser imitado. Entidades externas consideram a Toyota como sendo uma companhia Lean verdadeira. Ainda assim, a Toyota reconhece que sua jornada não está completa e nunca termina. Ela identificou o que ela chama de *Norte Verdadeiro*. O Norte Verdadeiro representa o que a empresa *deve* fazer, e não o que ela *pode* fazer. O Norte Verdadeiro é o que dita a direção da Toyota, um estado ideal — algo pelo qual ela luta, mas, no espírito do melhoramento contínuo, nunca irá alcançar.

Na visão da Toyota do Norte Verdadeiro, todos se comprometem, a cada minuto de cada dia, em sempre melhorar o estado atual. A tabela a seguir ilustra os princípios da Toyota descrevendo o Norte Verdadeiro.

Satisfação do Cliente	*Desenvolvimento Humano*
Zero defeitos	Segurança mental e física
100% de valor agregado	Seguridade
1x1, em sequência, por demanda	Desafio profissional

Lembre-se: Defina seu próprio Norte Verdadeiro. Embora o Norte Verdadeiro da Toyota possa ser um bom modelo a ser seguido, sua organização não é a Toyota. Se você consultar o modelo deles, traduza-o para o contexto de sua organização. Qual é *seu* caminho ideal?

Depois que tiver avaliado a cultura da organização, você vai saber onde estão suas forças e onde estão seus desafios. A natureza das forças e fraquezas organizacionais irá determinar a iniciativa de mudança. Alavanque suas forças e elimine as falhas. Seguindo em frente, avalie periodicamente a cultura, do mesmo modo como você faria com qualidade, entrega, custo ou satisfação do cliente.

Mudando a Organização

Raramente as organizações estão naturalmente preparadas para começar uma jornada Lean. Na maioria das vezes, as culturas organizacionais torcem, se contorcem e, normalmente, se retorcem de dor à medida que crescem e amadurecem até se tornarem uma organização Lean. Essas contorções são reconhecíveis e tipicamente ocorrem em cinco fases distintas em cada volta através do ciclo de melhoramento. À medida que a jornada Lean progride, a organização geralmente se move através dessas fases mais rapidamente. Note que todos dentro de uma organização mudarão o modo como executam suas atividades diárias em atitudes, ações e abordagens; leia mais sobre isso nos Capítulos 4 e 5.

Todos na organização progridem em seu próprio ritmo. Algumas pessoas "abraçam" a mudança, algumas são "movidas por dados", algumas são do tipo "esperar para ver" e algumas são "resistentes até o fim". No processo de mudança, você deve tratar cada uma dessas facções de acordo.

Esteja atento ao aspecto da mudança "respeito pelas pessoas". Pode parecer muito obscuro, político ou demorado. Mas, se você não estiver atento a isso, seus esforços Lean não terão sucesso a longo prazo.

Passando pelas cinco fases da mudança

Independentemente da natureza da mudança, uma organização que está se submetendo à transformação passará por cinco fases — muitas vezes *não* em uma ordem exata. Já que uma organização é uma coleção de indivíduos e cada um deles aceita a mudança em seu tempo, a organização às vezes pode ter que recuar para poder avançar. À medida que dá seus próximos passos em sua jornada Lean, você voltará nessas fases. O segredo da gestão é monitorar o pulso da organização para saber que direção está se transformando e evoluindo. Quando o recuo acontece, a gestão precisa corrigir o curso.

Fase 1: Reconhecimento e aceitação

O reconhecimento é o início de qualquer mudança, e a aceitação completa essa primeira fase. Assim como ocorre com as pessoas, uma organização precisa reconhecer e aceitar que as condições de hoje não são mais viáveis.

Até que a dor do presente seja maior do que a dor do futuro incerto, um indivíduo ou organização não embarcará em uma mudança de qualquer tipo que seja. A oportunidade por si só motivará apenas 5% da população. O medo da perda ou outra conexão emocional significante motiva os outros 95%. O primeiro passo crítico no processo é identificar claramente e comunicar a necessidade de mudança até que a organização reconheça e aceite a razão.

O reconhecimento normalmente exige abrir mão — abrir mão de um velho sonho, uma visão obsoleta, práticas de trabalho atuais, ou nostalgia pelo passado. As pessoas são relutantes quanto a abrir mão — muitas delas se agarram a memórias e práticas de trabalho dos bons e velhos tempos muito tempo depois de elas desaparecerem e se tornarem irrelevantes. E, quanto maior e mais estabelecida é a empresa, mais difícil é para se abrir mão.

Ao embarcar em uma jornada Lean, a organização precisa mudar — continuamente. Ela não pode esperar poder ancorar em seus métodos antigos e ao mesmo tempo implementar verdadeiramente o Lean. O quão rapidamente e o quão prontamente a organização se adapta ao Lean depende do passado, do presente e do quão distante a organização está do futuro desejado.

Pense em uma família que excedeu os limites de sua casa. O único banheiro fica lotado de manhã, as crianças se atropelam nos quartos e não existe lugar para relaxar ou fazer a lição de casa. Mas a hipoteca é acessível, a vizinhança é confortável e as memórias são muitas. Em que ponto essa família reconhece e aceita a necessidade de fazer uma mudança?

Fase 2: Direção e Planejamento

Depois que uma massa crítica da organização reconhece e aceita a necessidade de mudança, o próximo passo é determinar a nova visão e definir a direção para o futuro. Só então você pode definir o plano de ação para mover a organização para esse futuro.

Às vezes, o próprio ato de imaginar a visão de futuro ajuda a cimentar a aceitação da mudança. Quando essa visão alivia dor e sofrimento suficientes, a aceitação organizacional melhora. Começa a ocorrer uma dinâmica conducente, que atrai apoio e ideias para o plano de ação.

Considere a família da seção anterior naquela casa apertada. Depois que eles aceitam a ideia da mudança, o próximo passo é pintar a visão de seu futuro — uma visão na qual eles têm espaço e instalações suficientes para atender às suas necessidades, fazendo com que aproveitem melhor suas vidas juntos. Os pais decidem que o momento de uma mudança radical chegou — mudar para uma casa nova. Enquanto discutem sobre a mudança dentro da família, recebem opiniões e considerações de todos os membros. Eles criam uma visão de sua nova casa e definem a direção — um alvo para o quê e onde comprar. Depois que a direção foi definida, a fase de planejamento detalhado começa. Os planos incluem a gama completa de atividades necessárias quando você se muda para uma nova residência — desde fazer as malas e mudar de escola até transferir serviços e conhecer os novos vizinhos.

De um modo geral, a família reconhece e aceita a ideia da mudança, e definem a visão e o plano. Ainda que cada membro da família vá lidar com a realidade das mudanças a seu próprio modo. Se Trevor precisa deixar seu time de baseból no meio da temporada, ou Sara se preocupa se terá dificuldade para fazer novos amigos em uma nova escola, eles podem esperar discretamente que essas coisas não aconteçam. Mesmo que o planejamento explique isso, na realidade, cada membro da família irá se adaptar em seu tempo.

A aceitação organizacional da mudança é muito similar ao que a família passa. A direção vem do topo, mas aqueles que estão em posições inferiores se sentem como se a mudança lhes tivesse sido imposta. Eles podem ver o potencial para benefícios a longo prazo, mas, a curto prazo, estarão desconfortáveis — se não completamente infelizes e céticos. Quando você é capaz de envolver as ideias das pessoas a respeito de como alcançar sua visão, você diminui essa resistência.

Inclua as pessoas em sua organização que são influenciadores-chave — tanto os apoiadores quantos os resistentes em potencial — no processo de planejamento. À medida que eles se tornam campeões da mudança influenciarão positivamente toda a organização.

Para facilitar a aceitação dentro da organização, considere três aspectos chaves ao comunicar a mudança de direção. Trace uma visão a longo prazo para o modo como você vê a organização interagindo e se comportando diariamente. Mostre as razões para a mudança com uma mensagem que engaje sua audiência em um nível emocional. Recupere essas ideias emocionais com dados, para apelar para a facção menor movida por dados de seu pessoal. Depois de pintar uma grande figura, comunique o próximo passo específico que quer desenvolver na organização. Por exemplo, se aprimorar a resolução das causas dos problemas funamentais é o que você quer, os comportamentos que você pode querer desenvolver para os gestores é ir e ver as condições em vez de liderar de dentro de seu escritório ou de uma sala de reuniões, e fazer perguntas abertas e de sondagem.

Fase 3: Ir em Frente

Depois que os líderes da organização definem uma direção, fazem planos e recrutam os influenciadores, é hora de ir em frente e começar a executar. Se você está ajudando a liderar a mudança, olhará por sobre os ombros para ver se alguém o está seguindo. Alguns estarão, mas outros vão permanecer imóveis, esperando para ver o que acontece.

Quando se começa a implementar o Lean, uma gama de personalidades serão apresentadas — os que se escondem, os que só dizem não, os que se adaptam, os que sentam e observam, os oportunistas e uma série de outros personagens. Eles podem fazer com que você reequipe seus melhores planos. A facilitação da mudança organizacional exige:

Parte II: A Cultura do Lean

- ✔ **Expectativas claras:** Quanto mais clara for a visão a longo prazo — como soará, como se parecerá, se comportará e assim por diante — mais fácil será trazer as pessoas para o seu lado. Quando você tem o quadro geral, identifica claramente o próximo passo que quer que a organização alcance e o incorpore na vida diária. Isso fará com que a visão a longo prazo pareça mais alcançável.

- ✔ **Comunicação adequada:** O melhor caminho para a mudança é a comunicação de mão dupla — não apenas ouvir, mas ser ouvido. (Veja o Capítulo 4 para mais informações sobre comunicação.)

- ✔ **Comportamento adequado:** As ações devem coincidir com a nova direção — isso é de vital importância. As ações devem apoiar a visão, aderir aos princípios e reforçar o plano. Assim como com a família na casa pequena (veja "Fase 1: Reconhecimento e aceitação," anteriormente neste capítulo), cada membro pode precisar de algo diferente para se adaptar à nova situação. Mas, em virtude da mudança, os pais disseram: "Não tem volta."

Pense naquela família no dia da mudança. Há caixas por todos os lados. O caminhão de mudança está carregado. Matt e Michele estão se escondendo na esperança de o pai e a mãe não notarem. Trevor está convencido de que não haverá um bom time de vôlei na nova escola. Sara está ansiosa para fazer novos amigos no novo bairro. O cachorro está tentando entender o que está acontecendo. Enquanto isso, os pais querem apenas que tudo termine logo!

Fase 4: Turbulência

A implementação inicial do Lean está em andamento. A primeira área de trabalho terminou seu *kaizen* inaugural. Apesar do sucesso, a central de boatos começa a trabalhar, lançando predições terríveis sobre demissões — miséria e desolação — e outra iniciativa malsucedida. A conversa no refeitório é repleta de nuvens escuras e motivos pelos quais "não vai dar certo" ou "se todos esperassem por cinco minutos, a gestão viria com outra coisa". A primeira crise atinge ao médio escalão, e eles se sentem tentados a voltar para os métodos antigos. A turbulência corre solta. Nada está estabelecido. Muitos ainda duvidam de que a gestão optará pelo empreendimento do Lean. Ninguém está confortável.

Essa fase é como a família começando a resolver tudo em sua nova casa. As coisas invariavelmente não ocorrem como planejado. Pertences estão fora de lugar porque não têm um local na nova casa. Caixas estão misturadas. As crianças estão se perguntando se os pais irão ceder e decidir que poderão voltar para sua antiga vida. Elas observarão de perto o modo como os pais lidam com a situação. As ações dos pais ou irão engajar as crianças ou aliená-las em todo o processo de mudança.

De modo similar, na organização, o modo como a gestão aborda a fábrica de boatos, conduz a si mesma e responde à crise alimentará o fogo negativo ou extingui-lo, transformando-o numa pilha de carvão fumegante. É durante essa fase tumultuada que o tom é definido para o resto da jornada Lean.

Fase 5: Integração

Finalmente, com comprometimento e consistência, comunicação adequada e comportamento, a organização absorve as mudanças e integra a nova direção à sua psiquê. As pessoas sobem a bordo e se envolvem na visão de uma organização Lean. A gestão terá que lidar com — até mesmo dispensar — a pequena porcentagem da organização que se recusa a participar.

Particularmente pelo fato de o Lean ser uma jornada e não um destino, a integração inclui um ambiente de melhoramento contínuo e mudança. Um envolvimento total através de toda a organização pode levar anos.

Como no caso da família se adaptando no novo local, desempacotar as coisas é a parte fácil. Todos vão encontrar um lugar para suas coisas. O modo como as crianças irão se ajustar à nova situação será tão individual quanto elas mesmas. Mas, com persistência e comunicação, em algum momento todos irão se adaptar à nova rotina — até a próxima mudança.

Superando os obstáculos para o sucesso

Como qualquer novo empreendimento, obstáculos organizacionais aparecem no decorrer do caminho. Alguns deles são culturais, alguns históricos e outros situacionais. Todos estão enraizados nos indivíduos da organização e suas respectivas percepções, atitudes, emoções e ações. Nas seções a seguir, discutimos sobre alguns dos obstáculos para a implementação bem-sucedida do Lean e a mudança organizacional correspondente.

Obstáculo nº1: Regras são feitas para serem quebradas

O Lean é baseado na implementação de padrões e desempenho para esses padrões. Ele é baseado em processos recorrentes. Você pode fazer melhoramentos apenas se existe uma linha de base mensurável para comparação. A atitude "regras são feitas para serem quebradas" não está alinhada com o processo de pensamento do Lean. Se a organização abraça uma atitude anticultural, haverá desafios em sua jornada Lean. Algumas pessoas sentem que os padrões restringem a criatividade, mas esse não é o caso. A realidade é que os padrões focam a criatividade e permitem que você use seus valiosos recursos para fazer melhoramentos concretos e repetíveis.

Crie um novo ditado a partir do antigo: *Padrões são feitos para serem seguidos e, então, melhorados*. A adoção desse novo ditado percorrerá um longo caminho até a mitigação desses desafios. Você deve ser vigilante para garantir que as pessoas estejam seguindo os padrões. Quando alguém viola um padrão, você deve entender o porquê e, então, eliminar a barreira para o cumprimento do padrão. Se a barreira for o próprio padrão, então revise-o de maneira controlada — através do *kaizen* ou PDCA. (Veja o Capítulo 9.) Os padrões sempre evoluirão em uma organização Lean.

Obstáculo nº2: Individualismo de cowboy

Nenhum homem é uma ilha em uma organização Lean. Todos no fluxo de valor estão conectados de algum modo. Os cowboys individualistas que lutam contra o sistema, por qualquer que seja a razão, inibirão a jornada Lean de todos. Existe espaço para criatividade e individualismo quando você os direciona para a eliminação de perdas e aprimoramento dos padrões. Não há espaço para aqueles que, por princípio, se recusam a operar pelos métodos do trabalho padronizado.

Obstáculo nº3: Medo do desconhecido e da perda do emprego

As pessoas temem o desconhecido. Como o Dr. Deming, autor americano, palestrante e consultor, disse, "Ninguém é capaz de apresentar seu melhor desempenho a menos que se sinta seguro". É trabalho da gestão criar um senso de segurança, usando PDCA alinhado com a visão a longo prazo para mover as pessoas através do sombrio desconhecido. Se a gestão não tiver dado nenhuma garantia de que os empregados não perderão seus empregos como resultado dos melhoramentos na produtividade, a jornada Lean será um trajeto bastante acidentado. Você está pedindo que eles tenham fé de que, participando ativamente do Lean, não os estará recompensando com uma demissão. Este é um modo de fazer com que eles confiem que os conceitos funcionarão — e que isso não terá um impacto negativo em sua qualidade de vida.

Organizações Lean maduras têm se *autoajustado* de acordo com a demanda do cliente. Elas criam o comprometimento de seus empregados permanentes e usam empregados temporários para lidarem com flutuações de demanda. Essas organizações se dão conta de que investiram dinheiro e tempo para treinar seu pessoal — a conquista mais valiosa da organização, e é vital mantê-los dentro da empresa. Quando depressões, como A Grande Recessão de 2008, acontecem, essas organizações não demitem as pessoas. Em vez disso, usam a oportunidade para *investir ainda mais* em seus empregados treinando-os e aumentando os esforços de eliminação de perdas em todos os aspectos de seus negócios, de modo que, quando a demanda voltar, estarão ainda mais fortes e preparadas para servir ainda mais aos clientes.

Obstáculo nº4: Resistência à mudança — o que eu ganho com isso?

Em geral, as pessoas resistem a mudanças que não partem delas. Elas podem estar temerosas quando a mudança é ideia delas, mas, ainda assim, se se sentirem no controle, tomarão a decisão de mudar. Mas, quando a mudança lhes é imposta, se sentem como se tivessem pouco ou nenhum controle e podem estar incertas quanto ao resultado. Sua resistência coletiva cresce como um maremoto pronto para derrubar a organização, impedindo qualquer progresso. Quando elas não veem um benefício pessoal ou incentivo para mudar, elas não o fazem.

Certifique-se de pintar uma imagem clara do que quer mudar e impactar suas emoções para envolvê-las no processo. Imagine que você seja um gerente de compras que identificou que sua organização compra 40 tipos diferentes de vidros de segurança de 20 fornecedores distintos a uma faixa de preço entre $0,90 e $15. Você poderia preparar um relatório sobre a redução de variações e desperdícios. Ou poderia coletar todos os diferentes pares de todos os diferentes fornecedores, etiquetá-los com informações-chave e exibir uma imensa pilha com todos os 800 vidros para os gerentes de cada setor que os utiliza. Qual você acha que terá maior impacto emocional — o relatório ou a pilha?

Alguns dos empregados resistirão; você não precisa se preocupar com eles — eles serão seus pioneiros. São aqueles que não podem superar suas resistências ou medos que você terá que fazer com que sigam adiante.

Obstáculo nº5: Já estive lá, já fiz isso

Parte da organização esperará que você falhe, especialmente se há um histórico de iniciativas malsucedidas, programas implementados ao sabor do momento ou instruções instáveis. Uma das melhores formas de minimizar essa reação é manter os gestores responsáveis pelos padrões de comportamento, especialmente em tempos de crise. Quando a organização vê alinhamento nas palavras e ações de seus líderes, ela estará mais propensa a segui-las. Além disso, lembre-se de listar alguns dos maiores derrotistas com antecedência. Ganhando-os desde o início, você cria endossantes influentes do processo Lean.

Obstáculo n°6: Se não está quebrado, não precisa ser consertado

Mesmo quando você pensa que seu ambiente, processos e sistemas funcionam perfeitamente do jeito que estão; eles já estão, em processo de declínio. As práticas de negócio de hoje não irão levá-lo para o amanhã. Você precisa investir tempo continuamente para garantir que seu pessoal, processos e cultura estão agregando valor, permitindo que você entenda e atenda a voz do cliente e que eles estejam se movendo na direção do estado ideal futuro.

A organização não vai se mover tão rápido quanto você gostaria. O todo se move mais lentamente do que os indivíduos que o compõem.

Estado Mental Lean

Os gestores em uma organização Lean têm uma mentalidade ímpar no que se refere ao significado de liderança. Eles têm e são comprometidos com uma visão de longo prazo, assim como com resultados a curto prazo (como por trimestre). Eles se dão conta de que o *modo* como a organização alcança seus resultados é igual, senão mais importante, do que o resultado em si. Entendem que devem se comportar de uma maneira consistente, congruente com sua visão de longo prazo, independentemente das condições a curto prazo. E se dão conta de que o trabalho não é apenas para alcançar resultados, mas também para criar capacidade em seu pessoal, de modo que, quando surgirem problemas, saibam como responder e resolver o problema certo. Os gestores se tornam mentores. (Leia mais sobre isso no Capítulo 4.) Eles também sabem da importância de uma cultura não atribuidora de culpa em uma organização de melhoramento contínuo para criar confiança e comprometimento.

O único e mais poderoso atributo de uma organização Lean é a adaptabilidade. A jornada Lean é contínua; o *kaizen* é contínuo; a mudança é contínua; o aprendizado é contínuo. Ao abraçar os princípios do Lean, a cultura organizacional desenvolve a habilidade inerente de se adaptar constantemente e responder a eventos — tanto internos quanto externos — de modo sistemático. Independentemente de todas as ferramentas específicas e técnicas do Lean, essa agilidade das pessoas torna a organização Lean tão competitiva quanto qualquer tipo de organização em qualquer lugar.

Não existem medidas através das quais a organização Lean pode se declarar completa. Não existe uma Terra do Lean, onde todos os problemas foram abordados, o aprendizado de todos está completo e todos os processos estão perfeitos. Existe sempre algo mais para ser melhorado — algo melhor pelo qual lutar.

Capítulo 3: O Lean na Organização 69

Algumas culturas organizacionais são focadas em um destino. Para elas, iniciativas são como projetos — têm princípio e fim. A ideia de nunca terminar pode ser frustrante e difícil para esse tipo de organização. Essas empresas precisam mudar sua perspectiva e alterar seus princípios quando iniciam uma jornada Lean. Elas devem adotar a predisposição cultural do *kaizen*.

Diferentes das tradicionais, as organizações Lean entendem que a culpa não melhora nada e impede a verdadeira resolução de problemas — o *kaizen*. Criar uma cultura de entendimento e aprendizado é o único modo de criar uma cultura de confiança e melhoramento contínuo. Quando as pessoas sabem que o gerenciamento não irá persegui-las por terem cometido erros, elas estão propensas a participar de um ambiente de aprimoramento contínuo em vez de ocultar seus erros. Por exemplo, se você está tentando reduzir acidentes no local de trabalho, sua resposta quando um acidente ocorrer refletirá aquilo em que acredita e, por último, sua cultura. Você culpa a pessoa que teve um acidente, ou questiona e vai ver quais foram as condições que o criaram?

Parte II: A Cultura do Lean

Capítulo 4

Poder às Pessoas

Neste Capítulo

▶ Explorando o lado humano da mudança
▶ Associando-se ao Lean
▶ Entendendo o que significa ser um líder Lean

> *No mundo dos negócios, tudo se resume às pessoas. Onde nos negócios podemos escapar do impacto do cuidado humano, da criatividade humana, do comprometimento humano, da frustração humana e do desespero humano? Não há razão para algo existir dentro dos negócios se não for para servir às necessidades das pessoas.*
>
> — Bruce Cryer, "Re-Engineering the Human System"

Um dos clichês mais antigos do mundo dos negócios — você já ouviu isso um zilhão de vezes — é: "As pessoas são nosso recurso mais importante." Pela perspectiva Lean, essas palavras são criticamente verdadeiras *e* completamente falsas. Sem as pessoas, não existe desempenho por parte da organização. As pessoas são mais importantes do que as instalações, o equipamento, o capital ou outros recursos.

Mas, em um mundo Lean, você não pensa nas pessoas como um "recurso". Você não categoriza, valoriza, mensura e gerencia pessoas do mesmo modo que faria com recursos intelectuais, financeiros ou capitais. No Lean, as pessoas não são o *recurso* mais importante em uma organização; as pessoas *são* a organização. No Lean, você confia e respeita as pessoas para fazer o uso mais eficaz dos recursos, de modo a agregar valor para o cliente.

O Lean não acontecerá sem as pessoas. O Lean afeta cada uma das pessoas dentro da organização — e cada uma tem seu próprio papel e sua própria resposta. Muitas vezes, ao embarcar em uma jornada Lean, gestores e profissionais focam nas ferramentas e técnicas do Lean. Eles gastam tempo demais advogando o Lean e não passam tempo suficiente obtendo informações — consultando as pessoas, obtendo suas ideias e reações, desenvolvendo-as e incorporando-as. Investir tempo e energia no lado humano da mudança não é apenas um componente crítico do sucesso; isso também produz dividendos a longo prazo quando a organização está inteiramente engajada com o melhoramento contínuo.

Neste capítulo, nós mostramos a você o lado humano da mudança e permitimos que saiba como manifestá-lo em uma implementação Lean. Você descobre como os gestores do Lean agem e apoiam a mudança nos vários níveis da organização. Você descobre a respeito das equipes Lean. Este capítulo inclui um exame profundo do papel do indivíduo na transformação.

O Lado Humano da Mudança

A motivação é um fogo interior. Se uma outra pessoa tenta acender esse fogo dentro de você, as chances são de que ele queime por muito pouco tempo.

— Stephen R. Covey

As pessoas adoram mudar quando a mudança parte delas — elas possuem um senso de controle, a sensação de que estão no banco do motorista. Mesmo que o controle seja limitado, a sensação está lá. Seja uma grande mudança, como trocar de emprego, ter um filho ou se mudar para uma nova casa ou uma mudança pequena, como comprar um novo par de sapatos ou o último lançamento tecnológico, quando a ideia é sua, você se sente motivado. Você determina o esforço, o risco e as recompensas. Você equilibra a equação — e está disposto a buscar por aquilo!

Agora altere um elemento crítico no cenário: a mudança não é mais ideia sua. Imediatamente, você não sente o mesmo senso de participação. Não se sente no controle. Você não está certo de onde tudo aquilo irá levá-lo. Medo, dúvida, incerteza e até mesmo raiva talvez estejam entre a enchente de emoções que o inundam. Se a ideia parte de outra pessoa, você ainda confia na oportunidade?

Lutar, fugir, ficar parado, seguir a linha, ou desaparecer — a escolha é sua. Cada indivíduo — encarando a mesma situação — terá sua resposta única. No contexto da jornada Lean, as pessoas experimentarão a gama total de emoções — desde empolgação até resistência e tudo no meio disso. Elas experimentarão estresse. E precisam de apoio. Elas precisam que você as ouça. Precisam ser treinadas. Precisam desenvolver novas habilidades.

Seja você um profissional, gestor, ou participante do Lean em sua organização, precisa trabalhar sua própria reação à mudança. Você precisa ajustar suas ações e atitudes e avaliar as respostas emocionais. Não há uma fórmula mágica. É necessário trabalho real — trabalho que as pessoas normalmente não gostam de fazer. Finalmente, todos têm a habilidade de se tornarem aprendizes do Lean, ativamente comprometidos com o melhoramento contínuo e o aprendizado vitalício. Primeiro, trate de se livrar dos obstáculos de resistência que aparecem à medida que você percorre a estrada do Lean.

A mudança e o indivíduo

Depois de viver com seu comportamento disfuncional por tantos anos (um custo irrecuperável, se é que existe algum), as pessoas investem em defender suas disfunções em vez de mudá-las.

— Marshal Goldsmith

Como um indivíduo em uma organização que está se movendo em direção ao Lean, você tem escolhas. Não importa onde você se encaixa na organização, qual seu título, ou que trabalho executa — você experimentará a mudança. A atitude a adotar depende de você e de ninguém mais. Você pode escolher subir a bordo imediatamente e se tornar um agente de mudança. Ou pode esperar para ver. Você talvez escolha também partir em vez de mudar. Pode bancar a vítima ou se tornar um desbravador — ou algo entre uma coisa e outra. Tudo depende de você, mas entender a dinâmica e a ciência por trás da mudança o ajuda durante o processo.

Os conceitos básicos: Mudança 101

Independentemente das circunstâncias da mudança, as pessoas a experimentam em seus corpos e mentes. Nesta seção, exploramos os conceitos básicos da mudança e do estresse.

Percepções são realidades

Você já foi a uma reunião da escola e notou que alguns de seus antigos colegas de classe parecem não ser capazes de deixar os tempos do colégio para trás? É como se suas vidas tivessem parado nos 17 anos. Eles anseiam pelos "velhos tempos". Revivem cada momento daquele jogo importante.

Eles gostariam de poder voltar no tempo. Outros colegas nunca sequer pensam na ideia de ir a uma reunião dessas, porque para eles isso já ficou no passado — eles seguiram em frente e abraçaram o futuro.

O que faz com que um grupo seja capaz de deixar o passado para trás e seguir em frente enquanto outros não conseguem? A resposta é "percepções" — as percepções criam a realidade. A figura 4-1 representa como as percepções sobrepõem completamente uma situação, fazendo com que uma pessoa aja, pense e se sinta de uma determinada forma. As pessoas que pensam (ou *percebem*) que suas vidas estiveram no auge há muito tempo verão o reflexo dessa percepção em suas ações, emoções e atitudes. Elas podem não ser capazes de ver um caminho em direção ao futuro, porque suas percepções fazem com que elas vivam no passado.

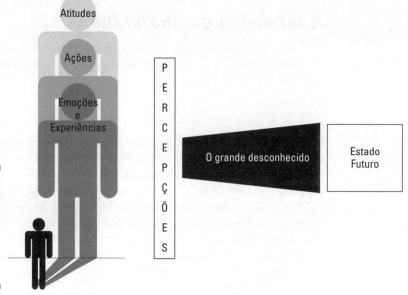

Figura 4-1: Fatores que influenciam suas percepções sobre o desconhecido e o futuro.

Reconheça que as pessoas julgam as situações através de seus preconceitos e percepções únicas. Algumas das pessoas em sua organização irão querer se agarrar aos "dias de glória"; outros se comprometerão tanto com a mudança que seguirão em frente sem sequer dar uma olhadela para o modo antigo de se fazer as coisas. Toda uma gama de pessoas ficará no meio. Mas, por fim, todas elas precisarão tomar o caminho do Lean.

O modo como as pessoas percebem a mudança dita suas respostas. Durante uma comunicação inicial, muitas pessoas investigarão e não ouvirão a maior parte da mensagem de mudança. Quase que

Capítulo 4: Poder às Pessoas   *75*

imediatamente começarão a pensar "Como isso vai me afetar? O que vai mudar? Eles estão falando sério sobre isso? Eu vou perder o meu emprego?". O modo como cada pessoa percebe a mudança dita o quão rapidamente superará a resistência natural.

A realidade da resistência

Se você deseja criar uma organização Lean verdadeira, terá que superar a resistência individual à mudança. Algumas atitudes aparecem — são os sintomas da resistência. Você pode reconhecer algumas delas:

- ✔ **"Já estive lá, já fiz isso"**: Se alguém sente que isso lembra algo que deu errado no passado, irá resistir. Essa pessoa não irá por vontade própria embarcar no vagão da mudança. Não confiar, falta de fé e sarcasmo são apenas alguns dos obstáculos que você precisa remover. Como? Através da comunicação de mão dupla, comprometimento demonstrado e consistência, novas práticas de liderança, resultados rápidos e reforço.

- ✔ **"Uma rosa é sempre uma rosa"**: Essa atitude se manifesta de muitas formas. Se o mais rígido dos supervisores agora está sendo um treinador ou mentor, ninguém estará propenso a acreditar que isso seja possível ou sustentável. Se você teve tentativas fracassadas com o Lean ou outras iniciativas de melhoramento contínuo, precisa mostrar como dessa vez será diferente. Ambas situações exigem uma comunicação de mão dupla, consistente, ativa, e uma liderança envolvida, monitoramento, treinamento contínuo e desenvolvimento. Aquela supervisora terá que provar que ela fez mais do que frequentar a "escola do charme" para ganhar as pessoas que trabalham para ela — ela precisa demonstrar sua crença de que seu trabalho é criar capacidade e garantir que os padrões são seguidos e eliminar as barreiras quando isso não acontece.

- ✔ **"Não foi inventado aqui" ou "Não se aplica aqui"**: Essas atitudes descarrilharão uma iniciativa Lean. Na pior das manifestações, as pessoas podem entender que as ferramentas e métodos do Lean talvez se apliquem em outra espécie de companhia. Para superar essas atitudes, você deve demonstrar constantemente como encontrar e eliminar desperdícios em seus processos. Isso requer liderança criativa. Você pode ter que mudar a linguagem ou demonstrar um conceito para mostrar às pessoas como o Lean é aplicável em sua organização.

- ✔ **"Medo de falhar"**: Essa atitude evita que os indivíduos participem ativamente. Ser perfeccionista é diferente de lutar pela perfeição. Os perfeccionistas têm medo, não saem do lugar ou param, se você não reforça a importância de tentar algo novo — independentemente do resultado — para melhorar a situação. Em uma cultura Lean, quando você tenta algo novo, o resultado raramente será perfeito da primeira vez. Lembre-se do ciclo PDCA. (Veja o Capítulo 9.); a fase prática desse ciclo tem tudo a ver com tentar — testar é parte do processo. E o melhoramento é incremental; então, o próximo passo nunca é o passo final.

Criar uma cultura livre de culpa é a melhor maneira de superar o medo de falhar. Você faz isso pelo modo como responde, guia e orienta as pessoas no processo de aprendizado. Encoraje-as a usarem as ferramentas do Lean, mude apenas uma coisa de cada vez sempre que possível, e mantenha as mudanças simples. Quando as coisas não correm como o planejado, faça perguntas como: "O que nós aprendemos?", "Qual é o real problema que estamos tentando resolver?", "O que tentaremos em seguida baseado no nosso aprendizado?".

Não há problema em falhar se você aprende com isso.

Estresse: A resposta natural à mudança

O estresse é uma resposta naturalmente humana à mudança. Ele é inevitável. O estresse acontece continuamente, de positivo e motivado a negativo e debilitado. Na transformação Lean, o estresse com o qual se precisa ter cuidado é o das coisas negativas.

Quando o estresse começa a ir para o lado negativo, você pode se sentir tenso, ansioso ou irritado. Pode ficar deprimido ou frustrado; se ver facilmente distraído; tornar-se facilmente irritável ou até mesmo apático. Também pode se ver bebendo ou comendo mais do que faria normalmente. E não vai aonde deveria ir.

Você pode lidar com o estresse de muitas maneiras. Pode monitorar o próprio comportamento e escolher lidar com o estresse de maneira saudável — por meio de dieta, exercícios, risos e descanso. Você pode encontrar um amigo para desabafar e lhe dar apoio — conversar ajuda a passar por situações estressantes.

É uma boa ideia ter uma estrutura de orientação formal em uma organização Lean. Ela pode estar diretamente associada ao quadro organizacional, à rede social, ou você pode querer baseá-la nas capacidades que precisa criar no pessoal e na organização.

Reações extremas

Em casos extremos de estresse ou mudança, seu corpo pode realmente ter uma resposta fisiológica — lutar ou fugir. No interior do cérebro há um minúsculo aglomerado de neurônios em forma de amêndoa chamado de amígdala. A amígdala recebe um sinal de medo ou perigo vindo do tálamo, que faz com que ela libere químicos no corpo, mesmo quando o restante do cérebro está tentando processar a informação em busca da resposta apropriada. Como Daniel Goldman descreve em *Emotional Inteligence,* a amígdala pode realmente sequestrar o cérebro, evitando respostas racionais.

Bem, o que isso tem a ver com você e uma transformação Lean? Se você se encontrar reagindo irracionalmente às situações — como durante um evento de *kaizen* —, pode ser uma vítima desse sequestro emocional. Uma das melhores respostas é se afastar e se acalmar — isso pode levar uma hora ou mais — até que seu corpo possa de fato limpar os químicos e permitir que você pense racionalmente sobre a situação.

Ao passar por qualquer mudança, é natural sofrer reações fortes e impulsivas de tempos em tempos. Você pode aprender e crescer além da reação irrefletida. Com cada mudança que sofre e aceita, você treina a si mesmo para entender que a situação está sob controle e a amígdala não precisa se encarregar de salvá-lo.

Abraçando a mudança ao estilo Lean

Nas seções anteriores, cobrimos os fundamentos da mudança individual. Nas próximas seções, mostraremos a você o que o indivíduo pode fazer para abraçar a mudança para o Lean.

Conheça a si mesmo

Analise onde você está pessoalmente com as mudanças; isso irá ajudá-lo a se mover através da transição para o Lean. O que você está sentindo? Você está superando sua resistência natural? Onde você pode contribuir? Quais atitudes, emoções ou ações podem estar se colocando no caminho e impedindo que participe totalmente como indivíduo ou membro de uma equipe? Como trabalhar de perto com pessoas afeta você? Quão pronto você está para aprender novas coisas e se expandir?

Você é o único que pode mudar a si mesmo, mas o modo como reage às situações pode influenciar muito as pessoas — de forma positiva ou negativa.

A maioria das pessoas se sente desconfortável com o desconhecido. Na falta de informação, elas antecipam o pior. Essa abordagem "pessimista" é uma forma de autoproteção. O *kaizen* e o PDCA ajudam você a aprender a se tornar confortável com a ambiguidade e ter a coragem dentro de si para tentar algo novo. Todos precisam passar pela fase de desapego do velho e seguir em frente para agarrar o novo. Quando você entende o que o *novo* pode ser e começa a fazer um progresso incremental em direção a ele, vê que é mais fácil se desapegar do passado. Por essa razão é importante que a liderança superior articule uma visão clara de onde a organização está indo — como o *Norte Verdadeiro* da Toyota (veja o Capítulo 3) — e então criar alvos específicos, bem alinhados e de curto prazo — medidas e descrições — que eles querem que a organização alcance.

Algumas práticas Lean — como tirar fotos de antes e depois de uma área — realmente ajudam as pessoas a se desapegarem. Criar cerimônias ou eventos para simbolizar o desapego também pode ajudar. O movimento por um monumento, o enterro de um antigo manual, ou uma festa no novo pátio de trabalho — todos são exemplos de um cerimonial de desapego. Um cerimonial pode soar como sentimentalismo barato, mas funciona.

Pense a respeito de outras mudanças que você tenha sofrido em sua vida que foram bem-sucedidas. Identifique como você ajustou suas atitudes, emoções e ações para tornar essas situações positivas. Trabalhe nessa trajetória para impulsioná-lo adiante na transformação Lean.

Quando você começa a ver progresso, terá menos dificuldade em se adaptar ao novo ambiente. O conceito do Lean se tornará mais concreto para você. Essa mudança de percepção normalmente acontece depois de você ter participado em atividades de *kaizen* — pequenos e contínuos melhoramentos em suas percepções lhe farão mudar pensamentos, atitudes e, por último, suas ações.

Pensar verdadeiramente de um modo Lean é ver a vida de uma forma diferente. Você tende a ver formas de melhorar qualquer situação e de olhar para o desperdício de um modo completamente diferente. Você quer tornar as coisas melhores — e sabe que pode! Seja esperando na fila do banco ou se voluntariando em uma ONG, você tem ideias para melhorar o tempo de espera dos clientes ou o serviço oferecido. Em última análise, suas ações, atitudes e emoções serão todas coloridas com um filtro Lean.

Princípios pessoais: Alinhamento com o Lean

Quando uma organização muda para o Lean, seus princípios mudam. Um indivíduo que procura a mudança precisa entender como isso tem impacto sobre ele e seus princípios. As pessoas cujos princípios estão próximos dos princípios do Lean terão menos problemas para se ajustarem do que os outros.

Como alinhar os princípios? Você começa por conhecer os seus. Então, você identifica e entende os princípios Lean da organização — tanto declarados como manifestados. Ao comparar seus princípios com os do Lean, verá onde existe desalinhamento e o quão severo ele é. Então, pode escolher como eliminar a diferença entre eles.

Capítulo 4: Poder às Pessoas   **79**

Embora a maioria das pessoas goste de trabalhar em um ambiente Lean, algumas podem decidir que prefeririam fazê-lo em outro lugar e, então, deixam a empresa. Não importa; as pessoas que ficam são as que escolhem viver o Lean.

Manifeste-se, reforce: O papel do indivíduo

Quando as pessoas ficam sabendo que haverá uma mudança, talvez elas retraiam. Elas talvez não se comprometam, façam perguntas, ou participem ativamente. Através de suas ações, podem abdicar de sua responsabilidade. O que se pode fazer enquanto indivíduo em uma companhia que está embarcando em uma jornada Lean?

- Faça perguntas para esclarecer expectativas e entender novos papéis.
- Foque em soluções — como podemos fazer dar certo?
- Mantenha-se aberto e positivo, e não alimente a central de rumores.
- Aprenda ativamente sobre ferramentas e conceitos Lean.
- Identifique o que você pode mudar em seu mundo; por exemplo, como reduzir desperdícios?
- Exija treinamento sobre tópicos como PDCA, ferramentas estatísticas, habilidades de treinamento, habilidades de equipe, gestão de mudança.
- Voluntarie-se para participar de atividades *kaizen* recentes.
- Seja responsável pelos seus próprios pensamentos, emoções e ações.
- Comprometa-se a seguir o trabalho padronizado para sua atividade.
- Trabalhe com o líder de equipe para identificar e melhorar a sua área de trabalho e remover barreiras que impedem a padronização — diariamente, se possível.
- Faça a si mesmo perguntas sobre suas percepções, reações e comportamentos no local de trabalho.
- Sinta-se confortável com a ambiguidade. Perceba que você não pode controlar a situação ou saber exatamente o que está acontecendo o tempo todo.

Os gestores podem ajudar conduzindo fóruns em que as pessoas podem fazer perguntas e verbalizar suas preocupações. Para tornar essas seções benéficas, mantenha-as reais e positivas. As pessoas precisam sentir que os gestores as escutam, irão ajudar, fazer feedbacks e comunicar o status de suas preocupações.

Agindo Lean

Em organizações tradicionais de todos os tipos, as pessoas aprendem a fazer uma tarefa com ou sem uma conexão com outras partes da empresa ou com o que o consumidor final ou o cliente exigem. Armazenagem, trabalho isolado, ocultação de erros, ritmo errático de trabalho e suportar apenas boas notícias podem ser algo comum em um local de trabalho tradicional, mas tais comportamentos não têm espaço em um ambiente Lean.

Para eliminar desperdícios ou comportamentos desperdiçadores, primeiro é preciso admitir que eles existem. Você já esteve em uma reunião onde um orador discursa após o outro sobre terríveis condições de negócios e, ainda assim, preveem uma recuperação miraculosa? Quando você se arrisca no Lean, deve aceitar a situação atual e mudar seu modo de pensar — o modo como você alcança seus resultados é tão importante quanto os próprios resultados em si.

Muitas pessoas (incluindo gestores) aprenderam a *criar* situações de crise para poderem se tornar heróis que voam para o céu como o Superman para salvar o dia. Os gestores recompensam esse tipo de comportamento — às vezes ao ponto em que, se a companhia não está em crise, ninguém sabe como agir. Em uma organização Lean, aprende-se como prosperar sem desastres diários e, então, responder sistematicamente quando os problemas surgem. Os líderes entendem que o trabalho deles é encorajar a identificação de problemas e a resolução em seu pessoal e em todos os níveis da organização. Os gestores aprendem como recompensar a prevenção de problemas e a resolução de suas causas, o trabalho padronizado e o melhoramento contínuo.

Em ambientes tradicionais, as pessoas fornecem informações de acordo com a necessidade que se tem de saber delas, normalmente na mesa de alguém ou em arquivos. Não é possível simplesmente entrar em uma área e saber exatamente o que está acontecendo ali. As pessoas aprenderam como esconder os problemas, proteger informações e fugir da responsabilidade. Por contraste, um ambiente Lean é muito aberto, transparente e visual. Ele fornece responsabilidade e reforça os padrões. No Lean, o velho ditado "regras são feitas para serem quebradas" muda para "padrões são feitos para serem seguidos — *e melhorados*".

Os líderes de equipe e gestores são responsáveis por garantir que as pessoas estejam seguindo os padrões e entender o porquê quando não estiverem. Quando os líderes identificam um desvio, eles apontam a condição específica que está causando o problema e trabalham juntos com as pessoas que estão executando o trabalho para eliminar a condição. Se necessário, devem envolver os departamentos de apoio apropriados.

Algumas organizações optam por exibir os padrões longe da área de trabalho onde eles são mais acessíveis aos gestores, que os utilizam para compará-los com o que está de fato acontecendo.

Muitas organizações estão repletas de indivíduos que pararam de tentar aprender depois que deixaram a escola. Eles não fazem cursos. Não analisam erros ou falhas. Depois da escola, desmarcaram a "caixa da educação". Por outro lado, as organizações Lean recompensam e prosperam com o aprendizado. Como a filosofia do *kaizen* de melhoramento diário, o Lean também promove um aprendizado novo todos os dias — aprender através dos erros, aprender a identificar o problema certo a ser trabalhado, aprender a resolver a raiz dos problemas, aprender novas formas de eliminar desperdícios, aprender mais sobre o cliente e aprender as capacidades da organização.

Analisando diferentes estilos de aprendizado

Nem todos aprendem da mesma forma — os indivíduos possuem diferentes estilos de aprendizado. A maioria das pessoas possui um estilo dominante, mas às vezes também pode exibir outros. Os quatro estilos de aprendizagem mais comuns são:

- **Visual:** Eles se lembram do que veem.
- **Verbal:** Eles se lembram do que ouvem e dizem.
- **Lógico:** Eles conceitualizam informações.
- **Cinestésico:** Eles aprendem fazendo e explicando o que fizeram.

Como tantos conceitos novos e mudanças afetam o modo de conduzir os negócios em um ambiente Lean, cada um precisa entender seu estilo. As pessoas que estão liderando a mudança e desenvolvendo o material de treinamento precisam apelar apropriadamente para cada indivíduo como um aprendiz individual.

Os eventos de *kaizen* podem ser um sonho para os aprendizes cinestésicos, mas um pesadelo para os lógicos. Os aprendizes verbais vão querer falar sobre o que está acontecendo para entenderem a mudança, e os visuais podem querer voltar ao passo anterior para poderem entender. Quando você tem uma atividade de *kaizen*, tente identificar os estilos de cada membro da equipe. Preste atenção à linguagem que os participantes usam, para obter pistas sobre os estilos deles. Você pode ouvir frases como "Eu acho," "Eu vejo" ou "Como podemos fazer" à medida que as equipes interagem.

O aprendizado acontece formal e informalmente no decorrer da jornada Lean. Formalmente você terá aulas, workshops, eventos de *kaizen*, ou seções de treinamento. Os temas variam desde criação de equipes até a resolução de problemas e tudo que há no meio disso. Informalmente, você terá que aprender através de ações diárias, resolução individual de problemas, erros e interações interpessoais.

Apelar para estilos de aprendizado específicos ajudará os indivíduos a aprender mais efetivamente e a reduzir a resistência à mudança.

A mudança e a equipe

No Lean, você depende decisivamente das equipes de pessoas trabalhando juntas para melhorar a eficácia do negócio. Mas o que, exatamente, é uma equipe? Uma *equipe* é um coletivo de indivíduos trabalhando em função de um propósito comum. Se não houver esse propósito comum, você tem apenas um grupo.

Ambientes Lean possuem muitos tipos de equipes. Existem equipes de trabalho naturais, equipe de funcionalidade cruzada, equipes que se reúnem para eventos de *kaizen,* equipes que incluem de membros de jusante a montante da organização. O tipo de equipe formada e o período de tempo que ela permanece junta dependem das razões para a existência dela e dos objetivos de desempenho. O ambiente de uma equipe tira vantagem da colaboração entre os membros individuais para identificar soluções melhores, eliminar desperdícios, alcançar um objetivo mais rapidamente e obter ganhos maiores.

Características de uma equipe vencedora

As equipes vencedoras exibem certas características. Elas têm uma aparência específica e um comportamento específico. Embora você defina outras características importantes para as equipes de alto desempenho, a maioria delas possui as seguintes características essenciais:

- **Propósito claro e direção com objetivos motivadores.** Equipes vencedoras sabem onde precisam ir e por que precisam chegar lá. Entendem como sua parte contribui para o sucesso do todo e como isso serve ao cliente. Elas possuem objetivos a curto prazo que as movem em direção aos objetivos a longo prazo.

- **Comprometimento tanto em nível individual quanto em nível de equipe.** Elas têm papéis claramente definidos, desenvolvem e mantêm relações saudáveis. Dependem dos diversos talentos de cada membro da equipe. Mostram confiança e apoio mútuo. E resolvem conflitos de forma produtiva.

- **Comunicação multidirecional eficaz.** A comunicação flui eficazmente dentro da equipe e fora dela. Ela é produtiva, focada em soluções e proativa.

- **Processos claros, orientação sobre tomadas de decisão e melhoramento contínuo.** Elas têm e seguem processos claros. São encorajadas a tomarem decisões e a fazerem isso de uma maneira oportuna. Elas têm uma mentalidade de solução de problemas e melhoramento contínuo.

- **Demonstram criatividade, inovação e adaptabilidade.** Elas utilizam todos os talentos da equipe para criar um novo produto e inovações de processos. Aprendem a se adaptar ao mercado em constante mudança e às situações do cliente enquanto mantêm o comprometimento com seus princípios centrais. Elas resolvem problemas de forma efetiva e de modo sistemático.

- **Liderança de qualidade.** A liderança vem de dentro e é congruente em palavras e ações. Os gestores eliminam barreiras, fornecem direção e orientação, desenvolvem capacidades e promovem crescimento e oportunidades de desenvolvimento. Elas confiam na equipe para executar o trabalho e encorajam os membros da equipe a resolverem problemas e tomarem decisões de forma oportuna.

- **Celebram o progresso.** Equipes vencedoras reconhecem o valor da celebração e do reconhecimento. Elas celebram os sucessos incrementais, assim como as lições aprendidas quando as coisas não ocorreram como planejado.

As equipes mais eficazes têm tipicamente de cinco a sete pessoas. Cada membro da equipe é único e individual, com algo especial a oferecer para a equipe. Idealmente, durante o processo de formação, você identifica esses traços únicos.

Muitas ferramentas de avaliação — como Myers-Briggs Type Indicator (MBTI), DiSC Classic Profile, o índice Kolber A ou *Now, Discover Your Strengths*, de Marcus Buckingham e Donald O. Clifton — podem ajudar uma equipe a entender os jogadores e seus papéis. Certifique-se de encontrar uma pessoa qualificada para administrar uma avaliação e ajudar a equipe a interpretar os resultados. As melhores equipes consistem de tipos diferentes de indivíduos. Você pode achar difícil trabalhar com pessoas que pensam e agem de forma muito diferente do seu estilo, mas uma avaliação pode ajudá-lo e aos outros membros da equipe a entender como otimizar as relações de trabalho, facilitar a comunicação eficaz e tirar proveito dos pontos fortes. As avaliações fornecem uma linguagem comum, contexto e entendimento.

As equipes devem ter uma variedade de perspectivas e tipos para que a inovação e a criatividade se materializem.

Formação de equipe

O Dr. Bruce Tuckman, notável psicólogo e especialista em comportamento organizacional, identificou o que hoje são as famosas cinco fases da formação de equipes:

1. **Formação:** As pessoas unem forças para atingirem um objetivo comum. Os membros passam a se conhecer, identificar pontos em comum, e começam a desenvolver regras básicas.

2. **Turbulência:** Os membros estão tentando descobrir onde se encaixam. Hostilidades e emoções podem vir à tona à medida que as pessoas competem por posições, descobrem em quem podem confiar e assumem um papel. Surgem os líderes.

3. **Normatização:** Os membros aprendem como trabalhar juntos. Eles entendem liderança, papéis e posições. Estabelecem princípios e padrões de comportamento, não necessariamente os mesmos da organização em geral. Eles formam uma identidade de equipe — formal ou informalmente.

4. **Execução:** Os membros trabalham juntos para completar a tarefa, entregar e gerar resultados.

5. **Interrupção:** A equipe completa seu trabalho e, a partir daí, dissolve-se ou aborda um novo escopo de trabalho.

A liderança da equipe é determinada durante o processo de formação. Embora possa haver um líder oficial, um líder diferente pode emergir à medida que a equipe amadurece. Mudanças na formação ou na direção da equipe podem causar regressões para fases anteriores. À medida que sua equipe se forma para eliminar desperdícios e melhorar processos, lembre-se de que ela terá de se desenvolver como uma entidade. A equipe passará por essas fases. Se ela estiver tendo dificuldades para chegar até a fase de execução, a gestão pode ter que providenciar uma intervenção — como facilitação, orientação, troca de liderança ou esclarecimento das expectativas.

Facilitadores externos podem ajudar uma equipe a tirar os pés do chão. Um *facilitador* é alguém que guia o processo da equipe e garante que todos os membros estejam participando e sendo ouvidos. Idealmente, o facilitador não é um membro da equipe e não contribui com qualquer conteúdo para o projeto da equipe.

Colaboração

Para as pessoas que estão acostumadas a trabalhar em um ambiente hierárquico, a ideia de uma colaboração tão extrema pode parecer difícil. O resultado de um ambiente verdadeiramente colaborativo é a solução com vantagens em todos os níveis. Isso requer que os membros da equipe contribuam com ideias, analisem a situação de forma objetiva e negociem a melhor solução para o próximo passo. Isso exige que os indivíduos se desapeguem de uma ideia ou posição, se outros acham melhores soluções alternativas melhores. É necessário que cada indivíduo veja uma situação não apenas pelo seu ponto de vista, mas segundo a visão dos outros envolvidos — inclusive do cliente.

Em um ambiente Lean, as equipes trabalham para eliminar desperdícios. Mas, às vezes, o que uma pessoa vê como perda pode ser valioso ou até mesmo vital para outra. Quando indivíduos dentro de uma organização desenvolvem habilidades colaborativas, são capazes de ver por ambos os lados e, com uma mentalidade Lean, propõem alternativas que podem minimizar, se não eliminar, atividades que não agregam valor dentro do fluxo de valor. Idealmente, quando você colabora, ganha novas perspectivas sobre a situação, que então você usa para ajustar suas percepções e influenciar suas próprias atitudes, ações e emoções.

Trabalhadores multifuncionais

O Lean defende o desenvolvimento de trabalhadores multifuncionais, especialmente em equipes naturais de trabalho. Treine cada membro da área nas atividades dos outros. Acompanhe o progresso do treinamento e desenvolva um nível de competência antes de um empregado executar a tarefa sem supervisão. É fácil criar perspectivas em um ambiente de produção, mas a mesma filosofia pode ser aplicada em ambientes diferentes como contabilidade, cozinhas industriais, ponta de estoque varejista, ou hospitais. Tendo uma força de trabalho bem treinada, você está isolado dos efeitos do absenteísmo, férias, e variações na demanda.

Disponha um gráfico de acompanhamento mostrando as qualificações de trabalho e competências por pessoa. (Veja o Capítulo 12.)

A mudança e os gestores

Os gestores influenciam diretamente a adoção do Lean através de seu comportamento, decisões e comunicações. Como a face da liderança Lean, eles têm o papel desafiador de liderar a organização para o sucesso apesar de sua reação pessoal à mudança. Nesta seção, discutimos o que os gestores podem fazer para tornar o desconhecido mais conhecido e avançar o progresso Lean da organização.

Criando a visão

Declarar que a organização irá se tornar Lean é fácil; fazer a mudança de fato é mais difícil. Os gestores devem começar criando uma visão clara para a organização — não uma declaração visionária altiva, mas uma imagem simples do que significa para a organização se mover em direção ao Lean. Essa visão inclui expectativas de desempenho, prazo, resultados esperados, inter-relacionamentos com outras iniciativas da companhia e comprometimento com a organização.

Em organizações Lean de sucesso, o Lean não é uma iniciativa. Ele se torna o modo como você faz negócios. Inclua isso como um pressuposto para sua visão de longo prazo.

Se você não quer que seus esforços com o Lean se pareçam com um dos quadrinhos do Dilbert de ideias malucas e impossíveis, precisa prestar atenção ao elemento humano da mudança. A gestão precisa liderar por meio de exemplos e com uma constância de propósitos. De acordo com estudos feitos pelos notáveis pesquisadores organizacionais John Kotter e Daryl Conner, 80% das iniciativas de mudança falham devido a fatores humanos.

Engaje as pessoas no início do processo depois que você tomar a decisão de implementar o Lean. Envolvendo-as no planejamento de como implementar o Lean, você os envolve no processo.

Comunicações

As pessoas precisam ser informadas e precisam ser ouvidas. Torne a comunicação clara, consistente, multidimensional e frequente. Declarações únicas não fazem uma transformação. Desenvolva uma estratégia de comunicação para suportar o plano de implementação. O plano de comunicação precisa ser um esforço de mão dupla. Uma parte é o que você quer dizer; a outra é o que você quer que os empregados ouçam. Você está lidando com uma coleção de indivíduos, com necessidades, estilos de aprendizado e percepções diferentes.

Lembre-se dos conceitos básicos da comunicação ao adotar o Lean:

- **Quem:** Quem é o público? É interno ou externo?
- **O que:** O que vai acontecer? O que a audiência precisa saber sobre isso? O que você espera que façam como resultado da comunicação? O que o público teme? O que poderia impedi-los de abraçar a mudança? O que estão dizendo ou pensando?
- **Por que:** Por que você está fazendo essa mudança neste momento? Quais são as condições de negócio que estão precipitando a mudança? Por que este é o método certo neste momento?
- **Quando:** Quando você comunicará? Com que frequência?
- **Onde:** Onde você fará o comunicado?

✔ **Como:** Como você envolverá a audiência? Como você pode solicitar contribuições? Como a mensagem permeará todos os níveis da organização? Como você pode evitar que a mensagem seja alterada à medida que é retransmitida? Como a companhia pode alavancar a tecnologia para tornar a comunicação mais eficaz?

Ciclos de feedbacks são vitais para uma organização que está passando por mudanças. Você precisa saber como a mensagem original tem sido filtrada pelas percepções e interpretações equivocadas. Baseado no feedback de resposta, você pode ajustar sua mensagem e apresentar um método na próxima rodada de comunicação. A Figura 4-2 mostra um modelo de um ciclo de feedback.

No início de uma mudança, é quase impossível se comunicar demais com as pessoas. Elas precisam saber no que estão entrando. Suplemente o plano de comunicação formal com comunicações informais. Nada pode descarrilhar um movimento de mudança tão rápido quanto a falta de informação e rumores. Na falta de informações, as pessoas completam o abismo com especulação e medo.

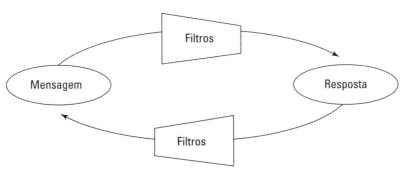

Figura 4-2: Como as mensagens são transmitidas e entendidas entre as pessoas.

Frequentemente, gestores empolgados com uma nova iniciativa caem na *armadilha da advocacia*. Eles estão tão focados em dizer às pessoas porque elas deveriam estar empolgadas e sobre os benefícios da mudança que esquecem de pedir por contribuição. Praticar o questionamento é de vital importância para o sucesso a longo prazo.

Desenvolver a habilidade de ouvir e escutar verdadeiramente os empregados é uma habilidade crítica para qualquer gestor. As pessoas precisam ser ouvidas. Algumas podem precisar desabafar antes de seguir em frente nos novos meios de fazer negócio. Fornecer diferentes fóruns de comunicação, incluindo o que se segue, abordará as várias necessidades dos indivíduos dentro da organização:

88 Parte II: A Cultura do Lean

- ✔ **Um a um:** Invista tempo suficiente (pelo menos 15 minutos) com seus empregados e colegas para ouvir quais são seus pensamentos, ideias e preocupações deles a respeito da mudança. Use essa informação para entender onde os obstáculos na organização estão, para monitorar tendências na organização e criar um grupo de follow-up de comunicação. Lute para ter essas conversas dentro ou próximas do *gemba.* (Veja o Capítulo 13.)

- ✔ **Grupo pequeno:** Conduzir sessões interativas regulares com grupos pequenos irá ajudá-lo a abordar assuntos mais amplos e reunir ideias. Esses grupos podem ser constituídos por elementos alocados em departamentos distintos da companhia, grupos funcionais, equipes de projeto, ou grupos naturais de trabalho. E lembre-se de que as pessoas precisam de um mecanismo para fazerem perguntas antes das sessões.

- ✔ **Grupo grande: Faça questão de** conduzir instruções regularmente para grupos grandes. Reconheça realizações, mostre o estado do negócio e progrida para as visões a longo prazo, e reconheça os esforços tanto do indivíduo quanto do grupo. Forneça um mecanismo para que as pessoas introduzam suas perguntas e preocupações.

Comunicações em ação: um exemplo

Imagine que você é um gestor de uma grande instalação fabril que acabou de receber notícias de que sua companhia fechou um novo contrato, mas atualmente você não tem espaço de fábrica disponível para acomodar o novo trabalho. Depois de trabalhar com as pessoas-chave da organização em busca da visão certa e da estratégia para o lançamento do novo contrato, você começa o processo de comunicação. De início, reúne a organização, informa a todos sobre o novo negócio e, então, diz que precisarão liberar até 1000m² de espaço da fábrica no canto nordeste em duas semanas. Você diz a eles que estarão envolvidos em atividades de *kaizen* para fazer com que isso aconteça e que você espera que não haja nenhum impacto negativo sobre o cliente durante essas atividades. Isso exigirá trabalho de equipe, comprometimento e cooperação. Você anuncia que Pat será responsável por organizar e supervisionar as atividades. E diz que seguirá o progresso deles de perto e espera que a próxima reunião seja em duas semanas na nova área que foi liberada.

Mais tarde naquele dia, você vai até o canto nordeste da fábrica e pendura uma placa que diz: "Futuro Lar da Produção Excelente." Falando com os empregados à medida que caminha pela fábrica, pergunta-lhes o que pensam do novo contrato e o que acham que será necessário para liberar o espaço. No dia seguinte, você e Pat percorrem o pátio novamente, comunicando-se informalmente com os empregados. Os dois decidem adicionar uma placa exibindo o progresso até o espaço desejado. Você decide também liderar pessoalmente ou participar da primeira atividade de *kaizen*. Depois de cada atividade, você se reúne com as equipes, reconhece e agradece pelos seus esforços. Em seguida, usa um blog da companhia e outra mídia social para comunicar o progresso, novas atualizações do negócio e anunciar o próximo desafio.

Seja lá o que você comunicar, esteja preparado para apoiar a mensagem com ações. Se você diz que vai fazer algo até uma certa data, faça isso, ou explique porque isso não aconteceu. Parte das pessoas está esperando pela falha — não as deixe vencer.

Encontre em sua organização a melhor forma de encorajar a comunicação multidirecional como parte de sua cultura e torne isso parte de suas atividades diárias. O que você deveria fazer de início pode ser diferente a longo prazo, mas sua visão a longo prazo deve guiar as ações a curto prazo.

O papel mutável da gestão

Dois dos maiores desafios que os gestores enfrentam em uma organização durante a mudança do tradicional para o Lean são (1) reconhecer como deveriam fazer o trabalho de forma diferente e (2) reconhecer a importância do modo como a equipe alcança os resultados é tão importante quanto os próprios resultados em si. Viver em uma organização Lean não é como em uma organização tradicional, exige que você desenvolva uma mentalidade diferente e um estilo de liderança atualizado.

Os 16 fatores essenciais a seguir caracterizam um gestor Lean em qualquer nível da organização:

- **Mantenha-se coerente com o foco a longo prazo, mesmo em uma crise de curto prazo.** O topo da organização define a visão a longo prazo e a estratégia para o empreendimento. Você define a visão de longo prazo para sua organização, considerando dez anos ou mais no futuro! Quando uma crise acontece, como a Grande Recessão de 2008, as decisões de curto prazo devem ser congruentes com a visão de longo prazo. Pode-se escolher investir no desenvolvimento mais profundo da força de trabalho ou usar o tempo ocioso para eliminar implacavelmente os desperdícios em todos os processos. Qualquer que seja a ação, ela deve ser consistente com a visão de longo prazo e com o investimento na organização.

- **Mantenha o comprometimento inflexível para entregar valor ao cliente através da eliminação de desperdícios em todos os aspectos do negócio.** Entenda que sua organização existe para entregar valor para os clientes: o que querem, quando eles querem e como querem. Sempre faça isso do modo mais eficaz e consistente possível.

Parte II: A Cultura do Lean

✔ **Forneça liderança de serviço em todos os níveis.** Sirva às suas equipes; ajude-as a romper barreiras para eliminar desperdícios e entregar valor ao cliente de uma melhor forma. Desafie, faça perguntas, demonstre respeito, lidere conhecendo e entendendo, e nunca esteja satisfeito com o status quo.

✔ **Foque em processos *e* resultados.** O modo como você e sua organização alcançam resultados é tão importante quanto os resultados em si. Deposite seus esforços no desenvolvimento de processos sadios, garantindo que as pessoas atendam aos padrões e melhorem incansavelmente esses processos — liderando para obter os resultados que você necessita.

✔ **Mantenha a integridade e congruência em suas palavras, ações e visão.** Crie visões de curto e longo prazo. Independentemente das circunstâncias, lidere consistentemente. Seja a mesma pessoa, estejam os outros vendo ou não. Através de sua liderança, crie um ambiente de confiança.

✔ **Comprometa-se em uma reflexão profunda; entenda o "porquê", aceite erros e empenhe-se pelo melhoramento.** Os japoneses chamam isso de *hansei*. Estejam as coisas indo bem ou não, reflita para entender por que a situação está como está. Ao entender a causa, pode-se direcionar ainda mais os esforços de melhoramento. Especialmente nesse clima de negócios supermovimentado, 24h por dia, 7 dias por semana, essa reflexão é vital para o sucesso. Se você não sabe o que deu certo — ou o que não deu — e o porquê, não é capaz de repetir o sucesso ou aprender com seus esforços.

✔ **Atraia e retenha pessoas talentosas e dispostas.** Foque os processos de contratação em encontrar as pessoas certas para a organização. Depois que você as tiver contratado, trate-as como uma conquista de longo prazo, não apenas um corpo assumindo um papel.

✔ **Lidere *indo e olhando (genchi genbutsu).*** Não delegue o entendimento; vá aonde a ação acontece (ao *gemba*) para entender a verdadeira natureza dos problemas ou soluções. A partir desse conhecimento, você guia e direciona a solução do problema. (Leia mais sobre isso no Capítulo 13.)

✔ **Não julgue e não culpe.** Não espere perfeição. A Lei de Murphy é uma declaração de probabilidade. O modo como você responde quando as pessoas cometem erros ou quando as soluções não funcionam, determina o quanto você respeita e engaja seu pessoal. É preciso criar uma cultura livre de culpa e nunca tornar a falha algo pessoal. Foque no que pode ser aprendido e no que será necessário em seguida para entregar valor ou alcançar uma meta.

Capítulo 4: Poder às Pessoas   *91*

✔ **Capacite as pessoas, orientando-as através da solução de problemas.** Já que os líderes Lean vão e observam, eles têm um entendimento melhor da situação. Isso não significa que você precisa necessariamente ter todas as respostas ou soluções, mas terá uma base para direcionar a solução do problema. (Idealmente os gestores amadureceram na organização e têm conhecimento em primeira mão sobre como executar o trabalho.) Você pode mostrar para um indivíduo para onde ele deve olhar, mas não diga às pessoas como resolverem seus problemas. Use os métodos de Sócrates — perguntas em aberto — para guiar as pessoas a encontrarem suas próprias soluções. Insista em soluções rápidas, simples e sistemáticas primeiro; mude uma coisa de cada vez. (Veja PDCA no Capítulo 9.)

✔ **Desafie a organização de uma maneira construtiva.** Veja a visão como alcançável. Com esse posicionamento, questione a organização. Como podemos alcançar isso? Do que precisamos para eliminar essa barreira?

✔ **Construa parcerias de longo prazo com seus clientes, funcionários, fornecedores e comunidade.** Reconheça que você é parte de uma comunidade maior. Ao criar relações de longo prazo produtivas, propícias e desafiadoras, pode-se criar uma mudança mais ampla. Considere as consequências de suas decisões e seu legado, além do tempo em que estará no cargo. Guie seus parceiros fornecedores para melhorarem e obterem sucesso a longo prazo.

✔ **Nunca se satisfaça com o status quo.** Mesmo que você tenha as melhores culturas e processos, elas declinarão se ninguém investir nelas. Adapte a mentalidade de que "sempre existe um jeito melhor" para mover sua organização em direção à visão de longo prazo. Quando você não tem problemas, você tem um problema!

✔ **Trate a visão de longo prazo como um fato alcançável; elimine as barreiras que bloqueiam o progresso da visão.** Gestores tradicionais desistem; eles não acreditam que uma visão de longo prazo é alcançável. Isso acaba por causar caos na organização. Você deve aceitar a visão de longo prazo como um fato e guiar as pessoas para que tomem ações sistemáticas de curto prazo para sanar as falhas. Guie sua organização pelo desconhecido, usando o PDCA para romper barreiras e alcançar a visão de longo prazo.

✔ **Favoreça um local de trabalho limpo e seguro.** Um local de trabalho limpo e seguro não é algo negociável. O respeito pelas pessoas o obriga a garantir a segurança delas. Elimine condições de risco ou potencialmente perigosas em processos e ambiente. Use o 5S (veja o Capítulo 11) para criar um local de trabalho limpo e facilitar a identificação de desperdícios.

✔ **Garanta que as pessoas sigam os padrões e elimine as barreiras quando isso não acontecer.** Aceite que você é responsável por garantir que as pessoas sigam os padrões. Sem condições padrão, você não tem uma plataforma para consistência ou melhoramento. Ações fora do padrão são sinais de que algo está errado. Entenda a natureza da falta de conformidade. Não suponha que se trata de um problema de treinamento; investigue a fonte do problema para saber o que o está causando e a contramedida única que criará uma condição padrão. (Veja a caixa de ferramentas do Lean na Parte IV.)

Agora que você entende as características de um líder Lean, é hora de uma reflexão profunda sobre si mesmo: a que nível você desenvolveu essas características em seu estilo de liderança? Qual a próxima área mais eficaz onde desenvolver e crescer sua habilidade de liderança? O que você precisa fazer para aprender a desenvolver a si mesmo?

Trazendo as pessoas consigo

Motivação é a arte de fazer com que as pessoas façam o que você quer que elas façam porque elas querem fazer.

— Presidente Dwight D. Eisenhower

Traga as pessoas consigo abordando as necessidades delas. Em toda organização, equipe ou departamento há indivíduos com suas próprias necessidades, filtros, percepções e prazos. Para mover toda a organização pelo caminho do Lean, conheça cada indivíduo onde ele está. A Tabela 4-1 mostra algumas das diferenças a serem consideradas em suas atividades de comunicação, desenvolvimento de estratégia e passos de implementação.

Tabela 4-1   Desenvolvimento Organizacional e Considerações de Estratégia para Evocar Mudanças

Aspecto da Mudança	Impacto sobre a Mudança
Cultural/ organizacional	As percepções das pessoas são influenciadas por todos os grupos aos quais elas pertencem — desde as unidades familiares até as organizações de negócio. Respeite que isso alterará as crenças dos indivíduos sobre o "modo certo" de se fazer as coisas e influenciar a disposição pela mudança.
Geracional	Pelo menos quatro gerações estão atualmente no local de trabalho, cada uma com diferentes valores e princípios. Você precisa fazer com que trabalhem juntas e se comuniquem eficazmente dentro de um ambiente Lean. As pessoas podem resistir à mudança à medida que progridem em suas carreiras e cargos. O medo de perder se torna maior.

Capítulo 4: Poder às Pessoas

Aspecto da Mudança	Impacto sobre a Mudança
Educacional	A organização pode ter uma ampla gama de pessoas, desde as que não sabem ler até aquelas com PhDs. Você pode nem sequer compartilhar da mesma língua nativa de seus colegas de trabalho.
Estilos de aprendizado	As pessoas aprendem de maneiras diferentes. Ao apresentar qualquer conceito ou mudança — e o Lean é repleto delas —, faça-o de um modo multifacetado.
Estilos de personalidade	Entender os estilos de personalidades irá ajudá-lo a avaliar a melhor maneira de responder às necessidades da organização e como fazer com que elas respondam à mudança.
Motivadores de mudança	Nem todo mundo é motivado por dinheiro. Combinar os motivadores — como tempo livre, reconhecimento público ou dinheiro — do indivíduo irá ajudá-lo a trazer as pessoas consigo.

Dentre os maiores medos dos empregados está o de perder seus empregos. Algumas companhias que estão implementando o Lean têm aprendido a garantir que ninguém perderá seu emprego como resultado direto de ganhos de performance feitos pela implementação dos melhoramentos Lean. Essa garantia contribui muito para aliviar os medos. Se você optar por tal política, deixe claro que ela estará em vigor apenas para os aprrimoramentos baseados no Lean e garanta que os gestores cumpram essa promessa. Algumas pessoas são muito claras em suas comunicações e abertas quanto à informação, porque, se não o forem, causarão um problema de confiança e credibilidade — e criar um outro impedimento desnecessário para a mudança.

Tenha cuidado para não sucumbir ao pensamento, "por que eu tenho que bancar a babá das pessoas e ter todo esse trabalho?" Se você deseja ter sucesso, precisa abordar as necessidades dos indivíduos. Qual é o preço do sucesso? Vale a pena investir tempo em seu pessoal pelo benefício a longo prazo!

Capítulo 5

Adote o Lean: Estratégia de Implementação, Início e Evolução

• •

Neste Capítulo

▷ Preparando a implementação

▷ Começando a transformação

▷ Dando a partida

• •

Uma jornada de mil milhas começa com um único passo.

— Lao-tzu

Como você já sabe, o Lean é uma jornada. Não é uma prescrição, em que você segue os passos 1, 2 e 3 e — *voilà!* — você está lá. Não se trata de uma metodologia de melhoramento contínuo de tamanho único. O Lean é como uma busca pela saúde perfeita: multifacetada — nutrição, exercício, descanso, crenças. Requer disciplina. Trata-se de um estilo de vida.

Duas pessoas não buscam saúde da mesma forma. Cada pessoa considera que seu estilo de vida, idade, objetivos e ponto de partida colocaram-na na busca pela saúde perfeita. Cada pessoa pode se consultar com especialistas para desenvolverem um plano que funcionará para ela a curto e a longo prazo. Todos devem aprender continuamente a respeito de novas opções de exercício e tendências de saúde. À medida que todos esses desenvolvimentos ocorrem, cada pessoa precisa discernir se a nova informação é relevante para seu percurso pessoal. Em última análise, o sucesso de cada um exige disciplina, uma mudança no modo de pensar e a incorporação de práticas saudáveis. Escolhas saudáveis diárias levarão a pequenos melhoramentos incrementais. Embora "saúde perfeita" seja um estado ideal pelo qual se deve lutar, manter-se no curso é o que move você na direção certa.

A jornada Lean de uma organização é similar a esse tipo de busca. Você tem que avaliar seu estado atual e determinar a estratégia Lean certa, baseada em seus objetivos específicos, experiência e o estado atual da organização. Você muda o modo como aborda a liderança tanto no modo de pensar como nas ações. Para obter sucesso, a organização desenvolve novas disciplinas e práticas saudáveis. Você poderia contratar um *sensei* para iniciá-lo no caminho certo para a mudança.

Na hora de elaborar sua estratégia, não copie companhias como a Toyota. Embora a história da Toyota sirva como uma boa referência, não se trata exatamente de um roteiro para todo mundo. Você precisa seguir seu próprio caminho, fazer seus próprios ajustes e encontrar seu próprio método.

Neste capítulo, oferecemos estratégias e dicas para ajudá-lo a iniciar a jornada. Você descobre como prevenir a armadilha do "programa do mês". E vai ver como evoluir do ponto de partida para a vivência do Lean.

Preparando-se para Adotar o Lean

Adotar o Lean é um processo rigoroso, de fato, mas trata-se mais de uma *evolução* do que de uma *revolução*. O Lean foca nos meios para se atingir resultados tanto quanto nos resultados em si. Você não mede o andamento do processo de aprimoramento apenas pela performance de lucros trimestrais, posa, com o tempo, nota um melhor desempenho nos índices financeiros, bem como melhoramentos nas áreas medidas pelo Balanced Scorecard (veja o Capítulo 13).

O Lean é uma metodologia muito orientada pela ação; isso inclui os projetos, eventos de *kaizen* (veja o Capítulo 9) e aprendizado contínuo. O processo de planejamento de uma iniciativa Lean não necessita de uma produção elaborada, mas você deve desenvolvê-la até um ponto em que todos na organização recebam e estejam alinhados com uma mensagem e uma visão claras e consistentes sobre onde estão indo e como irão começar.

Capítulo 5: Adote o Lean: Estratégia de Implementação   *97*

Ao iniciar sua jornada Lean, é preciso colocar algumas coisas no lugar. As organizações mais bem-sucedidas vivem, lideram e encorajam o Lean, além de expandi-lo para todos os níveis da organização. Elas também precisam colocar as pessoas, políticas, recursos e visão no lugar certo para garantir uma jornada de sucesso.

O Lean é mais fácil do que muitas outras abordagens, porque não é necessário seguir uma única implementação predefinida. Você tem várias latitudes e margens em sua abordagem. Mas, pela mesma razão, o Lean pode ser mais difícil do que outras abordagens, porque não há uma prescrição firme para seguir e um roteiro preciso para percorrer. Você precisa traçar seu próprio curso e encontrar seu próprio caminho. A boa notícia é que, com o Lean, encontrar o caminho tende a acontecer naturalmente. Comece onde houver o maior e mais positivo impacto sobre o cliente ou onde se pode eliminar um problema significativo de perda na organização.

Começando do topo

O Lean dá certo a longo prazo se, e somente se, a equipe de gestão estiver dedicada à jornada e tenha estabelecido e comunicado uma visão clara de onde quer levar a organização. Você pode começar o Lean em qualquer parte da organização, mas, se quiser resultados sustentáveis além de uma pequena parte da companhia — e quem não quer? —, os gestores seniores devem endossar e participar ativamente no empreendimento. As pessoas respondem às pistas que recebem da liderança em todos os níveis — como reconhecimento, padrões de desempenho e comportamentos aceitáveis — especialmente em situações de crise.

Gestores seniores devem entender as ferramentas do Lean, o papel que as pessoas e a cultura exercem na sustentabilidade, a importância de liderar pelo *gemba* — onde a ação acontece — e a filosofia do *kaizen*. Eles devem praticar o Lean no decorrer de suas rotinas de trabalho regulares. Devem definir uma visão, comunicar as mensagens do Lean e acompanhar executando ações de gerenciamento Lean. (Veja o Capítulo 13.)

Aplicando o trabalho padronizado do topo para baixo

Todos em uma organização Lean possuem um trabalho padronizado. Para pessoas como o montador da área de produção ou o operador de telemarketing, a maior parte do trabalho é padronizado. Os gestores seniores passam boa parte do tempo respondendo a interrupções, crises e exceções — e o restante dele pensando em como ter menos interrupções, crises e exceções! Mas têm um trabalho padronizado também — não tanto quanto o trabalhador na linha de frente, mas eles têm mesmo assim. Os gestores Lean usam métodos padronizados como o PDCA ao lidar com problemas. Eles desenvolvem capacitação na organização por entenderem os problemas completamente, por saberem em primeira mão o que está acontecendo, fazendo perguntas probatórias e guiando a solução do problema. O trabalho deles não é dar soluções, mas guiar as pessoas para que elas encontrem a melhor solução.

Alguns exemplos de onde o trabalho padronizado se aplica na gestão sênior incluem o *gemba* (veja o Capítulo 13), relatórios padronizados e a condução de reuniões de rotina, instruções e revisões estruturadas. Esse tipo de trabalho pode constituir menos da metade do tempo do gerente sênior, mas, quando padronizado, permite que os gestores trabalhem de forma mais eficaz, liberando tempo e recursos para mais atividades que agregam valor através da organização.

Focando na mensagem e na visão

Equipe, diretores, acionistas, analistas, fornecedores, clientes... todos esses constituintes devem saber que você está embarcando nessa jornada Lean. Você não pode assumir a jornada sozinho e não contar a ninguém — todos vão se perguntar aonde você foi! É preciso definir a visão para o novo caminho e articular a missão. Tenha tempo para elaborar essas mensagens e transmita-as para as pessoam assim que a jornada começa.

Você está começando uma jornada. Suas mensagens precisam informar e refletir que essa é uma mudança *de longo prazo*. Existe o risco de inundar a organização com palavras de altissonantes e slogans. Seja cuidadoso para não alimentar inadvertidamente rumores depreciativos, apresentando o Lean como "a próxima maravilha". Equilibre excitação com ação.

A beleza do Lean para gestores seniores e executivos é que ele fornece um kit de ferramentas com métodos e técnicas de apoio ao lugar-comum clássico da gestão. Alguns deles são:

- **Nós somos centrados no cliente!** A gestão tem promovido isso por anos, mas como eles poderiam de fato fazer isso acontecer? O Lean dá ao executivo as técnicas para examinar o valor agregado através da organização e conduzir as operações da empresa pelo ponto de vista do cliente.

- **As pessoas são nosso recurso mais importante!** Essa você vai escutar pouco antes da próxima rodada de demissões. O Lean ensina os executivos sobre respeito verdadeiro pelos empregados e fornece um kit de ferramentas para segurança, comprometimento, celebração e crescimento.

Capítulo 5: Adote o Lean: Estratégia de Implementação

- **Pense win-win (benefício mútuo).** Infelizmente, sem um método, essa tem sido uma meia-verdade: a gestão vence sozinha. As técnicas do Lean permitem que os gestores criem uma vitória para todas as partes.

- **Faça certo logo na primeira vez.** (Também conhecido como *Qualidade é Trabalho nº 1* — ou, como dizem na indústria de softwares, *Qualidade é trabalho 1.1* — por exemplo, reparar erros no próximo lançamento!) Mas como você de fato faz certo na primeira vez? Você não pode testar e retrabalhar produtos. O Lean, usando métodos estatísticos, *poka-yoke* (veja o Capítulo 11) e outras ferramentas fornece o básico para tornar isso real.

Liderando por meio de exemplo

Além de executarem o trabalho padrão, os gestores seniores também precisam liderar dando o exemplo. Eles traduzem os conceitos estrangeiros e abstratos do Lean para comportamentos práticos que todos podem observar e imitar. Eles devem mudar o modo como pensam e reagem, especialmente em momentos de crise. As pessoas observarão para ver se os gestores estão comprometidos com a mudança para o modo Lean ou se estão apenas falando por falar. Os gestores também devem usar controles visuais. Tabelas, gráficos, tendências e relatórios devem ser altamente visíveis e aparentes para todos. O trabalho do gestor é reforçar o padrão, notar a falta de conformidade, investigar a causa do problema e eliminar as barreiras para o sucesso.

Os gestores devem ser exemplos de disciplina e responsabilidade. Eles devem agir de acordo com as expectativas que definem para os outros. Devem se manter responsáveis, assim como esperam que todos os outros se mantenham responsáveis. As pessoas seguirão o líder — certifique-se de estar guiando-os na direção certa.

Uma das demonstrações mais poderosas de comportamento Lean é em uma reunião da gestão. Os gestores devem se preparar para as reuniões e ter uma agenda firme e bem definida, com os resultados articulados explicitamente. Eles devem sempre chegar na hora e terminar na hora — trabalho padronizado! Quando possível, conduza as reuniões onde a ação acontece — *gemba*. Considere fazer reuniões de pé e desafie a mentalidade da "hora da reunião".

Os gestores também devem executar as mesmas práticas que esperam dos outros, incluindo ir ao *gemba*, desenvolver e analisar mapas de fluxo de valor, participar de eventos de *kaizen* e projetos de melhoramento de *kaizen*, tomar parte no aprendizado e treinamento contínuos e demonstrar abertamente aprimoramentos contínuos e regulares.

Criando a infraestrutura Lean

Embora não haja uma receita padrão para a implementação do Lean, você precisará arranjar uma estrutura de elementos de suporte antes de começar sua viagem. Você deve adquirir uma certa especialização específica sobre o Lean. (Veja "Encontrando o Mestre e Desenvolvendo os Estudantes" na próxima seção.) É preciso disseminar o conhecimento sobre o Lean através da organização de uma maneira controlada. Deve-se também incorporar práticas de recurso humano cooperativo, definir certas práticas financeiras e contábeis e implantar uma infraestrutura de TI (Tecnologia da Informação) específica. Essa plataforma de suporte é crítica para uma implantação de sucesso.

Ajustando as políticas de recursos humanos

Ao se mover de um ambiente tradicional para o Lean, é necessário mudar numerosas políticas e práticas pessoais de modo a se alinhar com os princípios centrados nas pessoas do Lean. Por exemplo:

- Incentivo, reconhecimento e sistemas de recompensa tradicionalmente focados nos indivíduos terão que ser expandidos para incluir indivíduos e equipes.
- As políticas devem apoiar o realinhamento e a reavaliação dos empregados deslocados devido às melhorias na produtividade.
- As estruturas organizacionais e os contratos de trabalho, se aplicáveis, terão de ser ajustados para apoiar o ambiente Lean. Frequentemente, isso inclui uma redução no número de níveis da organização, a consolidação de categorias de trabalho, a habilidade de treinamento cruzado e regras de trabalho flexíveis.
- Promoções terão de ser baseadas em desempenho, conhecimento e capacidade. A companhia pode estabelecer progressões de carreira para funcionários multifuncionais.

Adquirindo materiais de treinamento

O material didático do Lean inclui treinamento formal sobre as práticas de *kaizen* e o kit de ferramentas do Lean. (Veja as Partes III e IV.) Cursos adicionais estão disponíveis sobre desenvolvimento organizacional, treinamento/orientação, habilidades de comunicação e gestão de mudança. Esses cursos são oferecidos por inúmeros profissionais e empresas de treinamento e consultoria. (Veja o Capítulo 19 para obter recomendações.)

A maioria das empresas de treinamento prefere realizá-lo elas mesmas, em vez de disponibilizar os materiais. Se você está abraçando o Lean completa e organicamente, quer ter os materiais e a habilidade de adaptá-los para a organização, a fim de usá-los em uma variedade de configurações e formatos. Mas, se for apenas uma experimentação, pode ou enviar as pessoas para fazerem o treinamento ou trazer os profissionais até você.

Posicionando as pessoas

Para iniciar um empreendimento Lean, você precisa posicionar as peças de suporte logístico. As pessoas em todos os níveis da organização precisarão de treinamento. Além disso, os eventos de *kaizen* devem ser agendados e acompanhados. Recursos externos como treinadores, consultores, materiais e ferramentas de software também precisarão de coordenação. Um grupo central de pessoas irá se juntar para fazer esse trabalho.

Certifique-se de ter os recursos de apoio para lidar com o volume de mudanças geradas pelas atividades de *kaizen*. Você pode ter que ritmar os eventos de modo a não criar *muri* ou sobrecarregar departamentos de suporte como o TI ou a manutenção.

Posicionando as ferramentas de suporte

O profissional Lean usa ferramentas de software de aplicação como parte do trabalho de otimização. Essas ferramentas incluem mapeamento de processo, mapeamento de fluxo de valor (VSM), análise estatística, orquestração de processo, mapeamento gráfico e ferramentas de criação de gráficos. Algumas dessas são ferramentas para computadores individuais, enquanto que outras são compartilhadas por grupos de trabalho. O departamento de TI deve incluí-las em seu quadro de suporte de aplicações. Outras ferramentas de software incluem programas para layout da instalação e pacotes gráficos para auxílios visuais.

Além das ferramentas de software, o profissional Lean usa mais ferramentas tradicionais:

- **Marcadores e flip-charts**, para registrar a geração de ideias e seções de equipe.
- **Câmeras de vídeo** registram os processos, possibilitando que a equipe analise a filmagem em busca de melhoramentos.
- **Câmeras digitais** fazem fotos do antes e depois das áreas, particularmente em conjunção com eventos de *kaizen*.
- **Cronômetros** estabelecem e verificam padrões de desempenho; use este dado para o balanceamento da linha e comparação de takt time. (Veja o Capítulo 7.)
- **Uma caixa de ferramentas** cheia de chaves de fenda, chaves de boca e martelos pode vir a calhar na criação de quadros de aviso, para pendurar auxílios visuais ou outras atividades de melhoramento. E não se esqueça da fita adesiva!

Se as políticas de sua organização permitirem, use seus celulares para tirar fotos ou fazer vídeos da área. Certifique-se de transferi-los do aparelho para um local centralizado onde a equipe possa acessá-los.

Encontrando o Mestre e Desenvolvendo os Aprendizes

Uma das relações mais famosas entre um *sensei* e um aprendiz foi a do filme *The Karate Kid* (1984). Daniel, o garoto novato na cidade, está levando uma surra de alguns valentões locais. O senhor Miyagi, um faz-tudo e mestre de karatê, aparece e salva Daniel, lutando contra todos os valentões. Mais tarde e depois de muita insistência de Daniel, o senhor Miyagi concorda em se tornar seu *sensei*, ou professor. Quando as lições começam, Daniel não entende muito bem os métodos não convencionais do senhor Miyagi. Suas lições incluem lavar seu carro ("encera para dentro, encera para fora") e pintar sua cerca ("pincel para cima, pincel para baixo"). Depois que Daniel se frustra, porque sente que não está aprendendo nada, o senhor Miyagi mostra para Daniel que ele esteve aprendendo karatê enquanto fazia aquelas tarefas. Como um *sensei*, o senhor Miyagi possui conhecimento, experiência e forma única de repassar seu conhecimento. O senhor Myiagi exige que Daniel complete tarefas de um modo preciso — focando no "como". Ele também tem o entendimento de que karatê não se trata apenas das técnicas externas e dos movimentos, mas também de uma crença interna no coração e na mente.

Muitas grandes referências e livros sobre Lean estão por aí (você está lendo o melhor livro introdutório, é claro!), mas você não pode obter a experiência necessária com um livro. Organizações Lean de sucesso encontram um *sensei*, ou um mestre, assim como o senhor Miyagi. O *sensei* Lean ensina, desafia e guia a organização no caminho da implementação do Lean. A organização pode nem sempre entender os métodos do *sensei* no início, mas, com o tempo, com o *sensei* certo, todos na organização se veem vivendo o Lean. Nesta seção, falaremos sobre o *sensei* Lean e seus aprendizes.

O sensei Lean

A jornada Lean não exige um *sensei*, mas, se quer ter sucesso, tê-lo é altamente recomendado. Muitas companhias acham benéfico trazer um *sensei* Lean de fora ao iniciarem uma jornada Lean. Um *sensei* Lean tem conhecimento sobre os princípios, métodos e implementação do Lean.

Capítulo 5: Adote o Lean: Estratégia de Implementação   *103*

Ele guia e ensina. Como o senhor Myiagi, seus métodos podem ser não convencionais para os padrões de negócio tradicional. Ele também possui um amplo entendimento de que o Lean é mais do que técnicas externas — para se tornar Lean de verdade, você deve mudar suas atitudes, percepções e ações.

Identificando o papel de um sensei

O *sensei* ensina os princípios do Lean e guia a jornada. Ele vive onde a ação está dentro da organização. O *sensei* guia e ensina através de idas ao *gemba* com indivíduos e pequenos grupos de gestores. Ao questionar práticas e processos, apontar o que não é Lean no processo e focar na eliminação de perdas, o *sensei* ensina. Os *senseis* podem liderar eventos de *kaizen* e não se surpreenda caso os encontre arregaçando as mangas e pegando pesado com os detalhes. Eles supervisionam — mas não detêm — a visão de curto e longo prazo. Pense no *sensei* como o mestre sábio, que fará *praticamente* tudo para ensinar algo.

Quais são os benefícios de se ter um *sensei* Lean? O *sensei* irá:

- ✔ Dar um novo ânimo à sua implementação do Lean.
- ✔ Garantir que seus esforços permaneçam no curso.
- ✔ Oferecer uma visão ampla da organização para garantir constância de propósito.
- ✔ Customizar a abordagem e materiais com base na situação particular da empresa.
- ✔ Fornecer direção tática em apoio à visão de longo prazo.
- ✔ Definir expectativas altas, permitindo que sua organização alcance mais do que se pensou ser possível.
- ✔ Produzir resultados mais rapidamente.
- ✔ Servir como um observador independente e conselheiro.

Contratando um sensei

A Society of Manufacturing Engineers, a Association for Manufacturing Excelence e o Prêmio Shingo se uniram para criar um Certificado Lean, mas não existe uma única credencial para um *sensei* Lean. Então, como encontrar um? Pode-se encontrar candidatos contratando companhias de consultoria (A Shingijutsu Co., uma das fontes de *senseis* no Japão, também opera mundialmente), admitindo um ex-funcionário de uma companhia Lean como a Toyota, pedindo indicações a outras companhias Lean e até mesmo buscando na internet. Você encontrará uma abundância de candidatos a *senseis* em potencial, cujos talentos variam de amadores a especialistas. Para encontrar aquele que é o certo para a sua organização, seja claro quanto ao que procura e tem condições de pagar.

Antes de contratar um *sensei*, sua companhia deve entender suas expectativas e o passado do *sensei* prospectado. Aqui estão algumas questões a serem feitas a você e ao *sensei*:

- Nossa visão de longo prazo é clara o suficiente de modo que o *sensei* pode nos ajudar a alcançá-la?
- Quais são nossas expectativas em relação a um *sensei*?
- Onde o *sensei* recebeu seu treinamento?
- Que esperiências ele tem?
- Quais expectativas a empresa tem em relação ao *sensei*?
- Quanto tempo a companhia espera poder contar com um recurso externo?
- Quanto a companhia está disposta a gastar com um *sensei*?
- A companhia tem intenção de desenvolver um *sensei* interno?

De quantos *senseis* você precisa? Isso depende do tamanho da companhia ou unidades operacionais. Será melhor começar com um *sensei* e em um local. À medida que os esforços aumentam, sob a orientação do *sensei* você talvez queira trazer mais deles. Se tiver mais de um, garanta que eles estejam alinhados. Não é bom ter cozinheiros demais na cozinha.

Organizações verdadeiramente comprometidas com o Lean entendem que devem aprender, expandir e crescer continuamente. Para garantir que isso aconteça, você precisa de um professor e um guia para mostrar o próximo passo da jornada. Com o tempo, esse professor é a mesma pessoa ou sempre um recurso externo? Provavelmente, não. Você estará mais propenso a descobrir que sua organização responde melhor a um *sensei* diferente à medida que a jornada progride — igual à sua experiência na escola onde seu professor do jardim foi diferente do professor do ensino médio.

Estabeleça expectativas de desempenho para o *sensei* como parte do contrato original (para um recurso externo) ou parte da estimativa de desempenho (para um recurso interno). No final do dia, você está procurando por melhora de desempenho em suas operações. Conecte as atividades do *sensei* com as métricas de desempenho organizacionais.

Crie um processo de orientação formal dentro da organização e construa sua própria capacidade de liderança para reduzir a dependência de recursos externos a longo prazo. À medida que o Lean se torna o modo como sua organização faz negócios, faça a transição para que todos tenham o Lean como forma de atividade.

Os senseis na organização

Seguindo a filosofia "santo de casa não faz milagre", um *sensei* é normalmente externo à organização — principalmente durante as fases iniciais da implementação. Em alguns casos, o *sensei* é um membro da equipe de gestão que tem um amplo e profundo conhecimento sobre Lean. O *sensei* também pode ter experiências de outras companhias ou ter estado sob a tutela de um *sensei* externo anteriormente.

Se a companhia busca o *sensei* internamente, deve fornecer a ele autoridade adequada e o apoio da equipe gestora. Não considere simplesmente um gestor funcional um *sensei*. Foque o *sensei* apenas no Lean e faça com que reporte diretamente aos níveis mais altos da organização.

Aprendizes Lean

Cada membro da organização é um aprendiz do Lean. Em uma busca infindável pelo melhoramento, todos devem aprender — constantemente. Mas você não gastará horas em uma sala de aula — a maior parte do aprendizado acontece onde a ação está — no *gemba*. Cada lugar se torna uma sala de aula e cada situação se torna uma aula.

Todos os níveis da organização aprenderão novas habilidades à medida que a jornada Lean progride. Você aprenderá por meio de aulas, workshops, livros, interações com o *sensei*, no trabalho, por tentativa e erro, através dos equívocos, por meio de blogs na internet ou outros recursos — as fontes são infinitas.

Para se manterem atualizados e fazerem melhoramentos diários, todos devem buscar por conhecimento continuamente. Particularmente depois de ter trabalhado no mesmo emprego ou na mesma área ou com as mesmas pessoas por um longo período de tempo, você precisa de uma nova perspectiva, porque pode facilmente ficar conformado e estagnado. Como um aprendiz do Lean, sua responsabilidade é buscar conhecimento diariamente. Você pode aprender um novo trabalho, aplicar uma nova técnica, aprender sobre uma parte diferente do fluxo de valor — o aprendizado está em seu redor!

Você vai saber quando se tornar um aprendiz avançado do Lean: você começará não somente a aplicar os conceitos Lean além do local de trabalho, como também procurará pelo Lean em sua vida diária. Quando tiver ensinado seus filhos como aplicar o 5S em seus quartos e conduzir idas ao gemba ao redor da casa, você saberá que mudou seu modo de pensar.

O currículo Lean contínuo

O currículo de um aprendiz do Lean não é fixo. Claro, você precisa aprender o básico — como mapeamento do fluxo de valor, *kaizen*, eliminação de perdas, 5S, gestão visual, *poke-yoke, kanban* e todas as outras ferramentas encontradas nas Partes III e VI deste livro. Mas, se você parar por aí, seria como abandonar o ensino fundamental.

Para se tornar um aprendiz do Lean, você deve ter conhecimento e competência em, pelo menos, quatro áreas:

- **Habilidades técnicas** na aplicação das ferramentas do Lean, de *kaizen* a *kanban* e tudo entre eles.
- **Habilidades de liderança**, incluindo treinamento, encorajamento, colaboração, serviço, resolução de conflitos, negociações, associação e autoconsciência.
- **Habilidades estratégicas e de planejamento**, incluindo planejamento de projeto e gestão, definição de objetivos e resolução de problemas.
- **Habilidades de aplicação**, incluindo competência demonstrada no *mundo real* — onde teoria e aplicação prática se encontram.

Com o passar do tempo, você pode adicionar peças ao quebra-cabeça. Lembre-se de que sua responsabilidade é ser um eterno aprendiz.

Certificado Lean

Embora muitos tipos de certificados Lean estejam disponíveis, não existem certificados padrão da indústria para conhecimento, habilidade, ou domínio do Lean. A noção total de "certificação Lean" ainda está em desenvolvimento. A Society of Manufacturing Engineers, a Association for Manufacturing Excelence e o Prêmio Shingo apoiam certificações Lean. (Veja o Capítulo 19.) Note que os consultores de Lean Seis Sigma têm aplicado as certificações de "faixa" baseados em uma estrutura estilo Seis Sigma, mas que não é estritamente Lean.

A certificação em Lean é um tópico ligeiramente controverso. Nem todos os profissionais Lean concordam com o valor de um certificado. Afinal, o Lean é um aprendizado eterno. Um certificado por si só não torna você um especialista em Lean. Você pode fazer parte de uma organização que valoriza certificados e credenciais e, nesse caso, uma certificação pode ter valor.

Se você selecionar um programa de certificação, escolha um que tenha um critério tanto teórico quanto prático. O conhecimento do Lean é adquirido mais pela aplicação prática de resolução de problemas do que de forma teórica.

A maioria dos programas de certificação foca na aplicação das ferramentas. Reconheça que as ferramentas são apenas parte da equação. Você precisa de desenvolvimento adicional nos quesitos cultura, pessoas, mudança e liderança — Respeite as Pessoas — do Lean.

Começando a Jornada: A Implementação do Lean

Você pode começar o Lean em qualquer lugar, a qualquer momento. Não existe um lugar mágico para se começar. Uma forma comum de começar o processo é executando o 5S (veja o Capítulo 11) ou um evento de *kaizen* (veja o Capítulo 9) em uma área de necessidade ou interesse. Essa ação inicia a jornada; então, você garante que a jornada está progredindo ao executar um plano ou uma estrutura de trabalho. Não complique a implementação ou a sobrecarregue com gestão burocrática — mantenha-a simples. Trata-se do Lean, afinal de contas.

Mentalizando o quadro geral

O verdadeiro Lean é um processo de melhoramentos pequenos e incrementais. Parece bastante simples, exceto que esses melhoramentos estão acontecendo por toda a empresa, envolvendo toda a organização, através de múltiplos fluxos de valor, simultaneamente. Se houver falta de cuidado, as coisas começarão a sair do controle. Nesta seção, nós compartilhamos estratégias para manter os esforços no caminho certo.

Entendendo os fluxos de valor da empresa

Dentro do contexto de fluxo de valor de alto nível da empresa, a maioria das companhias possui muitos, muitos fluxos de valor internos. Elas também possuem áreas isoladas, ou monumentos, que servem aos múltiplos fluxos de valor, como um grande equipamento ou um laboratório de hospital. Quando a organização entende os muitos fluxos de valor diferentes que ela tem e como eles se relacionam, é mais capaz de coordenar os esforços de aprimoramento e evitar uma "subotimização" (melhorar uma parte da empresa às custas de outra).

Evitando uma blitzkrieg ofensiva de Kaizen

Especialmente no início da jornada Lean, as pessoas estão motivadas a mostrar serviço — e nesse instante! Muitas organizações respondem a essa urgência organizando tantos eventos de *kaizen* quantos forem possíveis.

Elas podem definir uma métrica para o número de atividade de *kaizen* executadas. Em resposta, todos correm para marcar em "Eu fiz um *kaizen*!" — sem coordenação, sem uma visão de escala mais ampla, sem conexão.

Quando todas essas ofensivas estão acontecendo de uma só vez, você pode minimizar os resultados ou criar *muri* nos departamentos de apoio, que tentam auxiliar a todos de uma única vez. Uma área pode liberar espaço de produção, mas este pode ser muito pequeno ou estar no lugar errado e não ser útil ou suficiente para fazer alguma diferença. Em outro cenário, uma área pode mover o *muda* (veja o Capítulo 6) para outra parte da instalação ou do fluxo de valor, sem de fato eliminar nada.

Não transforme seu *kaizen* em uma guerra-relâmpago — onde, em vez de melhorias, você deixe só devastação para trás. Incorpore em seus processos meios de coordenar atividades de *kaizen* mais importantes, assim você produz melhoramentos gerais.

Eventos de *kaizen* são uma ótima maneira de começar, mas precisam de um escopo adequado, visão e ligação com os objetivos de desempenho da organização. Se os eventos são aleatórios e possuem poucos resultados positivos sobre os objetivos da organização ou não impactam o cliente de maneira significativa, você pode de fato desmoralizar a organização, encorajar aqueles que resistem, criar uma cultura de negatividade e dúvida e descarrilhar o progresso.

Conectando as peças

A caixa de ferramentas do Lean possui uma variedade de ferramentas. (Veja as Partes III e VI.) A organização deve entender como, onde e por que as diferentes ferramentas são usadas. Se está tentando nivelar as programações e implementar *kanban* (veja o Capítulo 11) e, ainda assim, os tempos de troca ainda são contados em dias, você está implementando a ferramenta errada no momento errado. Ao entender cada ferramenta do kit, você combinará a implementação das técnicas com sua situação particular.

A maioria das organizações já tem outras iniciativas ocorrendo através da organização. Essas iniciativas podem ser de melhoramento contínuo ou projetos em larga escala como uma implementação de sistema computadorizado (ERP), ou aquisições de outras organizações. É preciso definir como todas essas coisas se combinam.

Negligenciar a conexão dos pontos da organização causará confusão. Algumas pessoas na empresa esperarão que o Lean dê errado e concluirão que ele é apenas outro programa da moda. Mostrar à organização como tudo se encaixa minimizará o impacto desses negativistas.

Capítulo 5: Adote o Lean: Estratégia de Implementação

Monitorando o pulso da organização

Como discutimos nos Capítulos 3 e 4, a comunicação é o sangue da transformação Lean. Você precisa tomar o pulso da organização, continuamente.

Se as pessoas começarem a retroceder para comportamentos e tendências que não estão de acordo com o Lean, ou saindo do curso, você precisa estar ciente e corrigir o problema.

Atividades de comunicação devem ser de mão dupla. Torne-as visuais. Lembre-se de apelar para estilos de aprendizado múltiplos, apropriados para a situação.

Liste voluntários de várias partes da organização para agirem como uma equipe de comunicação consultiva. Essa estratégia irá ajudá-lo a manter a mensagem real, manter o movimento consistente e manter você conectado com o pulso da organização.

Selecionando o ponto de partida

Quando um ator estuda um papel para dar vida a um personagem, ele se faz a seguinte pergunta: "Qual é a minha motivação?". Ao trazer o Lean à vida em sua organização, também deve se fazer essa pergunta. Identifique onde você tem pontos doloridos ou as maiores oportunidades que irão impactar a organização de uma maneira estratégica ou que o ajudarão a servir ao cliente de forma mais efetiva. Encontre sua maior motivação e terá encontrado o ponto de partida.

Impacto no cliente

O primeiro lugar para olhar é onde haverá o maior impacto no cliente. Avalie onde você gerou tensão na relação com o cliente ou criou valor, e verifique as fontes potenciais para essas questões. Defina o problema explorando minuciosamente causas potenciais e continue a refinar a definição da questão para focar seus recursos no problema certo. Utilize o PDCA (veja no Capítulo 9) para implementar a primeira solução. Continue esse processo até eliminar as arestas no relacionamento com seu cliente. Construa a relação com seu cliente através de ação e comunicação.

5S e a empresa

O 5S mostra onde você pode reduzir perdas ou melhorar o valor de cliente. (Veja o Capítulo 11.) Trata-se de uma poderosa ferramenta que ajuda as pessoas a iniciarem sua jornada Lean, por "colocar a casa em ordem". Mas tenha cuidado para não exagerar na aplicação e causar uma blitz de 5S, ou então todos irão pensar que você é só um maluco compulsivamente organizado. Isso porque o 5S, por si só, é apenas uma ferramenta e é mais poderosa quando usada em combinação com outras ferramentas ou com uma visão maior.

Melhoramento rápido do visual

Para criar dinâmica em uma iniciativa Lean, aplique medição e visualização — criando transparência e fornecendo feedback. Encontre uma área de trabalho na qual a visualização impacte e seja rápida e relevante, como:

- ✔ Remover um almoxarifado ou depósito.
- ✔ Reduzir tempos de instalação de horas para minuto.
- ✔ Reduzir o tempo de reparo de veículos necessários para apoiar funcionários em campo.

Espaços amplos

Se a motivação for criar espaço em sua instalação para acomodar um novo negócio, eliminar propriedades desnecessárias ou reunir grupos de trabalho, você vai querer criar espaços bem amplos. Libere grandes espaços concentrados em sua instalação. Comece conduzindo uma série de atividades de *kaizen* e 5S para criar o espaço certo no lugar certo.

Gerando conscientização

No começo da jornada Lean, você quer criar agitação, deixar as pessoas animadas e engajá-las em seus esforços. Confirme você progride, quer manter a organização motivada e envolvida na transformação Lean. Para que isso aconteça, as pessoas precisam saber o que está acontecendo e o que é importante. Nesta seção, nós lhe diremos como criar uma agitação inicial, melhorar a comunicação e engajar as pessoas na longa jornada.

Comunicando a (s) razão (ões)

Antes de descrever os princípios e práticas do Lean, ou o motivo do Lean ter sido selecionado como a abordagem para o aprimoramento, as pessoas precisam saber por que a iniciativa é necessária. Elas precisam ouvir e entender que algo está errado no modo como as coisas estão indo hoje e que existem consequências se não mudarmos de método. Elas precisam saber quais são essas consequências, os riscos da inação. As razões para a mudança devem ser criticamente importantes, irrefutáveis e fundamentalmente impactantes para todos na organização.

Liderando por ouvir

Antes de implementar um plano ou abordagem, você precisa saber que as pessoas entendem a razão para a mudança e acreditam que podem apoiar uma iniciativa desse tipo. Ouvir é a habilidade de comunicação mais poderosa que se pode usar. Esteja você indo a uma *gemba* internacional ou passando perto do bebedouro, o ato de ouvir permitirá que monitore o pulso das pessoas. A Figura 5-1 representa um modelo eficaz de escuta.

Sua habilidade de fazer sondagens e colocar questões em aberto irá aumentar seu entendimento e o do pessoal.

Figura 5-1: Siga um modelo de escuta eficaz para melhorar suas habilidades de comunicação.

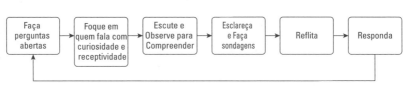

Identificando a abordagem

Comunique a intenção de implementar uma abordagem Lean para a organização. Descreva porque o Lean é a forma preferida de abordar os desafios das organizações. Faça com que isso seja pessoal para os indivíduos; explique como o Lean irá afetá-los e fazer a diferença em suas vidas. Certifique-se de comunicar que essa é uma mudança no modo de se fazer negócios e que não se trata de um evento especial a curto prazo. Mantenha a credibilidade apoiando sua mensagem com consistência e ações congruentes.

Destacando o progresso

Crie dinâmicas a partir do progresso inicial para comunicar os sucessos. Deixe que as pessoas saibam o que tem acontecido, porque é importante para elas. Informe, também, o que ocorrerá em seguida, e como a mudança que virá é relevante para elas. Aproveite e reforce a visão de longo prazo da organização.

Destacar o progresso é uma atividade contínua. Muitas organizações começam forte quando comunicam o progresso, mas perdem força com o tempo. Se as pessoas não ouvirem sobre os avanços do Lean, podem pensar que você abandonou a jornada.

Reforçando a visão de longo prazo

Manter a motivação e a visão de longo prazo constantemente na frente das pessoas tornará o Lean real para elas, mesmo que sua área ainda não tenha começado a implementação. A mensagem para a organização é que não tem a ver com *kaizen* aqui e ali — o Lean tem a ver com sustentabilidade a longo prazo e viabilidade da organização como um todo.

Lean em prática

A melhor forma de se criar percepção e entendimento sobre o Lean é se envolver. Entre em uma equipe de *kaizen*, aplique o 5S em seu local de trabalho, aprenda uma nova técnica e encontre uma aplicação pertinente para ela. Não existe um modo melhor de compreender os conceitos do Lean do que participando ativamente e implementando melhoramentos todos os dias.

Evitando a síndrome do programa do mês

Desde o início dos tempos de melhoramento contínuo, lutar contra a síndrome do programa do mês tem sido um desafio. Enquanto existirem consultores, é da natureza deles inovar e introduzir novas metodologias no mercado. Ou, quando o movimento perder força, consultores inteligentes e oportunistas repaginarão ferramentas e técnicas com um toque característico. Em meio a esse fluxo e refluxo de métodos e sistemas, companhias comprometidas com a jornada Lean mantêm o seu foco, mantêm a jornada revigorada e determinam a melhor forma de se adaptarem às condições variáveis dos negócios. Nas seções a seguir, damos dicas de como evitar a síndrome do programa do mês.

Comunicação contínua

A comunicação continua sendo importante no decorrer de toda a jornada Lean. As pessoas precisam saber que você está verdadeiramente comprometido e que a organização está comprometida. Elas também precisam discutir o que está acontecendo e como isso as afeta. Se você não comunicar comprometimento, as pessoas começarão a inventar coisas, rumores, ou não farão nada na esperança de que "isso passe". (Veja o Capítulo 4 para mais informações sobre a importância de uma estratégia de comunicação para ajudar as pessoas a mudar.)

Grandes expectativas

Ao definir expectativas com a equipe, cliente, acionistas e outros, você apoia os princípios do Lean e estabelece os comportamentos e o tom para a organização. Quando há clareza quanto ao desempenho e comportamento esperados, e se responsabiliza a todos na organização, as pessoas sabem que o Lean está ali para ficar e que não é um capricho passageiro. Conectar os pontos em termos de Lean reforça que o Lean é uma base sólida. Comunique outras atividades ou iniciativas no contexto do Lean.

Resultados mensuráveis

Mostra o progresso mensurável continuamente cria dinâmica na organização. À medida que a dinâmica é criada, o progresso é maior. Manter-se no curso com o Lean — e manter a dinâmica constante — mostrará à organização que o Lean não está ali apenas a curto prazo.

Disponha os resultados em termos que qualquer indivíduo possa ver e entender. Traduza o impacto para um nível pessoal. Os resultados não são necessariamente medidas financeiras diretas; eles podem ser espaço liberado em fábrica, diminuição do tempo de serviço ao cliente, cadeia de aprovação reduzida, ou qualquer coisa que o indivíduo possa observar e usar para verificar o desempenho a longo prazo.

Fazendo a caminhada

Se ontem você aclamou o programa de melhoramento TLA (Three-Letter Acronym), hoje você saúda o Charge 4 Lean e, amanhã, estará proclamando o The Ten Thetas e irá alimentar o frenesi organizacional. Você condenará a jornada de melhoramento à morte nas mãos dos cínicos e negativistas — e merecerá isso. A iniciativa Lean requer a liderança de um profissional sério e que permaneça assim. Se você é inconsistente e evasivo, o Lean será apenas outro programa do mês que passou. Como profissional, construa capacidade fazendo perguntas de qualidade, guiando a resolução de problemas e entendendo o que está de fato acontecendo no *gemba*.

Separando o trigo do joio: Lidando com novas iniciativas

Novas ideias e iniciativas emergem regularmente. Não as ignore. Familiarize-se com elas, desenvolva um processo para caracterizá-las e determine sua resposta. Em muitos casos, "novas" ideias são, na verdade, apenas ideias antigas em uma nova embalagem. Então, fundamentalmente, elas não oferecem nada atrativo. A tecnologia é perturbadora; então, novas soluções de TI podem oferecer velocidade, escala e extensão além das barreiras locais e esforços manuais. Muitas das vezes, as ofertas novas são novas ferramentas que você pode acomodar efetivamente no kit do Lean. À medida que você avalia o potencial de novas iniciativas, pergunte a si mesmo o seguinte:

- A iniciativa tem relevância potencial para a organização? Caso tenha, onde ela se encaixa

- Existem atividades atualmente em execução nessas áreas — dentro da organização ou em qualquer outro lugar? Caso existam, o que podemos aprender com elas?

- Alguém está oferecendo alguma coisa fundamentalmente nova, ou trata-se de uma repaginação do que já conhecemos?

- Como isso se encaixa no Lean? Nossa iniciativa Lean o acomoda?

Medições: Uma visão geral da empresa

Ao começar uma iniciativa Lean, determine as medições relevantes para sua organização. Isso pode exigir que você meça coisas que não havia medido antes. A maioria das organizações compromete a maior parte do foco de medição nas finanças internas, mas a prática do Lean compele você a equilibrar a atenção através de um conjunto mais amplo de medições. Estas incluem cliente, pessoas e métricas de processo.

Desenvolva capacidades de medição nas seguintes categorias:

- **Cliente:** Satisfação, fidelidade e medições através do fluxo de valor entre eles e os clientes *deles*.

- **Segurança:** Acidente com afastamento, quase acidentes e risco ergonômico ou por movimento repetitivo.

- **Pessoas:** Aprendizado, proficiência, satisfação, absenteísmo, rotatividade, certificações ou cursos de trabalho.

- **Qualidade:** Defeitos por milhão de oportunidades, defeitos por tipo e fonte, derramamentos, retrabalho, descarte.

- **Entrega:** Entrega pontual, frete "premium", custo total de envio por produto, tempo de espera do cliente.

- **Custos com o fluxo de valor:** Giros do estoque, custo por unidade, custo por hora de serviço, dias pendentes, pagamentos a fornecedores.

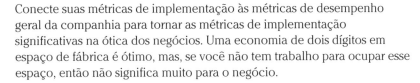

Conecte suas métricas de implementação às métricas de desempenho geral da companhia para tornar as métricas de implementação significativas na ótica dos negócios. Uma economia de dois dígitos em espaço de fábrica é ótimo, mas, se você não tem trabalho para ocupar esse espaço, então não significa muito para o negócio.

Certifique-se de que suas métricas e incentivos não entrem em conflito quando a concretização de um objetivo for contraprodutivo para a concretização de outro.

Localizado dentro de um fluxo de valor, adicione outras medições — tanto processos quanto métricas de resultado — relevantes para a implementação do Lean. Exemplos de métricas incluem:

- Porcentagem de equipe treinada em áreas diversificadas.
- Performance para o takt.
- Redução real de instalação versus objetivo.
- Porcentagem de eventos de *kaizen* completos versus planejados.
- Número de ordens de trabalho completas a planejar.

Um líder Lean deve se preocupar e focar tanto nos resultados quanto nos métodos de *como* as pessoas estão gerando os resultados. Se há resultados, mas com muita perda no processo, não se está implementando o Lean.

Torne a informação visual por meio de dados e formulários gráficos. Faça com que as postagens sejam amplamente visíveis e acessíveis. Poste gráficos dessas métricas em estações de comunicação, através da instalação e da intranet.

Vivendo o Lean

A evolução de uma iniciativa Lean começa com a fase de implementação e se move para a fase de sustentação algum tempo depois de você ter treinado a todos, realizado os eventos de *kaizen*, através da empresa, e de os resultados positivos terem ocorrido de forma ampla e consistente o suficiente para que todos comecem a acreditar no poder dela. A essa altura você sabe que está *vivendo o Lean*.

A Evolução do Lean

A evolução de uma iniciativa Lean começa com a fase de lançamento e se sustenta após o treinamento da equipe, eventos kaizen realizados pela empresa e resultados positivos conquistados de forma ampla e consistente o suficiente para que todos comecem a acreditar no poder dela.

Parte II: A Cultura do Lean

O que acontece então? Você "terminou"? Você se tornou "Lean"? Pode agora colocar todas as técnicas, métodos e ferramentas de lado — *muito obrigado* — e seguir em frente com seu negócio? Absolutamente não! Você não coloca nada de lado. Você foca ainda mais em sua cultura e na mentalidade que criou para sua organização.

O minuto em que você declara sua organização como "Lean" é o minuto em que você se perdeu do caminho!

O Lean internamente

As primeiras atividades do Lean começam com o treinamento e eventos de *kaizen* (veja o Capítulo 9), normalmente em um departamento selecionado, área de programa ou grupo de trabalho. Eventos de sucesso dão crescimento a projetos de melhoramento maiores. Esses projetos abordam uma área de desafio específica, em um fluxo de valor em particular, e envolvem tempo e esforço por parte de uma equipe de projeto e do *sensei* Lean, que juntos aplicam o kit de ferramentas do Lean para melhorar o processo e os resultados. Depois de alguns projetos terem sido bem-sucedidos e os resultados se tornado visíveis, os participantes começam a internalizar o valor e entendem o poder da abordagem. Outros começam a notar. As pessoas começam a iniciar pequenos projetos em suas áreas de trabalho como parte de seus grupos funcionais.

O próximo passo na evolução do Lean é desenvolver uma mentalidade orientada pelo projeto da empresa, em que são abordados desafios com projetos Lean em uma escala mais ampla — tanto dentro de seus fluxos de valor quanto em concentração com outros fluxos de valor. Atividades integradas de fluxo de valor começarão entre organizações como marketing e TI ou entre design, operações e serviço ao cliente.

Este é o ponto onde todos estão "fazendo" coisas Lean. É um momento muito animador: a organização está crescendo e aprendendo, as pessoas estão melhorando seus processos de trabalho e ambientes e os resultados estão aparecendo — em produtividade de negócio melhorada e desempenho. A Figura 5-2 mostra como as organizações Lean evoluem com o tempo.

Em uma grande organização, levam-se anos para alcançar um nível de prática Lean onipresente.

Capítulo 5: Adote o Lean: Estratégia de Implementação **117**

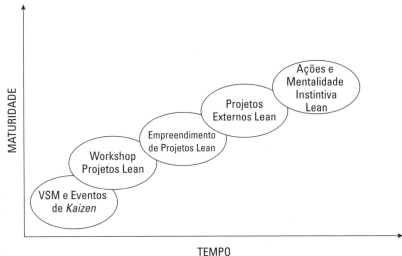

Figura 5-2: Fases de maturação da organização Lean.

Em algum ponto, alguém na organização sobe o próximo degrau da escala evolutiva. Em vez de criar uma equipe de projeto para abordar um desafio, ele melhora sua parte do fluxo de valor por si só. Sem alarde, sem equipe de projeto ou resultados oficiais — ele deixa a equipe de marketing da Nike orgulhosa e "só fez isso". Nesse estágio, as formalidades mecânicas começam a desaparecer e as mentalidades começam a mudar. As pessoas começam a ver o mundo de uma forma diferente. Elas estão agindo por instinto. O PDCA é um hábito. O desempenho das pessoas é julgado por ações Lean e pelo progresso. O Lean está no DNA.

O Lean externamente

Depois que as pessoas dentro de seus próprios locais de trabalho se tornam confortáveis com os projetos internos, elas começam a examinar as condições de causa e efeito que dão origem à perda em seu segmento do fluxo de valor. Muito rapidamente, isso leva a uma expansão da visão: elas começam a olhar para fora de seu próprio mundo.

Os grupos começam a olhar para ambos os lados de seus fluxos de valor. E começam a sugerir projetos com fornecedores e outros projetos com clientes. Por fim, isso pode levar a projetos de fluxo de valor integrados, envolvendo fornecedores, clientes e, até mesmo, clientes dos clientes. Enquanto isso, os grupos dentro da empresa começaram a explorar as relações entre eles de modo mais completo.

Todos esses são exemplos de comportamento Lean externo. Externamente, o Lean é importante porque representa a emergência de uma visão de sistemas, a visão mais holística da organização e sua vida na cadeia de valor. A visão externa fornece a objetividade necessária para ajustar o modo como a empresa se encaixa no mundo. Ela promove *adaptabilidade* — a habilidade de se adaptar e sobreviver no reservatório genético da economia.

Essa adaptabilidade leva a uma diminuição do que é conhecido como *subotimização funcional* (um fenômeno em que muito tempo e esforço são gastos resolvendo problemas em uma função ou área que não tem importância para o quadro geral).

A subotimização funcional é um sintoma do foco interno, em que você pensa que seu mundo e seus problemas são a única coisa que importa. Não se engane: melhorar qualquer área e remover a perda de qualquer fluxo de valor são as coisas certas a se fazer, mas desviar recursos da empresa para fortalecer de forma mais profunda uma ligação da cadeia que já está forte, quando existem ligações fracas por toda a parte, não é uma atitude inteligente.

Eliminação de desperdício é isso: eliminação. Não se trata de mover a perda. Usar ferramentas de logística como adiamento, montagem de kits por terceiros, centros de distribuição e compensar para mover suas perdas para outra pessoa não é nada mais do que varrer a sujeira para debaixo do tapete. É claro, seus cômodos parecem estar limpos, mas a sujeira ainda está lá. Não mova o *muda*; elimine-o.

Crescendo através de fusões e aquisições

Uma forma popular de as empresas optarem por crescimento e expansão é através de fusões e aquisições. Quando uma nova equipe se junta à sua companhia, você estará começando a jornada Lean novamente. Você está misturando culturas, práticas de negócio e pessoas. Se você é a companhia que está fazendo a aquisição, comece a comunicação de seus princípios no Dia Um e atividades de *kaizen* assim que possível, para trazer a nova equipe a bordo. (Veja o Capítulo 16.) Deixe que líderes-chave liderem esses eventos para mostrar o quão comprometida sua organização está com a jornada Lean.

Um erro que as companhias frequentemente cometem nessas circunstâncias é falhar em reconhecer os pontos fortes da empresa que está sendo adquirida. Aprenda através da nova organização; não suponha que ela não tenha nada a oferecer somente porque foi comprada. Você pode saber como o Lean se aplica, mas ela conhece seu negócio. E pode achar que ela tem grandes ideias de melhoramento, mas foi incapaz de implementá-las sob a antiga direção por falta de recursos ou uma filosofia de gestão diferente.

Se sua organização é comprada por uma organização que não é Lean, você precisa educar seus novos líderes e lutar para se manter no curso. Faça tudo o que puder para comunicar o poder do Lean para o sucesso enquanto organização. O risco é de que a nova gestão, através de uma falta de entendimento, venha a desmantelar tudo o que foi construído e, então, se pergunte o que aconteceu com o desempenho vários meses depois.

Praticamente Lean

A prática do Lean o compele a definir seu estado ideal e a trabalhar continuamente para alcançá-lo. Mas seja prático no modo como aborda sua jornada. Você deseja fornecer o melhor valor ao cliente e terá que desafiar tradições e a mentalidade tradicional da organização para fazer progresso. Se achar que seu "próximo passo certo" para a organização parece contrário aos puros princípios do Lean, mas, ao mesmo tempo, move-se na direção certa sem criar excesso de perdas, não faça cerimônia. Lembre-se de que nenhum passo ou estado jamais será sua resposta final; trata-se apenas do próximo passo certo. Estabeleça o novo padrão, meça os resultados e conduza seu próximo *kaizen*. Reavalie continuamente para ver como é possível melhorar a solução — de novo e de novo e de novo.

Rotatividade devido a altos níveis de aposentadorias ou mudanças rápidas em mercados emergentes também podem ser uma realidade. É necessário aplicar uma estratégia prática nessas situações. Para os que estão se aposentando, motive a transferência de conhecimento para criar capacitação. Para a grande rotatividade em mercados emergentes, torne os processos à prova de erros e retenha suas pessoas-chave.

Desastres naturais são probabilidades estatísticas, então seja prático e planeje para eles. Não crie excesso de estoques ao redor do mundo — lembre-se de que essa é uma forma de perda e os produtos estocados estão sob o risco dos mesmos desastres. Trabalhe junto com seus fornecedores, os quais você desenvolveu como parceiros de longo prazo, para criar planos de contingência, especialmente para longos prazos de entrega ou itens críticos.

Organizações Lean maduras contam especialmente com os princípios Lean quando uma crise surge. Organizações que estão apenas começando a jornada Lean arriscam reverterem para os comportamentos antigos quando a caminhada se torna difícil. Quando *coisas* acontecem, os líderes devem focar ainda mais na cultura Lean e na aplicação das ferramentas e princípios Lean. Use esses princípios e práticas no gerenciamento da crise, planejando desde o início de sua jornada.

Depois de uma crise ou situação desastrosa, reflita sobre as pessoas, processos e resultados, e melhore seus planos de resposta para o futuro, baseado no que funcionou e no que você aprendeu.

Libertando a mentalidade kaizen

Visão não é suficiente; ela deve ser combinada com empreendimento.
Olhar para os degraus não é suficiente; nós devemos subir os degraus.

— Vaclav Havel

O aprendizado do Lean sempre acontece em combinação com aplicação. O poder do entendimento é libertado ao ser colocado em ação. A sede das organizações Lean pelo conhecimento é complementada por uma fome igualmente grande por melhoramento. As organizações Lean transformam conhecimento em progresso.

Liberte a mentalidade de melhoramento contínuo, impulsionando a sede das pessoas por mais e proporcionando conforto à noção de que não importa onde estamos ou o que alcançamos, sempre podemos alcançar algo melhor:

- Sempre podemos conhecer e satisfazer o cliente ainda mais.
- Sempre podemos tornar nossa cadeia de valor ainda mais eficaz.
- Sempre podemos criar uma maior capacidade em nossas pessoas e parceiros.
- Sempre podemos encontrar e remover mais perdas.
- Sempre podemos trabalhar os padrões de forma mais consistente.
- Podemos equilibrar melhor o ciclo de tempo do takt time.
- Podemos remover mais defeitos, reduzir variações e melhorar a qualidade.
- Podemos melhorar nossa aplicação e alavancar a tecnologia.

O aprimoramento contínuo não é uma marcha da morte. Não é um trabalho duro sem descanso. Não se trata de escalar o Monte Everest. A organização Lean em processo de amadurecimento não se alimenta de vitórias hercúleas; ela prospera no progresso constante. A mentalidade Lean, no entanto, nunca sente necessidade de descansar sobre seus louros, porque ela nunca se cansa.

A organização Lean é como um maratonista, diferente de um velocista. O Lean é um movimento aeróbico sustentável, alavancado através do condicionamento, disciplinado por meio de treinamento, mantido por dinâmica, encorajado por uma nutrição balanceada e apimentada com endorfinas.

Facilitando a função financeira

As funções financeiras e contábeis apoiam diretamente a jornada Lean ao fornecer medidas financeiras dos benefícios e da eficácia dos processos e operações à medida que são transformadas. Esse papel é similar ao papel do financeiro em uma iniciativa Seis Sigma, na qual melhoramentos são independentemente medidos e validados por seu impacto financeiro final.

Não há nada como incentivos financeiros para mover montanhas. Quando os processos Lean geram dinheiro, todos notam. As funções financeiras e contábeis são responsáveis por trabalhar com os profissionais Lean através da empresa para definir as métricas-chave que demonstram os benefícios financeiros que se somam aos melhoramentos de processo do Lean.

Práticas e sistemas de contabilidade padrão não capturam, gerenciam, analisam, ou relatam informações financeiras de acordo com as práticas Lean. Você precisa desenvolver aplicações especializadas primeiro e, então, calibrar os sistemas financeiros com o tempo. Você pode encontrar muitos livros sobre contabilidade Lean para guiar seu desenvolvimento dessas novas práticas.

Como as operações Lean trabalham transversalmente com as barreiras funcionais tradicionais e geram novos tipos de métricas, os sistemas de contabilidade e medidas tradicionais não facilitam para a organização Lean. Não ter as métricas certas pode ser um problema real. Lembra-se da parte sobre como as organizações financeiras demoram a mudar? Quando você pede para que elas mudem o modo como contam os grãos, pode encontrar uma certa resistência.

Agora eu sou o mestre

Com o passar do tempo, à medida que a iniciativa Lean progride, todos na organização desenvolvem habilidades Lean e dominam certas ferramentas e técnicas. Aos poucos, os noviços se tornam os mestres. A especialização se desenvolve naturalmente de dentro.

Conforme a iniciativa amadurece, a organização continua com os princípios e comportamentos Lean mais por dinâmica e predisposição cultural do que por impulso. Não é uma questão de quem carrega a tocha, porque todos estão carregando sua própria tocha. Os comportamentos Lean se tornam enraizados e, como as organizações demoram a mudar, esses comportamentos não desaparecem. Aprendizado e melhoramento contínuo se tornam os esteios principais.

Ainda assim, o gerenciamento deve manter a liderança e continuar na direção do Lean. Ele deve continuar a exibir comportamentos Lean e garantir que a organização se mantenha no curso.

Um empreendimento não precisa manter uma entidade organizacional significativa para apoiar a iniciativa Lean a longo prazo. No entanto, um grupo central é necessário:

- Para manter, melhorar, guiar e focar as práticas Lean da organização.
- Para integrar práticas Lean em outras organizações — como novos fornecedores, fusões ou parceiros de aquisições e novos distribuidores.
- Para se manter informado sobre os desenvolvimentos Lean e tendências em outros setores de atividade.

Nos anos que se seguem, à medida que uma organização Lean amadurece, deve continuar a investir nas pessoas e nela própria. As pessoas fluirão através da organização; os novatos precisam desenvolver as mesmas capacidades e consciência cultural dos antigos e os veteranos precisam manter suas habilidades atualizadas. Até mesmo as organizações de maior sucesso experienciam um desvio com o tempo. Para minimizar esse efeito, invista em seu pessoal, reforce sua cultura, mantenha-se próximo do cliente, procure incansavelmente por maneiras de reduzir perdas, meça o que você valoriza e sempre se lembre aonde você quer ir — seu estado ideal.

Parte III
Entendendo Fluxo e Fluxo de Valor

A 5ª Onda — Por Rich Tennant

"Posso ajudá-lo em alguma coisa, senhor?"

Nesta parte...

Agora que você conhece os conceitos básicos, é hora de começar. No coração do Lean, está o foco no cliente e um espírito de melhoramento contínuo. Nesta parte, você descobrirá como o cliente define o valor. Você aprenderá como analisar seu negócio hoje e como criar uma visão de futuro. E descobrirá também como eliminar perdas através do melhoramento contínuo do *kaizen*.

Capítulo 6

Enxergando Valor Pelos Olhos do Cliente

- -

Neste Capítulo

▷ Entendendo o conceito de valor

▷ Identificando o que os clientes valorizam

▷ Diferenciando clientes de consumidores

- -

*V*ocê talvez pense que o conceito de valor é muito simples, mas a realidade é que cada um tem sua própria percepção do que constitui valor. O que as pessoas valorizam e como elas fazem isso muda com as circunstâncias e com o tempo. Mas, por mais mutável que seja o critério de definição de valor, o Lean fornece uma plataforma para o entendimento do que os clientes e consumidores valorizam, ajudando, assim, com que você entenda como fornecer esse valor da forma mais eficaz possível. Ao definir o que o cliente valoriza, define também a mais pura natureza de suas atividades e ações: o que você deveria fazer, como deveria fazer e, até mesmo, *se* você deveria fazer isso.

Considere o seguinte: quando o barista da cafeteria escreve seu nome no café com leite duplo, ele está "agregando valor" à bebida? Quando você paga sua compra no supermercado, a cobrança pelo serviço completo está "agregando valor" à sua experiência de compra? Quando você preenche uma ficha no consultório médico para fazer seu check-up anual, você está "agregando valor" à sua saúde? Talvez — e talvez não. Tudo isso depende de como você define *valor*.

Definir "valor" é importante porque forma a base sobre a qual você constrói processos Lean para entregar aquele valor e satisfazer seu cliente. Neste capítulo, nós fornecemos a definição básica de valor e mostramos a definição padrão de valor do Lean. Você descobre como distinguir clientes e consumidores e aprende formas de entender o que eles valorizam.

O que É Valor?

De modo simples, *valor* é a importância que se dá a alguma coisa. Essa coisa pode ser bens, serviços, ou ambos. A importância poderia ser expressa em termos de dinheiro, troca, utilidade, mérito ou até mesmo um princípio ou padrão.

Quem determina o valor? *Os clientes determinam o valor*. E existem bilhões deles — indivíduos, negócios, grupos sociais e outras organizações.

Embora o Lean nos forneça uma definição padrão de valor, o que é mais difícil de entender é o que esses clientes consideram importante e, então, como criar, aplicar, medir e traduzir a definição deles de valor. Quais são as ações e atividades que de fato criam valor? Como uma pessoa ou organização passa a valorizar um produto ou serviço em particular? O que determina o quanto uma pessoa está disposta a "pagar" por aquilo — com seu tempo, dinheiro ou outros recursos? Além disso, como eles trocam valor?

O valor não é absoluto — ele não ocorre de forma isolada. O valor é relativo a fatores como local, tempo, cronograma, forma, adaptação, função, integração, interações, recursos, mercados, demanda e economia. Mas, em todos os casos, o *valor é definido pelo cliente*.

O processo de *criação de valor* — o ato de desenvolver e entregar um produto ou serviço que o cliente deseja e está disposto a investir para ter — é normalmente longo e complicado.

Considere a complexidade envolvida no processo de criação de valor em algo que muitas pessoas menosprezam: mobilidade pessoal e autônoma em forma de automóvel. Nesse caso, a criação de valor envolve não só o design e a montagem de centenas de peças em um carro, mas também o sistema de estradas, o refinamento do petróleo e o sistema de distribuição, a manutenção e a indústria de reparos, a indústria de seguros e o preparo e as convenções reforçadas para milhões de outros motoristas com os quais você terá que interagir de modo a se locomover com algum grau de segurança. Cada motorista reforça, na forma de etiquetas de preço e pagamentos de seguro, taxas de manutenção e gasolina, estrada e outras taxas, gases de efeito estufa e outros danos ambientais, risco pessoal e, é claro, muito tempo. A mobilidade pessoal autônoma é um item de altíssimo valor e cada um dos fatores mencionados anteriormente contribui com uma parte crítica para o valor total.

O ciclo de valor significa que, em qualquer empreendimento — grande ou pequeno —, todas as atividades, ações e passos envolvidos devem levar a um resultado final que terá valor para quem quer que o esteja consumindo. E eles devem perceber esse valor facilmente e serem capazes

Capítulo 6: Enxergando Valor Pelos Olhos do Cliente **127**

de quantificá-lo prontamente e trocar algo por ele de bom grado. Enquanto isso, os fornecedores devem entregar esse valor por algum benefício líquido ou lucro.

Agregar Valor ou Não Agregar Valor, Eis a Questão

Toda atividade em uma organização ou agrega valor ou não. No Lean, você analisa cada atividade em cada processo em busca de sua contribuição de valor, como definido pelo cliente. No estado ideal, cada atividade atende diretamente ao critério do cliente sobre valor — e, caso isso não aconteça, não se está agregando valor.

Dá o que pensar, não é? Todos e tudo no processo fazendo *apenas* o que cria valor para o cliente? Bem, idealmente, é disso que se trata o Lean!

Pense sobre tal princípio no contexto do que você faz para os clientes, sejam eles quem forem. Quanto de todo o tempo, pessoas, recursos, capital, espaço e energia consumidos ao seu redor e por você diretamente criam valor para os clientes? Agora pense pelo ponto de vista do cliente. Quando você está pagando por um produto ou serviço — com seu valioso tempo, dinheiro, ou esforço —, quanto está gastando para conseguir o que você realmente quer... e *apenas* o que você realmente quer?

Nesta seção, fornecemos a definição precisa do Lean para *valor agregado* e *valor não agregado*. Você vai entender o valor não agregado de acordo com os três *M*s — *muda, mura* e *muri*. Algumas atividades no processo não agregam valor de acordo com a definição do cliente, mas infelizmente são necessárias para que o processo funcione. Nós diremos o que fazer nesses casos também.

Definindo valor agregado

No Lean, sempre defina o valor pelo ponto de vista do cliente. É o cliente — e somente ele — quem define o valor do resultado de um processo. Para que uma atividade tenha *valor agregado*, deve atender a *todos* estes três critérios precisos:

- ✔ O cliente deve estar disposto a pagar pela atividade.
- ✔ A atividade deve transformar o produto ou serviço de algum modo.
- ✔ A atividade deve ser feita da forma correta na primeira vez.

Essa definição estrita aplica-se a tudo. Para agregar valor a um processo, todas as ações, atividades, processos, pessoas, organizações, sistemas, peças de equipamento e qualquer outro recurso comprometido no processo deve atender a todos os três critérios.

Você pode identificar facilmente uma atividade com valor agregado:

- No lava-jato, é quando alguém de fato lava o carro.
- No hospital, é quando o paciente recebe o tratamento.
- Na linha de montagem, é quando alguém está de fato montando as peças.

Em cada um desses casos, está claro pelo que o cliente está pagando; o produto está sendo transformado ou o serviço primário está sendo fornecido; contanto que isso esteja sendo feito corretamente da primeira vez, por definição está contribuindo diretamente com o valor de cliente (tem *valor agregado*).

Definindo valor não agregado

No Lean, se uma atividade não atende aos três critérios de valor agregado (veja a seção anterior), então está fadada a ser oficialmente uma atividade de *valor não agregado*. Seja porque o cliente não está disposto a pagar por ela ou porque a atividade não transformou o produto ou serviço de uma forma mensurável, ou porque a atividade não foi feita corretamente da primeira vez. Em outras palavras, pela perspectiva do consumidor, trata-se de tempo e esforço perdidos.

No lava-jato, é o atendente, o manobrista, o caixa, o tempo de espera, o excesso de água e a sala de espera do cliente. No hospital, é o tempo de registro, o tempo de espera, o preenchimento dos formulários, exames inconclusivos e boa comida. Na linha de montagem, é o compartimento de peças, o tempo de viagem, o tempo de montagem, as inspeções e testes, as esteiras, os supervisores e a cesta de refugo.

Em cada um desses casos, o item ou pessoa não eram algo pelo qual o cliente estava disposto a pagar ou a atividade não transformou diretamente o produto ou serviço, ou algo não foi feito corretamente.

Espere um pouco, você diz: algumas dessas coisas são importantes, até mesmo necessárias! Os clientes devem pagar pelo que for necessário para que o serviço ou produto lhe seja fornecido. Empregados precisam de supervisores. Formulários movimentam informações importantes. As salas de espera para clientes mantêm as pessoas contentes — você não pode simplesmente deixá-las esperando do lado de fora, certo? E componentes ruins precisam ser removidos — afinal, não é ruim quando você descobre uma falha ou envia um produto ruim para o cliente?

Capítulo 6: Enxergando Valor Pelos Olhos do Cliente 129

Desculpe por cortar sua onda, mas, se a atividade em questão não atende a todos os três critérios, ela não está agregando valor de cliente. A sala de espera para clientes é legal, mas não faz com que seu carro seja lavado de uma forma melhor. Preencher formulários pode fazer com que você seja chamado no hospital, mas não contribui diretamente para o tratamento.

A cesta de refugo significa que você detectou falhas, mas elas são exemplos vivos de que algo não foi feito corretamente da primeira vez. Nada disso significa que você não queira ou até mesmo precise fazer essas coisas baseado no modelo de processo existente, mas significa, *sim*, que essas atividades não estão agregando valor diretamente para o cliente.

No Lean, atividades sem valor agregado são mais profundamente descritas pelos três *M*s — *muda*, *mura* e *muri*:

- **Muda (desperdício):** *Muda* é uma atividade que consome recursos sem criar valor para o cliente. (Nós definimos as sete formas padrão de perda em detalhes no Capítulo 2.) Existem dois tipos de *muda:*

    - O *muda* tipo 1 inclui ações que não têm valor agregado, mas que por outras razões são consideradas necessárias. Essas formas de desperdício normalmente não podem ser eliminadas de imediato.
    - O *muda* tipo 2 são aquelas atividades que não têm valor agregado e são desnecessárias. Essas atividades são o primeiro alvo a ser eliminado.

- **Mura (irregularidade):** *Mura* é o desperdício causado por variação de qualidade, custo, ou entrega. Quando as atividades não fluem de modo contínuo e consistente, *mura* é o resultado. O *mura* consiste de todos os recursos que são perdidos quando a qualidade não pode ser prevista, como custos com testes, inspeção, contenção, retrabalho, retornos, horas extras e viagens não programadas até o cliente. Você aplica técnicas de redução de variância para eliminar o *mura*.

- **Muri (sobrecarga):** *Muri* é a sobrecarga desnecessária de pessoas, equipamento ou sistemas por demandas que excedem a capacidade. Por uma perspectiva Lean, o *muri* se aplica ao design de trabalho e tarefas. Por exemplo, tarefas com *muri* têm momentos em que são nocivas, causam desperdício ou são desnecessárias. Você executa avaliações ergonômicas e análise detalhada de trabalho das operações para eliminar movimentos que são nocivos ou desnecessários.

Um profissional Lean luta para eliminar todas as atividades sem valor agregado. Se não pode eliminá-las de imediato, então as reduz até o ponto de eliminá-las.

Quando atividades sem valor agregado parecem ser o contrário

Por sua própria natureza, os processos são repletos de desperdícios que são mascarados como criação de valor. Muitas atividades podem parecer necessárias ou terem valor agregado, mas, após um exame mais profundo e através dos olhos do cliente — de acordo com os três critérios listados na seção "Definindo valor agregado" anteriormente neste capítulo —, elas não são.

O *muda*, particularmente o tipo 1 (ver seção anterior), é normalmente criado devido a limitações de tecnologia ou da instalação atual, limitações governamentais, ou práticas de negócio da companhia não desafiadas. Muitas vezes, *muda* é tão insidioso que a organização não o vê. Identificá-lo é particularmente difícil quando ele é programado em sistemas de computador.

Buscar e eliminar o *muda* exige esforço — exige que alguém desafie o status quo. Às vezes as pessoas não pensam terem tempo e energia para esse nível de trabalho. Às vezes elas não sentem que têm as ferramentas ou autoridade para mudar o estado atual. Às vezes elas não sabem por onde começar. E, às vezes, elas simplesmente não querem mudar. Ainda que você precise dedicar muito esforço para identificar o *muda*, vai encontrar uma mina de ouro de oportunidades.

Exemplos comuns de *muda* tipo 1 incluem o seguinte:

- Burocracia, como formulários, relatórios, tradições e aprovações.
- Atividades administrativas, como supervisão, contabilidade e legislação.
- Suporte de produto, como teste, inspeção crítica e transporte.

O *muda* tipo 1 inclui tudo que rodeia ou apoia as funções de valor agregado, mas que não causam nenhuma transformação direta por si mesmas.

Você talvez insista, "Essas atividades são necessárias para o negócio!". E pode estar certo — talvez elas *sejam* necessárias. Mas sejam elas necessárias ou não, isso não muda o fato de que não agregam valor. Aqui estão alguns exemplos:

Capítulo 6: Enxergando Valor Pelos Olhos do Cliente *131*

✓ **O processo de admissão em um hospital:** É claro que isso deve ter valor agregado. Afinal, de que outra forma você poderia entrar em um hospital para ser tratado — o que poderia ter mais valor agregado do que isso? Não é bem assim. Nada no processo de admissão contribui diretamente para o tratamento de um paciente; desse modo, não está agregando valor de cliente.

✓ **O processo de inspeção de produção na indústria de automóveis:** É preciso garantir que as operações sejam executadas corretamente e proteger o cliente. Embora isso possa ser verdade, não se pode transformar um produto por meio de inspeção, pode-se apenas mitigar o risco. A estação mais bem coreografada de inspeção, ainda que pareça necessária, sempre será sem valor agregado.

✓ **Ficar até tarde e forçar o trabalho extra para terminar um trabalho e cumprir um prazo:** O trabalho precisa ser feito e as pessoas irão se levantar para a ocasião, certo? Sim, mas considere o custo. As pessoas tendem a cometer mais erros apenas quando, muito cansadas, arriscam-se ao volante: esgotadas, as pessoas deixam a empresa e levam opiniões e experiências críticas com elas. No momento, trabalhar dessa maneira pode parecer necessário, mas não importa a forma como você vê, é um desperdício.

Entendendo Como o Cliente Define o Valor

Quem é esse cliente evasivo — aquele que define o valor? A maioria pensa que se trata da pessoa no final da cadeia varejista — aquele que compra o produto ou serviço, que entra em uma loja, tira sua carteira, paga por alguma coisa e vai embora com aquilo. Na verdade, essa pessoa é uma forma especial de cliente conhecida como *consumidor*; nós falamos sobre o consumidor na seção "Entendendo como o consumidor define o valor", mais à frente neste capítulo.

O *cliente*, no que diz respeito ao Lean, é a pessoa ou entidade que *recebe o produto ou serviço que você produz*. Para muitos, o cliente é outro negócio. Para outros, o cliente é alguém dentro de seu próprio negócio. Às vezes o cliente é um indivíduo específico; outras vezes, o cliente é um grupo ou equipe. Em qualquer um dos casos, o cliente é aquele que coloca valor em seu resultado.

Descobrindo o cliente evasivo

O mundo tem se tornado tão complicado que às vezes é difícil determinar quem é o cliente de quem. Tantas funções, cadeias de fornecimento, fornecedores terceirizados, distribuidores contratados e canais são parte da mistura. No mundo Lean, essa questão — "quem é seu cliente?" — é fundamental, porque o cliente é o que importa. Ele é o *único* que de fato determina o valor do que você produz.

Seu cliente muito provavelmente não é o consumidor — o usuário final do produto ou serviço que você fornece. Você é provavelmente parte de uma cadeia de suprimento ou rede para algum conjunto de designs, materiais, produtos, informação ou serviços que são combinados em uma série complexa de processos para fornecer a solução de item final para um consumidor em algum lugar. No entanto, é mais provável que seu cliente seja um indivíduo (ou grupo de indivíduos) dentro de um grupo que paga pelos produtos e serviços que você gera.

Na Figura 6-1, mostramos a você um diagrama SIPOC (Suppliers, Inputs, Process, Outputs, Customers) que lista os fornecedores e entradas de um processo de um lado e as saídas e os clientes do outro. Considerando o processo em si como uma caixa-preta, foque em quais resultados você produz e quem os recebe. O diagrama SIPOC é uma ferramenta padrão na gestão de processo que ajuda a identificar e caracterizar essas influências de força catalisadora em um processo.

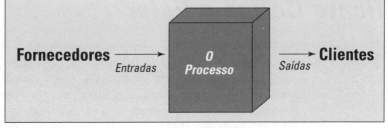

Figura 6-1: Um diagrama SIPOC.

Todo processo — não importa o quão amplo e abrangente, ou pequeno e focado — possui um cliente ou clientes. Processos de larga escala, como de inserção de pedidos ou produção, possuem um amplo espectro de muitos tipos de clientes. Em processos pequenos, como a montagem de telas de celulares ou as operações diárias de um departamento de varejo de joias, o cliente é definido de uma forma muito mais estreita e específica. Mas, em cada caso e em cada um dos níveis de qualquer organização ou empreendimento, os processos têm clientes.

Capítulo 6: Enxergando Valor Pelos Olhos do Cliente   **133**

Ao considerar quem recebe tal processo em sua própria organização, considere essas dicas:

- **Quando você está melhorando um pequeno processo dentro do processo geral, reconheça seu papel no esquema mais amplo das coisas.** Muitos subprocessos — cada um deles com seus próprios clientes — compõem o processo maior de criação do produto total ou facilitam um serviço completo.

- **Seu processo pode produzir saídas para clientes múltiplos.** Cada cliente tem suas próprias características e você regularmente precisará ajustar seu processo de acordo com as exigências, atributos e situações de cada um.

- **Reconheça como o resultado de seu processo serve a cada consumidor.** Se um processo não serve diretamente ao consumidor, então o cliente é um intermediário. O cliente direto pode estar adicionando, filtrando, interpretando, ou mudando como o consumidor final define o valor. O cliente direto tem diferentes motivações e necessidades vindas do consumidor. Certifique-se de atender às necessidades do cliente direto, mas não perca de vista as expectativas e a definição de valor do consumidor.

- **Não se distraia com partes interessadas.** Uma *parte interessada (a definição mais abrangente de "stakeholder", que em sentido mais estrito significa "acionista")* é alguém com um interesse próprio em algum lugar além do empreendimento maior. Essas partes interessadas podem incluir gestores, familiares de empregados, aposentados, governo, ou a comunidade. Os stakeholders são importantes, mas não são o cliente. Entretanto têm interesse no desempenho da companhia ou nos resultados. Quando um negócio está distraído por essas partes interessadas, pode perder o foco do processo e tomar atitudes de curto prazo que irão, na verdade, aumentar o *mura*.

Considerando o valor de cliente

O cliente é aquele que compra os bens e serviços e recebe os resultados dos processos. O cliente tem opções, então por que escolheriam os resultados de seus processos? O que é levado em conta na compra do cliente? E como o cliente determina quanto pagará?

As respostas para essas perguntas resumem o valor. O cliente irá escolhê-lo quando acreditar que você representa o valor geral da melhor forma para ele. O cliente tem muitas exigências e critérios de decisão, e seus métodos de avaliação de valor podem ser formais ou informais, mas, por último, colocará valor em processos e resultados e os selecionará quando acreditar que esses resultados e processos atendem às suas exigências da melhor forma possível.

Entendendo a satisfação dos clientes

Já que o cliente analisa o valor baseado no grau em que os resultados dos processos atendem às suas exigências, isso significa que, quanto mais as exigências forem atendidas, maior será a satisfação do cliente e, desse modo, maior será o valor atribuído pelo cliente.

Nem todas as exigências dos clientes são iguais. Algumas são necessidades extremamente importantes, que *devem* ser satisfeitas outras são *boas de se ter* e ainda há outras que ficam no meio das duas. O modo como essas diferentes exigências são traduzidas em satisfação do cliente nem sempre é óbvio. Não se preocupe — nesta seção, deixaremos isso tudo bem claro.

Na década de 1980, o professor japonês Noriaki Kano desenvolveu um modo visual de entender as exigências do cliente. (Veja a Figura 6-2.) Esse modelo é um roteiro gráfico de cumprimento *versus* satisfação. O que Kano reconheceu é que as exigências do cliente vêm naturalmente em três sabores e a extensão pela qual um processo atende a cada tipo de exigência afeta diretamente o nível de satisfação e percepção de valor por parte do cliente.

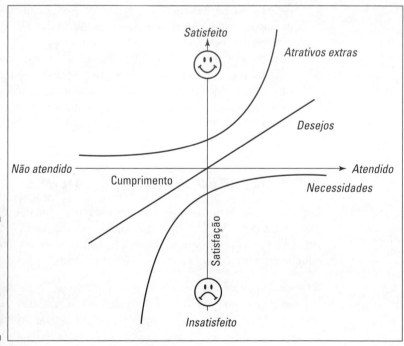

Figura 6-2: Usando o modelo de Kano para classificar as exigências do cliente.

Capítulo 6: Enxergando Valor Pelos Olhos do Cliente 135

- **Necessidades:** As necessidades são fundamentais — elas são exigências absolutas. Você deve atender a todas as necessidades do cliente. Se houver necessidades não atendidas, isso se transforma rapidamente em insatisfação completa. No entanto, na melhor das hipóteses, atender às necessidades do cliente resulta em satisfação neutra. Em outras palavras, atender às necessidades de seu cliente é um trabalho ingrato, mas falhar em fazer isso é desastroso.

- **Desejos:** Desejos são expectativas. Se você não atender aos desejos de seu cliente, ele estará insatisfeito; se o fizer, ele estará satisfeito. A relação é linear: o não cumprimento dos desejos jamais criará a insatisfação que o não cumprimento de *necessidades* cria e, do mesmo modo, nenhum grau de cumprimento de desejos irá jamais ter o potencial de satisfação da terceira parte da exigência — os atrativos.

- **Atrativos extras:** Conhecidos em inglês como "delighters", os atrativos extras são o ponto alto, a cereja do bolo das exigências do cliente. Ninguém de fato espera por eles, então não existe punição se eles estiverem faltando. Mas o nível de satisfação do cliente aumenta exponencialmente se o processo atende a essa exigência mais caprichosa.

Tire um momento para ponderar sobre a aplicação do modelo de Kano em seu negócio ou organização. Das muitas exigências que você busca e gerencia, qual delas se encaixa em cada uma das três categorias? O quão bem você as cumpre?

Dividindo as exigências do cliente

Atender aos desejos, necessidades e atrativos do cliente é o caminho para a satisfação dele. O modelo de Kano e o QFD (Quality Function Deployment; abordado no Capítulo 10) são duas ferramentas que você pode usar para capturar e entender as exigências dos clientes.

Para entender as exigências do cliente, pergunte a ele! Fale com o cliente extensivamente. Envolva-o em seu planejamento e desenvolvimento através de entrevistas, pesquisas, grupos de usuários, revisores de design, ou comunidades online.

Depois que identificar as exigências de seus clientes, você poderá analisar como, efetivamente, está satisfazendo esses requisitos. Quando entender o quanto eficaz você é, *então* poderá otimizar a criação de valor, estando certo de haver garantido todas as três condições de valor agregado para seus produtos, processos ou serviços.

Para criar uma solução e preencher as exigências de seus clientes, primeiro traduza-as em *especificações* de produto ou serviço. Comece documentando essas especificações no nível mais alto, conhecido como *top level, nível de sistema,* ou *nível A;* então, expanda sucessivamente as especificações, transformando-as em sistemas ou subprocessos, cada um dos quais cumprindo um determinado papel na obtenção do objetivo geral definido pela especificação de nível superior. Dentro de cada um desses níveis, categorize as especificações como segue:

- **Forma e tamanho:** Quais são as formas e tamanhos, restrições e tolerâncias do modo como o produto ou serviço (ou componentes deles) devem ser designados, alinhados ou devem interagir?

- **Funcionalidade:** Quais são as coisas que o produto ou serviço devem fazer? Como devem ser feitas? De que maneira particular? As especificações são normalmente descritas através de um conjunto de verbos de ação, mas também podem descrever a estética e outros atributos físicos ou operacionais.

- **Sustentabilidade:** Quais são as exigências de apoio ou manutenção? É exigido que o cliente seja capaz de manter o produto ou serviço, ou porções de um produto ou serviço, por si mesmos? Como isso será sustentado?

- **Percepção:** Como você é visto no mercado? Qual a identidade de sua marca? Qual foi a experiência do cliente com sua organização no passado? Você teve alguma publicidade negativa que possa ter afetado uma decisão de compra? Qual a experiência que se quer criar para o cliente?

- **Desempenho:** Com que rapidez, ou com que frequência ou por quanto tempo o produto ou serviço exerce suas funções?

- **Modelo de precificação:** Qual o preço que o cliente pagará pelo produto ou serviço? O preço é dinâmico (vai ou deveria mudar com o tempo)? Qual a margem de lucro desejada? Qual o quadro geral dos gastos?

- **Compra:** Quais são os vários modelos de compra e termos pelos quais o cliente irá comprar? Como a experiência de compra deve ser?

- **Confiança:** Com quais níveis de confiabilidade e segurança o produto ou serviço deve executar suas funções? Quanto pedigree e qual experiência você traz para garantir a confiabilidade?

- **Segurança:** Existem aspectos de segurança para os produtos ou serviços — assim como relatado aos fornecedores, consumidores, grupos de manutenção ou até mesmo o público geral?

- **Escalabilidade:** Se o cliente quer mais, quão prontamente isso é atendido? Alguns outros elementos de exigência mudam com a escalabilidade?

- **Seguridade:** Preocupações quanto à segurança são um elemento à parte. O produto ou serviço poderia oferecer qualquer risco de algum modo, direta ou indiretamente?

Essas categorias de exigências se aplicam durante qualquer fase do ciclo de vida de um produto ou serviço; elas se aplicam aos processos centrais de desenvolvimento, entrega e serviço, bem como processos de suporte, incluindo vendas, finanças, legislação, mercado, recursos humanos, tecnologia da informação e instalações. Cada processo deve refletir esses elementos para garantir que o produto ou serviço fornecido atenderá completamente as necessidades, desejos e vontades do cliente. Essas categorias se aplicam não apenas ao consumidor final, mas também ao cliente imediato e cada cliente sucessivo na cadeia. Não importa onde seu processo se encaixa no quadro geral, essas categorias de exigências se aplicam a você!

No mundo de informações conectadas de hoje, quando qualquer um pode expressar sua opinião ou insatisfação pela internet, é ainda mais importante conhecer e satisfazer seus clientes.

Lembre-se: o que o cliente valoriza não é estático. Os interesses e a satisfação do cliente mudam com o tempo. O modelo de Kano possui uma "migração descendente": com o tempo, atrativos extras se tornam desejos e os desejos se tornam necessidades. Ter processos que conectam você aos clientes irá ajudá-lo a se manter ágil e mudar de acordo com a mudança nas demandas.

Entendendo Como o Cliente Define o Valor

O último cliente é o *consumidor*. O consumidor é definido como "aquele que obtém bens e serviços para seu uso próprio", em vez de obtê-los para revenda ou usá-los na produção de outro produto ou serviço. Os consumidores são os catalisadores da cadeia de valor; sua ação de compra engatilha o fluxo de atividades por parte de muitos fornecedores de serviços e produtos cujas contribuições em última instância atendem às exigências e valores dos consumidores.

Sendo assim, o consumidor ocupa uma posição de importância única e cabe a você — independentemente de sua posição na cadeia de valor — estar ciente da motivação e do comportamento do consumidor. Na maioria dos casos, você trabalha diretamente para seu cliente imediato, porque ele especifica suas exigências e recebe seus resultados; no entanto, as ações do consumidor flutuarão através da cadeia para afetá-lo, então é preciso entender como o *consumidor* define o valor.

Reconheça também que, embora todo o fluxo de atividade esteja orientado no sentido de satisfazer o consumidor, as exigências e valores dele não necessariamente se alinham com os processos e agendas de todos os muitos envolvidos no fluxo de valor que estão fornecendo esses bens e serviços. Seu cliente direto estará mais propenso a representar as necessidades do consumidor de uma forma diferente de como o próprio consumidor faria, então você deve estar posicionado para entender e equilibrar as exigências de seu cliente direto com as do consumidor final.

Já que os processos Lean são focados no cliente, eles respondem às exigências do cliente e se ajustam de acordo. Embora cada processo sucessivo possa ter um conjunto único de exigências de cliente, o ponto de partida é com o cliente, porque ele é o primeiro ponto de definição de exigências. O cliente é o primeiro a atribuir valor e o primeiro a votar abrindo sua carteira. O cliente dá o pontapé inicial em todo o processo.

Muitas organizações são centradas em uma agenda, acreditando que podem impor sua vontade no mercado consumidor. Essas organizações não são focadas no cliente e não praticam a arte do Lean de definição de processos gerida pelo cliente. Recentemente, tem sido cada vez mais difícil para tais companhias prosperarem. Organizações centradas no cliente evoluem muito mais.

Respondendo ao consumidor

Organizações de todos os tipos são capazes de entender e se antecipar ao consumidor. Quanto melhor for o modo como a organização é capaz de predizer o comportamento do consumidor, mais efetivamente ela pode atender necessidades, desejos e "delighters". (Veja "Entendendo a satisfação dos clientes," anteriormente neste capítulo.) Em alguns casos, você precisa entender o comportamento do consumidor de uma forma mais ampla e, então, criar produtos em volume para o mercado de consumo geral. Em outros casos, você tem que manter a capacidade de criar um produto ou entregar um serviço de acordo com a demanda. Na maioria dos casos, trata-se de uma mistura de ambas as situações.

A maioria das companhias não é fluida ou flexível o suficiente para esperar por um evento de demanda por parte do cliente para agir através de toda a cadeia de fornecimento, mas muitos desses modelos de demanda nos quais a produção só ocorre mediante pedidos confirmados situam-se na extremidade do mercado, no consumidor final. Você pode imaginar um mundo onde todas as companhias operam dessa forma? Consegue pensar em algumas que já fazem isso? Aqui estão algumas delas:

Capítulo 6: Enxergando Valor Pelos Olhos do Cliente

139

- ✔ A maioria dos restaurantes de fast-food prepara sua refeição de acordo com o pedido. Ele têm os ingredientes básicos em mãos (baseado no comportamento do consumidor anterior) e, quando você faz seu pedido, prepara sua refeição conforme suas especificações e a serve em questão de minutos.

- ✔ Óculos costumavam levar dias ou semanas para ficarem prontos, mas agora algumas empresas levaram o laboratório para o local de venda. Seus óculos agora ficam prontos em uma hora.

- ✔ Consultores de negócios esperam pela ligação e, então, configuram suas soluções baseadas nas exigências. Eles são extremamente favoráveis à elaboração de novas soluções em tempo real, baseados na aplicação do conhecimento mais recente e preparando uma nova solução rápida para o cliente.

Nesses tipos de aplicação, o fluxo de valor está intimamente conectado com as necessidades do consumidor. Por exemplo, o fabricante que fornece discos rígidos para a montadora de computadores segue a demanda do consumidor bem de perto. Da mesma forma, fornecedores de alimentos para restaurantes sabem do que o cliente está precisando — orgânico, sem glúten e com baixo teor de carboidratos são tendências recentes no fluxo principal do mercado de alimentos.

Há consumidores que influenciam o mercado em função das características exclusivas de suas exigências. Além dos perfis de Kano e do fluxo de estilos de exigências, os consumidores exibem estilos e comportamentos específicos. Esses estilos preparam o terreno para o modo como todo o fluxo de valor — e todos os processos e clientes imediatos — agirão. Os consumidores se enquadram amplamente em um de oito tipos de estilos de comportamento, como definido pelo **Inventário de Estilo de Consumidores** de Sproles e Kendall:

- ✔ Perfeccionismo, consciência de alta qualidade

- ✔ Consciência de marca

- ✔ Consciência de novidade — moda

- ✔ Consciência de compra recreativa (hedonismo)

- ✔ Consciência de compra pelo preço e "valor do dinheiro"

- ✔ Compra por impulso

- ✔ Confusão por múltiplas opções de marcas, lojas e informações

- ✔ Consumo orientado por lealdade à marca/habitual

Considere a ótica que promete entregar seus óculos em uma hora. O que aquela loja precisa fazer para manter sua promessa? Ela precisa ter todos os materiais, processos e serviços no local para atender às necessidades de seus clientes e do mercado. Isso inclui ter variedade de estilos suficiente em mãos para agradar à variedade de interesses de seus clientes — ela precisa ter uma seção de design, uma seção de moda e tendência e uma seção de valor. Também necessita manter o nível certo de estoque de armações e lentes. Deve manter o equipamento no próprio local e dispor de técnicos treinados na loja. E precisam estar em um local de fácil acesso para o consumidor (em shoppings, por exemplo). Todos esses elementos se unem para fornecer os óculos para o consumidor em uma hora.

Nem todos os consumidores compram da mesma forma. A tecnologia e a globalização estão mudando as opções de compra, mas nem todos irão se adaptar às mudanças no mesmo ritmo.

As compras online e os dispositivos móveis de compra pela internet têm mudado o comportamento dos consumidores. Eles veem valor no acesso à internet, tanto para conferir quanto para repelir. Eles adoram ter as ferramentas nas pontas dos dedos para pesquisar e fazer buscas mais qualificadas. Mais do que nunca, sabem o que querem, que são capazes de conseguir o que desejam, e que irão atrás até encontrá-lo. Essa conectividade está fazendo com que as companhias se tornem cada vez mais inovadoras nas formas como alcançam mercados existentes e como penetram em mercados novos. Alguns consumidores farão suas pesquisas online, mas, ainda assim, querem falar com um ser humano ou comprar em uma loja física. Outros consumidores gostam de fazer tudo pela internet — incluindo buscas, compras e trocas. Os profissionais Lean reconhecem que esses novos canais representam diferentes caminhos de valor para clientes e consumidores e que os processos precisam se adaptar.

Tradicionalmente, as aplicações Lean não têm focado suficientemente em muitos dos processos que o consumidor toca diretamente. Esses processos incluem serviço ao consumidor, suporte técnico, garantia e mais. O alcance do negócio pode ser melhorado dramaticamente através do melhoramento dos processos que apoiam esses serviços. Quando um consumidor fica satisfeito com um produto ou experiência, será seu maior advogado. Por outro lado, quando um consumidor fica insatisfeito, pode se tornar seu maior caluniador — e usará a Rede Mundial de Computadores para dizer isso a todo o mundo!

Entendendo o que os consumidores valorizam

Consumidores são clientes com uma diferença. Além dos comportamentos que os clientes de empresas exibem através da cadeia de valor (o chamado grupo business-to-business, ou B2B), os consumidores têm exigências e demandas únicas. A relação empresa-consumidor (B2C) deve interpretar essas demandas e gerenciá-las de modo apropriado — direta ou indiretamente — como o faz com todos os fornecedores.

Capítulo 6: Enxergando Valor Pelos Olhos do Cliente   *141*

Verificar a distribuição de estilos em seu mercado é um passo-chave para entender o que os seus clientes valorizam. Dependendo do setor de atividade, o produto ou serviço, a magnitude da compra e outros fatores, a relação com o consumidor através das fases de pré e pós-compra determinam em última análise o grau de seu sucesso. A Tabela 6-1 fornece uma lista de interesses do consumidor. Para cada interesse, o consumidor possui demandas, que impõem restrições aos processos que as suportam.

Tabela 6-1   Mapeando as Demandas do Consumidor para as Restrições de Processo

Interesse	*Demandas do Consumidor*	*Restrições de Processo Lean*
Preço final de compra	Grau de sensibilidade ao preço Sistema total ou preço de solução	As pressões de preço são distribuídas através de todos os fornecedores, cada um com seu próprio custo e perfis de lucro.
Qualidade	Qualidade inicial Segurança Durabilidade Facilidade de manutenção	Cada fornecedor deve atender aos níveis de qualidade que combinam para suportar a qualidade final do item, não criar riscos à segurança e serem fáceis de manter.
Entrega	Entrega rápida Entrega sob demanda	Cada componente deve estar disponível exatamente quando for necessário para o processo que cria o serviço ou produto final para o cliente. O sistema de entrega deve ser capaz de atender as expectativas de entrega do consumidor.
Serviço	Assistência imediata Serviço amigável Termos razoáveis	Os serviços devem ser fornecidos por nível — ou combinados para fornecer um serviço eficaz para o consumidor. O tempo e a integridade da resposta são críticos.
Termos de compra	Pagamentos mensais Taxas favoráveis	O financiamento e os termos de pagamento do consumidor afetam a todos na cadeia de fornecimento.

(continua)

Parte III: Entendendo Fluxo e Fluxo de Valor

Tabela 6-1 *(continuação)*

Interesse	*Demandas do Consumidor*	*Restrições de Processo Lean*
Imagem	Tendência, moda Novidade Valor superior	Tudo é afetado — design, fabricação, entrega e termos — para todos os componentes, produtos e serviços.
Conveniência	Aberto 24h/7 dias por semana/365 dias por ano Preferência de marca	Você precisa produzir e entregar da forma que o cliente valoriza mais.
Devoluções	Devolução incondicional	Processos logísticos reversos devem atender às necessidades do consumidor — entendendo as circunstâncias de resposta a problemas de satisfação.
Experiência	Ambiente e amenidades	Torne a experiência do cliente convidativa e prazerosa. Entenda quais elementos de satisfação poderiam ser acrescentados ao valor de cliente com o mínimo de impacto no custo operacional.

Em termos simples, os consumidores querem o que querem, quando querem, pelo preço que estão dispostos a pagar e, se algo der errado, eles querem assistência amigável e precisa ou a capacidade de devolução fácil. Essas demandas colocam uma tremenda pressão e restrição sobre cada fornecedor de bens e serviços envolvidos no fornecimento daquele item para o consumidor.

Agora as empresas estão começando a incluir a interface entre a companhia e o consumidor como parte de seus esforços Lean. Os processos que abrangem desde o momento em que o consumidor compra através do serviço ao cliente até o suporte técnico são novas fronteiras para a implementação do Lean. Esses processos podem fazer com que você aprofunde ou rompa sua relação com os consumidores (sem falar de seus amigos e familiares!) e são uma nova fonte de possibilidades de melhoramento. Eliminar o desperdício e criar uma experiência positiva de valor agregada ao cliente irá aumentar sua vantagem competitiva.

Pense em como a xícara de café matinal mudou. A Starbucks criou a experiência do café — a qualquer hora do dia, as pessoas podiam se reunir, trabalhar ou apenas relaxar em alguma de suas lojas. Os clientes estavam dispostos a pagar um preço superior por uma xícara de café para se satisfazerem com a experiência. Agora as pessoas esperam encontrar uma Starbucks em cada esquina; elas esperam que suas bebidas exóticas venham rapidamente, sob medida e de forma consistente. O antigo mimo agora se tornou uma necessidade.

Cadeias de restaurantes como o McDonalds e varejistas como a Target estão incorporando a "experiência do café" em suas lojas com menus de cafés expandidos e wi-fi grátis.

Pense também em como a computação pessoal mudou. Há não muito tempo o padrão era um sistema de desktop e, então, veio o laptop. Daí a Apple apresentou o iPad — uma experiência de computação leve, ultraportátil, poderosa e atraente — e o jogo mudou de novo. Jogadores estabelecidos na indústria estão sentindo o desafio de competir com essas novas expectativas do cliente.

A partir do fenômeno do Y2K (o "bug do milênio"), muitas companhias terceirizaram o trabalho de call center para outros países. Algumas companhias tiveram que repensar sua abordagem porque os consumidores tinham dificuldades para se comunicar com as pessoas do outro lado da linha. Quando o consumidor já estava frustrado, isso tornava o problema ainda pior. Os custos aumentaram porque as companhias alienaram suas bases de clientes. Elas falharam em entender completamente o que o consumidor valoriza.

O consumidor é o cliente final. O que ele valoriza é o que de fato importa. Embora você possa ter clientes intermediários com seus próprios conjuntos de valores, é importante não perder de vista as necessidades e desejos do consumidor.

144 Parte III: Entendendo Fluxo e Fluxo de Valor

Capítulo 7

Você Está Aqui: Mapeando o Estado Atual

Neste Capítulo

▷ Apresentando o fluxo de valor

▷ Entendendo o propósito e a importância dos mapas de fluxo de valor

▷ Construindo e validando um mapa de fluxo de valor do estado atual

▷ Preparando o terreno para análise e melhoramento dos processos

---

*N*o final das contas, todas as organizações são definidas pelo que produzem. As organizações mais bem-sucedidas não apenas produzem bens e serviços que são altamente valorizados pelos clientes ou consumidores, como também os produzem de uma maneira que sustenta a viabilidade da organização a longo prazo. Na empresa Lean, essas capacidades não são um acidente. Elas são o resultado de uma consciência plena de que cada atividade é de fato um *processo* que agrega uma certa quantia de valor mensurável.

Ainda mais, essas organizações entendem e capitalizam sobre o modo como todos esses processos trabalham em conjunto para fornecer valor aos clientes e consumidores. Pense nos materiais e fluxo de informação através de uma série de processos conectados que, por fim, entregam um produto ou serviço a um cliente. As organizações Lean chamam isso de *fluxo de valor*. E um *mapa de fluxo de valor* (VSM) é a representação gráfica do fluxo de valor. Esse mapa dá ênfase ao empreendimento, em vez de focar no funcional, porque cobre todas as atividades exigidas para entregar valor ao cliente. Ele representa todos os passos e destaca qualquer ineficácia no fluxo de valor. Como um profissional Lean, você usará mapas de fluxo de valor para visualizar três "estados" diferentes de seus processos: o estado atual — o modo como as coisas estão agora; o estado ideal — o modo como as coisas funcionariam no caso ideal onde todo o trabalho tem valor agregado; e o próximo estado futuro — o estado dos processos depois de seu próximo esforço de melhoramento. (Leia mais sobre estados ideais futuros no Capítulo 8.)

Neste capítulo, você aprende mais sobre o fluxo de valor. Você também aprende como analisar seu fluxo de valor em um nível macro e micro. E também vê como criar e validar o mapa de fluxo de valor do estado atual.

Apresentando o Fluxo de Valor

Se alguma vez você ficou parado ao lado de um riacho e ficou assistindo o fluxo de água, provavelmente notou como a água flui e como a corrente muda. Quando não há obstruções e o volume é ideal, a água se move livremente e sem dificuldades. Mas é claro que a maioria dos cursos de água tem suas perturbações. Galhos, pedras e troncos caídos obstruem e perturbam o fluxo. Se tiver havido uma tempestade, todos os tipos de detritos descem pelo riacho. Onde há pedras, aparecem corredeiras. Água demais ou de menos para o tamanho do leito e há mais corredeiras.

Se você compara o fluxo a um processo, a condição ideal é quando tal processo flui sem obstruções, de modo suave e contínuo. Os galhos e pedras em um processo são variações, defeitos, estoques, retrabalho e outras formas de desperdício — as atividades sem valor agregado que bloqueiam o fluxo do produto para o cliente. Lute para remover os detritos e suavizar o fluxo.

Visualizando o fluxo de valor

O termo *fluxo de valor* é usado no Lean como o conceito básico de definição de como todas as atividades se alinham e trabalham juntas para produzir um determinado produto ou serviço. As atividades se combinam para formar um processo de criação de valor. O fluxo do processo consiste de atividades de valor agregado e não agregado. (Veja o Capítulo 6.)

O fluxo é sempre visto pela perspectiva do cliente, idealmente pela perspectiva do cliente final (o consumidor). Na hora de visualizar o fluxo de valor, você começa onde ele termina, com a visão do consumidor, e então o rastreia subindo por todo o fluxo até chegar ao menor afluente — as fontes de matéria-prima e mão de obra. A Figura 7-1 descreve um fluxo de valor de produto.

Para qualquer produto ou serviço, são necessários muitas atividades e tipos diferentes de materiais e pessoas, tudo contribuindo para fazer acontecer. As organizações reúnem os materiais — às vezes vindos de todo o mundo — para fabricar os produtos. Do mesmo modo, muitos serviços são globais.

Capítulo 7: Você Está Aqui: Mapeando o Estado Atual

Como consumidores, nós experienciamos o produto final porque estamos na foz do fluxo, mas tem muita coisa acontecendo rio acima!

Pense por um momento a respeito de todas as coisas que precisam acontecer para que os correios possam entregar um pacote de um dia para o outro. Considere todos os eventos que devem ser coordenados perfeitamente e devem ocorrer precisamente no tempo certo, no fluxo de valor, para que o pacote seja entregue no endereço certo, na hora certa e em perfeitas condições. Separação, manejo, caminhões, aviões, informação de rastreamento — um assombroso grau de sofisticação logística.

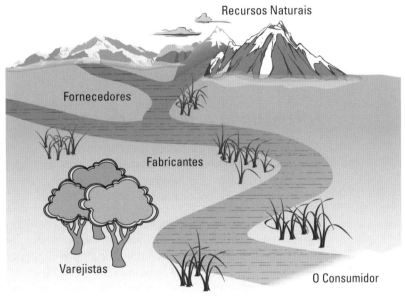

Figura 7-1: O fluxo de valor: Cada contribuidor adiciona valor à medida que os produtos "fluem" para o consumidor.

O Fluxo de Valor

Agora, visualize algo diferente: o fluxo de valor exigido para entregar um novo automóvel ao show-room. Literalmente, dezenas de milhares de peças precisam chegar à linha de montagem — na ordem certa, na qualidade certa, com a cor certa e com a orientação certa — para serem montadas no veículo certo.

Um gestor de fluxo de valor (veja o Capítulo 14) supervisiona o fluxo, mas todos na organização têm um papel no fluxo de valor e cada um tem a responsabilidade de saber como sua parte se inter-relaciona para entregar valor ao cliente da melhor forma possível. Visualize como cada peça contribui com o fluxo de valor como um todo através do mapa de fluxo de valor.

Os Fundamentos dos Mapas de Fluxo de Valor

Um *mapa de fluxo de valor* (VSM) é uma representação gráfica de como todos os passos, em qualquer processo, alinham-se para criar um produto ou serviço. Um VSM também retrata o fluxo de informação necessário para engatilhar o processo. No mundo do produto, o processo pode ter a ver com algo físico, como a fabricação de um telefone celular, ou de um carro, a criação de um design ou a elaboração de um relatório. No mundo do serviço, o processo pode ser uma ligação para um serviço de informação, a compra de comida pré-cozida para um jantar ou a obtenção de uma carteira de motorista. Seu mapa inicial de fluxo de valor mostra o *estado atual* — o modo como as coisas estão agora e como elas funcionam no momento.

Introdução à leitura do mapa

A Figura 7-2 mostra um mapa de fluxo de valor típico, criado de acordo com as convenções padrão. Se parece grego para você agora, não se preocupe — apenas continue lendo. Nós explicamos tudo o que você vê e isso fará sentido em pouco tempo.

Um mapa de fluxo de valor flui da esquerda para a direita com o tempo — matéria-prima entra pela esquerda, os passos do processo se alinham por ordem de ocorrência e os produtos acabados ou serviços saem para o consumidor pela direita. O fluxo principal é como o canal de um rio, e os processos auxiliares são como afluentes que alimentam o processo principal. Ao criar um mapa de fluxo de valor, calcule o tempo dos passos do processo — quanto tempo cada passo leva? Além disso, categorize-os, tanto como de valor agregado como de valor não agregado. Assim você vê que um mapa de fluxo de valor completo inclui não apenas o fluxo de materiais, como também o fluxo da informação de suporte.

Capítulo 7: Você Está Aqui: Mapeando o Estado Atual 149

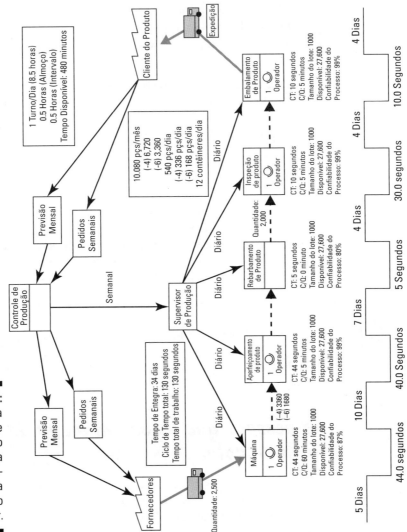

Figura 7-2: Um mapa de fluxo de valor, como este, é uma representação gráfica do fluxo de valor.

O propósito de um mapa de fluxo de valor

Um mapa de fluxo de valor é uma ferramenta poderosa. Ele fornece informações que outros diagramas de processo ou descrições de atividades não fornecem.

- O VSM sempre tem a perspectiva do cliente e foca na entrega das expectativas, necessidades e desejos dele.
- O VSM, em uma visão única, fornece uma representação completa e baseada em fatos, do fluxo de atividades — do início ao fim — necessário para entregar um produto ou serviço para o cliente.

- O VSM fornece uma linguagem e uma visão comum para a análise do fluxo de valor.
- O VSM mostra como a informação flui para engatilhar e apoiar as atividades.
- O VSM mostra quanto tempo suas atividades estão acrescentando ao valor do cliente — e o quanto é gasto enquanto não se tem valor agregado.
- O VSM mostra a você onde suas atividades agregam valor e onde isso não acontece, permitindo que você veja o que impede sua capacidade de atender e satisfazer o cliente.

Após haver construído o mapa de fluxo de valor, você não apenas vê pelo ponto de vista do cliente, como também se dá conta do que é necessário e quanto tempo é gasto para entregar o produto ou serviço ao cliente. O VSM mostra as atividades primárias, bem como os processos auxiliares. E ele não é limitado à perspectiva funcional tradicional — ele mostra todas as atividades que contribuem e todos os processos.

O *cliente* identificado no final do mapa de fluxo de valor não é necessariamente o cliente final ou o consumidor que compra ou consome o produto ou serviço final; trata-se normalmente do cliente desse processo, porque você sempre se começa com um menor escopo para o VSM. O cliente nesse caso pode ser outro negócio ou até mesmo alguém ou alguma outra função dentro da própria organização.

As pessoas que usam um mapa de fluxo de valor

Quem usa um VSM? Os usuários são muitos, porque ele ajuda todos os envolvidos. Aqui estão alguns exemplos de como as pessoas em sua organização podem usar um VSM:

- **Detentores de processo:** Eles detêm o custo do processo e o valor que ele cria. Em um VSM, os detentores de processo podem identificar rapidamente as oportunidades de melhoramento através de todo o fluxo de valor.
- **Designers de processo:** Eles desenvolvem e ajudam a implementar mudanças para melhorar os processos. Usam um VSM para focar nos passos do processo interno e minimizar atividade sem valor agregado dentro e entre esses passos do processo.
- **Trabalhadores do processo:** Trabalham dentro dos processos e devem entender o contexto e as mudanças do processo. Eles veem em um VSM onde suas próprias atividades estão localizadas e podem identificar rapidamente formas de melhorar seus processos.

Capítulo 7: Você Está Aqui: Mapeando o Estado Atual **151**

- ✔ **Gestores de cadeia de fornecimento:** Eles devem otimizar as interfaces com fornecedores. Usam um VSM para procurar por oportunidades de estabelecer "janelas de entrega", rotas de entrega consolidadas (conhecidas no Lean como *milk runs*) e agendamento de nível, bem como outras oportunidades para melhorar a logística do fluxo de valor.

- ✔ **Gestores de aquisição:** Eles negociam relações com fornecedores a longo prazo. Em um VSM, os gestores de aquisição encontram oportunidades de trabalhar com fornecedores para receber produtos e serviços de uma maneira que apoie as iniciativas Lean da instalação. Isso às vezes inclui trazer os princípios do Lean para dentro da comunidade de fornecedores.

- ✔ **Tecnologia da informação (TI):** Gerencia o fluxo de informação de suporte. Vê em um VSM onde precisa desenvolver sistemas para apoiar esforços Lean e unir corretamente os sistemas superiores e inferiores do fluxo de valor.

- ✔ **Gestores de fluxo de valor:** Eles detêm o fluxo de valor em nível de empresa. Usam um VSM em um alto nível para guiar a organização em direção às oportunidades de aprimoramento para servir ao cliente de uma forma mais eficaz.

Os elementos de um mapa de fluxo de valor

O VSM é um pequeno retrato do fluxo de valor em um ponto específico de sua evolução. Trata-se de uma representação gráfica de todos os passos que ocorrem em um processo. Além disso, um VSM contém informações descritivas e essenciais sobre o processo. Ao construir um mapa de fluxo de valor, siga estas convenções:

- ✔ **Passos do processo:** Mostram cada das etapas do processo no fluxo de valor, incluindo os de valor agregado (VA) e os de valor não agregado (NVA). Incluem estatísticas de processo, como ciclo de tempo, tempo de NVA, tempo de transição, número de operadores, número de peças, quantidade de inventário e porcentagem de defeitos.

- ✔ **Estoque:** Mostra a estocagem no VSM, incluindo a quantidade e o movimento do estoque dentro do processo.

- ✔ **Fluxo de informação:** Mostra toda a informação de apoio exigida pelo processo no VSM. Isso pode incluir ordens, agendamentos, especificações, *sinais de kanban* (um *kanban* é um sinal de reposição de estoque em um sistema pull), informação de expedição e mais.

- ✓ **Quadro de pontos:** Inclui um resumo das métricas operacionais chave do processo no VSM. No mínimo, inclui um resumo do tempo de espera de um processo com os tempos de valor agregado e valor não agregado identificados. Você pode incluir também informações como a distância percorrida, peças por transição, tempo de operação, tempo ocioso e mais — tudo o que é importante para o negócio.

- ✓ **Tempo de entrega:** Ao longo da parte inferior do VSM está incluso o desempenho atual do tempo de entrega do fluxo de valor. *Tempo de entrega* é a quantidade de tempo que uma parte leva para fluir completamente pelo processo. O tempo é dividido em porções de valor agregado e não agregado. De um modo geral, você vê onde as porções mais importantes de tempo sem valor agregado ocorrem.

- ✓ **Tempo takt:** Coloque uma caixa no canto superior direito do VSM para mostrar a taxa de demanda do cliente ou *tempo takt*. Essa taxa é determinada pela demanda do cliente e pelo tempo de produção disponível. Idealmente, todas as etapas do fluxo de valor deveriam produzir a essa mesma taxa.

As equipes muitas vezes consideram improdutivo o mapeamento de todo o fluxo de valor em um nível detalhado de uma única vez, então elas iniciam com um escopo menor. Começam com seu cliente imediato e mapeiam o fluxo de volta ao ponto onde você recebe insumos de um fornecedor. Apenas não perca de vista o lugar no fluxo de valor em que o processo se encaixa.

Escolha uma *família de produtos* (uma série de produtos ou serviços que passam pelas mesmas etapas de processamento) para mapear. Se a família do produto é processada em mais de um local, por exemplo um centro de serviço ocidental e outro oriental, então foque em uma única locação, mas inclua representantes da outra locação na equipe de melhoramento.

Faça Suas Malas: O que Você Precisa para Começar

Antes de você criar de fato um mapa de fluxo de valor, vai precisar fazer um certo trabalho prévio — é como fazer as malas antes de uma viagem. É preciso tomar algumas decisões, obter informação e ir para o *gemba* observar o que está acontecendo.

Identificando o detentor natural

Cada fluxo de valor possui um detentor natural que age como uma central para facilitar a gestão das atividades de melhoramento. O detentor natural é como o capitão do navio — alguém que por sua posição ou papel na organização gera o fluxo de valor. Ele normalmente *não* é um chefe funcional. Seria o gestor do fluxo de valor caso haja um.

Se você não for capaz de identificar prontamente o detentor natural, encontre alguém com influência ou autoridade a quem pode ser atribuído o papel de detentor a fim de conduzir a iniciativa de melhoramento Lean. De preferência, encontre alguém que esteja disposto a ser um agente de mudança.

Reunindo a equipe

Comece reunindo a equipe de funcionalidade cruzada que representa todas as disciplinas envolvidas no fluxo de valor. Reúna-a em uma sala de workshop. Ter todas essas áreas representadas no mapa de fluxo de valor melhora a qualidade do VSM e facilita a conversação entre os membros da equipe sobre o processo "real". A sala de workshop cria um ambiente focado onde as pessoas estão distantes das distrações de seus trabalhos rotineiros.

O melhor local para um workshop é aquele longe das atividades rotineiras e, ainda assim, perto o suficiente para que a equipe possa ir fisicamente analisar a ação no fluxo de valor. Certifique-se de que elas possam confirmar o processo real, em contraste com o modo como elas *pensam* que ele é.

Especialistas em Lean externos também são uma parte vital da equipe inicial. Eles treinam a organização no uso das ferramentas e técnicas Lean, guiam o desenvolvimento do mapeamento inicial do fluxo de valor e facilitam os esforços iniciais de melhoramento. Eles também modelam e ajudam a orientar as pessoas sobre como pensar e agir de forma Lean.

O tamanho ideal de equipe *central* é entre cinco e sete membros. Equipes maiores são improdutivas e as menores têm o foco muito limitado. Você sempre pode trazer especialistas de apoio quando estiver analisando afluentes específicos do fluxo de valor. Eventualmente, você expandirá a equipe, incluindo clientes e fornecedores à medida que também expande o escopo do VSM e a implementação do Lean.

Tenha alguém que *não* faz parte da equipe para agir como um facilitador, registrando o fluxo de valor. Isso ajuda a equipe a focar no conteúdo, enquanto o facilitador se ocupa em capturar o fluxo de valor.

Usando ferramentas de mapeamento

O mapeamento do fluxo de valor pode ser tão simples ou tão complexo quanto você quiser que seja. Qualquer que seja o método ou combinação de métodos que você escolher usar, é importante que todos os participantes — em um grupo — vejam claramente o mapa de fluxo de valor sendo criado e contribuam com sua construção. Suas opções para o mapeamento incluem as seguintes:

- **Sem tecnologia:** Papel pregado na parede e marcadores.
- **Baixa tecnologia:** Modelos e formatos pré-impressos.
- **Alta tecnologia:** Programas de software como ARIS, disponível através da AG Software.

Mesmo que seu plano seja manter seus mapas em um alto nível tecnológico usando programas como o ARIS, muitos profissionais Lean consideram mais envolvente, em uma equipe ou local de workshop, construir os mapas iniciais "sem tecnologia" — papel grudado na parede com marcadores e notas autoadesivas.

Ferramentas como o ARIS permitem que você construa seus mapas de fluxo de valor em camadas, o que facilita a visualização das partes e do processo como um todo.

Quando você for desenhar um mapa de fluxo de valor, certifique-se de seguir as convenções dos ícones criados para representar uma atividade, elemento, ou evento. As ferramentas de software para VSM fornecem esses ícones automaticamente. A Tabela 7-1 mostra os ícones básicos padrão usados em um VSM. O livro *Learning to See*, de Mike Rother e John Shook, é um bom manual de referência para VSM, incluindo instruções e uma completa listagem de ícones VSM.

Tabela 7-1 Ícones de Mapeamento do Fluxo de Valor

Ícone	Nome do ícone	Descrições
▭	Caixa de processo	Descreve uma atividade no fluxo de valor. Inclui um título e descrição do processo, assim como dados, como tempo de processamento, tempo de preparação e assim por diante.
⌂	Fonte externa	Indica e identifica tanto clientes quanto fornecedores.
🚚	Caminhão	Indica uma entrega externa — seja para o cliente ou vinda de um fornecedor.
▭	Fluxo de informação	Descreve a informação transmitida ao longo do fluxo de valor.
⚡	Transmissão eletrônica de informação	Indica que a informação é transmitida eletronicamente.

Capítulo 7: Você Está Aqui: Mapeando o Estado Atual   155

Ícone	Nome do ícone	Descrições
→	Transmissão manual de informação	Indica que a informação é transmitida manualmente.
⚠	Estoque	Identifica o estoque armazenado — tanto como matéria-prima, em processo, ou bens acabados.
⇨	Movimento de bens acabados	Indica quando materiais em estado acabado estão se movendo ao longo do fluxo de valor. Pode-se tratar de um fornecedor movendo seu produto para uma companhia ou uma companhia movendo seu produto para seu cliente.
▪▪▪▪▶	Introdução de material	Indica material sendo introduzido no processo. A introdução é normalmente um plano ou cronograma de produção.
⊐	Supermercado	Indica estoque de produtos não acabados armazenado em um ambiente controlado chamado de supermercado.
↺	Pull de material	Indica o movimento de material através do sinal de pull (kanban)
○	Operador	Indica que um ou mais operadores estão presentes em um passo do processo.
✺	Estouro de *kaizen*	Indica a necessidade de descrição de uma atividade de *kaizen* dentro do fluxo de valor.

Se você usa uma ferramenta de criação de mapas de fluxo de valor baseada em software, pode notar que os ícones são diferentes daqueles mostrados na tabela. Escolha um conjunto de ícones que seja mais próximo desses e entre em consenso com a equipe com relação à forma como serão usados dali em diante.

Reunindo informação de suporte

Capture informações sobre todos os passos dos processos de forma detalhada. Quanto mais detalhes você tiver disponível, mais fácil será para descobrir o desperdício — *muda*, *mura* e *muri*. (Veja os Capítulos 2 e 6.) Cada membro da equipe possui informações de suporte para possibilitar o processo de mapeamento do fluxo de valor. Quanto mais informação você tiver prontamente disponível durante a construção do VSM, melhor será o mapa resultante.

Algumas informações necessárias para a construção do VSM podem incluir as seguintes:

- As expectativas e exigências do cliente.
- Modelos de Kano e outra informação sobre o cliente (consumidor).
- Uma visão a nível macro de todo o fluxo de valor, partindo do consumidor e fazendo todo o caminho de volta através da matéria-prima e da informação.
- Cronogramas de cliente e informação de demanda.
- Estudos de tempo de processo, incluindo:
    - Ciclo de Tempo (C/T).
    - Tempo de entrega.
    - Número de operadores.
    - Tempo de transição (C/O).
    - Tempo de trabalho, menos interrupções.
    - Fotos e vídeos das operações em seu estado atual.
- Instruções de trabalho padrão.
- Informação de qualidade.
- Tempo de atividade e disponibilidade do equipamento.
- Design de produto e informação sobre variações no processo.
- Estoque e produtos não acabados (WIP).
- Tamanhos de lote e fila.
- Quantidade de pacotes e outras informações de expedição.
- Dados de custo.
- Qualquer outra informação que irá ajudá-lo a caracterizar o processo.

A melhor forma de entender um processo é ir e assisti-lo por si mesmo por um período significativo de tempo — vá para o *gemba*. Se puder, grave as operações em vídeo. O vídeo dará a você uma perspectiva objetiva — você notará coisas que normalmente não vê quando se concentra em uma parte específica do processo depois de muitos ciclos. As pessoas podem assistir por si mesmas para verem o que *realmente* fazem, em vez daquilo que *pensam* que fazem.

Saladas gourmet prontas: Um estudo de caso do fluxo de valor

Imagine que você está fazendo seu horário de almoço ou indo pra casa depois de malhar na academia. Você está com fome e quer algo rápido para comer. E não está a fim de cozinhar nem tem tempo para ir a um restaurante. Então para em um mercado e pega uma salada pronta na seção de especialidades.

Você espera que a salada esteja fresca e saborosa. Pelo fato de pagar por um serviço especial, você espera uma oferta de ingredientes de alta qualidade, unicamente combinados e agradavelmente apresentados. Espera pagar um preço razoável. Quer uma variedade de escolha. E pode ficar encantado se experimentou uma salada que a partir de então se tornou sua nova favorita.

Você alguma vez já parou para pensar sobre todas as coisas que precisam acontecer para que aquela salada fresca e saborosa chegue às suas mãos? Parece muito simples — nada demais além de alface, coberturas e uma tigela. Não parece muito difícil, não é mesmo? Mas, quando você analisa mais de perto, existe muito mais por trás disso do que aquilo que se vê na superfície.

O que está acontecendo por trás das cenas? Quais são todas as peças, quem são todas as pessoas e como tudo está se combinando da maneira certa? Quanto de todo o esforço, tempo de atividade, materiais e custo envolvidos de fato agrega valor para você, o cliente? O quão consistente é? Negócios que tiram tempo para mapear e melhorar seus processos podem executar um processo como esse de forma consistente e eficaz centenas de vezes por dia para satisfazer clientes perspicazes como você.

Se você estivesse na equipe analisando o processo de confecção da salada, você olharia primeiro para o fluxo de valor pelo ponto de vista do consumidor; nesse caso, a pessoa com fome. Suas exigências estão indicadas na Figura 7-3 por meio de um modelo de Kano.

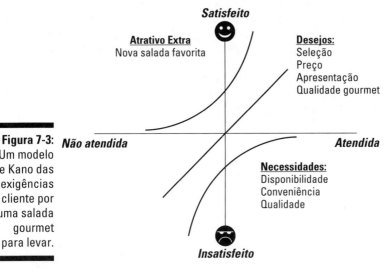

Figura 7-3: Um modelo de Kano das exigências do cliente por uma salada gourmet para levar.

Em seguida, você mapearia o fluxo de alto nível de todos os passos do processo que podem ocorrer através de todo o fluxo de valor com o intuito de atender aos requisitos e expectativas do cliente. Essa visão de alto nível é chamada de diagrama de *fluxo de valor de nível macro* e é usada para capturar o quadro geral e determinar o contexto dentro do qual o provedor entende como deve operar.

Diagramas de fluxo de valor de nível macro começam com o consumidor e mostram todos os vários processos que podem ocorrer para suportar as demandas do cliente. Diferentemente de um diagrama de fluxo de processo, você cria o diagrama de fluxo de valor de nível macro da direita para a esquerda, enfatizando o papel fundamental do cliente em cada passo.

A Figura 7-4 mostra o diagrama de fluxo de valor de nível macro do processo de produção da salada. Ele começa com o consumidor e termina onde a natureza produz o salmão. Esse gráfico simples abrange um fluxo global de suprimento — tão global que, quando retirado do seu primeiro afluente, a matéria-prima, por todo o caminho até chegar no consumidor, leva anos para se completar. Tudo por uma salada!

Contidos em cada uma das caixas da Figura 7-4 estão múltiplos processos individuais e diferentes companhias que apoiam todo o fluxo de valor. Representando primeiramente o fluxo de valor em seu nível mais alto, você pode ver onde a companhia da salada se encaixa na figura.

Entender como sua parte se encaixa no fluxo de valor como um todo e como você contribui com a demanda do consumidor é importante. Comece criando um diagrama de fluxo de valor de nível macro que mostre sua contribuição para o fluxo de valor como um todo.

Você não precisa mapear tudo o que é mostrado nesse diagrama de nível macro! Comece em nível de contribuição e refina os detalhes ou expanda o escopo à medida que você mergulha no fluxo de valor. O vilão do desperdício está nesses detalhes — aí é onde você vai descobrir o *muda*.

Nós utilizamos essa companhia de saladas como exemplo nas seções a seguir, a fim de mostrar a você como desenvolver e validar o mapa de fluxo de valor do estado atual.

Capítulo 7: Você Está Aqui: Mapeando o Estado Atual

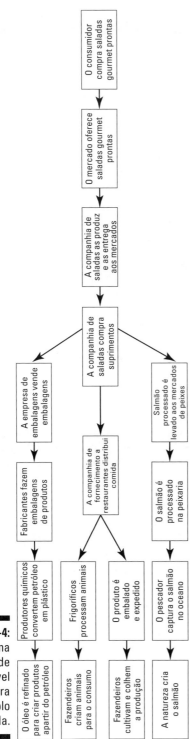

Figura 7-4: Diagrama de fluxo de valor de nível macro para o exemplo da salada.

Pegando a Estrada: Criando o Mapa de Fluxo do Estado Atual

Depois que você tiver identificado o capitão, montado a equipe de jogadores e participantes e reunido os dados críticos sobre seus processos, está pronto para criar seu mapa de fluxo de valor do estado atual. Comece capturando o modo como seus processos funcionam *agora* — antes de quaisquer esforços de melhoramento terem começado. A partir desse VSM inicial, você vai começar a entender em que parte está e onde há o desperdício no processo. Antes de começar a construir o VSM, é uma boa ideia *ir para o gemba* (ir aonde a ação está e revisar o processo como ele acontece todos os dias). Isso dará a todos um ponto de partida comum para terem como referência.

Sempre construa seus mapas da direita para a esquerda para manter seu cliente no foco. Comece da ponta mais próxima do cliente e registre o processo percorrendo todo o caminho até o início do fluxo de valor. Você verá o que está acontecendo à medida que se afasta do cliente.

Identificando as atividades

Comece intitulando o VSM do estado atual, datando-o e identificando os passos principais do processo.

A maioria das equipes começa com a parte do fluxo de valor que detém. Depois de você ter identificado os passos principais do processo, pode usar sua própria informação de suporte para caracterizar cada etapa de modo mais preciso.

No exemplo da salada, a companhia detém a parte do fluxo de valor onde as saladas são feitas e entregues no mercado. Com a participação da equipe multifuncional, divida esse processo por suas atividades de processo principais. Essa equipe inclui o proprietário, o chefe, o subchefe, o motorista, o ajudante de cozinha e um observador externo. A empresa de salada reconhece que ela conduz cinco atividades de processo principais. Para cada salada, essas atividades são:

- Preparar os ingredientes
- Montar a salada
- Etiquetar a embalagem
- Empacotar a embalagem
- Expedir para o mercado

Capítulo 7: Você Está Aqui: Mapeando o Estado Atual

Comece do lado direito do mapa com o cliente. Você pode querer mostrar o cliente imediato, assim como o consumidor. Para qualquer atuante externo — incluindo o consumidor, o cliente, o fornecedor, ou qualquer outra fonte —, use o ícone de fonte externa.

Ao longo da base, da direta para a esquerda, estão os passos do processo de sua parte no fluxo de valor. O passo do lado direito é a fase final antes de você entregar o produto ou serviço para o cliente. O passo à extrema esquerda é o primeiro do processo. No caso da empresa de saladas, a Figura 7-5 mostra o VSM do estado atual onde a operação do lado esquerdo do fluxo de valor é "Preparação dos Ingredientes" e o final do processo, do lado direito, é "Expedição".

Depois que você posiciona os passos do processo, una-os com o conector apropriado: use setas tracejadas para indicar materiais sendo introduzidos no sistema. Use setas abertas para indicar movimento do material para ou por fontes externas. Indique onde você armazena o estoque no processo — início, produção em andamento ou produtos acabados. Use ícones para o estoque comum, depósito regulador, supermercados (veja sobre este conceito no Capítulo 8), estoque de segurança e filas. Identifique claramente que tipo de produtos está em processo, além da quantidade armazenada em cada local.

Faça sua primeira passagem através do VSM em um nível relativamente alto. Depois que você categoriza o fluxo de valor nesse nível, pode escolher uma área de foco e mapeá-la com um nível mais alto de detalhes. Esse processo é o mesmo para a criação de qualquer mapa.

Cuidado com os perigos da paralisia de mapeamento. Não seja pego fazendo um VSM tão completo e perfeito que o impeça de prosseguir para o estágio de melhoramento. Faça o melhor corte inicial, valide e siga em frente. Você terá muitas oportunidades para voltar e melhorar seu VSM mais tarde.

Parte III: Entendendo Fluxo e Fluxo de Valor

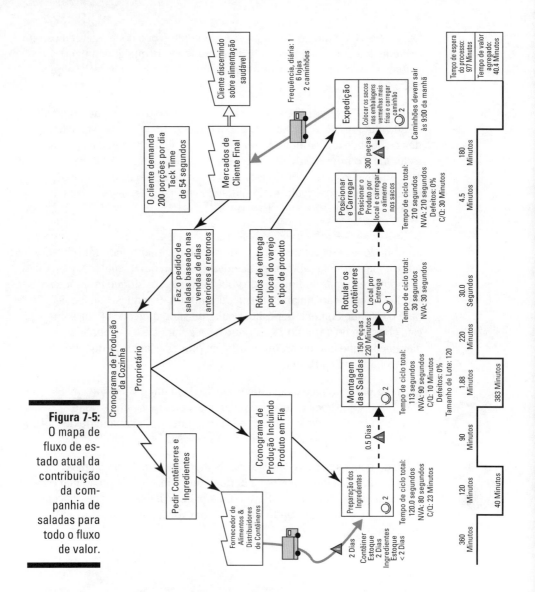

Figura 7-5: O mapa de fluxo de estado atual da contribuição da companhia de saladas para todo o fluxo de valor.

Qualificando e quantificando

Após haver capturado o VSM do estado atual, é hora de quantificar o processo e qualificar as atividades de valor agregado (VA) e de valor não agregado (NVA). Ciclo de tempo, tempo de transição, níveis de estoque e o número de operadores são todos tipos de informação que você usará para entender e analisar o processo.

Caracterizando o tempo de processo

Ao considerar o tempo de processo, existe um certo número de ângulos. Use seus dados de suporte e a informação obtida do *gemba* para responder a essas questões. Para cada passo no fluxo de valor, avalie-o fazendo os seguintes tipos de perguntas:

- Qual é o tempo real exigido para executar a tarefa identificada no passo do processo?
- Qual o tempo de espera antes de cada passo?
- Se houver estoque envolvido, quanto tempo leva para esgotá-lo?
- Qual o tempo de transporte?
- Qual o estoque entre a última operação e o cliente?
- Quantos operadores estão ativos em cada passo do processo?
- Quanto tempo leva para mudar um processo quando se muda os tipos de produto?

O VSM é um pequeno retrato no tempo. Use o melhor dado que estiver disponível para fazer o trabalho. Não tem problema superestimar um pouco no início; você pode validar a estimativa mais tarde com dados reais.

Com as respostas, você pode atribuir um valor de tempo para cada passo do processo. Depois de caracterizar todo o processo, some os tempos individuais para chegar a um tempo de processo geral para o mapa de fluxo de valor. Se estiver usando um software, o cálculo geral será feito por você, baseado na informação inserida a respeito de cada passo do processo.

Quando o fluxo de valor possui processos paralelos que se unem, um fluxo representa o tempo de entrega mais longo, partindo do início do processo (o estágio da matéria-prima) e indo para o produto que chega ao consumidor. Isso é conhecido como *caminho crítico*. Identifique o caminho crítico no mapa de fluxo de valor. Qualquer desperdício eliminado do fluxo do caminho crítico impactará positivamente na produtividade.

Determinando o que tem e o que não tem valor agregado

Avalie profundamente cada passo do processo, dividindo todo o tempo gasto em atividade de valor agregado (VA) e o temido valor não agregado (NVA).

Para ter valor agregado, uma atividade deve atender a todos os três critérios de VA:

- O cliente deve estar disposto a pagar por ela.
- A atividade deve transformar o produto ou serviço de alguma forma.
- A atividade deve ser feita corretamente da primeira vez.

Qualquer coisa que não atenda a esses três critérios não possui valor agregado e, deste modo, é um desperdício de algum tipo.

Existem dois tipos de passos sem valor agregado (definidos no Capítulo 6):

- *Muda* **tipo 1:** Sem valor agregado, mas necessário.
- *Muda* **tipo 2:** Sem valor agregado e desnecessário.

Designe cada passo como VA ou NVA, para este o tipo: T1 ou T2. Essa informação será útil quando você começa a identificar oportunidades de melhoramento.

Não se prenda em tentar dissecar a classificação VA *versus* NVA nesse estágio. Escolha um, avalie-o e siga em frente. No final você vai ter melhorado todo o processo. A designação de VA e NVA são guias para quando você começar as atividades de aperfeiçoamento.

No exemplo da salada, apenas as etapas que contribuem diretamente para a finalização do produto é que são de valor agregado. Por exemplo, cortar a alface, cozinhar o frango, desfiá-lo, colocar os ingredientes na embalagem são todas atividades de valor agregado. Esses passos, no entanto, estão incorporados nos passos dos processos macro "Preparação de Ingredientes" e "Montar Saladas".

No exemplo da empresa de saladas, colocar os rótulos na parte de cima e de baixo das embalagens é considerado *muda* Tipo 1. Os rótulos não contribuem diretamente com a entrega da salada ao cliente, mas são necessários para os processos de escaneamento e pagamento no mercado. Outro exemplo de *muda* Tipo 1 é a pesagem dos ingredientes durante o processo de montagem. O ato de pesar não adiciona nada à transformação da salada, mas de fato garante a qualidade e a consistência do produto. Exemplos de *muda* Tipo 2 são viagens de ida e volta para o refrigerador em busca de itens esquecidos ou o descarte de ingredientes que ainda estão bons.

Quando o detentor do processo o mapeia ao lado do observador externo, normalmente tem uma percepção idealizada do processo. No entanto, quando um observador externo vai ao *gemba* para observar o processo com o detentor ou com a equipe, as descobertas são muitas vezes reveladoras para todos os envolvidos. ("Minha nossa! Nós realmente fazemos isso?")

Quantificando o tempo de entrega geral

Tempo de entrega é a quantia de tempo gasta para que uma peça flua através do processo do início ao fim, incluindo tempo de processo, tempo de estoque, tempo de espera e assim por diante. No exemplo da salada, corresponde ao intervalo de tempo entre o embarque dos produtos e o momento em que eles, já transformados, constituem a salada pronta fornecida para consumo. No caso de um serviço, é o tempo decorrido desde o instante em que se chega ao consultório médico até o momento em que o tratamento é efetuado por completo. Dentro do tempo de entrega estão atividades de valor agregado e de valor não agregado — então leve seu cronômetro para o *gemba*.

No VSM, desenhe uma linha ao longo da parte inferior do mapa para representar o tempo de entrega geral referente ao produto ou serviço. A linha é segmentada de acordo com o tempo de entrega de cada passo no processo. Onde o trabalho de valor agregado é feito, você pode registrá-lo abaixo da linha de tempo de entrega geral e então, ver a diferença entre ele e o tempo de valor agregado. (Veja a Figura 7-5 para a título de exemplo.) Você pode ficar chocado com o que vai encontrar — uma porção de VNA e pequenas porções de VA. Se você usa um pacote de software, como o ARIS, ele gera automaticamente a linha baseado nos dados fornecidos.

Determinando o fluxo de informação

Cada processo requer informações para suportar ou direcionar as atividades transformacionais. Esse fluxo de informação talvez inclua quaisquer instruções, ordens ou mensagens que ocorrem no curso do processo. O fluxo de informação pode incluir também cronogramas, pedidos, expedição, aprovações e outros — independentemente do que você precisa para apoiar e comunicar dentro do processo.

Assim como no restante do processo, é preciso que o fluxo de informação tenha valor agregado. A informação certa chegando no momento certo, da forma certa, para os recipientes certos é o que forma o fluxo de valor. Quando a informação não flui, há perdas em outras áreas. Já que o fluxo de informação é tão crítico para a execução pontual e efetiva do processo, deve-se incluí-lo diretamente no mapa de fluxo de valor. Esta é uma funcionalidade única do mapa de fluxo de valor. Inicialmente, considere o local, quantidade e frequência do fluxo de informação, fazendo-se perguntas como:

- Que informação está sendo transmitida?
- Quando a informação está sendo enviada?
- Quem recebe a informação e essas são as pessoas certas para recebê-la?
- Onde no fluxo de valor a transmissão de informação acontece?
- Como a informação está sendo enviada — manual ou eletronicamente?

Comece com a informação que é vital para que o fluxo de valor funcione. É sempre possível adicionar mais fluxos de informação ao VSM mais tarde. Coloque o fluxo vital de informação no local certo dentro do VSM. Indique o fluxo de informação usando o box de informação retangular. Lembre-se

166 Parte III: Entendendo Fluxo e Fluxo de Valor

de que existem duas setas de informação. As transmissões manuais usam uma seta reta, e transmissões eletrônicas usam uma seta dentada que lembra um raio. (Veja a Figura 7-5 para um exemplo.)

No exemplo da salada, o fluxo de informação inclui itens como o pedido do cliente, o cronograma de produção, o pedido dos fornecedores e a lista de pedidos para cada local. Outros exemplos de fluxo de informação através de todo o fluxo de valor incluem:

- O mercado envia os pedidos para a empresa de saladas.

- A produção agenda o processo de montagem.

- A empresa de saladas envia os pedidos aos distribuidores dos ingredientes necessários e os prazos de entrega exigidos.

- A empresa de salada manda ordens de compra para os fornecedores de recipientes.

- Os distribuidores enviam os pedidos para os agricultores.

- Os despachantes aduaneiros providenciam os papéis para a importação de produtos de outros países.

- Os fornecedores enviam recibos de entrega com pedidos de produção.

- O mercado enche as prateleiras e envia de volta à empresa de saladas os produtos que não foram vendidos antes da data de vencimento.

Resumindo o Processo

Depois que você desenvolveu o mapa de fluxo de valor do estado atual inicial, resuma as estatísticas dos processos descritivos chave e os coloque em um gráfico resumido diretamente no mapa.

O gráfico para isso é o *quadro de pontos*. Pense em um placar esportivo, como de uma partida de futebol — ele contém todas as estatísticas sobre os jogadores, a pontuação, os gols, os erros, as faltas e assim por diante. O conceito de quadro de pontos no Lean é similar.

O quadro de pontos

O quadro de pontos é um resumo das estatísticas críticas de um processo. No mínimo, o quadro de pontos normalmente inclui o tempo de entrega total e o tempo com e sem valor agregado. Se o processo inclui movimento físico de um objeto, então a distância do percurso é também usualmente incluída. O movimento físico se refere a qualquer objeto que é transformado à medida que ele, literalmente, se move através do processo. Normalmente, a transformação é pensada como um

Capítulo 7: Você Está Aqui: Mapeando o Estado Atual **167**

processo de manufatura; no entanto, a transformação também acontece nos processos transacionais. Um exemplo de uma transformação em um escritório inclui a finalização de toda a papelada de um processo através dos vários departamentos.

Conteúdos do quadro de pontos

O quadro de pontos contém uma transcrição resumida das métricas dos processos-chave. Você muitas vezes deseja contrastar os pontos medidos com um estado ideal, onde todos os passos do processo são apenas de valor agregado. (Leia mais a respeito de estado ideal no Capítulo 8.)

No exemplo da empresa de saladas, o quadro de pontos inicial inclui a porção do fluxo de valor — do recebimento dos ingredientes à expedição das saladas prontas. O quadro de pontos é mostrado na Tabela 7-2.

Tabela 7-2   O Quadro de Pontos da Empresa de Saladas

Métrica	Estado Atual	Estado Ideal
Média de tempo total de VA	40,4 minutos	40,4 minutos
Tempo médio total de NVA	936,6 minutos	0 minuto
Tempo médio de entrega total	977 minutos	40,4 minutos
Tempo de transição, entre tipos	30 minutos	1 minuto
Ciclo de tempo real	210 segundos	54 segundos
Tempo takt em segundos	54 segundos	54 segundos

No futuro, a empresa de saladas pode precisar rastrear outras métricas para abordar outros tipos de desperdício no fluxo de valor. Algumas dessas métricas podem incluir rotação de estoque, o valor de ingredientes perdidos por desperdício ou prazo de validade, o número de saladas não vendidas em contraste com as saladas expedidas. À medida que a companhia mergulha no fluxo de valor, selecionará as medições que melhor aferem seus esforços de melhoramento.

Métricas adicionais para um quadro de pontos

A seguir estão algumas das métricas mais comuns que as empresas podem incluir em seu quadro de pontos:

- ✔ **Peças por turno:** As peças produzidas durante uma troca de turno padrão. Em um exemplo de serviço, poderia se tratar de clientes sendo atendidos por dia.
- ✔ **Descarte:** A porcentagem de peças defeituosas produzidas.

Parte III: Entendendo Fluxo e Fluxo de Valor

- ✔ **Peças por hora de trabalho:** O número total de peças produzidas dividido pela quantidade de horas de trabalho gastas. Em um call center, poderia se tratar das chamadas feitas por hora, considerando todos os atendentes disponíveis.

- ✔ **Tempo de transição:** A quantidade de tempo necessário para converter uma linha de produção da última unidade bem-feita do produto anterior para a primeira unidade nessas condições do novo produto. Em uma sala de cirurgia, poderia ser o tempo de transição entre uma cirurgia e outra.

- ✔ **Giro do estoque:** O número de vezes que o estoque de uma companhia gira em um ano (Giro de Estoque = Custo Médio Anual de Bens Vendidos ÷ Média de Estoque Anual).

- ✔ **Horas — máquinas produtivas:** O total de tempo em que o equipamento está de fato produzindo *versus* o tempo de produção planejado.

- ✔ **Alocação de custos:** Uma avaliação do custo de componentes a cada passo do processo.

Tempo takt

Takt é a palavra alemã para "ritmo". No Lean, trata-se do ritmo de produção ligado ao consumo do cliente. Mostre o tempo takt no quadro de pontos ou como uma nota do mapa de fluxo de valor. A fórmula é Tempo Takt = Tempo Disponível para Produção ÷ Demanda do Cliente.

A empresa de saladas usa sua cozinha para apoiar outros fluxos de valor. Para as saladas prontas distribuídas para os mercados locais, o tempo disponível de produção é de 3 horas (ou 10.800 segundos [3 x 60 x 60]) e a demanda do cliente é de 200 saladas por dia (em média). Então, o tempo takt é 10.800/200, ou 54 segundos por salada.

Confira o Gráfico: Validando o Mapa de Fluxo de Valor

Você já dirigiu várias vezes pela mesma rota até em casa ou até o trabalho, mas sem reparar de fato os lugares por onde passa? Então, um dia, você nota um restaurante ou empresa que está ali há anos. Você passou por ele centenas de vezes, mas por alguma razão, um dia você o notou pela primeira vez.

O mesmo pode acontecer aos membros de uma equipe com respeito ao fluxo de valor onde eles trabalham. Pode-se caminhar através de um processo ou escritório mas não "enxergar" de fato o que está acontecendo. Quando a equipe está capturando o primeiro VSM, é importante que haja um ponto de partida comum — que todos os membros "enxerguem" a mesma coisa.

Ainda que perfeição não seja uma exigência, é melhor que o ponto de partida seja tão preciso quanto possível. Melhoramentos reais acontecem de um ponto de salto comum. Talvez a equipe pense que o trabalho padronizado está no lugar, quando na verdade não está. Ou talvez a equipe suponha que um passo esteja em um local diferente daquele onde de fato acontece. A informação que um membro da equipe acredita que deva ser distribuída pode não chegar às pessoas "certas", ou talvez não seja tão importante afinal de contas. De qualquer modo, você precisa validar o VSM antes de chegar à fase de melhoramento.

Embora os membros da equipe talvez pensem saber o que está se passando no fluxo de valor, o único modo verdadeiro de saber é indo para o *gemba* (ir para onde a ação está acontecendo). Caminhar pelo processo é uma coisa — observar com atenção é outra coisa completamente diferente. Quando você para e observa o processo por um número repetido de ciclos, seus olhos se abrem para o que está de fato ocorrendo.

Uma ferramenta importante é registrar o processo em vídeo e, então, revisar o conteúdo gravado com a equipe. O vídeo criará uma base comum, a partir da qual os aperfeiçoamentos podem ocorrer.

Fatores-chave a validar:

- Se o processo representado no mapa de fluxo de valor é, de fato, o processo.
- Se o tempo do processo está correto (particularmente se você usar estimativas).
- Se o estoque está correto.
- Se o número de operadores está correto.
- Se o processo é executado de acordo com uma instrução padrão.
- Se as estatísticas do processo-chave estão corretas.
- Se todos os operadores estão executando as atividades da mesma maneira.
- O número de transições de processo que são executadas e quanto tempo elas levam.
- A precisão dos dados de qualidade e a identificação de onde os defeitos estão ocorrendo no processo.

Se a instalação possui turnos múltiplos, é importante validar o VSM através de todos eles. Muitas vezes, você encontrará operadores executando seus trabalhos de formas diferentes em turnos diferentes.

Trabalhe com sua equipe central para construir o mapa de fluxo de valor de estado atual. Envolva especialistas para o auxiliarem quanto as porções do VSM. Nem todo mundo vai conhecer cada nuance de cada processo. Procure por especialistas que realmente saibam o que está ocorrendo.

Depois que você tiver identificado as discrepâncias, a equipe pode atualizar e corrigir o VSM de estado atual. A equipe também pode decidir que precisa refinar mais profundamente uma atividade e mapeá-la.

Os detalhes são importantes. Você pode começar com uma visão de alto nível do fluxo de valor. À medida que os esforços de melhoramento progridem, você pode dar alguns daqueles passos e criar um mapa mais detalhado para cada passo. Quanto mais detalhes estiverem disponíveis, mais fácil será descobrir onde está o desperdício.

Capítulo 8

Mapeando o Curso: Usando Mapas de Fluxo de Valor

Neste Capítulo

▶ Analisando o mapa de fluxo de valor do estado atual

▶ Criando uma visão de estado atual para o futuro

▶ Planejando o próximo estado futuro

*P*ara fazer uma mudança, você precisa de um catalisador. No Lean, o catalisador é o reconhecimento de que o estado atual não é onde se quer estar. O Lean é aplicável onde quer que for preciso consertar alguma coisa que esteja quebrada, ou se preparar para novas oportunidades que estão por vir. Assim como aquela "foto obesa" que o faz ir para a academia e comer barras de cereais para ficar saudável, o mapa de fluxo de valor do estado atual (VSM) e as informações de suporte — como dados de qualidade, reclamações dos clientes ou relatórios financeiros — fornecem uma reflexão objetiva que motiva uma organização a modificar seus processos e práticas, além de ajudar o negócio a recuperar sua saúde e vitalidade.

Quando você decide fazer uma mudança, não apenas planeja para onde vai, mas também considera aonde *poderia* ir. Você se pergunta o que é possível. Por exemplo, ao decidir ficar em forma, *em forma* significa apenas menos peso? Isso pode significar também um melhor desempenho cardíaco, maior flexibilidade, colesterol mais baixo, um tamanho de roupas menor, ou viver cem anos. Em um mundo perfeito, o que definiria uma saúde perfeita? O processo de pensamento é o mesmo quando você decide fazer mudanças em uma empresa. No Lean, use o VSM de *estado ideal* para definir esse mundo perfeito — como seu negócio deveria estar se algo fosse possível. A partir de então, você usa o VSM de *estado futuro* para identificar o próximo passo correto e se mover em direção àquele objetivo.

Em sua vida, você pode ter várias iniciativas ao mesmo tempo que o ajudarão a entrar em forma — uma nova dieta, um horário em uma academia, mudança recreacional e suplementos nutricionais. Do mesmo modo, seu negócio pode ter várias iniciativas em andamento para entrar em forma. Entender e comunicar como todas elas se encaixam no processo de se mover em direção a um melhor desempenho é importante para engajar e liderar a organização.

Neste capítulo, mostramos como analisar o mapa de fluxo de estado atual para obter uma figura real do processo. Você descobre como desenvolver o VSM de estado ideal e futuro. No decorrer do capítulo, respondemos questões e objeções comuns sobre o mapeamento do fluxo de valor. Finalmente, você determina como seus planos futuros se encaixam em outras iniciativas organizacionais.

Investigando o Fluxo de Valor em Busca de Pistas

No Capítulo 7, mostramos como criar um mapa de fluxo de valor (VSM) do estado atual do negócio. Depois que esse VSM de estado atual inicial está completo, sua próxima missão é mergulhar e entender onde há desperdício. Você, primeiramente, começa a procurar pelo desperdício quando qualifica os passos do processo no fluxo de valor como tendo ou não valor agregado. *Nesse* exato ponto do processo, procura-se onde o fluxo de valor não está fluindo.

O VSM de estado atual, combinado com o uso de dados de suporte, fornece pistas sobre onde começar a procurar por oportunidades de melhoramento. No Lean, luta-se para que todo o fluxo de valor flua livremente no mesmo ritmo da demanda do cliente, da maneira mais eficaz possível (isto é, com a maior qualidade, o menor tempo de entrega e o custo mais baixo). Você pode quantificar essa demanda de cliente analisando o ritmo da mesma, ou o tempo takt. Ao usar essa métrica, começa a ver onde estão havendo bloqueios de fluxo no estado atual. Os bloqueios são evidências de *muda*, *mura*, ou *muri*. Melhora-se a performance resolvendo e removendo a causa raiz desses bloqueios.

É importante definir a raiz do problema, de modo a não perder recursos preciosos resolvendo um sintoma, em vez de um problema.

O processo Lean se baseia em buscar e entender. Para entender a verdadeira natureza dos processos e as origens do desperdício e da perda, faça perguntas — muitas perguntas — para obter verdade e entendimento. Quando você desenvolve sua habilidade de fazer perguntas poderosas, engaja as pessoas, melhora sua qualidade analítica e encontra soluções melhores.

Detendo os suspeitos de sempre

À medida que você inicia o VSM de estado atual, comece considerando as causas mais comuns. Analise primeiro o cliente. Quais são suas reclamações, elogios, devoluções e ações? Mesmo que os depoimentos dos clientes não demonstrem que eles estão na raiz do problema, podem dar-lhe pistas sobre os reais problemas. Se você não estiver obtendo quaisquer indicações do cliente, comece buscando por evidências dos três Ms: *muda*, *mura* e *muri*.

Ao conduzir a análise de fluxo atual com a equipe, remarque uma cópia ou um roteiro do VSM de estado atual. Use o método de baixa tecnologia, com cores diferentes ou notas adesivas para indicar onde, no fluxo de valor, as oportunidades de melhoramento estão.

Ouvindo as ruas

À medida que você receber feedbacks, examine os problemas e os relacione onde ocorrem no fluxo de valor. Por exemplo, seus clientes estão reclamando por não estarem recebendo os produtos na hora em que desejam? Analise o caminho crítico de entrega. Estão reclamando por não terem a variedade certa de produtos? Examine o fluxo de material e o fluxo de informação. Eles estão preocupados com a qualidade do produto? Estude os processos de design e produção. E, se você tiver sorte e seus clientes estiverem todos exaltando-o, pode precisar abrir espaço para novos negócios.

Identifique também o que está fazendo certo, assim você não muda acidentalmente o processo e elimina algo que o cliente valoriza.

Uma ferramenta eficaz para a análise de causas potenciais dos problemas dos clientes é o *diagrama de Ishikawa*, também conhecido como *Causa-e-Efeito* ou *diagrama de Fishbone*. (Veja o Capítulo 12.) Com essa ferramenta, você pode identificar onde no fluxo de valor os problemas se originam. A Figura 8-1 mostra um exemplo de um diagrama de Ishikawa de nossa empresa de saladas, em que o problema foi a chegada tardia do produto.

Examine as muitas causas possíveis dos atrasos. Use suas informações de apoio para ajudá-lo a identificar as causas mais prováveis dos atrasos e para quantificar o quão tardio o "tardio" de fato significa. As reclamações são um desenvolvimento recente ou têm sido um problema crônico? Analise o fluxo de valor para encontrar as operações que geram problemas maiores. Faça esses tipos de pergunta para identificar problemas no fluxo de valor que estejam afetando os clientes diretamente:

- As operações estão indo mais devagar do que o tempo takt?
- As operações estão indo mais rápido do que o tempo takt?
- Existem desvios do trabalho padrão?
- O produto não está disponível para transporte?
- Têm havido problemas com o fornecimento de materiais?
- Os motoristas estão saindo atrasados da empresa?
- Houve alguma mudança de pessoal?
- Os funcionários foram treinados e demonstram proficiência de forma segura?

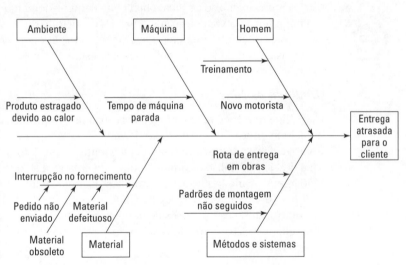

Figura 8-1: Um diagrama de Ishikawa, como este representado aqui, é uma ferramenta que você pode usar para analisar as reclamações do cliente ou problemas do processo.

Foque em consertar os processos, e não em atribuir culpa. O Lean tem tudo a ver com o respeito às pessoas. Na maior parte do tempo, você vai encontrar um problema no processo (como a falta de padrões definidos) impedindo as pessoas de executarem bem seu trabalho.

Use os *5 Porquês*. (Veja o Capítulo 12.) O objetivo dos 5 Porquês é encontrar a raiz do problema. Ao usá-los, pergunte "Por quê?" até que já não haja mais respostas e até que você tenha encontrado a causa do problema. O número 5 é arbitrário; pergunte *por que* até que você tenha descoberto a causa real do problema. Praticar os 5 Porquês é como voltar a ser uma criança curiosa de 3 anos de idade, quando a pergunta "Mas por quê?" era a primeira coisa que saía de sua boca. Aqui está como essa técnica fica na prática:

> Os motoristas estão saindo tarde da empresa?
>
> Sim. Mas por quê?
>
> Porque o produto não está pronto. Por quê?
>
> Porque a linha de produção estava atrasada. Por quê?
>
> Porque a preparação ainda não estava pronta no dia anterior. Por quê?
>
> Porque estavam faltando ingredientes. Por quê?
>
> Porque o fornecedor estava atrasado. Por quê?
>
> Porque o pedido foi feito tardiamente. Por quê?

Agora você entende. Nesse exemplo, esses *porquês* levariam você a analisar o processo de pedidos e o fluxo de informação.

Procurando pelos culpados

Você viu seu negócio pelos olhos do cliente e examinou as causas diretas da insatisfação dele. Agora, deve analisar o interior e encontrar as causas do desperdício que está acontecendo, dentro de sua empresa. Durante a primeira passagem através do VSM de estado atual, você designou inicialmente os passos de processo como sendo de valor agregado (VA) e de valor não agregado (NVA). Agora é hora de examinar essas designações mais de perto.

Consulte o Capítulo 2 para obter definições mais precisas sobre valor agregado e desperdício.

O Lean luta para eliminar *todas* as formas de desperdício. Comece com o *muda* Tipo 2 e faça as seguintes perguntas:

- Esse passo cria valor? Se não, por que o passo existe no processo e o que pode ser eliminado?
- Existe excesso de estoque ou produtos em elaboração se acumulando ao longo do fluxo de valor? (Poderia ser um produto físico ou, em um mundo de serviços, pessoas ou papelada.)
- O passo cria refugo ou rejeitos? Em caso afirmativo, ele é um candidato ao melhoramento, ou pelo menos, a um estudo profundo.
- O passo é competente? Se não, ele deveria ser aperfeiçoado usando ferramentas estatísticas, como aquelas encontradas na metodologia do Seis Sigma. (Para mais informações sobre Seis Sigma, veja *Six Sigma For Dummies*, de Craig Gygi, Neil DeCarlo e Bruce Williams [publicado pela Wiley].)

- O passo é executado como designado — pelo padrão?
- O equipamento necessário para executar a etapa está funcionando e disponível?
- Os materiais necessários estão disponíveis, com o nível de qualidade correto e na quantidade correta?
- Qual a capacidade do passo do processo? Como ele se compara com o tempo takt?
- As pessoas estão esperando para poderem trabalhar?
- Ao mudar de um produto ou serviço para outro, quanto tempo o passo do processo fica sem produzir? (Essa questão se relaciona com o tempo de transição.)
- A etapa do processo flui ou causa um engarrafamento no processo?
- Como o tempo de processo do passo se compara à demanda do cliente?

Um ótimo lugar para começar é onde se encontra superprodução. Peças extras, material ou informação se acumulando pelos cantos criam todos os tipos de problemas. A superprodução causa outros tipos de desperdício e significa que você precisa armazenar as coisas, movê-las de um lado para o outro, manipulá-las, classificá-las e processá-las quando encontra um defeito mais à frente no processo. Tudo isso causa custo excessivo.

Toda vez que você usa um "*re*" na frente de uma palavra, ela se torna uma candidata para a eliminação de desperdício, porque, por definição, significa que você não está fazendo certo da primeira vez.

Obtenha um layout físico das áreas de trabalho e crie um diagrama de fluxo bidimensional que reflita o movimento físico de materiais ou pessoas através do processo. Essa técnica é útil especialmente em processos de produção, processos laboratoriais, cozinhas de restaurantes e outros lugares onde o material físico se move através dos processos e locais. Isso também se aplica ao movimento de dados ou informações entre pessoas e sistemas. Esses layouts são comumente conhecidos como *diagramas de espaguete* (veja o Capítulo 10), porque, depois que todos os movimentos são representados, ele tende a se parecer com um prato de espaguete!

Analisando de diferentes perspectivas

Diferentes componentes do fluxo de valor trazem um conjunto diferente de olhos e informação para a avaliação do VSM de estado atual. Esteja você melhorando uma prática de negócios nociva ou possibilitando a busca por novas oportunidades, tire um tempo para examinar o fluxo

Capítulo 8: Mapeando o Curso: Usando Mapas   *177*

de valor a partir de diferentes perspectivas. À medida que você luta para encontrar o desperdício, essas visões diferentes podem se tornar fontes imprescindíveis de percepção.

A equipe de VSM envolverá as pessoas que trabalham nos processos e que têm uma perspectiva diária da operação. Isso inclui os detentores do processo, incluindo o detentor do fluxo de valor e, talvez, até mesmo o proprietário do negócio. Além desses participantes, outros têm uma perspectiva arguta e precisa.

Os exemplos contidos nas seções a seguir são orientados mais em direção à produção de um produto físico, mas eles têm analogias nos mundos da informação e da transação.

Princípios Lean: A visão do sensei Lean

O *sensei Lean* é o mestre e o professor dos princípios e do conhecimento do Lean. (Para mais informações sobre o *sensei* Lean, veja o Capítulo 5.) O *sensei* Lean guia e ensina a organização a aprender, implementar e incorporar a filosofia do Lean. As lentes pelas quais o *sensei* avalia o VSM de estado atual destacam as oportunidades de longo e curto prazo para institucionalizar o Lean na organização. O *sensei* Lean apresenta questões do tipo:

- ✔ Quão perto do tempo takt a organização está produzindo?
- ✔ Como o processo pode se tornar mais visual?
- ✔ O que motivará os trabalhadores a pararem imediatamente a linha de produção quando problemas de qualidade e outros surgirem?
- ✔ Como o material e a informação estão fluindo através do processo?
- ✔ Onde o fluxo contínuo pode ser melhor implementado?
- ✔ Onde os supermercados (veja sobre este conceito mais à frente, neste capítulo) precisam ser implementados?
- ✔ As instruções de trabalho padronizado estão disponíveis, sendo seguidas e visíveis?
- ✔ Como a carga de trabalho pode ser nivelada?
- ✔ Onde as operações podem ser combinadas para melhorar o fluxo?
- ✔ Quão eficazmente os gerentes estão liderando a solução de problemas e criando capacidade no pessoal?
- ✔ O que no fluxo de valor pode estar impedindo que o Lean seja implementado nesse instante? Como isso pode ser abordado?

Parte III: Entendendo Fluxo e Fluxo de Valor

Qualidade

Os profissionais da qualidade — sejam eles de uma função formal de qualidade ou outros especialistas como profissionais de Seis Sigma ou analistas estatísticos — examinam o valor agregado por uma perspectiva de exatidão: a transformação acontece corretamente? É feita corretamente da primeira vez? O processo é capaz de produzir resultados sem defeitos com regularidade?

Pense nos detritos depositados em um rio e o que eles causam ao fluxo da corrente. Quando perdas de qualidade ocorrem no fluxo de valor, agem como detritos depositados no fluxo — impedindo que ele flua. Os profissionais da qualidade avaliam o processo para identificar onde ele não é capaz de criar um bom produto ou serviço e onde os fornecedores ou a cadeia do "downstream" (fase do processo de produção em que há a elaboração dos insumos ou matérias-primas obtidas em uma etapa preliminar denominada, em contraposição, como "upstream") criam uma qualidade ruim para o cliente. Analisar o fluxo de valor por uma perspectiva de qualidade levará você a se fazer as seguintes perguntas:

- Onde a qualidade ruim está alcançando o cliente? Quais são os defeitos?

- Como os problemas de qualidade são relatados pelo cliente, transmitidos para dentro da organização e resolvidos? Qual é o tempo de resposta para a abordagem da reclamação do cliente?

- Como a qualidade é controlada na fonte?

- Qual a taxa de queda (da qualidade) de cada passo?

- Onde as perdas são maiores?

- Qual a causa mais comum do refugo?

- Qual é a causa raiz do refugo (design, equipamento, treinamento e assim por diante)?

- Como os itens suspeitos são manipulados?

- Como os itens retrabalhados voltam para o fluxo de valor?

- Como o processo, design ou equipamento podem ser desenvolvidos para prevenir erros? Onde a eliminação de erro pode criar qualidade na fonte?

- Qual a capacidade de cada passo?

- Quais fornecedores provêm com a pior qualidade?

- Com que frequência ocorrem declínios de qualidade e em que local?

- Quais passos têm sido tomados para colocar o produto defeituoso em quarentena?

Fornecimento

A maioria dos processos possui um estoque — seja por acidente ou por desenvolvimento. O estoque pode ocorrer no início, em algum lugar no meio do caminho, ou no fim do processo. Ele age como uma barragem para a vazão do fluxo de valor. Onde há estoque, não há vazão. Do mesmo modo, onde existem interrupções, não existe fluxo. O equilíbrio ocorre na orquestração do fluxo de suprimento de materiais com o processamento preciso de acordo com a demanda do cliente — em outras palavras, combinar o ciclo de tempo com o tempo takt.

Faça as seguintes perguntas para avaliar como os materiais se movem através do processo de estado atual:

- Onde está o estoque? Ele é planejado ou não planejado?
- Qual o nível de rotação dos estoques?
- Qual o tamanho do armazenamento?
- Onde é feito o armazenamento? Em um depósito? No processo? Em trânsito?
- Qual é seu nível mínimo? Você pode manter um estoque de um?
- Como o estoque é gerenciado?
- Ele é perecível? Possui prazo de validade?
- "Primeiro a entrar, primeiro a sair" (sigla em inglês: FIFO)? Como ele é gerenciado?
- O que sinaliza as baixas de estoque?
- O que reordena o processo?
- Onde o material é introduzido no sistema?
- Onde o material é retirado do sistema? Onde mais os sinais de retirada podem ser usados no processo?
- Onde os custos de expedição estão excedendo o plano? Por quê?
- Como quantidades de matéria-prima são equilibradas com as quantidades de expedição?
- Quão longe o material viaja no fluxo de valor?
- Como as expedições de material de entrada são coordenadas?
- Quando um problema de qualidade surge, como o estoque é manipulado/isolado?
- Qual o valor monetário do estoque?
- Qual o custo do espaço da fábrica usado para lidar com o estoque?

Questões como "Se os Correios ou duendes estivessem transportando nosso material, eles fariam dessa forma?" podem expandir a criatividade da equipe e servir de referência na criação de um VSM de estado futuro.

Engenharia

Avalie o fluxo de valor de estado atual pela perspectiva das disciplinas de engenharia: design, produção e manutenção. Isso irá ajudá-lo a examinar as interfaces de pessoas, equipamentos e processos.

Nessa conjuntura, você está avaliando o estado atual dos processos e práticas de produção. Esteja ciente de que os designers estão, nesse meio-tempo, desenvolvendo modelos futuros para novos produtos ou serviços. Como a maioria dos custos é estabelecida durante a fase de desenvolvimento, é preciso envolver os engenheiros de design durante a análise do VSM de estado atual. E também incluir os engenheiros de produção para garantir a continuidade.

Analisar o fluxo de valor por uma perspectiva de **engenharia de produção** levará a perguntas como:

- O processo é desenvolvido para o fluxo e montagem adequados?
- Os processos podem ser combinados? Processos alternativos podem ser usados?
- Como as operações podem ser organizadas de forma a maximizar a eficácia dos operadores?
- A que distância o material ou estoque está sendo armazenado? Quão longo é o trajeto entre as operações?
- Como o material é introduzido no processo?
- Como as quantidades de matéria-prima são balanceadas com as quantidades transportadas?
- De que modo as transições podem ocorrer mais rapidamente? Como conceitos como o *pit stop* podem ser aplicados durante as transições?
- Quais modificações podem ser feitas no equipamento para prevenir erros, facilitar a operação, eliminar a carga de trabalho dos operadores, combinar operações ou facilitar o fluxo?
- O trabalho padronizado está sendo seguido? Como ele pode ser modificado para melhorar a qualidade e eliminar o movimento ou processamento desnecessário?
- O design do processo causa problemas ergonômicos ou de segurança?
- Como os ciclos de tempo podem ser balanceados com o tempo takt?

Capítulo 8: Mapeando o Curso: Usando Mapas

Analisar o fluxo de valor por uma perspectiva de **engenharia de projeto e desenvolvimento** levará você a se fazer perguntas tais como:

- ✔ Quais tipos de defeitos em produtos ocorrem durante o processo? Onde eles ocorrem?

- ✔ Como certas funcionalidades podem ser incorporadas ao design para garantir que ele seja sempre feito de modo correto?

- ✔ Quais problemas no design do produto, processo ou equipamento podem estar presentes em designs futuros?

- ✔ O design pode ser simplificado para facilitar a produção sem comprometer as exigências do cliente?

- ✔ Certas especificações de design são desnecessárias para as exigências do cliente? Onde as especificações podem ser eliminadas ou alteradas sem impactar negativamente as exigências do cliente?

- ✔ As tolerâncias de design são devidamente especificadas para garantir que o produto possa ser feito corretamente da primeira vez, todas as vezes?

Analisar o fluxo de valor por uma perspectiva de **engenharia de manutenção/equipamento** irá levá-lo a fazer as seguintes perguntas:

- ✔ Qual o tempo de operação do equipamento?

- ✔ Qual o cronograma de manutenção atual? Ele é reativo ou planejado? Se for planejado, é preventivo ou preditivo?

- ✔ Que modificações podem ser feitas no equipamento para evitar defeitos?

- ✔ Que partes do equipamento apresentam os maiores problemas de manutenção?

- ✔ As diferentes marcas de equipamento estão executando a mesma função/operação? Existe uma diferença no nível de desempenho?

- ✔ Que modificações podem ser feitas no equipamento, ferramentas e processo para facilitar transições mais rápidas? (Veja o Capítulo 11.)

- ✔ Qual o processo de notificação de manutenção? Como ele pode ser melhorado?

- ✔ Quando há um problema, qual o tempo de resposta da manutenção? Qual o tempo gasto para resolver o problema?

- ✔ Que atividades simples de manutenção podem ser transferidas para que os operadores executem?

- ✔ Que controles visuais podem ser usados ou melhorados para comunicar o status preciso do equipamento e do desempenho da manutenção programada?

Parte III: Entendendo Fluxo e Fluxo de Valor

✔ Que modificações, funcionalidades ou controles podem ser adicionados ao equipamento para permitir que os operadores operem vários equipamentos?

✔ Quais controles podem ser adicionados ao equipamento para que ele pare automaticamente quando defeitos aparecem ou quando problemas no equipamento surgem?

Informação

O VSM retrata o fluxo de informação que apoia o produto e o fluxo de material. Sua análise do estado atual deve incluir um exame focado do componente de informação. O propósito da análise é encontrar oportunidades de eliminação de desperdício ou fazer melhoramentos baseados na informação.

Responder as seguintes questões irá ajudá-lo na hora de determinar onde o desperdício existe no fluxo de informação:

✔ A informação flui para o cliente, sem atrasos?

✔ A informação flui do cliente, sem atrasos ou filtros?

✔ A informação flui através da organização tranquilamente?

✔ O fluxo de informação é preciso? A informação certa está indo para as pessoas certas no lugar certo? Completa? Contraditória?

✔ A informação chega na hora certa? Cedo demais ou tarde demais? Em muita quantidade ou pouca?

✔ As pessoas certas estão no fluxo de informação e recebendo a informação certa?

✔ A informação está sendo transmitida da forma mais eficaz?

✔ A informação está sendo usada?

✔ As cadeias de aprovação imediatas e adequadas estão posicionadas?

Avaliando a evidência: Um exemplo analisado

Uma pequena empresa de saladas fornece para os mercados locais de alto padrão saladas gourmet diariamente. Ela opera em um único turno: a manhã é usada para a montagem e a tarde para a preparação dos ingredientes para o dia seguinte. Os motoristas devem deixar a empresa por volta das 9h, de modo que suas entregas estarão completas por volta das 11h, a tempo para o horário de almoço. Eles aderem conscienciosamente a padrões de saúde e segurança na preparação do alimento.

Capítulo 8: Mapeando o Curso: Usando Mapas   *183*

Os clientes diretos da empresa de saladas (os varejistas) possuem uma reclamação principal: os entregadores costumam se atrasar. Quando a companhia de saladas revisa seus dados de transporte, se dá conta de que os motoristas estão saindo tardiamente — cerca de 45 minutos de atraso, quase todos os dias.

Certa manhã, depois de revisar o vídeo da produção, a equipe se dá conta de que várias coisas estavam fazendo com que o produto se atrasasse na manhã do dia seguinte. No entanto, o lugar principal pelo qual eles precisam começar é o processo de montagem das saladas. Para entender melhor onde o desperdício acontece, a equipe faz uma avaliação detalhada do processo. A análise completa seria muito mais extensa, então apenas um excerto é mostrado na Tabela 8-1.

Tabela 8-1   Excerto da análise do Processo de Montagem de Saladas

Seq.	Passo do processo	Tempo (segundos)	Valor Agregado	Desperdício necessário	Desperdício	Tipo de Desperdício
88	Caminhar até a ponta da área de trabalho e colocar os temperos na salada	8	Valor agregado		Tipo 2	Transporte
89	Pegar o recipiente grande de temperos	2		Tipo 1		Movimento
90	Ir até o refrigerador com o recipiente grande de temperos	30		Tipo 1		Transporte
91	Caminhar pela cozinha procurando por frango balsâmico	315			Tipo 2	Transporte
92	Trazer o frango balsâmico para a ponta da superfície de trabalho (área úmida)	25		Tipo 1		Transporte
93	Ir até a área úmida da cozinha para pegar a tábua de corte verde	15			Tipo 2	Transporte
94	Levar a tábua de corte de volta para a área de trabalho	15		Tipo 1		Transporte

(continua)

Parte III: Entendendo Fluxo e Fluxo de Valor

Tabela 8-1 *(continuação)*

Seq.	Passo do processo	Tempo (segundos)	Valor Agregado	Desperdício necessário	Desperdício	Tipo de Desperdício
95	Pegar uma faca limpa	4	Valor agregado			
96	Vestir as luvas	11		Tipo 1		Movimento
97	Fatiar quatro peitos de frango; jogar fora a fatia superior	27	Valor agregado		Tipo 2	Excesso de processamento
98	Colocar o máximo de frango fatiado possível nas mãos	4			Tipo 2	Movimento
99	Ir até o fim da área de trabalho	6			Tipo 2	Transporte
100	Espalhar aproximadamente ¾ de um peito de frango na salada	24	Valor agregado			

A equipe observa que os problemas a seguir contribuem diretamente para o atraso:

- ✔ Em geral, o processo era desorganizado.

- ✔ Os padrões de trabalho não foram bem definidos.

- ✔ Um tempo considerável foi perdido vagando à procura de coisas.

- ✔ Os ingredientes não foram consistentemente preparados no dia anterior.

- ✔ Os ingredientes não foram pedidos a tempo, fazendo com que eles enviassem um dos trabalhadores para comprá-los de última hora em uma loja de varejo.

- ✔ Trabalhadores não treinados foram usados para ajudar a expedir o produto.

- ✔ O fluxo do produto estava atrasado fazendo com que o produto acabado fosse parar na ponta mais distante do ponto de expedição. Isso causou um movimento desnecessário de produto e um tráfego de empregados no piso.

Além disso, eles notaram outros desperdícios acontecendo no processo:

- ✔ Houve uma perda desnecessária de ingredientes como resultado do processo corrente. Produto bom foi jogado fora. Recipientes foram enchidos em excesso, fazendo com que ingredientes caíssem da área de trabalho.

Capítulo 8: Mapeando o Curso: Usando Mapas **185**

- ✔ Os ingredientes não foram bem mensurados, o que poderia afetar na qualidade e consistência do produto, sem falar que contribuem para perdas de estoque e custos em excesso para um pequeno negócio.

- ✔ A carga de trabalho não estava equilibrada. Alguns operadores pareceram estar sobrecarregados e outros estavam esperando até que o produto fosse processado. Os motoristas estavam esperando pelo etiquetamento do produto.

- ✔ O número de etiquetas não era compatível com a planilha de produção, fazendo com que eles se perguntassem qual delas estava correta.

- ✔ O pedido de produção sujou pratos extras desnecessariamente.

Essa análise de fluxo de valor de estado atual não apenas identifica numerosos contribuidores para o problema do atraso, como também muitas outras fontes de desperdício. É preciso agora considerar opções de melhoramento. O primeiro passo é ponderar o estado ideal — o que seria possível se todas as limitações fossem eliminadas. Depois, definir o estado atual, um passo incremental em direção ao estado ideal, e estabelecer o plano para alcançar a primeira fase de melhoramento.

Pintando um Quadro do Futuro

O estado atual é um instantâneo fotográfico — é onde você está agora. Trata-se de uma visão importante, mas é apenas o primeiro passo. Depois de haver caracterizado o estado atual, é importante definir os ângulos de visão de onde se está indo. Nesta seção, você obtém oportunidades de melhoramento identificadas na análise do fluxo de valor de estado atual e as transforma em um design do futuro.

No Lean, você considera duas visões de futuro:

- ✔ **A visão do estado ideal ou utópico:** Em um mundo perfeito, em que há apenas passos de valor agregado, como você poderia melhor atender às exigências do cliente? (O Norte Verdadeiro da Toyota é um exemplo disso; veja o Capítulo 3.)

- ✔ **O estado futuro mais alicerçado que você pode implementar de forma relativamente rápida com um plano focado:** No estado futuro, você faz melhoramentos incrementais no estado atual, eliminando desperdícios e reduzindo os passos sem valor agregado. Identifique qual é o próximo passo certo depois de um período de tempo definido. Defina isso se baseando nas condições específicas do negócio, focando primeiro naqueles itens que estão afetando diretamente o cliente.

Criando o mapa de fluxo de valor de estado ideal: Possibilidades de visão a longo prazo

Um processo está em um estado de fluxo ideal quando produz a quantidade que o consumidor requer. O processo está em equilíbrio perfeito. Todas as atividades têm valor agregado. Todos os passos dos processos levam o mesmo tempo para serem completados. Não há estoque no processo. Todos os passos do processo produzem perfeitamente, sem defeitos. Você tem a capacidade exata que a taxa de consumo necessita, com o número precisamente correto de pessoas perfeitamente treinadas para suas tarefas.

Pondere sobre isso por um momento: um processo onde tudo está exatamente certo. Não arruíne o pensamento com as realidades da imperfeição — isso é para a próxima seção. Neste momento, visualize utopia. Veja tudo funcionando perfeitamente.

Se você está tendo problemas com essa coisa de fantasia, é porque está sendo pragmático. Você está pensando que não é capaz de atingir a perfeição e isso ocorre porque você foi condicionado a pensar dessa forma. Não pense no modo como você chegaria lá; pense a respeito de onde você quer ir!

Por que definir um VSM de estado ideal? Por que gastar tempo legítimo de negócio e esforço considerando algo que você provavelmente não pode ter? A razão é simples: porque isso define uma visão consistente de longo prazo, define uma direção e desafia você a mover a organização nessa direção. Quando você permite que as pessoas imaginem, cortando as ligações do passado e deixando de lado as limitações do presente, faz crescer a consciência coletiva e permite que as equipes se comprometam com o pensamento radical que muitas vezes identifica as oportunidades de avanço.

A Toyota usa o Norte Verdadeiro como base para todas as mudanças. Eles podem não saber como chegar lá hoje, mas sabem que, se continuarem trabalhando naquela direção, continuarão a melhorar e alcançarão mais do que se estivessem focados apenas no que sabem fazer.

Frequentemente, o VSM de estado ideal resulta em ganhos dramáticos. O poder da imaginação é infinito. Quando não tolhidas, as ideias fluem livremente e coisas grandiosas surgem. O VSM de estado ideal produz uma visão de longo prazo e uma direção para o próximo passo: o estado futuro.

Para definir o VSM de estado ideal, use os mesmos ícones e gráficos que usou para criar o VSM do estado atual definido no Capítulo 7.

Aproximando-se da perfeição: O mapa de fluxo de valor do estado futuro

Agora é hora de pegar todos os esforços de mapeamento, as análises e as visões de estado ideal e reuni-las para definir o estado futuro. Os melhoramentos que selecionados agora se tornam a base do planejamento de atividades. O VSM de estado atual é o próximo incremento da melhoria de desempenho.

Marca-passos, supermercados e heijunka, ai meu Deus!

Antes de você ter a visão do VSM de estado futuro, precisa primeiro entender vários conceitos adicionais do Lean. O Capítulo 2 aborda os princípios do Lean. O Capítulo 6 ocupa-se com os conceitos de valor agregado, valor não agregado, fluxo e os três Ms (*muda*, *mura* e *muri*). Aqui é onde você coloca aqueles princípios e conceitos em ação, assim como alguns dos seguintes:

- **Operação marca-passo:** A operação marca-passo define o ritmo para o resto do fluxo de valor. Essa é a única operação que recebe o cronograma de produção. O marca-passo produz no tempo takt e define o ritmo das outras operações antes dele, para que elas produzam apenas o suficiente para repor o que a produção marca-passo consumiu. Depois dessa operação, o processo deve produzir em um fluxo contínuo (a menos que uma área de armazenamento ou *supermercado* sejam necessários para os bens acabados — veja mais à frente neste capítulo). Equilibre os múltiplos da produção marca-passo com a quantidade expedida para o cliente. Por exemplo, se a quantidade expedida para o cliente é de 60 por contêiner, então talvez você libere 20 de cada vez para a operação marca-passo.

- **Processo de gargalos (ou afunilamento):** O *processo de gargalos* é aquele com o maior ciclo de tempo.

- **Módulos de trabalho:** Os *módulos de trabalho* são operações agregadas e, então, encaixadas em uma área compacta, com o intuito de facilitar o fluxo contínuo e a produção única. Células de trabalho são capazes de fazer todas, ou a maior parte das operações exigidas, para que o fluxo de valor entregue seu produto ou serviço. Isso é completamente diferente de uma organização tradicional de departamentos funcionais.

Parte III: Entendendo Fluxo e Fluxo de Valor

- **Supermercados:** Os *supermercados* são armazenamentos de produtos em elaboração usados onde o processo não pode produzir um fluxo contínuo. Alguns exemplos de supermercado são quando uma operação serve a muitos fluxos de valor, quando os fornecedores estão muito distantes, ou quando os processos são instáveis, têm longos tempos de espera, ou ciclos de tempo fora de equilíbrio. A operação de fornecimento controla o supermercado e o seu estoque. O estoque do supermercado é extremamente controlado.

- **Trabalho padronizado:** *Trabalho padronizado* é a descrição do trabalho que está sendo executado e que inclui o tempo takt, sequência ou atividades específicas e estoque de produtos em elaboração definido. Trata-se do padrão com o qual o processo real é comparado e representa a base sobre a qual se criam melhorias. (Veja o Capítulo 12.)

- ***Kanban:*** *Kanban* são os sinais para mover e produzir. No *sistema pull*, onde o material ou trabalho é "introduzido" em um processo de acordo com a demanda, o *kanban* é a instrução que declara que uma retirada foi feita, então, você pode produzir mais. O sinal pode vir de muitas formas: um contêiner vazio, um cartão, uma bola — qualquer que seja a melhor forma de dizer à operação de fornecimento para produzir. O *kanban* identifica uma quantidade de produção padrão. (Veja o Capítulo 11.)

- **Heijunka:** *Heijunka*, também conhecido como *nivelamento de carga de trabalho* ou *balanceamento de produção*, é a prática de equilibrar o volume e o mix do cronograma do que está para ser produzido. O objetivo do *heijunka* é nivelar os cronogramas de trabalho no ponto onde há uma pequena variação diária. O *heijunka* torna possíveis o fluxo contínuo, os sinais de pull e a minimização do estoque. (Veja o Capítulo 11.)

- **Pitch:** *Pitch* é a quantidade de tempo necessária para criar um contêiner ou um produto acabado padrão. Se o contêiner padrão é de 60 peças e o tempo takt é de 45 segundos, o pitch é de 45 minutos.

Remarcando o VSM de estado atual

O mapa de estado futuro começa como uma remarcação do VSM de estado atual. Não comece com uma folha de papel em branco! Faça mudanças diretamente no VSM de estado atual. Identifique onde e que tipo de melhoramentos você tem intenção de fazer. Baseado nas avaliações e observações das equipes, indique quais mudanças abordarão os problemas. A técnica de remarcação é indicar as mudanças com um ícone de um Sol radiante chamado de *estouro de kaizen*.

Marcar todas as áreas que você deseja mudar não implica necessariamente fazer todas as mudanças ao mesmo tempo, mas define o ponto de chegada e o escopo para essa fase de melhoramento em particular. Com esse quadro, você pode prever o tipo e a extensão da melhoria que você antecipa a partir da implementação. Ao identificar coisas, como quanto tempo de valor não agregado será reduzido e quanto tempo em processos-chave será reduzido, você pode quantificar os objetivos de aprimoramento.

É importante que todos sejam capazes de ver remarcações e fazer mudanças com facilidades. Use notas autoadesivas e canetas se você está em um ambiente com baixa tecnologia, use ferramentas colaborativas e rastreie comentários e ideias de mudança.

No exemplo da empresa de saladas, a equipe remarca seu VSM de estado atual com numerosas ideias de melhoramento como resultado de suas observações e de uma mentalização de como seria o estado ideal. A Figura 8-2 mostra as áreas onde a equipe iria querer melhorar. Elas começam com um 5S (veja o Capítulo 11) para limpar e organizar a área de trabalho. Em particular, identificam-se contêineres e utensílios padrão para os ingredientes e controles visuais melhorados para a área. Como eles observaram que nem todos os membros da equipe entenderam o trabalho padrão da linha de produção de saladas, eles revisam o processo e estabelecem padrões formais escritos e então os postam na linha. Como o trabalho de preparação das saladas não foi completado, eles avaliam meios de eliminarem o tempo de NVA e implementarem sinais de introdução entre a montagem, a preparação e o fornecimento. Eles também revertem o fluxo de montagem do produto para eliminar o tráfego extra na área de produção, o que pode ser uma ameaça à segurança, causada pelos motoristas resgatando saladas acabadas.

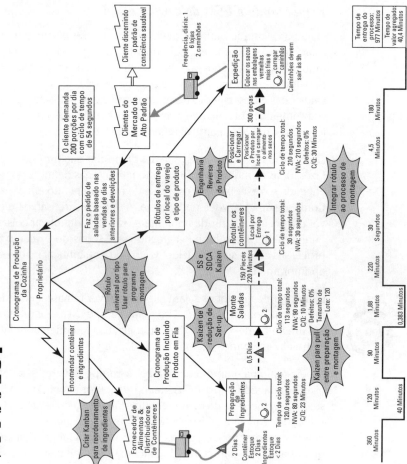

Figura 8-2: O estado atual do mapa de fluxo de valor da companhia de saladas.

Finalmente, a equipe também quer melhorar a gestão de estoque no fluxo de valor. Além disso, quer envolver seus fornecedores na identificação de formas de receber entregas mais frequentes e terem uma melhor rotação de estoque.

Olhando na bola de cristal: Vendo o mapa de fluxo de valor do estado futuro

Assim que você identifica os candidatos à mudança, crie um novo quadro: seu rascunho do VSM do estado futuro — o retrato de como será o fluxo de valor depois da implementação dos melhoramentos. Comece com o VSM do estado atual e implemente as mudanças propostas. Deixe os estouros de *kaizen* como referência.

Além disso, faça a si mesmo um conjunto de perguntas de qualificação. (Veja a seção "Marca-passos, supermercados e *heijunka*, ai meu Deus!", anteriormente neste capítulo, para esclarecer qualquer uma dessas questões.) Indique as respostas no rascunho do VSM de estado futuro, seja diretamente ou através da seleção dos ícones corretos do *kanban*.

- ✔ Qual é o tempo takt (confirmando que ele não tenha mudado desde o estado atual)?
- ✔ Qual é o ciclo de tempo real comparado com o tempo takt?
- ✔ Onde está o gargalo da operação?
- ✔ Que operação possui a maior variação no ciclo de tempo ou na qualidade?
- ✔ Onde o fluxo contínuo pode acontecer?
- ✔ Onde as células de trabalho podem ser implementadas?
- ✔ Qual é a operação marca-passo?
- ✔ Que processo será agendado para a demanda do cliente?
- ✔ Onde você usará sinais de *kanban*?
- ✔ Onde os supermercados precisam estar localizados?
- ✔ Qual é o tamanho de lote certo entre os processos?
- ✔ Qual é a quantidade de expedição padrão para o cliente?
- ✔ Qual é o pitch?
- ✔ Quais são os tempos de preparação atuais?
- ✔ Como os cronogramas podem ser aplanados na operação marca-passo?
- ✔ Quanto tempo, das horas disponíveis, está sendo usado para produção e quanto é deixado para transições?

Respondendo a perguntas reais sobre mapas de fluxo de valor

O mapeamento do fluxo de valor relacionam--se de modo único com o Lean. Você normalmente não encontra VSMs fora da prática do Lean. Se você é novo na área, naturalmente deve ter dúvidas. Na lista a seguir, respondemos algumas perguntas frequentes:

✔ **O que torna o VSM tão útil, comparado com os diagramas de fluxo de processo padrão?** Um diagrama de fluxo de processo é uma ferramenta valiosa para a identificação de recursos e interfaces, mas é apenas uma parte do quadro geral.

(continua)

(continuação)

Um mapa de fluxo de valor é um fluxo de processo mais completo — e é centrado no cliente. O mapa de fluxo de valor mostra não apenas como o material flui através do fluxo de valor, como também mostra lho de operações, localização do operador, tamanho e tipos de estoques, modos de transporte, bem como a relação dos clientes e fornecedores ao longo de todo o fluxo de valor. O fluxo de valor é muito mais abrangente do que um diagrama de fluxo de processo.

Por que criar um mapa de fluxo de valor de estado ideal? Criar um VSM de estado ideal encoraja você a pensar fora da caixa, olhando para o fluxo de valor com um ponto de vista objetivo para identificar ideias inovadoras. Ele abre sua mente para a possibilidade de uma inovação dramática, às vezes referida como *kaikaku*. Embora o foco principal do Lean seja fazer melhoramentos regulares, pequenos e incrementais, se você nunca tirar um tempo para contemplar ou sonhar com um estado radicalmente diferente, perderá a oportunidade de um melhoramento verdadeiramente inovador. Você também cria uma visão de longo prazo para seguir à medida que melhora de forma incremental.

✔ **Onde é o melhor lugar para começar um mapeamento de fluxo de valor?** Como sempre, comece pelo cliente. Se o cliente não for o consumidor final, ainda assim comece por ele — mas tenha em mente como os processos são afetados pelo consumidor. Depois que tiver identificado as exigências do cliente, você prossegue o trabalho.

✔ **Qual é o nível "certo" de detalhes?** Não existe um único nível "certo" de detalhes — isso depende do contexto e de suas condições. O nível certo de detalhe é um equilíbrio entre uma definição suficiente de detalhe para encontrar e eliminar significativas quantias de desperdício e não ter tantos detalhes a ponto de atolar e nunca partir para a fase de melhoramento. O mapeamento do fluxo de valor é um processo interativo, então, a cada avanço, você pode adicionar mais detalhes, conforme necessário.

✔ **Qual é a diferença entre a visão macro (ou de alto nível) do fluxo de valor e o mapa de fluxo de valor?** A visão a nível macro é um diagrama que mostra a você onde seu processo se encaixa no fluxo geral relativo ao consumidor e o primeiro fornecedor da mais crua das matérias-primas. Se você fosse tentar construir um VSM com o nível de detalhes do VSM inteiro, isso seria improdutivo e você nunca chegaria à fase de melhoramento. Com o simples diagrama macro, você ganha perspectiva.

✔ **O que é melhor: criar um VSM manual ou usar um pacote de software para a criação?** Em um ambiente de equipe, pode ser mais rápido usar desenhos manuais para criar VSMs iniciais, porque eles são simples, rápidos, mais visuais e atraentes para a equipe que os está construindo. Depois da fase inicial de criação, use ferramentas de software como o ARIS para manter e controlar os VSMs subsequentes.

✔ **Cuidado:** quer você use um VSM manual ou um modelo de uma ferramenta de software, precisa ir ao *gemba* durante o processo de criação, validação ou idealização.

✔ **Como eu mapeio um mesmo produto feito em lugares diferentes?** Comece com um local e leve o conhecimento para outras instalações. À medida que você forma a

> equipe, inclua membros das outras localidades. Quando você vai ao *gemba* (onde o trabalho é feito fisicamente), inclua as outras instalações para observar quais variações existem no processo. Esses passos evitarão a síndrome do "não foi inventado aqui" quando você espalha o conhecimento através da organização. Você também estará mais propenso a criar uma mistura de ideias para as boas práticas serem implementadas.

Depois de haver respondido a essas questões e indicado as mudanças no rascunho do mapa de fluxo de valor, você pode analisar o mapa e predizer como o processo de estado futuro deve ser. Se estiver usando um programa de software, o tempo de entrega ao longo da parte inferior será atualizado à medida que você muda a informação referente ao passo no fluxo de valor.

A Figura 8-3 mostra o rascunho do VSM de estado futuro da empresa de saladas. Note as mudanças. A companhia irá primeiramente estabelecer padrões e melhorar o cronograma das operações de preparação, implementando um supermercado e se preparando para a reposição. Ao estabelecer padrões e eliminar inventário push, a companhia vê uma redução significativa no tempo de espera. Ela move a operação de rotulagem para o processo de montagem. Usa os códigos universais UPC para eliminar a triagem de rótulos por loja.

Assim como na análise do VSM de estado atual, não fique paralisado analisando as mudanças em potencial para o VSM de estado futuro incessantemente. O Lean é um processo interativo. Identifique o que você quer melhorar, então faça a melhoria e, assim, repita o ciclo. (Use o PDCA para isso; veja o Capítulo 9.) O VSM de estado futuro é um retrato instantâneo de onde você quer ir. Tire a foto e passe para o *kaizen*. (Veja o Capítulo 9.)

Criando o Mosaico de Melhoramento Contínuo: Preparando o Terreno para o Kaizen

O mapeamento do fluxo de valor é uma ferramenta fundacional usada como parte de um ciclo e filosofia de melhoramento contínuo. Pode parecer um esforço enorme — criar um mapa de estado atual, depois um de estado ideal, daí um rascunho do mapa de estado futuro e, finalmente, um mapa de estado futuro que se pode realmente implementar. Você pode se sentir como se precisasse comandar recursos significativos para reunir uma equipe, analisar todos os dados e envolver todas as diferentes perspectivas. E pode estar pensando que está desenvolvendo uma nova carreira em cartografia com todos aqueles mapas! Mas o papel e o propósito do mapeamento do fluxo de valor não têm a ver com a condução de esforços gigantescos, grandes projetos e longos programas de implementação. Você cria mapas de fluxo de valor com o intuito de documentar, focar e guiar esforços de aperfeiçoamento. O mapeamento do fluxo de valor é um esforço conciso, tipicamente executado em uma curta expectativa de tempo ou em apenas alguns dias — mesmo para um processo relativamente complexo. Para processos mais simples como a fabricação de saladas, você executa essas atividades de VSM em algumas horas.

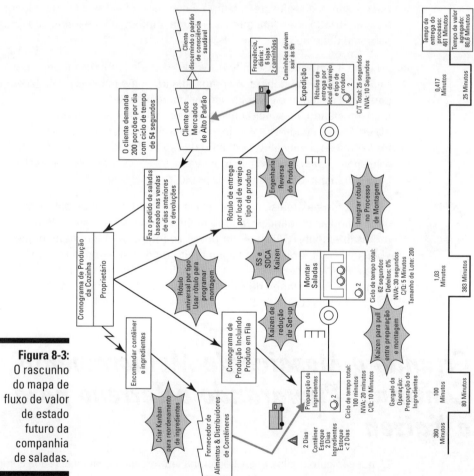

Figura 8-3: O rascunho do mapa de fluxo de valor de estado futuro da companhia de saladas.

Olhando em direção ao horizonte anual

Use os melhoramentos que você identificou no VSM de estado futuro para estabelecer prioridades de implementação e um plano. O plano deve ser conciso — apenas algumas páginas, sem floreios —, um olhar breve do ano que à frente. Divida atividades de melhoramentos individuais em dias, semanas ou meses, dependendo da complexidade da atividade. O plano deve ser uma lista dos projetos que você completará, com prazos e responsabilidades claramente definidos.

Para manter o escopo e o foco adequados de seus planos de estado futuro:

- ✔ Identifique um número mínimo de métricas-chave para o melhoramento. Não tente resolver todos os problemas de uma só vez.
- ✔ Priorize as mudanças que são mais significativas para o cliente, então analise as que são mais significativas para o negócio.
- ✔ Crie um projeto com dimensão apenas suficiente para que seja significativo e mensurável.
- ✔ Tente mudar uma coisa de cada vez, rapidamente, para ver o efeito do melhoramento.
- ✔ Lembre-se de que você fará isso novamente!

A frequência com a qual você revisita seu VSM de estado futuro depende dos ciclos de negócio; no entanto, faça isso pelo menos a cada seis meses. Valide o VSM de estado ideal anualmente. Você não precisa repassar todo o processo de mapeamento de estado ideal e estado futuro toda vez que faz uma mudança no estado atual. A ênfase está no melhoramento, não no exercício de mapeamento. Se você tiver completado todos os aprimoramentos planejados antes de seis meses, crie um novo VSM de estado futuro.

Muitas companhias cometem o erro de mudar muitas coisas de uma única vez. Essa é a receita para resultados inferiores e torna impossível entender a verdadeira raiz do problema. Faça mudanças pequenas e incrementais de forma rápida e frequente. Você ganhará dinâmica e terá mais rastreabilidade e controle dos resultados.

Melhorar por melhorar é uma perda de tempo e recursos; se você não for cuidadoso, isso pode até mesmo fazer com que as pessoas se desinteressem. Tenha certeza de que seus esforços de melhoramento afetam diretamente o cliente de forma positiva ou melhore o negócio de um modo coeso — segurança, pessoas, qualidade, entrega, custo e assim por diante.

Implementações de estado futuro

Depois que tiver os mapas e o plano, você está pronto para implementar. No Capítulo 9, lhe mostramos como implementar projetos Lean. Nesse momento você pode estar se perguntando: "O que acontece com os mapas à medida que faço os melhoramentos?"

🖛 **Atualize o VSM de estado atual para que ele reflita o novo estado à medida que você faz os melhoramentos.** Essa é uma prática de configuração de gestão criticamente importante. É preciso mostrar que o estado atual reflete o novo padrão. Você também precisa do registro de onde está na busca de seus objetivos. Mantenha uma cópia do primeiro VSM de estado atual. Daqui a dois ou três anos, você não acreditará na quantidade de mudanças que fez. Os mapas antigos também são bons para se ter em mãos, de modo a poder lembrar às pessoas quão longe e como você chegou lá.

🖛 **Compare o novo estado atual com as predições do VSM de estado futuro.** Se você não está no caminho certo, precisa ajustar seus planos.

🖛 **Depois que todas as ideias se esgotarem ou quando você estiver no final de um período de planejamento, comece a mapear os processos novamente.** Use o VSM de estado atual mais recente e passe para a confirmação de validade do VSM de estado ideal e a construção do próximo VSM de estado futuro.

Capítulo 9

Fluindo na Direção Certa: Projetos de Lean e *Kaizen*

Neste Capítulo

▶ Entendendo o *kaizen*

▶ Usando o *kaizen* para melhorar o fluxo de valor

▶ Praticando o *kaizen* em um workshop

Reconheça que um mapa de fluxo de valor (VSM) é apenas isso: um mapa. Um VSM de *estado atual* mostra onde você está e, depois que você o analisa, o que precisa ser melhorado; um VSM de *estado ideal* é uma visão de como é o paraíso; e um VSM de *estado futuro* mostra aonde você está indo. Mas um VSM não lhe diz *como* chegar lá. Se você fosse fazer uma viajem, pegaria seu mapa, mas o mapa por si só não tiraria você e seu carro de dentro da garagem. É necessário saber os "*comos*" da jornada: os meios de transporte, o número de passageiros, os recursos disponíveis, o cronograma dos eventos e assim por diante. O *kaizen* é o como. O *kaizen* é o modo como você melhora o fluxo de valor; ele é praticado através de uma série contínua de workshops e projetos de melhoramento — tanto em nível de equipe quanto em nível individual.

Você já viajou a algum lugar tantas vezes que se sente tão confortável na estrada quanto como se estivesse em casa? Viajantes experientes ou até mesmo os nem tanto chegam a um ponto onde fazer a viagem não é um problema. Eles já nem têm que pensar no que levarão na mala, qual mala levarão, como fazer os arranjos da viagem, ou quaisquer outros detalhes. Viajar se torna uma segunda natureza deles. À medida que você percorre a estrada do Lean, algo similar acontece: a mudança não é mais um evento singular, mas, em vez disso, o modo como você conduz a si mesmo e ao negócio todos os dias. Você começa a abordar problemas continuamente e a agir de uma maneira Lean. Começa a se comportar de um modo Lean. O *kaizen* é esse modo de vida.

Neste capítulo, explicamos o que é o *kaizen*, como praticá-lo na organização e como conduzir workshops e projetos de *kaizen*.

Kaizen: Um Estilo de Vida

Kaizen é uma palavra japonesa traduzida como melhoramento. Ela tem se tornado uma filosofia de negócios japonesa. O objetivo do *kaizen* é eliminar o desperdício no fluxo de valor. Consegue-se isso através da aplicação de técnicas como a organização das áreas de trabalho (5S, veja o Capítulo 8), a obtenção do trabalho padronizado, a produção nivelada, a produção equilibrada com a demanda do cliente (tempo takt), o equipamento de tamanho certo, a redução de estoques e do montante dos produtos em elaboração, a entrega just-in-time e mais. O *kaizen* é como se melhora a qualidade e segurança e reduz custos.

Embora o *kaizen* tenha sido praticado no ocidente simplesmente como um evento ou workshop de melhoramento, o verdadeiro *kaizen* é um estilo de vida. Ele governa a mentalidade e o negócio diariamente. O *kaizen* é uma atividade diária regular que considera o processo, bem como os resultados. Ele examina o quadro geral e contempla o ambiente como um todo, assim como o problema imediato localmente em mãos.

Praticar o *kaizen* é primeiramente respeitar as pessoas. Equipamento, instalações, processo e tecnologia são ferramentas importantes — e estão subordinadas às pessoas. O *kaizen* foca na humanização do local de trabalho e na eliminação do trabalho pesado — tanto físico quanto mental. E você não culpa ou julga as pessoas pelos erros do passado, porque atribuir culpa é por si só um desperdício.

O *kaizen* envolve a todos, em todos os níveis; não o relegue a apenas uma função ou especialidade. Por último, todos — do diretor executivo ao último funcionário de escritório ou de fábrica — praticam o *kaizen*.

De acordo com Masaaik Imai, um dos principais pioneiros na introdução do *kaizen* e do Sistema de Produção Toyota no Ocidente, uma melhor definição para o *kaizen* é: "Melhoramento todo dia, com todo mundo, em todo lugar."

Kaizen: A filosofia

O kaizen é uma filosofia de melhoramento que encoraja mudanças incrementais e contínuas na vida em todos os aspectos — pessoal, social, profissional e familiar. *Kaizen* significa não deixar nenhum dia passar sem que alguma forma de melhoramento seja feita. Se a filosofia ocidental pode ser resumida a "se não está quebrado, não conserte", por outro lado, o *kaizen* diz que, mesmo que não esteja quebrado, aquilo pode — e deve — ser melhorado. Faça algo melhor e o torne melhor. A alternativa é estagnação e declínio.

Como uma filosofia de trabalho, o *kaizen* significa mudança incremental e contínua em todas as áreas — grandes e pequenas, internas e externas — para melhorar toda a organização. O *kaizen* considera todo o sistema de negócios: conduz atividades de melhoramento em todos os níveis, com uma visão de sistemas. A filosofia de negócios do *kaizen* também pede por um infindável esforço de aperfeiçoamento que envolve a todos na organização — gestores e operadores, da mesma forma.

A filosofia do *kaizen* nos negócios se concentra nos processos que influenciam os resultados — causa e efeito. A filosofia *kaizen* também vê o negócio por meio de duas lentes: a definição de novos padrões e a manutenção de padrões existentes. Mais especificamente:

- *Kaizen* **de manutenção:** Estabelece as políticas e regras que ajudam a manter o nível de performance definido pela gestão presente e pelos padrões de operação.

- *Kaizen* **de melhoramento:** Foca os esforços no melhoramento contínuo dos padrões e processos existentes ou na inovação em outros.

Em ambos os casos, a filosofia do *kaizen* convida você a aplicar todo o treinamento, materiais, ferramentas e supervisão adequada, tanto para melhorar quanto para manter seus padrões e processos de uma forma contínua.

O *kaizen* tem sido considerado a base para os muitos sucessos japoneses nos mercados globais automotivos, de eletrônicos, de consumo e outros negócios. No Japão, o *kaizen* é uma estratégia abrangente de negócio. Todos são encorajados a fazer sugestões regulares de melhorias. Em companhias como Toyota e Canon, centenas de sugestões são definidas, escritas, compartilhadas e implementadas pelos empregados todos os dias. E essas sugestões não são limitadas à área de trabalho específica de uma pessoa em particular. O *kaizen* é baseado na criação de mudanças em qualquer lugar onde elas possam levar ao melhoramento real dos negócios.

O Kaizen em ação

O *kaizen* exige que todos estejam envolvidos — desde o diretor-executivo até o último funcionário de escritório ou operador da fábrica. Mas é claro que o papel de cada um não é o mesmo. A cada nível de gestão, os papéis e responsabilidades do *kaizen* são diferentes:

- ✔ **Os gestores seniores são responsáveis por definir a visão e a direção do *kaizen* para a organização, definindo objetivos e criando a cultura na qual o *kaizen* possa prosperar.** Onde quer que o *kaizen* necessite de investimento e inovação, os gestores seniores fornecem o recurso necessário para a implementação. Esses profissionais também garantem que a direção do melhoramento continue a encaminhar o valor de cliente e aumentar o negócio em direção ao estado ideal.

- ✔ **Os gestores do escalão intermediário são necessários para garantir que os empregados tenham as habilidades, materiais e ferramentas necessárias para executar o *kaizen*.** Eles garantem que o *kaizen* está ocorrendo em todas as funções dentro da organização e alcançando os objetivos. Eles guiam e orientam a organização por meio de perguntas e solução de problemas. E também implementam o *kaizen*.

- ✔ **Os supervisores garantem que o *kaizen* esteja ocorrendo tanto em nível individual quanto nos grupos de trabalho.** Os supervisores também garantem que as pessoas sigam procedimentos e práticas operacionais padrão. Eles treinam e orientam os empregados e encorajam a moral. Eles fornecem suas próprias sugestões de *kaizen*.

Além disso, todos os gestores devem praticar o *kaizen*. Eles demonstram liderança através das atitudes.

Nas seções a seguir, apresentamos a definição Lean de desperdício, introduzimos o ciclo PDCA usado no *kaizen* e revisamos as bases da implementação do *kaizen*.

Eliminando o desperdício

Elimina-se o desperdício no fluxo de valor por meio do *kaizen*: atividades de melhoramento contínuo. Quando você examina o fluxo de valor em pequenos incrementos, vê desperdícios que talvez não tenha visto antes. Através das lentes do *kaizen*, você de repente se dá conta do movimento extra, do trabalho que pode ser feito de forma mais efetiva, ou do esforço que não transforma verdadeiramente o produto ou serviço.

Esse desperdício pode ser o resultado de pessoas e sistemas que não estão agindo de acordo com os padrões e práticas estabelecidos, ou que seja preciso definir práticas e padrões melhorados. Em qualquer um dos casos, ao eliminar esse desperdício, melhora-se não apenas o fluxo de valor, mas também as condições para as pessoas trabalhando.

Examine seu fluxo de valor em busca de desperdício, ou *muda*, de acordo com as sete formas de desperdício:

- **Transporte:** Existe movimento desnecessário (sem valor agregado) de peças, materiais, ou informação entre os processos?
- **Espera:** Existem pessoas, peças, sistemas, ou instalações esperando ociosamente até que um ciclo de trabalho se complete?
- **Superprodução:** Você está produzindo mais cedo, mais rápido, ou em quantidades maiores do que o cliente está demandando?
- **Defeitos:** Os processos resultam em algo que o cliente consideraria inaceitável?
- **Estoque:** Você tem qualquer matéria-prima, produtos em elaboração (WIP) ou bens acabados que não estão tendo valor agregado a eles?
- **Movimento:** O quanto você move de materiais, pessoas, equipamento e bens dentro de uma etapa de processamento?
- **Processamento extra:** Quanto trabalho extra é executado acima do padrão exigido pelo cliente?

Além dessas sete ideias "clássicas" de desperdício, o Mestre Lean Shingeo Shingo definiu uma **oitava forma de desperdício: a subutilização de pessoas**. Ainda que a espera seja parte da subutilização, o oitavo desperdício tem mais a ver com não permitir que as pessoas contribuam totalmente com seus talentos, ideias e energia dentro do ambiente de trabalho. Quando você não se engaja completamente com seu pessoal, está perdendo uma porção de oportunidades de melhoramento e satisfação. Como você pode atrair seu pessoal para que melhorem continuamente?

Examine cada uma dessas oito formas de *muda*, desde os conceitos básicos de práticas e padrões operacionais existentes. Os padrões estão definidos? Eles estão sendo seguidos? Se não, o *kaizen* compele você a implementar treinamento e suporte com o intuito de executar o trabalho de acordo com padrões estabelecidos. Se o desperdício está ocorrendo nessas áreas, mesmo que a performance esteja dentro dos padrões, o *kaizen* exige que você defina e implemente melhoramentos.

Além do *muda*, explore seu fluxo de valor em busca de desperdício devido às variações — *mura* — e também devido à sobrecarga de trabalho nos empregados ou no sistema — *muri*.

Usando o ciclo PDCA

O ciclo PDCA (*Plan-Do-Check-Act*, em inglês) é a estrutura operacional do Lean — a metodologia de implementação do *kaizen*. PDCA é um esquema de melhoramento interativo de ciclo curto. Ele se encaixa perfeitamente na filosofia de melhoramento contínuo do *kaizen*.

O ciclo PDCA foi inicialmente desenvolvido na década de 1930 por Walter Shewhart, um físico da Bell Telephone muitas vezes chamado de pai do controle estatístico de qualidade. O PDCA foi levado para o Japão nos anos 1950 por W. Edwards Deming; lá ele é conhecido como ciclo Deming. De modo alternativo, também é referido como PDSCA (*Plan-Do-Study-Act*, em inglês).

Eis o que as quatro partes do acrônimo PDCA (ou PDSCA) significam:

- **Plan (Planejar):** Defina o problema que você está abordando. Crie um plano de mudança. Identifique especialmente o que quer mudar. Defina os passos que você precisa tomar para fazer a mudança, entenda o risco e preveja os resultados da mudança.

- **Do (Executar):** Execute o plano em um ambiente de teste, em uma pequena escala, sob condições controladas. Meça os resultados do teste.

- **Check or study (Verificar ou estudar):** Examine os resultados do seu teste. Verifique com os dados se você melhorou o processo. Em caso afirmativo, considere implementá-lo em uma escala maior; caso contrário, volte e tente novamente.

- **Act or Adjust (Agir ou ajustar):** Implemente as mudanças que você verificou em uma escala mais ampla. Atualize os processos de operação padrão e garanta que todos estejam trabalhando de acordo com o novo padrão.

Muitas organizações que adotaram a plataforma Lean Seis Sigma usam de forma alternativa a abordagem DMAIC (sigla em inglês para Definir, Medir, Analisar, Melhorar, Controlar) a partir do Six Sigma, em vez do ciclo PDCA. O DMAIC pode funcionar em uma iniciativa Lean, mas é diferente. Ele exige a aplicação de um grande rigor estatístico e analítico, de modo a enfrentar problemas complexos. Você envolve especialistas (faixas preta) que podem levar meses para descobrir a raiz do problema e descobrir os planos de melhoramento. O PDCA é *kaizen*: metodologia de melhoramento, praticada por todos, com uma fase de testes suportada por dados.

Padronizando o trabalho

O *kaizen* exige que você tenha padrões — especificações padrão, processos padrão, sistemas padrão, procedimento padrão, instruções de trabalho padrão e assim por diante. Meça e execute todo o trabalho de acordo com o padrão. Depois que você implementa qualquer melhoramento, deve padronizar de modo a operar de forma consistente com o estado melhorado. (Veja o Capítulo 12.)

Inovando com o Kaikaku

O *kaizen* geralmente é considerado uma mudança estável e incremental. Mas e se houver a necessidade de uma mudança fundamental, melhoramentos dramáticos, ou de um novo sistema? Quando inovações ou mudanças radicais são necessárias, o *kaizen* assume uma forma diferente, chamada *kaikaku*, que significa reforma ou inovação (*kaikaku* também se refere a algo às vezes conhecido como *kaizen de avanço*, *kaizen de fluxo*, ou *kaizen de sistema*).

O *kaikaku* usa a metodologia PDCA, mas para resolver problemas maiores. As mudanças do *kaikaku* são normalmente de capital intensivo. Quando inovações verdadeiras acontecem, você muda o jogo. Busca inspiração em outras aplicações, ambiente, ou atividades, e usa novas tecnologias ou aplica os resultados de novas descobertas. O *kaikaku* pode acontecer em um ambiente de workshop. Se você fizer um workshop, vai querer fazer um planejamento antes do evento, porque as mudanças são normalmente muito significativas. Por exemplo, você pode ter uma instalação de produção à qual mudou completamente para melhorar o fluxo de material e produto. Ou uma loja de descontos que elimina o setor de jardinagem e o substitui por uma mercearia. Ambas são mudanças radicais que exigem um planejamento anterior para minimizar a interrupção operacional.

Aqui está outro exemplo: *coletas programadas* para recolher componentes são um lugar-comum hoje em dia; os materiais são coletados em um cronograma regular e envolvendo muitos fornecedores por um único caminhão. Quando as coletas programadas foram inicialmente introduzidas, no entanto, eram uma saída radical do método convencional. A inspiração para as coletas programadas veio da indústria de alimentos; a indústria manufatureira a inovou. No caso, a mudança não foi implementada da noite para o dia; implementações em pequena escala foram expandidas para formar um novo padrão de negócio.

Use o 3P — o processo de preparação do produto (veja o Capítulo 10) — como parte de seu planejamento de *kaikaku*. Isso irá ajudá-lo a evitar desperdícios e maximizar recursos e investimentos.

Melhorando o Fluxo de Valor com o Kaizen

À medida que usa o ciclo PDCA para melhorar o fluxo de valor em projetos de *kaizen*, você encontrará oportunidades de melhoramento através de todo o fluxo de valor. *Certifique-se de priorizar e selecionar projetos baseados no impacto sobre o valor de cliente.* Seu objetivo é fazer melhoramentos incrementais, estáveis e regulares, em vez de grandes mudanças. Use os mapas de estado atual e estado futuro para guiá-lo na seleção do projeto.

Um problema comum em projetos de *kaizen* é o tamanho exagerado. Nem selecione um projeto grande demais nem permita que o escopo do projeto tome uma dimensão incapaz de ser gerenciada. Para evitar projetos superdimensionados, foque na eliminação de uma única forma de desperdício por vez, e não de múltiplas maneiras ou de todas as oito formas (veja "Eliminando o desperdício" anteriormente neste capítulo) ao mesmo tempo. Não tente reparar todo o fluxo de valor em alguns projetos.

Selecionando os projetos

Você pode executar projetos de *kaizen* em três níveis diferentes: o nível individual, o nível de equipe e o nível de gestão. Um projeto Lean pode ser parte da rotina diária de um negócio, parte de uma iniciativa de melhoramento, ou parte de um workshop formal. Estabeleça o âmbito do projeto dependendo do tamanho e do tipo de desperdício que você está planejando reduzir.

Selecione seus projetos baseando-se em uma combinação de vários fatores. Comece analisando o VSM verificando o que mais está contribuindo com as áreas problemáticas — aquelas que estão afetando diretamente o valor de cliente. Então, empregue medições qualitativas e quantitativas para buscar os dados que destacam os problemas-chave, particularmente através do feedback direto do cliente. Finalmente, use sua experiência para focar nas áreas de desperdício que necessitam de melhoramento. Os projetos iniciais devem ser altamente visíveis para o cliente e ter um impacto significativo no negócio; essas características criarão dinâmica para uma transformação Lean.

Muitas companhias Lean também possuem um programa de sugestões para projetos de identificação. Em companhias japonesas, esses programas têm se mostrado fontes prolíficas de ideias para projetos. As ideias podem vir de qualquer lugar, mas normalmente começam de dentro das áreas locais ou dos grupos de trabalho.

Tire fotos do antes e depois e faça filmagens dos aspectos físicos do problema que você está abordando. As imagens lhe darão um registro visual e objetivo do melhoramento, facilitarão a transferência de conhecimento para outras partes da organização e o ajudarão a se dar conta do quão longe chegou.

Metodologia do projeto

Os projetos Lean seguem a simples, mas específica, estrutura do ciclo PDCA. O nível de profundidade, bem como as medições, análises e controles, podem variar, mas a metodologia, em essência, é a mesma. Após haver definido o escopo do projeto, comece o ciclo do projeto.

Na metodologia *kaizen*, uma regra crítica é que você deve ir ao *gemba* — a palavra japonesa que significa "onde todas as atividades estão". Como descrito pelo mestre de *kaizen* Masaaki Imai, o *gemba* é onde o valor de cliente é adicionado ao fluxo de valor. O *gemba* é o lugar mais importante da gestão. Imai encoraja todos os gestores a irem ao *gemba*.

A Fase Planejar

Durante a fase Planejar, descreva objetivamente a mudança que você deseja fazer, de modo a abordar o problema identificado pelo processo de seleção e como representado no VSM de estado atual. Inclua o seguinte:

- ✔ Identifique os processos que você tem intenção de mudar.
- ✔ Descreva os passos necessários para fazer a mudança, tanto no protótipo/teste quanto nos ambientes de operação, para alcançar o VSM de estado futuro.
- ✔ Certifique-se de proteger o cliente durante os testes; eles são sempre sua primeira prioridade.
- ✔ Preveja os resultados e riscos da mudança.

Nesse ponto, considere executar uma análise de modo e efeito de falha (PFMEA) para avaliar falhas potenciais no processo. Considere o que poderia dar errado, os impactos, e identifique e priorize as ações de abatimento de risco.

Use os mesmos dados de qualidade e ferramentas de análise conforme você desenvolve o plano de implementação.

O que esperar: O indivíduo ou grupo envolvido no processo avalia a situação usando os dados, bem como avaliações pessoais e, às vezes, físicas. Eles determinam as mudanças que pretendem fazer, os passos necessários para fazer tais mudanças e as mensurações que farão para confirmar os devidos efeitos da mudança. Eles preveem os alvos de desempenho e criam um plano de ação que inclui a definição de quem faz a mudança, o que tem que ser feito e quando será feito. Eles identificam os recursos necessários. Normalmente, o próprio indivíduo ou grupo fará as mudanças, mas, às vezes, fontes externas são necessárias. Se um layout físico ou uma área de trabalho vai ser mudada, a equipe construirá layouts de antes e depois durante a fase Planejar. A equipe planeja para garantir que o cliente esteja protegido durante o período de testes de melhoramentos.

Antes de se mover para a fase Executar, certifique-se de ter identificado claramente o problema fundamental ou o problema que você melhorará — não apenas um sintoma. A definição clara de um problema é vital, então, não perca tempo ou recursos perseguindo o problema errado.

A Fase Executar

Na fase Executar, você implementa o plano em um ambiente de teste — em uma pequena escala e sob condições controladas.

O que esperar: A equipe demonstrará os melhoramentos — e também revelará problemas que podem estar associados com a implementação em larga escala. Tendo selecionado um teste adequado ou um ambiente modelo, o teste será pequeno o suficiente para ser conduzido rapidamente, mas grande o bastante para que os resultados sejam válidos e representativos. A equipe identificará as diferenças entre os ambientes de teste e os alvos, de modo que se possa extrapolar os resultados da forma adequada. Eles também irão capturar dados para apoiar a decisão de prosseguir.

A Fase Verificar (ou Estudar)

Nesta fase, você está examinando os resultados do teste ou protótipo de implementação. Quantifique o grau em que as mudanças feitas melhoraram o processo de teste e preveja a extrapolação desses resultados em âmbito maior.

O que esperar: O projeto do indivíduo ou grupo reverá os dados do teste e determinará se a mudança é um melhoramento válido — usando métodos estatísticos, se necessário. Se os objetivos do teste tiverem sido atingidos, então o projeto prossegue para a fase Agir. No entanto, se o melhoramento não foi suficiente, a equipe talvez refaça o teste, ou retorne para a fase Planejar. Se o teste não resolveu o problema, o projeto volta para o início para análise de falhas e novo planejamento.

Não faz mal "falhar", contanto que você tire um tempo para aprender com isso. As melhores lições vêm de experimentos com resultados inesperados.

A Fase Agir

Nessa última fase, você implementa as mudanças em todo o processo. Atualiza o VSM, os padrões e especificações, verifica o desempenho e reporta os resultados.

O que esperar: O indivíduo ou grupo implementa mudanças a todas as pessoas, sistemas e tecnologias do processo afetado. Eles atualizam todos os documentos padrão e procedimentos, incluindo instruções de trabalho e controles visuais, para refletir a mudança. Estas são monitoradas para garantir que o resultado esperado é real e de acordo com o planejado. Atualizam o VSM de estado atual para refletir as mudanças. Finalmente, comunicam os resultados para a gestão e acionistas.

Comunique e envolva gestores, investidores e clientes ao longo do processo. No momento em que a fase Agir acontecer, eles não devem ser surpreendidos pelas mudanças.

Projetos individuais

A filosofia de *kaizen* encoraja cada empregado a aprimorar sua área de trabalho, bem como sugerir melhorias em qualquer outra área. Com tamanho encorajamento vem a legítima expectativa de que cada empregado também participará do melhoramento alcançado. Em um ambiente de *kaizen*, são os empregados que implementam as ideias, e não os especialistas.

O *kaizen* exige melhorias pequenas e incrementais no fluxo de valor. Em um nível individual, o *kaizen* é muitas vezes relacionado a melhoramentos na área de trabalho de um indivíduo, ou no modo como ele executa seu trabalho. Essas mudanças são normalmente de baixo investimento, o suficiente para que o indivíduo faça ele mesmo a implementação de forma regular.

Mesmo em um nível individual, o projeto segue o mesmo ciclo PDCA, usando as mesmas ferramentas de medição e análise. Foque os projetos individuais na área de trabalho direta e nas responsabilidades do indivíduo. Esses projetos devem ser mais rápidos do que os de grupo; projetos individuais são muitas vezes completados em questão de horas ou dias. Se o trabalho que está sendo estudado não ocorre em uma base diária ou é altamente complexo, então a duração pode ser mais longa.

Embora o Lean seja um sistema disciplinado, também é criativo. O *kaizen* prepara o terreno para que a criatividade apareça. Os reforços do *kaizen* podem ser tão simples quanto criar um dispositivo com um pedaço de madeira para executar uma operação, delineando as formas das ferramentas em uma placa de madeira, de modo que você possa ver se todas estão no lugar, ou adicionando um guia para alinhar e grampear mais rapidamente uma pilha de papéis.

Lembra do *MacGyver*? Ele foi um personagem de um programa de TV americano de mesmo nome, nos anos 1980. Com um pouco mais do que um pedaço de fio dental, uma lasca de madeira e chicletes, sempre podia criar algo para escapar de uma enrascada onde sempre acabava se enfiando em todo episódio. No nível individual do *kaizen*, use o que está disponível para criar soluções rápidas, simples e criativas.

Projetos de grupo

Os projetos de *kaizen* executados em nível de grupo autodirigido seguem o ciclo PDCA, mas o escopo é normalmente muito mais amplo do que o de projetos executados em nível individual. Os projetos de grupo podem levar semanas ou até mesmo meses. Observar o processo, coletar dados, identificar a forma de desperdício, definir e implementar melhorias, medir os resultados e padronizar o trabalho — tudo isso leva tempo.

Um risco para o sucesso do grupo é o de que a equipe perca interesse, porque o projeto leva muito tempo e não é bem definido. Antes de você deixar a fase Planejar, certifique-se de ter um projeto bem definido. É melhor mover soluções únicas ou simples rapidamente através do ciclo PDCA, assim você mostra progresso e mantém o interesse das pessoas.

Projetos de gerenciamento

Os projetos de gerenciamento normalmente abordam problemas de gerenciamento, processos administrativos, problemas interfuncionais, ou sistemas de processo. Eles tendem a ser técnicos e complexos por natureza. Seus objetivos são:

- Reduzir a burocracia dentro da organização e de seus sistemas.
- Garantir que os sistemas de medição e de negócio suportem um empreendimento Lean.
- Garantir que os requisitos de melhoramento da instalação estejam definidos.

Use forças-tarefa e equipes interfuncionais para conduzir projetos de gerenciamento. Esses projetos seguem o ciclo PDCA, mas podem usar métodos estatísticos e simulações mais avançadas. Certifique-se de incluir as pessoas certas, aquelas que têm o melhor conhecimento funcional de suas áreas e um entendimento do processo como um todo.

Projetos de equipe de trabalho

Uma equipe de trabalho que dedica parte de seu horário de trabalho normal com o *kaizen* pode lidar com um projeto Lean. Uma equipe de trabalho envolve e afeta toda a equipe, não apenas o indivíduo. Os projetos de equipe são normalmente bem definidos, com o gestor ou supervisor aconselhando a equipe, em vez de liderar o projeto.

As reuniões de projeto de equipe seguem o princípio do trabalho padronizado:

- Elas têm uma agenda programada.
- A equipe usa documentos de rastreamento.
- Fotos de antes e depois e gráficos rastreiam o progresso da equipe.
- A equipe se reúne em uma área determinada próxima do espaço de trabalho, *não* em uma sala de conferência.
- Na área de reunião determinada, a equipe exibe dados-chave que ela utiliza na resolução de problemas e nos esforços de melhoramento.

Embora os projetos de trabalho de equipe sejam normalmente maiores e mais envolvidos, ainda seguem o modelo de baixo investimento, pequeno e incremental que os projetos individuais seguem. Além de seguirem também a metodologia PDCA.

Um dos desafios dos projetos de trabalho em equipe é que eles podem perder dinâmica e a equipe ficar desmotivada com o tempo. O trabalho do supervisor é definir objetivos de melhoramento, manter a equipe nos trilhos e celebrar as vitórias. O papel da gestão é manter os supervisores na linha e garantir que os melhoramentos estejam alinhados com a visão de estado ideal da organização.

Kaizen: O Workshop

Uma das maneiras de melhorar rapidamente o fluxo de valor é através do uso do workshop *kaizen*. Também conhecido como um *evento de kaizen* ou *blitz de kaizen*, o *workshop de kaizen* é uma corrida veloz e furiosa através do ciclo PDCA, normalmente em cinco dias ou menos. Durante o workshop *kaizen*, a equipe do projeto foca diretamente em uma área específica para encontrar o *muda*, *mura* e *muri* e removê-los do fluxo de valor. A fonte de desperdício pode ser qualquer coisa — qualidade, comunicações, tempo de transição, organização e assim por diante —

mas, independentemente da fonte, o processo de workshop que você segue e seus objetivos finais são os mesmos.

Para focar corretamente no workshop, a equipe do projeto para completamente o trabalho normal e não produz seus serviços ou produto de costume. Um planejamento avançado é necessário para garantir que você não afete de forma adversa os clientes ou outras áreas dos negócios enquanto os melhoramentos estão acontecendo. As soluções dos workshops de *kaizen* são famosas por exigirem investimento mínimo e renderem grandes benefícios para o fluxo de valor.

A maioria das pessoas pensa em uma área de produção ou manufatura quando pensa em um workshop de *kaizen,* mas lembre-se de que o *kaizen* é para qualquer um em qualquer área de negócio. Uma companhia Lean entendeu que todas as áreas se beneficiam do *kaizen*. Ela até mesmo promoveu um evento de *kaizen* usando os porta-malas dos carros de seus vendedores!

Planejando o workshop kaizen

Para que seu workshop *Kaizen* seja um sucesso, você precisa do escopo de projeto certo e a melhor equipe trabalhando junta em tempo integral, normalmente de três a cinco dias consecutivos. Para que isso dê certo é necessário planejamento. Nessa sessão, nós lhe diremos como fazer um escopo de um projeto Kaizen, selecionar a equipe certa e seguir a agenda do workshop.

Os workshops Kaizen interrompem as operações por alguns dias. Com o planejamento certo isso não deve ser um problema. Coordene com a companhia para ter certeza que você gerou estoque suficiente para atender as entregas aos clientes.

O escopo do workshop

Na maioria dos casos, a equipe possui o VSM de estado atual em mãos. A equipe de workshop também deveria ter métricas de referência estabelecidas antes de começar. Essas, junto com a satisfação do cliente, qualidade e dados operacionais, ajudam a decidir onde focar os esforços de *kaizen*. Se a área nunca experimentou um workshop de *kaizen*, foque primeiramente no 5S.

Conduza os workshops iniciais de *kaizen* dentro ou próximo de onde o trabalho ocorre e foque-os de modo a terem um impacto significante na organização. Os melhores workshops de *kaizen* são aqueles que resolvem um problema insistente (de preferência um problema diretamente relacionado com o cliente) e, de outro modo, fazem com que eles sejam perseguidos para que algo que se acreditava ser impossível seja obtido (como a redução do tempo de preparação de uma máquina de dias para minutos).

Tire fotos de antes e depois ou faça vídeos da área de trabalho ou das condições de trabalho do estado atual, incluindo áreas de escritório. Esses registros mostrarão a você no futuro o quão longe a jornada *kaizen* foi — como fotos de férias!

Equipe de projeto do workshop

A equipe de projeto do workshop de *kaizen* deve ser transfuncional e incluir gestores seniores, o detentor do fluxo de valor, as pessoas que trabalham na área, representantes das funções de suporte, recursos com habilidades técnicas ou de negócios e, normalmente, algumas pessoas de algum outro lugar da companhia que não estão relacionadas com a área.

Você pode se perguntar por que um grupo de trabalho de *kaizen* contém pessoas de áreas não relacionadas. Isso não é uma perda de tempo? A resposta é um ressonante "não!". O papel do membro não relacionado na equipe é fazer as perguntas inocentes e objetivas que fazem a equipe pensar de formas novas. Pessoas de fora também fornecem uma valiosa experiência e perspectiva sobre outras áreas do negócio.

Você pode envolver diretamente o cliente no workshop se o escopo do projeto é apropriado. Ele pode fornecer uma perspectiva única da voz do consumidor (VOC) no momento.

Organizações Lean de sucesso fazem com que os membros da equipe de liderança, senão os próprios diretores executivos, participem ou até mesmo conduzam os workshops de *kaizen* iniciais. Os líderes quase sempre exercem um papel muito ativo no processo de *kaizen*, demonstrando o apoio e comprometimento com a transformação, bem como criando relações com empregados que de outro modo eles não conheceriam. Ao mesmo tempo, os líderes devem "autorizar" a mudança, não ditá-la. Os líderes não têm todas as respostas; o papel deles é "liderar". As pessoas que fazem o produto ou que fornecem o serviço são aquelas que estão mais próximas de saber o que precisa ser feito para eliminar o desperdício. O trabalho do líder é criar uma visão de longo prazo, capacitar os empregados, fazer perguntas e possibilitar a mudança.

O workshop de *kaizen* normalmente dura de três a cinco dias, dependendo do nível de experiência da equipe. Se você possui turnos múltiplos, o *kaizen* deve incluir não apenas um representante de todos os turnos, mas deve também ocorrer durante parte de cada turno. Embora você possa ter padrões, dependendo do nível de disciplina

Parte III: Entendendo Fluxo e Fluxo de Valor

da organização, normalmente descobre que turnos diferentes fazem coisas diferentes.

Uma agenda típica

A agenda do workshop de *kaizen* é prescritiva e deliberada. A Tabela 9-1 mostra um exemplo de agenda, indicando as atividades mais importantes que ocorrem durante o workshop.

Tabela 9-1   O Workshop Kaizen: Uma Agenda Típica

Dia	Tema do Dia	Tópicos e Atividades Abordadas durante o Dia
1	Treinamento	Treinar os conceitos e princípios Lean.
		Criar conexão e interação entre a equipe (construção da equipe).
		Treinar mais sobre *muda*, *mura* e *muri*.
		Revisar o VSM de estado atual.
		Treinar ferramentas de reunião de dados e de melhoramento contínuo.
		Completar métricas pré-*kaizen*.
		Planejar o Dia 2.
2	Análise de estado atual	Analisar o processo atual.
		Pensar em melhorias.
		Desenvolver novos métodos de trabalho.
		Planejar o dia 3.
3	Implementação de processo	Implementar 5S+segurança.
		Simplificar o fluxo.
		Implementar processos de mudança — os participantes colocam a mão na massa.
		Instrução de mudanças.
		Identificar melhoramentos adicionais.
		Dirigir as mudanças na área de trabalho.
		Planejar o Dia 4.

Dia	Tema do Dia	Tópicos e Atividades Abordadas durante o Dia
4	Observe e refine	Validar os melhoramentos do Dia 3.
		Verificar o ritmo geral da produção.
		Refinar os melhoramentos.
		Estabelecer o trabalho padronizado.
		Planejar o dia 5.
5	Sustente e celebre	Estabelecer controles visuais.
		Completar todas tarefas de acordo com os padrões.
		Estabelecer um plano de acompanhamento.
		Completar as métricas pós-*kaizen*.
		Apresentar os resultados e comemorar.

Conduzindo o workshop kaizen

Depois que seus planos estiverem definidos, é hora do show. Os membros da equipe trabalham duro durante o workshop, fazendo tarefas que não estão normalmente em suas descrições de cargo e fazendo muitos melhoramentos para o fluxo de valor em um período curto. Nesta seção, diremos a você que atividades esperar e o lembraremos de comemorar seu sucesso.

Atividades de workshop

Você alguma vez já assistiu a um daqueles programas de TV que ensinam as pessoas a fazerem melhorias em suas casas, onde os proprietários, com a ajuda de uma equipe de design, remodelam um quarto em uma casa em um final de semana? Ou um programa de organização, onde eles pegam alguns quartos abarrotados e bagunçados e fazem os donos se livrarem de 90% do que tem lá dentro? Quer eles se deem conta disso ou não, esses programas estão promovendo eventos de *kaizen* nas casas dessas pessoas. Estão implementando o 5S (utilização, organização, limpeza, padronização e disciplina). Eles trabalham longas horas em um curto período de tempo e, no final do programa, há uma completa e maravilhosa transformação.

Normalmente, o designer ou o apresentador do programa pergunta ao dono da casa: "O que não está dando certo neste espaço?" Então eles criam um plano para abordar aqueles problemas. Nesse caso, o proprietário da casa é o cliente; no caso de um cenário de trabalho, você tem os dados do cliente que respondem à pergunta sobre o que não está funcionando naquele espaço. Poderia estar relacionado com o novo negócio. Não importa qual seja o foco, você como um membro da equipe arregaçará as mangas, sujará as mãos, trabalhará por várias horas e fará um trabalho totalmente diferente daquele que faz diariamente!

Se o objetivo do workshop é liberar espaço de fábrica, então você retirará coisas desnecessárias como estoque, ferramentas, caixas e coisas que já não cabem em casa. A equipe cria um novo fluxo de processo e rearranja o equipamento conforme necessário. Quando o espaço é liberado, crie um cordão de isolamento para protegê-lo.

Muitas vezes, múltiplos workshops *kaizen* criarão pequenos espaços, mas não necessariamente espaços utilizáveis. Você precisa de um plano geral para que a instalação coordene os workshops *kaizen* para liberação de espaço.

Uma companhia automotiva recebeu um novo trabalho em uma fábrica que já está lotada. Através da implementação de múltiplos workshops coordenados, ela foi capaz de criar um espaço utilizável. Depois de um período de seis semanas, o cliente não foi impactado de nenhuma forma, ainda que 39 áreas de trabalho tenham sido transformadas dentro de seis semanas para criar 5.500m^2 de espaço utilizável. Todas as equipes que participaram do *kaizen* sabiam que aquele espaço livre era necessário para o novo negócio — o que precisava acontecer e por que precisava acontecer. A coordenação entre as equipes trabalhando em direção a um objetivo comum foi a chave para o sucesso.

Se o objetivo do workshop é aumentar o tempo de operação do equipamento, então a equipe irá normalmente limpar o equipamento. Se for apropriado, a equipe pode pintar o equipamento com uma cor clara. Se, por exemplo, a equipe está trabalhando em uma prensa de estampagem, a nova cor fornece uma superfície limpa para que todos vejam quaisquer vazamentos ou outros problemas. Eles usam dados de manutenção e o histórico do equipamento para investigar os problemas. Podem examinar a disponibilidade de peças de reposição no estoque. Eles estabelecem um novo padrão de manutenção preventiva. Ao final do workshop, uma transformação real ocorrerá.

Celebre a vitória!

Ao final do workshop, você pode não reconhecer a área! A equipe estará altamente motivada. Durante alguns dias, eles terão incorporado muitas mudanças e normalmente alguns itens permanecerão em aberto. O plano de acompanhamento permitirá que a equipe garanta o fechamento de todos os itens. Procure fechar todos dentro de 30 dias após o workshop.

Se o *kaizen* é parte de um esforço coordenado, como no exemplo da fábrica de carros, então não apenas comemore o sucesso de cada passo dado, mas celebre também com todos quando eles alcançarem o objetivo coletivo.

Sustentando os ganhos do workshop kaizen

Depois que o workshop está completo, um dos passos mais importantes deve ser dado: mudar os padrões para incluir as mudanças. Muitas vezes, as equipes omitem esse passo vital, fazendo com que os ganhos tenham uma curta duração e muitos dos benefícios sejam perdidos. O supervisor é responsável por garantir que os empregados estejam seguindo os padrões. Cada empregado é responsável por executar os novos padrões. Desenvolva essa responsabilidade compartilhada durante o workshop.

Se liberar espaço de fábrica era o objetivo, então considere construir uma barreira ao redor do novo espaço. Coloque um aviso na área comunicando porque a área foi liberada. Monitore a área para garantir que itens "misteriosos" não apareçam de repente para ocupar o ganho de espaço. Se você não for diligente, o espaço será ocupado novamente.

Estabeleça pontos de verificação regulares, semanal ou mensalmente (7, 30, 60 e 90 dias) de modo que todos possam ter certeza de que as mudanças estão funcionando em um ambiente diário regular, assim como designado. Programe revisões com os gestores (de preferência conduzidas na área de trabalho melhorada!), particularmente se você precisa delas para fornecer recursos. Quando todos os itens estiverem completos, conduza uma sessão de revisão final de quais resultados foram alcançados e que lições foram aprendidas e podem ser alavancadas para outras áreas do negócio. Você alcançou os objetivos estabelecidos no início do *kaizen*? Essa comunicação é vital para assegurar o suporte da gestão com relação à sustentação dos melhoramentos e à consolidação do comprometimento na realização de outros workshops *kaizen*.

Os workshops *kaizen* são poderosos — tão poderosos que algumas organizações os estão usando como única abordagem do *kaizen*. Tenha cuidado para não se limitar dessa forma: isso irá relegar o Lean como um "programa especial" e limitar o sucesso. Para sustentar a prática do *kaizen*, use-o como forma de fazer negócio.

Parte IV
A Caixa de Ferramentas do Lean

A 5ª Onda
Por Rich Tennant

Nesta parte...

Você desenvolve o estilo de vida Lean para seu negócio com ferramentas que facilitam a compreensão do cliente, o valor, o fluxo, o pull, a perfeição e a liderança. Nesta parte, falamos sobre as ferramentas da caixa de utilidades do Lean e como melhor aplicá-las em sua jornada Lean.

Capítulo 10

Ferramentas de Fluxo de Valor e Cliente

. . . .

Neste Capítulo

▷ Analisando ferramentas focadas no cliente

▷ Usando ferramentas de fluxo de valor

▷ Trabalhando com ferramentas de processo básico

. . . .

*N*ão importa onde você trabalha ou joga, ter as ferramentas certas para o trabalho é importante. Imagine tentar jogar uma partida de golfe com um bastão de hóquei, ou escalar uma montanha com chinelos de dedo. Você não conseguiria. Para maximizar sua performance e seus resultados, você obteria as "ferramentas" certas para o trabalho, seja ele uma partida de golf, a escalada de uma montanha, ou uma transformação Lean.

Neste capítulo, apresentamos as ferramentas Lean usadas para entender o cliente e o fluxo de valor. Com essas ferramentas, você pode capturar as necessidades e desejos de seus clientes, avaliar o fluxo de valor e trabalhar com dados básicos. Junto com as ferramentas de fluxo e pull descritas no Capítulo 13, essas ferramentas são parte da caixa de ferramentas geral do Lean. Você precisa de todas elas para apoiar as práticas do Lean.

Comunicando-se com o Cliente

Em qualquer negócio, entender realmente quem é o cliente e o que o define é vital — mas isso é particularmente um fato para qualquer um que está embarcando em uma jornada Lean, porque o Lean tem tudo a ver com entregar o que o cliente valoriza. As ferramentas nesta seção ajudarão você a capturar a voz do cliente, entender as necessidades dele *versus* seus desejos e avaliar o mercado competitivo.

Capturando a voz do cliente

Não basta saber apenas o que o cliente quer; é preciso traduzir essa informação para uma linguagem que as várias partes da organização possam entender — e usar. A *casa da qualidade* é uma das principais ferramentas da implantação da função de qualidade (QFD), é a ferramenta mais eficaz e popular para se fazer essa tradução. A casa da qualidade, na verdade, fica mais como um *bairro* da qualidade no momento em que você o termina! Cada matriz define a relação entre o que você está tentando alcançar com o modo como irá fazê-lo. A Figura 10-1 mostra o inter-relacionamento das casas de qualidade, representado aqui:

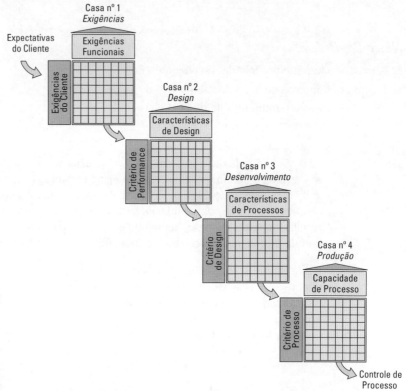

Figura 10-1: As relações entre as quatro casas da qualidade.

✔ A primeira casa traduz a voz do cliente (VOC) para exigências funcionais.

✔ A segunda casa traduz as exigências funcionais em exigências de design de produto. Em um ambiente de serviço, ela traduz exigências funcionais em exigências de design de serviço.

Capítulo 10: Ferramentas de Fluxo de Valor e Cliente

✔ A terceira casa traduz exigências de design de produto em exigências de design de processo; em um ambiente de serviço, as exigências de design de serviço são traduzidas para exigências de design de processo.

✔ A quarta casa traduz as exigências de design de processo para exigências de controle de processo.

Você reúne a VCO através de todos os meios, incluindo entrevistas com os clientes, grupos de discussão, entrevistas pessoais, clínicas de produto, serviço ao cliente e dados de garantia, ou relatórios de terceiras partes. As equipes multifuncionais trabalham juntas para construir as várias casas. Ter o marketing envolvido na quarta casa é tão importante quanto ter a produção envolvida na primeira casa — eles completam a figura. É trabalho do marketing se certificar de que a voz do cliente esteja sendo adequadamente traduzida para uma linguagem técnica, mas é trabalho de todos entender o cliente e o modo como todos impactam na satisfação do mesmo.

No interior da casa da qualidade está uma série de matrizes. A Figura 10-2 mostra o piso interno da casa da qualidade. Você constrói da esquerda para a direita. Os círculos preenchidos indicam uma forte relação; os círculos vazios, uma relação moderada; e os triângulos, uma relação fraca.

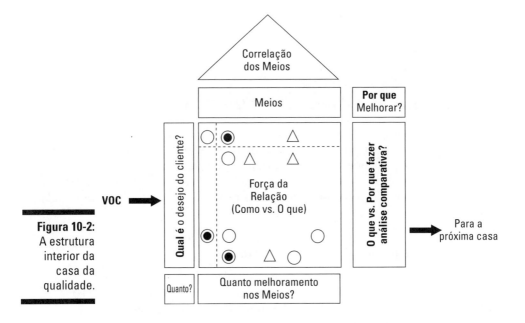

Figura 10-2: A estrutura interior da casa da qualidade.

Entendendo a satisfação do cliente

O modelo de Kano é um modo de diferenciar as exigências do cliente em necessidades, desejos e atrativos extras (ou, em inglês, "delighters" - veja mais no Capítulo 6). Quando você está capturando a VOC, o cliente pode não deixar explícito todas as exigências — ou suas oportunidades para o valor de cliente. O modelo de Kano fornece a você uma maneira de entender o cliente. (Veja o Capítulo 6 para mais informações sobre o modelo de Kano.) A Tabela 10-1 mostra um exemplo de dados para o modelo de Kano.

Tabela 10-1	Exemplo do Modelo de Kano		
Item	**Necessidades (exigências esperadas)**	**Desejos (exigências unidimensionais)**	**Atrativos (Exigências não esperadas)**
Quarto de hotel	Cama	Não fumantes	Wi-Fi gratuito no quarto
	Televisão	Cama King-size	
			Cafeteira
	Limpeza	Localização específica do quarto	
	Segurança		Água mineral engarrafada
		Lençóis limpos à disposição	
			Menu de travesseiro

Mensurando a competição

Análise comparativa (em inglês, "benchmarking") é o processo utilizado para comparar seus produtos, processo ou serviços, normalmente com os competidores diretos. Você deve se comparar com o melhor do mundo em um dado segmento ou atividade: você pode não ser um varejista, mas pode comparar seu atendimento ao cliente com a altamente valorizada Apple Store ou Nordstrom's — e deveria!

Os passos da análise comparativa

Indivíduos ou equipes, dependendo do escopo do estudo, fazem análises comparativas. É importante que as pessoas envolvidas no estudo tenham habilidades práticas e técnicas para serem capazes de entender a informação completamente e usar os dados da forma adequada.

Capítulo 10: Ferramentas de Fluxo de Valor e Cliente

O primeiro passo da análise comparativa é identificar o que se está avaliando (que são as características-chave da atividade, produto, ou serviço). Então você faz suas comparações com os competidores diretos e com o melhor do mundo naquela característica em particular. Baseado nessas comparações, você avalia como trabalhar, identificar falhas e, então, pensa em ideias sobre como sanar as falhas. Você talvez tente copiar diretamente e incorporar seus achados em seu processo. Ou poderia criar formas para adaptar as ideias deles. Ou sua equipe poderia inovar para tentar superar o padrão do mercado.

A análise comparativa não é um processo executado uma única vez. O mercado está sempre mudando e seus competidores estão sempre em busca de desbancar o líder do mercado. Pense nas equipes esportivas — de um modo geral, elas estão sempre competindo pela primeira posição, bem como pelas áreas-chave de desempenho. Ao analisar essas áreas de desempenho e então fazer ajustes nos processos de treinamento, lista de jogadores e estratégias, os treinadores ao redor do mundo lutam para serem os melhores em sua área.

A análise comparativa em ação

Em nenhum outro lugar a análise comparativa é tão aparente quanto na Copa do Mundo. Uma vez a cada quatro anos, o mundo para a fim de assistir aos melhores times do mundo disputarem o título de melhor dos melhores. Houve uma época em que o Brasil se posicionava como líder imbatível. De uns anos para cá, com a redução no número de vitórias, sua reputação foi afetada. Porém, mesmo nem sempre vencedora, a seleção brasileira ainda figura no topo da lista de muitos amantes do futebol.

Nos dois anos que precedem as copas, partidas eliminatórias são disputadas para selecionar os participantes. Nesse período, todos os treinadores — das pequenas ilhas caribenhas até os tradicionais gigantes do Brasil, Holanda, Espanha, Alemanha e Itália — estão analisando seu jogo e ajustando suas estratégias na esperança de classificarem seus times para a Copa. A Tabela 10-2 mostra métricas-chave padrão, de cinco partidas de amostra, usadas para avaliar a performance do time.

Parte IV: A Caixa de Ferramentas do Lean

Tabela 10-2	Exemplo de Análise Comparativa					
Métrica	*Análise comparativa*	*Sua Equipe*				
	Brasil	Espanha	Holanda	Alemanha	Uruguai	Equipe Para Leigos
Média de posse de bola por partida (em minutos)	56%	58%	52%	51%	46%	42%
Média de gols por partida	1,80	1,14	1,71	2,29	1,57	0,67
Média de gols feitos pelo adversário por partida	0,8	0,29	0,86	0,571	1,14	1,67
Total de chutes a gol	89	121	93	102	102	69
Média de faltas cometidas por partida	1,8	1,14	3,28	1,57	1,57	3,86
Total de cartões amarelos por partida	8	8	22	12	10	25
Total de cartões vermelhos por partida	1	0	0	0	1	2

O processo de análise comparativa não termina aqui. O treinador e a equipe precisam fazer algo com os dados para criar alguma mudança, melhorar as habilidades e modificar a estratégia. No caso da equipe Para Leigos, estes são os passos gerais que você deveria seguir e repetir continuamente:

1. **Estabelecer objetivos de desempenho para a equipe.**

2. **Estudar a competição (filmagens de partidas, posicionamento dos jogadores, ou métodos de treinamento).**

Capítulo 10: Ferramentas de Fluxo de Valor e Cliente 225

3. Pensar em ideias aprimoradoras.
4. Criar e implementar um plano de jogo.
5. Avaliar o desempenho depois de um certo período de tempo.

A estratégia geral abordaria os fundamentos de corrida e toque de bola, como e onde os jogadores são posicionados no campo, selecionar os jogadores titulares e suas funções dentro de campo. O plano detalhado de jogo talvez inclua treinos para melhorar as jogadas de bola parada, sessões de treinamento na altitude ou em níveis superiores de umidade para criar resistência em condições reais de jogo, ou fazer testes com diferentes jogadores em diferentes posições. A análise comparativa fornece uma base e uma direção para o melhoramento.

Ao fazer uma análise comparativa da competição, você avalia não apenas o desempenho geral, mas também o desempenho das partes. A indústria automotiva tem usado por anos as *salas de desmontagem*. Dentro da sala fica uma coleção de veículos da montadora ao lado de veículos da concorrência. Normalmente, um veículo inteiro é estacionado em frente a mesas repletas de componentes desmontados do mesmo modelo. Representantes de várias áreas funcionais gastam horas avaliando as peças em si no contexto geral do veículo, com o intuito de planejar a próxima iteração do produto ou obter ideias que ajudarão a resolver problemas recorrentes. As salas de desmontagem são uma estratégia eficaz se sua companhia seja baseada em produtos.

Trabalhando com o Fluxo de Valor

As ferramentas relacionadas com o cliente o ajudam a entender o que seu cliente quer. O fluxo de valor é como você fornece bens e serviços que atendam a essas necessidades. Os Capítulos 7 e 8 o ajudam a compreender como analisar o fluxo de valor — através do mapeamento do fluxo de valor. As ferramentas apresentadas aqui são suplementares ao mapa de fluxo de valor.

Quantificando o fluxo de valor

Ao quantificar o fluxo de valor, três ferramentas de medição são muito úteis: tempo takt, quadros de ponto e tempo de espera.

Tempo takt

O tempo takt define o ritmo do fluxo de valor baseado no ritmo de demanda do cliente. O tempo takt é o tempo total líquido de operação diária dividido pelo total de demanda diária do cliente. (Você encontra mais informações sobre tempo takt no Capítulo 7.)

Quadros de pontos

Os quadros de ponto do Lean — como o placar de um jogo de futebol — resumem e acompanham as métricas-chave de desempenho. A Tabela 10-3 é um exemplo de um quadro de pontos. (Nós discutimos sobre os quadros de ponto em detalhes no Capítulo 7.)

Tabela 10-3   Um Exemplo de um Quadro de Pontos

Métrica	Estado Atual	Estado Ideal
Média total de tempo com valor agregado	40,4 minutos	37,2 minutos
Média total de tempo sem valor agregado	746,6 minutos	0 minuto
Média total de tempo de entrega	787 minutos	37,2 minutos
Tempo de transição, entre tipos	10 minutos	1 minuto
Ciclo de tempo real	113 segundos	54 segundos
Tempo takt, segundos	54 segundos	54 segundos

Tempo de entrega

Tempo de entrega é o tempo decorrido entre o passo inicial e o transporte para o cliente (por exemplo, quando você faz uma compra online, o tempo de entrega corresponde ao intervalo de tempo entre o recebimento do pedido até o transporte do mesmo). Entender o tempo de entrega e a porcentagem do tempo de valor agregado de um processo é crítico no Lean. Embora essa informação seja exibida no mapa de fluxo de valor, as equipes muitas vezes usam um gráfico de redução de tempo de entrega para considerar apenas esse problema.

O gráfico de redução do tempo de espera é um diagrama de escada simples. O gráfico é construído de cima para baixo em uma folha de papel. O início do processo está no topo da folha. Os passos são listados em sequência, com atividades sem valor agregado do lado esquerdo e atividades de valor agregado do lado direito. *Desenhe as caixas em proporção ao tempo*, representando visualmente a porcentagem de tempo de valor agregado e valor não agregado. A Figura 10-3 mostra um exemplo de gráfico de redução de tempo de entrega.

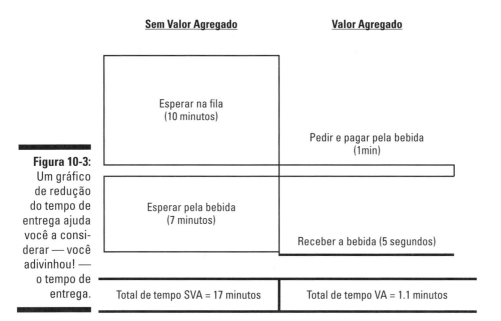

Figura 10-3: Um gráfico de redução do tempo de entrega ajuda você a considerar — você adivinhou! — o tempo de entrega.

Depois de criar o gráfico de redução do tempo de entrega, você trabalha para eliminar as atividades sem valor agregado e minimizar o tempo exigido para aquelas de valor agregado.

Dando uma de Sherlock: Investigando o fluxo de valor

Os detetives aprendem desde cedo a importância de se fazer as perguntas certas. Você começa cobrindo todos os conceitos básicos e, então, mergulha mais fundo para descobrir a verdade. Ao analisar o fluxo de valor, seja o melhor na arte da investigação. Nas seções a seguir, mostramos como.

As 6 perguntas

Quem, o quê, por quê, quando, onde e como. Parece bastante simples. Ainda que, de tempos em tempos, as equipes não tenham paciência suficiente para procurar pelas respostas verdadeiras para essas questões ao analisarem o fluxo de valor. Fazer aquelas perguntas-chave é meio caminho andado; a outra metade é realmente ouvir a resposta. Depois de ouvir, faça perguntas esclarecedoras para garantir que você entende de verdade o que está acontecendo no fluxo de valor e por que aquilo está acontecendo.

Esta ferramenta é útil em muitos cenários dentro do Lean, esteja você melhorando proativamente uma situação ou resolvendo problemas de modo reativo.

O Lean é uma metodologia focada nas pessoas. "Quem?" é uma das perguntas, mas não é a primeira nem a única. Apontar a culpa *não* é o nome do jogo no Lean.

Gastar três, quatro, ou até mesmo cinco dias observando um processo não é incomum. Deixe o processo "falar" com você. Você está procurando por desperdício — *muda*, *muri* e *mura*. (Veja o Capítulo 2.) E pode até não localizar exemplos de cada um deles já de início, mas, com o tempo certo, existem grandes possibilidades de que os encontre.

Diagramas de espaguete

Os *diagramas de espaguete*, também conhecidos como *diagramas de layout*, são muito úteis quando se está analisando o fluxo do tráfego ou o movimento de pessoas e produtos. Pense na última vez em que perdeu algo em sua casa. Se você criou um diagrama de espaguete daquela busca alucinante por aquele papel importante ou aquele molho de chaves, ele ficaria como a Figura 10-4.

Você acha que esse exemplo é muito exagerado? A maioria dos diagramas de espaguete é pior. As pessoas não se dão conta de quanta viagem e movimentação são desperdiçadas. Todos os dias, as pessoas procuram por ferramentas, informação e peças — particularmente no início do Lean, antes de os padrões serem implementados e reforçados. No início, apenas mapear o movimento é suficiente para mostrar um lugar por onde começar. À medida que você progride, pode adicionar mais detalhes, como a distância percorrida ou o esforço envolvido.

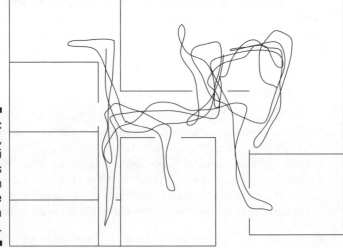

Figura 10-4: Onde, diabos, eu coloquei minhas chaves? Um exemplo de um diagrama de espaguete.

Capítulo 10: Ferramentas de Fluxo de Valor e Cliente

Os diagramas de espaguete são simples de serem feitos e muito reveladores. No Capítulo 16, você encontra um caso onde a equipe usou diagramas de espaguete ao analisar o layout de um laboratório em um hospital. Eis aqui como criar e usar um desses diagramas:

1. **Obtenha o layout ou a planta baixa da área.**
2. **Escolha o objeto a ser seguido.** Esse objeto pode ser um material, informação ou pessoas.
3. **Registre cada movimento do alvo até que ele pare.**
4. **Quando o diagrama estiver terminado, pense em meios de eliminar a movimentação excessiva.**
5. **Aprimore o processo ou o design do trabalho para eliminar o excesso de movimentação.**

Você pode querer fazer isso durante um evento de *kaizen*.

Os diagramas de espaguete são ferramentas importantes para tecnólogos de informação. Os diagramas de dados e redes podem revelar desperdícios no fluxo do processamento de informação — tanto no nível lógico quanto no nível da implementação física.

Usar cores pode lhe proporcionar um insight adicional ao observar os diagramas de espaguete. Se estiver rastreando componentes e conjuntos, pode usar certas cores para os componentes e outras para os conjuntos. Caso esteja mapeando uma equipe de trabalho, pode usar uma cor para cada membro da equipe ou função de trabalho. Você pode ver coisas — por exemplo, como peças foram parar no lugar errado e onde as pessoas estão se trombando e se esbarrando. Essa informação adicional permitirá que você crie soluções melhores e um ambiente de trabalho mais seguro.

À Frente da Curva — Usando 3P

O impacto que você pode causar no fluxo de valor antes de implementar o processo inicial é muito maior do que o resultante dos ajustes em um processo já existente. A metodologia 3P (Preparação do Processo de Produção) permite evitar desperdícios no processo antes de comprar o primeiro equipamento ou localizar a primeira estação de trabalho. Em estágios iniciais de design de produto ou produção, você reúne uma equipe multidisciplinar para criar o processo mais eficaz que atenda à voz das exigências do cliente. Você também pode aplicar o 3P na realocação de projetos ou recriação de produtos.

Aqui estão os passos básicos do 3P:

1. **Identifique as necessidades do processo ou do produto.** Use os dados do QFD, protótipos de produto, informações de marketing, ou qualquer outro dado que seja fundamental para ajudá-lo a entender as exigências do cliente.

2. **Crie um diagrama das exigências.** Use um diagrama de espinha de peixe (veja o Capítulo 12) ou outra ferramenta gráfica, de modo que possa entender as exigências por meio de termos básicos ou palavras-chave.

Resumir as exigências principais em uma descrição mais básica possível estimulará sua criatividade. Por exemplo, pense na diferença entre "conter o líquido" (básico) *versus* "encher a garrafa de água" (específico).

3. **Avalie a natureza em busca de inspiração.** Sua equipe já identificou onde na natureza suas funções ocorrem? Depois que tiver identificado exemplos e entendido a essência do que ocorre no mundo natural, você pode traduzir como os exemplos naturais se aplicam à sua situação. Procure por simplicidade. Por exemplo, se você precisa mover um grande grupo de pessoas, pode olhar como as formigas, bandos de pássaros ou rebanhos de gado se movem em grupos grandes, em busca de inspiração.

4. **Identifique alternativas de design.** Sua equipe será subdividida em equipes menores para desenvolver alternativas de produto/processo baseadas nas ideias encontradas no Passo 3. O objetivo é encontrar a solução mais simples, flexível e de menor porte para atender às necessidades do cliente.

Sete é seu número mágico. Crie sete alternativas de design antes de selecionar uma para seguir em frente. Seis é muito pouco para aproveitar a criatividade coletiva da equipe e oito é demais.

5. **Crie protótipos e modelos.** Cartolina, isopor, fita adesiva e velcro são seus amigos durante essa fase do processo. Crie, revise e refine os protótipos até obter um processo que atenda a todas as exigências do cliente. Identifique uma solução Lean para levar consigo no processo. Você pode querer também usar uma simulação e ferramentas de realidade virtual.

6. **Conduza uma revisão de design com o pessoal chave, incluindo a equipe de design original.** Revise a solução de design vigente com a equipe multidisciplinar para garantir que, com a solução, está atendendo a todas as exigências do cliente.

7. **Implemente a solução de design.** Depois que a equipe tiver selecionado a solução para seguir adiante, crie o plano de implementação. Inclua o líder do projeto, os recursos, o cronograma, a atribuição de responsabilidade e o processo em seu plano

Capítulo 10: Ferramentas de Fluxo de Valor e Cliente

O 3P é aplicado normalmente na manufatura de produtos. Se você procurar na internet por exemplos de 3P, encontrará uma ampla variedade de aplicações. Nos sistemas de saúde, encontrará aplicações no design de lugares como farmácias de hospitais e unidades de terapia intensiva. O traço em comum está em reunir as pessoas que têm que interagir e viver com o ambiente, processo e produtos todos os dias, de modo que possam fornecer informações durante a fase de design — antes de a primeira máquina, mesa, computador ou balcão ser instalado. Esse processo leva a um aumento da satisfação do cliente, redução de custos, pessoas comprometidas e processos melhorados desde o início.

A Figura 10-5 mostra um gráfico da visão geral da metodologia 3P.

Objetivos do 3P:

- Desenvolver produtos para a produção Lean
- Incorporar sistema à prova de erros e Just-In-Time
- Garantir a capacidade do processo e o tempo de ciclo
- Incorporar qualidade ao sistema

Figura 10-5: Visão geral da metodologia 3P.

Trabalhando com Ferramentas de Software

Os profissionais do Lean debatem se a melhor forma de reunir dados e criar gráficos iniciais em um ambiente de equipe é à mão ou por meio do computador. Ao trabalhar em equipe para estabelecer as análises e fluxos de valor iniciais, muitas pessoas veem mais facilidade em engajar a todos usando métodos manuais simples: lousas brancas, desenhos em papel e até mesmo notas autoadesivas. Em nível de empreendimento ou em qualquer ambiente que disponha de sistemas, a maioria das equipes hoje mantém os dados e as análises por meio de ferramentas de software depois

232   Parte IV: A Caixa de Ferramentas do Lean

da criação inicial. Várias plataformas de software existem para auxiliar na criação de mapas de fluxo de valor, casas da qualidade e gráficos de análise de dados.

Os profissionais do Lean usam tanto programas especializados quanto de uso geral. Programas como o Visio permitem que você crie rapidamente diagramas de espaguete, setas e similares. Ferramentas como o Lean View possuem a capacidade de mapeamento do fluxo de valor enquanto que softwares de arquitetura empresarial, como o ARIS, permitem que você produza VSMs e os conecte aos fluxos de processo, gráficos organizacionais, sistemas, métricas, aplicações e dados. O QFD/Capture é um dos pacotes mais conhecidos. Na internet, você também consegue encontrar modelos que funcionam no Excel para tudo, desde uma casa da qualidade até diagramas de espaguete. (Veja o Capítulo 19 para outros locais de assistência.) Veja o Capítulo 12 para obter informações adicionais sobre ferramentas de software usadas no suporte aos métodos Lean.

Capítulo 11

Ferramentas de Fluxo e Pull

Neste Capítulo

▶ Prevenindo interrupções no fluxo
▶ Organizando o processo para o fluxo
▶ Orquestrando o fluxo de material

Os fundamentos do Lean incluem os conceitos de fluxo no fluxo de valor e o pull de cada cliente através do fluxo de valor; as ferramentas do Lean o ajudam a implementar essas técnicas de fluxo e pull. Use-as ferramentas para definir o ritmo do sistema e eliminar restrições ou obstruções do fluxo. Comece com as ferramentas de fluxo. Aplicá-las primeiramente exclui as barreiras e dá a você uma fundação sólida sobre quais ferramentas de pull podem ser utilizadas para criar um sistema pull baseado no *kanban*.

Juntas as ferramentas de fluxo de valor e de cliente no Capítulo 10, as ferramentas de perfeição do Capítulo 12 e as ferramentas de gestão do Capítulo 13, compõem toda a caixa de utilidades do Lean. Você precisa de todas as ferramentas para suportar as práticas do Lean. Para manter o equilíbrio do sistema, você deve usar todo o instrumental disponível no Lean.

Uma tentativa de implementação do Lean pode falhar se sua organização tenta implementar uma ferramenta isoladamente ou no momento errado (isso tem acontecido particularmente com ferramentas de pull). Você não pode usar uma ferramenta Lean como o *kanban* e esperar obter um amplo sucesso; seria como tentar construir uma casa usando apenas um martelo. É necessário olhar para o seu sistema como um todo. Por exemplo, um sistema contaminado por defeitos ou falhas nos equipamentos nunca será capaz de produzir de acordo com um sinal pull em um determinado tempo takt. Por essa razão, o sucesso exige que você use todas as ferramentas, siga os princípios e aplique as filosofias do Lean. Nada de escolha seletiva!

Fluxo

Você pode ver o poder do fluxo por toda a sua volta. O tráfego flui — a menos que esteja em horário de pico, quando a demanda excede a capacidade do sistema viário, ou alguém cometa um erro e cause um acidente. A música flui — à medida que os músicos tocam juntos em um tempo definido. Se um músico se adianta ou se atrasa, o fluxo poderia ser interrompido e a interrupção é a diferença entre beleza e cacofonia. Em nossos corpos, o sangue flui como uma força de vida; e nós sabemos que uma obstrução pode ser debilitante — até mesmo fatal.

Em cada um desses exemplos, percebe-se como o fluxo perfeito atinge o objetivo, mas também o que acontece quando é interrompido. No Lean, eliminar o desperdício é eliminar as obstruções do fluxo — de pessoas, produtos, serviços, informações ou materiais. É fácil se dar conta de que o fluxo depende de todos os elementos de um sistema trabalhando em conjunto. Quando uma parte do sistema não está funcionando corretamente, não haverá fluxo. Quando todas as partes estão trabalhando juntas, o fluxo acontece.

Acalmando as águas — 5S[1] (mais um)

Para estabelecer o fluxo de forma ordenada, comece com o 5S — a prática de eliminar o desperdício organizando o local de trabalho, limpando, padronizando e disciplinando. Note que muitas organizações adicionaram recentemente um *S* adicional ao 5 original: *S* de *segurança*, então às vezes você o ouvirá ser chamado de 6S, embora o 5S seja o termo historicamente usado.

O 5S é simples, prático e é uma forma de organizar sua ação. Você implementa o 5S em duas fases. Fase 1: livre-se de todo o lixo! Pare de contorná-lo. Fase 2: criar um sistema de modo que haja um lugar para tudo e que tudo permaneça em seu lugar. É fundamental para essas duas fases que a segurança das pessoas seja garantida através de um layout e design eficazes.

A menos que você tenha uma instalação pequena, não tente abordá-la toda de uma só vez. Isso sobrecarregará a todos e haverá o risco de não eliminar de fato os itens, mas apenas arrastá-los de um lado para o outro. Antes de começar o processo 5S, determine os limites da área que você está abordando.

---

[1] Do original em japonês: seiri, seiton, seisô, seiketsu e shitsuke.

Os cinco passos do processo 5S são:

1. **Separar.**

    Divida todos os itens na área de trabalho em três categorias:

    - **Reter:** Retenha todos os itens que são essenciais para o funcionamento da área de trabalho. Esses itens fazem parte de dois grupos principais: uso regular e uso ocasional.

    - **Devolver:** Devolva quaisquer itens que pertençam a outro departamento, local, fornecedor, cliente ou vizinho.

    - **Livrar-se:** Livre a área de todos os outros itens. Mova-os fisicamente direto para a lixeira ou para as caçambas de entulho, para serem descartados, ou para uma área de disponibilização para descarte imediato. Note que qualquer item localizado na zona de disponibilização deve ser identificado com informações claras sobre o descarte.

Isole os itens de *descarte* dos outros. Etiquetas vermelhas são particularmente úteis para itens que a equipe deseja jogar fora, mas que precisam de algum tipo de autorização prévia. A etiqueta deve incluir a data em que o item foi movido para a área, informações de contato da pessoa que o descartou, o tipo de descarte desejado e os setores funcionais que precisam concordar com o descarte. Como regra, nenhum item marcado para descarte deve permanecer em uma área de disponibilização por mais de 48 horas.

Aplique a técnica "separar" à sua informação também. É fácil criar múltiplos arquivos múltiplos em múltiplos locais; esses estoques em excesso podem potencialmente levar a erros e confusão. Delete quaisquer arquivos obsoletos ou duplicados ou mensagens de e-mail. É claro, os backups são uma boa prática, mas eles ainda são *muda* Tipo 1. (Veja o Capítulo 2.)

2. **Organizar.**

    Encontre um lugar para tudo e coloque tudo em seu lugar. Mova os itens que são sempre necessários para o local onde são utilizados. Estabeleça e delineie o local padrão para cada item. Etiquete tudo. Torne todo o processo visual. Melhor ainda, torne-o sensorial. Mova aqueles itens que você não usa frequentemente para um local padrão, próximo da área — mas não um local que perturbará o fluxo. Crie um padrão para as cores que você usa em sua instalação. Por exemplo, você pode escolher amarelo para indicar corredores, verde para estações de segurança, vermelho para riscos e assim por diante.

3. Limpar.

Limpe toda a área. Esteja você em um escritório, uma cozinha, ou uma fábrica, isso significa limpar profundamente *tudo*! Se a área ou o equipamento precisa de uma nova pintura, pegue os pincéis e os rolos. E a limpeza é trabalho de todos — não apenas do zelador ou do pintor. Esse passo é importante por várias razões:

- As pessoas que trabalham em uma área limpa tendem a ter uma atitude mais positiva e a serem mais produtivas.

- Quando todos limpam, todos têm uma mentalidade limpa.

- O equipamento de limpeza ajuda você a detectar vazamentos e problemas com o equipamento com mais rapidez.

- Áreas limpas e organizadas tornam o ambiente mais seguro.

4. Sistematizar.

Agora que você já partiu para o trabalho de limpeza da área uma vez, estabeleça os cronogramas e sistemas para manter a área regularmente, do mesmo jeito que ela estava no dia seguinte à limpeza.

5. Padronizar.

Transforme o evento único no modo como você faz negócio. Esse passo é o mais difícil, porque você está criando novos hábitos e níveis de expectativas de desempenho. Formar novos hábitos exige esforço constante e tempo, antes que se tornem padrão.

6. Segurança: *o sexto S*.

A segurança é fundamental na construção do respeito pelas pessoas; ter um ambiente seguro também cria um senso de negócio, porque milhões de dólares são perdidos todos os dias devido a acidentes relacionados a condições de trabalho, ferimentos e restrições médicas. Muitas organizações grandes têm como objetivo de seu plano de negócio não ter nenhum tipo de acidente. Ao avaliar uma área de trabalho independentemente do que ela seja, isto é, se a área é uma linha de produção, um escritório ou um supermercado, garanta a segurança de todas as pessoas — isso é um bom negócio. Avalie áreas em busca de risco de tropeços, equipamento exposto, riscos de derramamento, fios no chão, objetos pontiagudos, problemas elétricos e qualquer outra condição que possa causar acidentes ou ferir as pessoas que estão interagindo com o espaço. Encontre maneiras de eliminar ou minimizar essas situações de forma rápida e regular.

Capítulo 11: Ferramentas de Fluxo e Pull

Avaliar o local de trabalho em busca de problemas ergonômicos é parte da segurança. Elimine condições que estejam causando *muri* — tarefas repetitivas, condições fisicamente perigosas e assim por diante. Avalie os dados de acidentes e ferimentos em busca de problemas, e elimine a causa.

Caminhadas de manutenção são uma boa forma de os gestores alcançarem vários objetivos:

- Destacar a importância de um ambiente seguro e ordeiro.
- Praticar uma forma de trabalho padronizado.
- Conectar-se com a organização.

Essas caminhadas devem cobrir toda a instalação, dentro e fora. Elas não devem ser ad hoc — devem seguir um conjunto de passos, com um checklist estabelecido de itens a serem revisados, incluindo uma agenda e uma rota pela instalação, visitas ao vestiário e equipamento de segurança. Inconformidades devem ser registradas e abordadas — no caso de problemas de segurança, contenha-os de imediato. No próximo tour, faça o acompanhamento desses itens. Consulte o Capítulo 13 para mais informações sobre as caminhadas *gemba*.

Você encontrará resistência em relação à manutenção dos resultados do 5S/6S a longo prazo. Engenheiros que precisam trabalhar com peças e pessoas altamente criativas que precisam de um pouco de caos para alimentar sua criatividade são alguns dos mais resistentes. Você precisa estabelecer o padrão para a organização. Algumas organizações exigem que as mesas sejam limpas todas as noites; outras consideram essa limpeza no fim do dia como não tendo valor agregado. Ambos os lados têm seu mérito. Determine o que é o certo para sua organização.

Pegue um, faça outro

O estado ideal do Lean é o fluxo de produção contínuo, calibrado perfeitamente com a demanda do cliente. Quando você é capaz de organizar sua área de trabalho e equilibrar perfeitamente o tempo operacional de modo que seu documento ou item esteja sempre em um estado de transformação de valor agregado, você alcançou o nirvana do Lean. Você talvez nunca tenha chegado realmente nesse ponto, mas nunca deveria parar de tentar. Para isso, precisa pensar continuamente sobre o modo como organiza o fluxo de valor. As ferramentas nas seções seguintes irão ajudá-lo a ficar mais perto do apogeu do fluxo contínuo.

Não se atenha à linguagem *de fluxo de produção contínuo* ou de *fluxo de uma única peça*. Os termos podem ter se originado em um ambiente de produção, mas eles se aplicam quer se esteja criando produtos ou fornecendo serviços. Você "flui pessoas e informação através de um processo de serviço", assim como "flui material e informações através do processo de produção". Em ambos os casos, o objetivo é manter as coisas se movendo eficazmente — sem paradas para filas ou estoque, ou movimento desnecessário, ou transporte.

Encontrando o denominador comum através da Tecnologia de Grupo

Você verá muitas vezes todos os contadores localizados no mesmo escritório físico, mesmo que seus clientes estejam em outro andar ou em outro prédio. Ou talvez veja todo o maquinário de moldagem em uma única área, longe dos processos subsequentes. Esse agrupamento funcional normalmente leva a muita espera, transporte e estoque desnecessários.

A *Tecnologia de Grupo* (GT, em inglês) o ajuda a trabalhar rumo ao fluxo contínuo de valor agregado. Com o GT, você identifica semelhanças no processo através da análise de todos os produtos. Seu objetivo é identificar as famílias dos produtos (ou serviços). Você usa essa informação para reorganizar o modo como faz negócios. Então, em vez de organizar por função, você organiza tudo o que precisa para criar um produto ou serviço completo para o cliente.

O termo *produto* é usado aqui de forma genérica para se referir a produtos físicos e não físicos, como software, transações e processos de serviço (como hospitalizações e serviços de saúde). Consulte o Capítulo 15 para mais informações sobre como os serviços se assemelham aos produtos.

Para fazer uma análise de GT, reveja todos os produtos e os passos operacionais que eles exigem. Uma família de produtos contém os mesmos passos operacionais ou similares. A Tabela 11-1 mostra um exemplo de análise de tecnologia de grupo. As partes sombreadas representam uma família de produtos, porque eles passam em sua maioria pelos mesmos tipos de operação.

Tabela 11-1 Tudo em Família: Uma Análise da Tecnologia de Grupo

Tipos de Processos Operacionais

	Tipo 1	Tipo 2	Tipo 3	Tipo 4	Tipo 5	Tipo 6	Tipo 7
Peça Número 16958439			x	x		x	x
Peça Número 16980437	x		x	x		x	x
Peça Número 17389433		x	x				x
Peça Número 14967210		x	x		x	x	

Capítulo 11: Ferramentas de Fluxo e Pull   239

	Tipo 1	Tipo 2	Tipo 3	Tipo 4	Tipo 5	Tipo 6	Tipo 7
Peça Número 997325	x			x		x	
Peça Número 26390548		x		x	x		x
Peça Número 340955	x		x	x		x	x
Peça Número 7304-4659-32	x		x	x		x	x

Depois que você tiver identificado todas as famílias de produtos, pode começar a organizar por família as áreas que as produzem, em vez de fazer isso por função de operação.

A vantagem em organizar a área de produção por tecnologia de grupo, em vez de por tipo ou função, é que você começa a eliminar o excesso de espera, estoque, ou transporte.

As organizações que possuem ambiente de baixo volume e hábitos muito diversificados muitas vezes têm problemas em ver como a tecnologia de grupo se aplica a elas. Mesmo que os detalhes de seu produto sejam únicos, reconheça que, em um nível macro, seus produtos passam por processos similares. Você pode usar uma amostra de produtos passados para identificar famílias genéricas de produtos. Então, quando você especifica um novo produto, pode planejar sua produção para uma área específica.

Criando módulos de trabalho

Organizações tradicionais são definidas como departamentos funcionais, em vez de serem um escritório ou uma instalação de produção. Os resultados da análise de tecnologia de grupo irão, naturalmente, reduzir o estoque, melhorar a qualidade e a comunicação, e economizar espaço. Isso é especialmente benéfico para funcionários de escritório que muitas vezes se aglomeram em módulos. Garanta que cada módulo de trabalho, às vezes chamado de *estações de trabalho*, contenha todas as funções exigidas para se criar o produto ou completar o serviço.

As cadeias de valor estendidas de negócios globais estão cada vez mais criando situações em que as pessoas que estão trabalhando em produtos ou serviços não fiquem no mesmo local — ou nem mesmo no mesmo continente. Isso significa que o agrupamento físico se tornou agrupamento virtual, mas todas as mesmas necessidades existem. Use tecnologias de informação e colaboração para criar agrupamentos virtuais.

Gerenciando os monumentos

Um módulo de trabalho Lean contém todas as operações que podem ser movidas juntas para um arranjo de fluxo contínuo. Às vezes você possui *monumentos* fixos. (Equipamentos ou processos que são difíceis de serem movidos, ou equipamentos de grande capacidade que servem a muitas famílias de produtos.) Exemplos de monumentos são as plataformas de expedição, operações de galvanização e pintura, salas de operação ou fundição de vidro. Quando essas situações indesejáveis ocorrem, o fluxo é interrompido.

Algumas opções para o gerenciamento de monumentos incluem o seguinte:

- Arranje os módulos de trabalho afetados ao redor do monumento.
- Estabeleça supermercados (uma área controlada de armazenamento em processo) para criar armazenagem controlada e fluxo para a operação do monumento.
- Crie módulos de trabalho de fluxo contínuo antes e depois do monumento.
- Considere comprar tecnologias mais acessíveis e menores para alcançar a mesma função e, então, incorpore-as aos módulos de trabalho.

Desafie a crença de que não há nada que possa ser feito a respeito de um monumento. Use os 5 Porquês e então se pergunte: "Como podemos fazer essa operação de forma diferente?" Por exemplo, uma companhia pensou que sua instalação de pintura fosse um monumento. Depois de um questionamento persistente, ela encontrou uma forma de incorporar um estande de pintura de baixa tecnologia em seu módulo de trabalho. Através da persistência e de uma nova perspectiva, ela diminuiu o estoque, eliminou uma linha de pintura que exigia muita manutenção e quebrava frequentemente, e melhorou os defeitos de qualidade relacionados com estoque e trânsito dentro da instalação.

Muitas operações de produção usam esteiras para mover peças no processo, de monumentos ou outras operações. Tenha cuidado ao instalar esteiras, porque elas são *muda* tipo 1, tanto para os produtos em elaboração quanto o transporte. Use esteiras com moderação. Elas são mais bem utilizadas em ambientes onde outros métodos poderiam causar riscos às pessoas por questões de peso ou exposição.

Balanceando as operações

Baseie a capacidade de um módulo na demanda coletiva do cliente para a família do produto, bem como para a capacidade dos membros da equipe. A Figura 11-1 é um exemplo de um gráfico de operações de família de produto (também conhecido como gráfico de balanceamento de linha). Esse gráfico representa os tempos de operação comparados ao tempo takt (veja o Capítulo 7) de uma família de produtos. Nesse caso, independentemente da parte que está sendo feita, os tempos de operação estão ficando abaixo de um tempo takt de referência de 60 segundos, indicando excesso de capacidade. Se as operações excederam o tempo takt, você consideraria uma capacidade adicional, o que normalmente significa adicionar pessoas ao módulo.

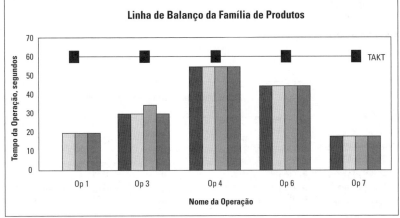

Figura 11-1: Um gráfico de operação de uma família de produtos.

Agora pegue o número da peça com o tempo mais longo de operação e a avalie de acordo com o balanceamento de linha. A partir disso, você pode buscar combinar as operações — como 1 com 3 e 6 com 7 — e ainda atingir o tempo takt. A Figura 11-2 mostra os resultados. Como você pode ver, a combinação das operações 6 e 7 fazem com que o ciclo de tempo exceda o tempo takt, então você não pode combiná-las ainda. A Figura 11-3 mostra o balanceamento final da linha. A célula de trabalho exige quatro operações para executar cinco operações. Seguindo adiante, a equipe procuraria então reduzir o tempo exigido para completar as operações 6 e 7, em pelo menos 3 segundos — o tempo para equilibrar o tempo takt —, e permitir que a célula trabalhe com três operações.

Uma forma de tornar o tempo extra do operador 7 visível é fazer com que a pessoa fique ociosa, em vez de encontrar um trabalho sem valor agregado para fazer. A ociosidade enfatiza o tempo não utilizado, ou desperdício.

Figura 11-2: Balanço da linha operacional — um primeiro olhar.

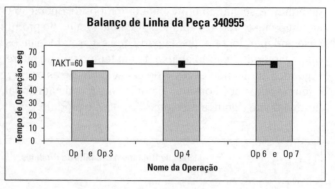

Figura 11-3: Balanço de linha operacional — Implementação.

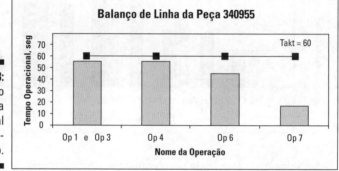

Ao avaliar *cada* estação de trabalho ou área de trabalho dentro de um módulo funcional, aplique técnicas de engenharia industrial, como análise de mão dupla ou análise Therbling. (Veja o Capítulo 19 para mais informações.) Avaliar e padronizar os movimentos em nível micro aumenta o fluxo, elimina o desperdício e melhora a eficácia das operações. O melhoramento do nível micro permitirá que a equipe suprima os três segundos necessários para eliminar aquele quarto operador.

Identificando operações de gargalo

Dentro de qualquer módulo, você terá uma operação de gargalo — aquela que limita a produtividade e atua dentro ou próximo do tempo takt. Essa operação se torna crítica para o fluxo porque não existe tempo vago, ou opção de adicionar mais pessoas, se houver um problema com o maquinário. Para identificar o gargalo, crie um gráfico de operações mostrando todas as operações do fluxo de valor.

Armazenando no ponto de uso

Armazenagem no ponto de uso (sigla em inglês: POUS) significa que você armazena o que precisa, na quantidade que precisa, no ponto onde você o utiliza ou próximo dele. Essa armazenagem deve ser incorporada aos padrões 5S. Você precisa identificar a nota dos materiais, quantidade usada e tamanho de cada componente com o intuito de estabelecer onde armazenará cada item, que tipo de contêiner usará para o armazenamento e qual o melhor local para posicioná-lo. Documente essa informação no PFEP (Plano Logístico para Cada Item), abordado mais à frente neste capítulo.

A armazenagem POUS pode ser aplicada ao ambiente de escritório. Você pode usar fita e clipes de papel muitas vezes durante o dia, mas expedir envelopes apenas uma vez por mês. Organize o armazenamento onde você precisa do item, de acordo com o momento em que precisa dele.

Ao estabelecer a armazenagem POUS e o arranjo do módulo de trabalho, lembre-se de avaliar o impacto ergonômico sobre os operadores. Considerações como altura de prateleiras, distâncias de alcance, operações em pé *versus* sentadas e alturas máximas estão entre algumas das características críticas a serem avaliadas. Investigue os padrões atuais do setor e as regulamentações do governo para obter mais informações.

Entenda os gargalos, saídas, funcionalidades, formação de equipe e exigências de armazenagem antes de arranjar os equipamentos. Você pode reunir rapidamente e analisar o fluxo dentro dos módulos. Falhar em entender esses elementos básicos de uma célula de trabalho levará a módulos ineficazes — cheios de *muda*!

Formatando o módulo de trabalho — a forma em U

Recomenda-se para um módulo de trabalho é um formato em U, fluindo em sentido *anti-horário*. As formas em U não funcionam em qualquer aplicação, mas são um ponto sólido para se começar. (Os motivos para o fluxo anti-horário são numerosos, mas, fundamentalmente, o hemisfério direito dos nossos cérebros processa as relações espaciais, então os humanos fluem melhor para a esquerda.) A forma em U também fornece um ambiente mais seguro, onde a manutenção e a reposição de materiais ocorrem fora do U e as pessoas que estão fazendo os produtos são os únicos no interior dele.

Crie um layout antes de começar a movimentar, para garantir que tudo se encaixa no espaço previsto. Dependendo do nível de dificuldade para a locomoção do equipamento, você pode usar uma ferramenta de layout, como o Visio ou AutoCad, "miniaturas" de equipamento em escala, ou até mesmo maquetes de tamanho real do módulo para estabelecer o plano. Se você nunca criou um módulo de célula de trabalho antes e possui grandes equipamentos, como prensas ou máquinas de moldagem, vai querer réplicas tridimensionais em tamanho real. Isso permite que o time garanta que o plano funcionará.

Use o 3P (Produção, Preparação, Processo; veja o Capítulo 10) antes de comprar novos equipamentos. Criar simulações ou maquetes físicas permite que as pessoas tenham a oportunidade de interagir com o ambiente antes que um grande investimento seja feito.

Quando você entende as exigências básicas, está pronto para preparar o módulo. A Figura 11-4 é um exemplo de um layout de módulo de trabalho.

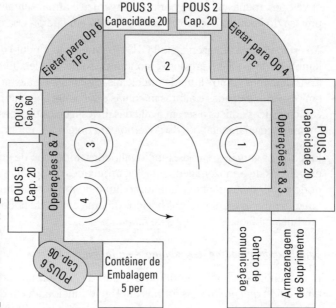

Figura 11-4: Um exemplo de layout de módulo de trabalho em formato U.

 Se for seu primeiro módulo, comece com um piloto ou módulo de teste. Isso irá ajudá-lo a aprender, contornar os defeitos e apresentar o conceito à organização, antes de desmontar fisicamente toda a fábrica.

 O uso da *autonomação* (automação com um toque humano), ou *jidoka*, em uma estação de trabalho apresenta dois benefícios:

- O descarregamento automático do equipamento permite que um operador faça outras tarefas, em vez de ter que ficar esperando até que a máquina termine.
- A automação que para o equipamento quando defeitos ou condições fora do padrão são detectados evita que produtos ruins passem através do fluxo de valor.

As pessoas no processo

O trabalho em módulos é executado pelas equipes, às vezes referidas como *equipes de envolvimento do empregado*. Essas equipes geralmente são grupos de trabalho autônomos e autodirigidos. Muitas vezes um líder de equipe surge ou é nomeado com base na experiência. O líder de equipe é responsável pela implementação e desempenho da célula:

- ✔ Saída da produção, qualidade, transporte e desempenho de custo controlável.
- ✔ Balanceamento de linha.
- ✔ Treinamento cruzado e comportamento da equipe.
- ✔ Execução de *kaizen* (melhoramentos diários).
- ✔ Manutenção da área de trabalho (limpeza e manutenção diária do equipamento).
- ✔ Resolução de problemas.

Os supervisores criam capacitação, guiam a resolução de problemas, treinam e ensinam a equipe. Eles podem ter mais equipes de trabalho reportando a eles. A carga de tarefas diárias é passada para a equipe.

Ao passar para um ambiente de célula de trabalho Lean, as equipes e os supervisores precisarão de treinamento em novas habilidades, como em resolução de problemas — e particularmente em habilidades interpessoais da resolução de conflitos, criação de equipes, treinamento e comunicação.

Prevenindo obstruções de fluxo

Depois que você tiver criado seus módulos de trabalho, precisa se certificar de que eles funcionem continuamente como designado. Em outras palavras, é preciso eliminar toda e qualquer causa que impeça o fluxo — fluxo de qualidade, material ou equipamento.

Garantindo a qualidade na fonte

Além do uso da autonomação, pode-se estabelecer a qualidade na fonte usando inspeção de fonte, inspeção progressiva e *poka-yoke* (à prova de erros).

Inspeção na fonte

Inspeção na fonte significa você revisar seu trabalho antes de passá-lo para a próxima pessoa da estação. O que você revisa, como revisa, quanto tempo deve gastar para revisar o trabalho é identificado como parte do trabalho padronizado da operação. O benefício da inspeção de fonte é que o problema é identificado, corrigido e contido antes de entrar no fluxo de valor através da operação de processamento seguinte.

Inspeção progressiva

Inspeção progressiva significa que o operador revisa as características-chave do produto ou serviço do passo anterior, antes de iniciar um passo transformacional. Novamente, esses passos de inspeção devem ser designados no plano de trabalho padronizado. Investir em uma inspeção crítica antes que qualquer trabalho mais profundo seja executado protege o cliente e minimiza o risco sobre a cadeia de valor.

Poka-yoke

Já que a inspeção é um tipo de *muda*, um tipo mais certo e proativo de qualidade na fonte é a prova de erros, conhecida como *poka-yoke*. Um *poka-yoke* é algo em um produto, processo, ou procedimento que evita física e procedimentalmente que se cometa um erro.

Exemplos de *poka-yoke* estão em todo lugar. Sempre que você abastece o carro em uma bomba de gasolina, tanto com diesel quanto com gasolina, está usando um dispositivo *poka-yoke*. O tamanho do bico da bomba de diesel é mais largo do que o do bico da bomba de gasolina, de modo que o bico de diesel não entra na abertura normal de um tanque de gasolina — o que evita que um sério dano seja causado ao motor! Outro exemplo: muitos dispositivos eletrônicos permitem que você os conecte apenas de uma determinada forma. Além disso, pesquisas online possuem uma lógica que verifica se você respondeu todas as questões ou preencheu os números corretos antes de prosseguir para o próximo passo.

Ao executar o *poka-yoke*, comece avaliando cada passo operacional em busca de problemas de qualidade. Identifique guias, medidas, instalações ou códigos que garantirão que a operação seja feita da forma correta todas as vezes. Siga a metodologia PDCA para avaliar a eficácia do seu *poka-yoke*. Instalar paradas ou dispositivos de prevenção no equipamento, ou incorporar checklists ao trabalho padronizado, será de grande ajuda. Mas a melhor maneira de tornar o sistema à prova de erros é através do desenvolvimento de funcionalidades no produto, ou no design prévio do processo ou equipamento, através da metodologia 3P. (Veja o Capítulo 10.)

DFA/DFM (Design for Assembly and Manufacturability) é uma metodologia que serve para identificar modos de incluir detecção de erros e melhorar o nível de facilidade da montagem. A execução do FEMA (Failure Mode Effects Analysis) sobre o design e o processo (DFMEA/PFMEA) o ajudarão a identificar o risco e frequência de falhas em potencial. Com essa informação, você pode priorizar seus esforços de detecção de erros para, assim, mitigar o risco.

Capítulo 11: Ferramentas de Fluxo e Pull

Parte dos fundamentos do Lean é o "Respeito pelas Pessoas". Nunca use termos como *à prova de trapalhões, à prova de ignorantes*! Os termos adequados são *poka-yoke* e *detecção de erros*.

Embora a detecção de erros possa parecer uma análise detalhada e minuciosa, pode significar a diferença entre a vida e a morte. Considere essa situação: um restaurante serve margarita com álcool a uma criança pequena, em vez de limonada, porque o recipiente não estava etiquetado. Ou, em um hospital, dois medicamentos — um para adultos e o outro para crianças — possuem nomes similares e são colocados em embalagens idênticas. Se o fabricante alterasse o formato, a cor, ou o tamanho da embalagem para que os dois medicamentos ficassem obviamente diferentes, as pessoas do hospital estariam menos propensas a cometerem o erro fatal de entregar o medicamento errado para o paciente errado. Isso também ajudaria o fabricante a garantir que estava fornecendo o medicamento certo na embalagem certa o tempo todo.

A Figura 11-5 é um exemplo de uma planilha de *poka-yoke* — uma ferramenta de referência que pode ajudá-lo a evitar erros.

Concebendo equipamento flexível e confiável

Quando você não pode mais se esconder atrás de estoque e desperdício, o papel do equipamento se torna mais importante. Ele precisa estar de prontidão e funcionando corretamente quando for requisitado. Você também precisa mudar o modo como desenvolve e compra equipamentos para produção modular: você quer encontrar o equipamento menor, mais simples e mais flexível que se encaixe no trabalho e atenda às exigências do cliente.

Lembre-se de que seu objetivo é ser capaz de fazer o complemento integral de mix de produtos todos os dias, então seu equipamento precisa ser capaz de ser trocado rapidamente.

Manutenção do equipamento

O TPM (sigla em inglês para Manutenção Produtiva Total) é um método para garantir que você maximize a produtividade enquanto garante que o equipamento e as ferramentas sofram manutenção completa. O TPM é dividido em três áreas:

- **Manutenção autônoma:** *Manutenção autônoma* significa que, como parte das operações dentro de um módulo de trabalho, a equipe de trabalho executa sua própria rotina de tarefas de manutenção. Isso libera as áreas mais habilitadas em manutenção para se focarem em atividades mais especializadas e preventivas. Use descrições de trabalho padronizadas para as tarefas de manutenção, de modo que os operadores possam executar a manutenção comum de forma segura e no momento certo.

- **Manutenção planejada:** Considerando que componentes principais, de alto risco e alto desgaste devem ser fornecidos e mesmo ocasionalmente substituídos, você programa proativamente equipamento, ferramentas e instalações para que sejam tiradas de serviço. Essa *manutenção programada* é vital em um ambiente Lean. À medida que você substitui componentes, coleta dados para desenvolver cenários de falhas previsíveis em potencial. Você pode usar as ferramentas de dados do Capítulo 12 para entender o desempenho dos componentes por uma perspectiva estatística. Então, pode usar essa informação para criar rotinas de manutenção preventiva.

- **Manutenção preventiva:** Se você pode antecipar falhas, pode gerenciar pessoas e controlar custos de uma forma melhor, executando atividades de manutenção no tempo exato — não apenas no momento programado. Isso é *manutenção preventiva*. Você também pode identificar quais partes e que quantidade manter em estoque para a manutenção de rotina, manutenção planejada e resposta de emergência.

Capítulo 11: Ferramentas de Fluxo e Pull   249

Método de Inspeção	Função do Ambiente	Função Regulativa	Nome da Companhia
Inspeção de Fonte ●	Método de Contato ●	Método de Controle ●	ACME, Inc.
Inspeção de Informação (self)	Método de valor constante	Método de Alerta	Proposto por: Zelda
Inspeção de Informação (Sucessiva)	Método de passo-movimento		
Tema	Material desalinhado causando irregularidades		

Antes da Melhoria

> Insira descrições e fotos do problema antes do *poka-yoke*

Depois da Melhoria

> Insira descrições e fotos do problema depois do *poka-yoke*

| Efeitos | Desalinhamentos Eliminados | Custo | $150 |

Figura 11-15: Planilha de rastreamento *poka-yoke*.

O objetivo do TPM é maximizar a Eficiência Geral do Equipamento (sigla em inglês: EGE) e minimizar perdas de produção devido a falhas ou mau funcionamento de equipamentos. O EGE é uma métrica de desempenho rastreada no Balanced Scorecard, especialmente para organizações de produção. Ele é calculado assim:

OEE% = Disponibilidade x Taxa de Desempenho x Qualidade

Mesmo com o melhor plano de TPM do mundo, paradas inesperadas continuarão a acontecer. Crie equipes de resposta emergenciais para responderem no piscar de uma luz de andon. Essas equipes devem ter descrições de trabalho padronizado e checklists de diagnóstico para seguirem.

Dominando a troca rápida

O que um ator entre um ato e outro, uma equipe de Fórmula 1 nos pit stops e uma prensa em uma fábrica têm em comum? Todos eles precisam usar técnicas de troca rápida para terem sucesso. No Lean, a transição rápida é conhecida como *SMED*, abreviação de *single-minute exchange of die* (ou, em tradução aproximada, troca rápida de ferramentas). Nesse caso, o *die* se refere a uma ferramenta que corta ou dá forma ao material em algum tipo de prensa ou dispositivo de moldagem. Essa ferramenta deve ser reconfigurada de modo a criar um novo produto, e o objetivo é completar a transição em apenas um minuto. A partir desse uso original, o termo SMED passou a significar qualquer processo de preparação rápida ou outra redução de tempo de preparação. O objetivo é minimizar o tempo de parada ou o tempo perdido entre o fim de uma atividade ou produto e o início do próximo. No Capítulo 16, você encontra um exemplo de como a SMED é usada para reduzir o tempo de transição nas salas de operação de um hospital.

Ao avaliar suas transições, use vídeo para registrar o que está acontecendo. Isso irá ajudá-lo a identificar quais ações você pode eliminar ou tirar da linha. Você também pode compartilhar seus vídeos com outras equipes responsáveis por processos similares.

Aqui está como organizar uma mudança rápida:

1. **Liste todos os passos, ferramentas necessárias e materiais para passar de uma coisa para a próxima.**

2. **Identifique quais atividades podem ser executadas antes ou depois da mudança (atividades externas ou fora da linha) e quais precisam ser feitas no momento (atividades internas ou em linha).**

3. **Criar trabalho padronizado para todas as atividades fora da linha. Organizar ferramentas e materiais fora de linha para apoiar os processos em linha.**

4. **Refinar e padronizar as atividades em linha para minimizar a perda de tempo.**

5. **Avaliar constantemente o desempenho de todo o processo de transição para melhorar o tempo de performance e eliminar o desperdício.**

Para a equipe de Fórmula 1, frações de segundos durante um pit stop podem significar a diferença entre vitória e derrota. Para o ator de teatro, frações de segundo podem ser a diferença entre uma entrada perdida e uma performance estelar. Para a fábrica, implementar a preparação rápida permite a produção de todo o complemento de produtos todos os dias — por último, a diferença entre a disponibilidade de um produto ou serviço significa um cliente satisfeito ou insatisfeito.

Pull

Nós falamos sobre ferramentas de fluxo e pull no mesmo capítulo, porque elas trabalham em harmonia entre si para manter todo o fluxo de valor se movendo em direção ao cliente no ritmo em que ele consome. Você não pode ter um fluxo ligado à demanda do cliente sem o pull e vice-versa. Todas as ferramentas nesta seção fazem com que o sistema funcione melhor, com o mínimo de desperdício.

Suavizando as lombadas

Para dar ao cliente o que ele quer, quando ele quer, enquanto mantém o fluxo de valor fluindo em um ritmo estável, você precisa balancear os cronogramas de produção. Esse conceito é conhecido como *heijunka*, que significa "balanceamento de produção, nivelamento, ou nível de programação". O conceito é esse: em vez de fazer grandes lotes de um produto e, então, armazená-los até que o cliente faça o pedido, idealmente você faz uma certa quantidade de todos os produtos, todos os dias, à medida que o cliente os consome.

Quanto menor for o tempo de transição (SMED — ver "Dominando a troca rápida" anteriormente neste capítulo), mais fácil será para balancear a produção.

A Figura 11-6 contrasta a produção tradicional em lote com a produção em nível. A mesma quantidade e tipo de produto é considerada em cada cenário. Note que, na produção de nível, os vários produtos são intercalados, em toda a sequência.

O cálculo da sequência ótima é um algoritmo complexo. Ele é baseado em ciclos de tempo, horas disponíveis de trabalho, tempos de preparação e demanda. Você pode usar softwares para ajudá-lo com a otimização da produção; alguns sistemas ERP, bem como softwares especializados, ajudam a determinar a melhor combinação.

O balanceamento de produção protege os fornecedores no fluxo de valor do efeito chicote, em que pequenas flutuações partindo do cliente final podem ser traduzidas em flutuações de volume radicais na comunidade de fornecedores.

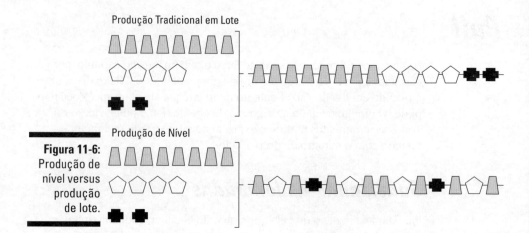

Figura 11-6: Produção de nível versus produção de lote.

Sinalizando a reposição

Em um ambiente Lean, você não usa programas de previsão — eles representam uma produção *pushing*. Os programas de previsão são tipicamente apenas indicadores gerais; eles se correlacionam bem com a demanda real do cliente. No Lean, o fluxo de valor é ativado através de um indicador de demanda real conhecido como *kanban*.

Criando o kanban

Um sinal *kanban* vem em muitas formas — um cartão, uma campainha, uma luz, um sinal gerado por computador, ou até mesmo um espaço vazio ou contêiner que precisa ser preenchido. Você determina o *kanban* mais eficaz para cada aplicação específica. Em um módulo de trabalho relativamente balanceado, o espaço vazio pode ser a melhor solução. Com a base de suprimento, o cartão eletrônico de *kanban* pode ser o método mais eficaz. Seja qual for o método que você use, o *kanban* precisa sinalizar o quanto e de qual peça precisa ser entregue em qual local.

Ao usar a filosofia do "pegue um, faça outro" à medida que o estoque é consumido, o sinal (*kanban*) é enviado ao "upstream" (fase preliminar do processo de produção) para chamar as atividades de reposição. Uma forma comum de pensar sobre o *kanban* é um sistema de dois recipientes, um cheio e o outro vazio: quando uma unidade do primeiro é retirada (remetida para uso na linha de produção), é expedida a ordem de reposição; assim que for recebida, a peça reposta vai preenchendo o outro recipiente, e assim por diante. Isso também é conhecido como "método de duas gavetas".

O número de *kanbans* que você precisa é uma função da demanda média por unidade de tempo — normalmente diária —, tempo total e capacidade do contêiner. O cálculo é o seguinte:

Números de *kanbans* = ([Demanda Média (Tempo)] x [CP + TP + TT] x [1 + TB]) / CC

Em que:

- CP = Ciclo de Pedido.
- TP = Tempo de Processamento.
- TT = Tempo de Trânsito.
- TB = Tempo de Buffer (não ultrapassando 10%).
- CC = Capacidade de Contêiner (não mais do que 10% da Demanda Média).
- Demanda Média é uma função de Tempo (diariamente, semanalmente, mensalmente, trimestralmente e assim por diante).

No processamento manual, uma caixa *heijunka* é designada para abrigar as cartas do *kanban* relacionadas com a sequência de produção. Aberturas que representam um número de uma peça específica e incremento de tempo durante o dia contêm o *kanban* das peças que serão feitas naquele momento. No processamento automatizado, essa função é executada com filas em um fluxo de trabalho.

Controlando o estoque com supermercados

Às vezes, por causa de monumentos ou outras restrições no processo, você não consegue ter um sistema de fluxo contínuo. Quando isso acontece, é criado o chamado *supermercado*. Um supermercado é como o mercado da esquina, onde cada item tem um local e uma quantidade designada. O estoque é controlado de perto e os sinais *kanban* são usados quando um "cliente" faz uma "compra" no mercado. A operação de fornecimento é o dono do supermercado. O *kanban* sinaliza a reposição no "upstream".

Os supermercados devem ser localizados de modo a minimizar o desperdício com "transporte". É melhor se você não tiver que usá-los, mas, às vezes, isso é inevitável. Se você implementar supermercados, deve controlá-los; caso contrário, você pode pensar que está doando o estoque!

Planejando para Cada Peça — PFEP

O *Planejamento para Cada Peça* (sigla em inglês: PFEP) é um documento de planejamento mestre (normalmente na forma de uma base de dados ou planilha) usado para planejar onde material, suprimentos, peças, e/ou produtos serão armazenados dentro da instalação. A informação de planejamento inclui o número do estoque, nome da peça, níveis de estocagem (mínimo e máximo), método de transporte e os locais de armazenamento (supermercado, armazém central, ponto de uso e assim por diante).

Conectando ERP e kanban

O *kanban* é considerado, de certa forma, o oposto do sistema de planejamento MRP/ERP. O *kanban* é um sistema *pull* e o ERP/MRP é um sistema *push*. Cada um tem suas vantagens.

Por exemplo, quando você usa o *kanban*, não precisa de previsão de demanda gerada por sistema. Mas ainda precisa manter registros precisos de negócio. O ERP usa uma técnica de gestão de registros, chamada de *backflushing*, para aliviar o estoque, em que uma peça ou componente estocado é reduzido em um a cada vez que uma peça é feita ou uma ordem de serviço é agendada. É fácil, mas é propenso a erros. Nem todos os especialistas concordam que o backflushing seja o melhor modo de manter registros de estoque. Você precisa decidir qual é o melhor método de gestão de dados para a sua empresa. Qualquer que seja o método que você use, aborde-o com a mentalidade de eliminação de desperdício para encontrar a solução mais eficaz para a organização.

Passar para a programação pull exigirá mudanças nos processos de programação atual — lembre-se de que você está trabalhando para eliminar desperdícios, e um pouco do que viu historicamente como tendo valor agregado era, na verdade, *muda* tipo 1. (Veja o Capítulo 2.)

Certifique-se de coordenar seus parâmetros de pedido do ERP/MRP com seu cronograma de demanda. Não fazer isso pode resultar em excesso de pedidos para a comunidade de fornecimento.

Se você estiver usando um sistema MRP, deve coordenar com seus fornecedores para garantir que eles entendam suas exigências de pedido. Por exemplo, se você precisa que seu fornecedor envie 1.000 peças por semana na terça-feira, ele deve cumprir essa exigência. Se ele não entende as exigências e envia em um ritmo diferente, isso poderia invalidar seu plano logístico, criar inconformidades no sistema e, por fim, custar dinheiro.

Mudando a logística

Quando você está operando em um sistema Lean, precisa repensar seu modo de abordar a logística. Tradicionalmente, um fornecedor talvez envie um carregamento de coisas "a qualquer hora". Em vez disso, prepare sua organização para o sucesso, implementando soluções logísticas

Capítulo 11: Ferramentas de Fluxo e Pull 255

criativas, focadas em fornecer o que você precisa, quando precisa e na quantidade que precisa.

Coletando de fornecedores múltiplos: A coleta programada

Enviar um caminhão em uma rota fixa em momentos predeterminados para coletar produtos de diversos fornecedores é conhecido como *milk run*. Em vez de ter que lidar com vários caminhões parcialmente carregados, você pode atender a menos carregamentos, contendo uma carga e tempo de chegada previsíveis. A coleta programada é geralmente usada para fornecedores próximos da empresa — dentro de quatro horas é uma boa diretriz para se usar.

Entregas LTL

Entregas LTL (Less than Truckload — quando a carga não ocupa todo o veículo e a carga de vários clientes é consolidada para enchê-lo), se feitas corretamente, podem ser mais baratas do que quando se espera para encher os caminhões. As entregas LTL são usadas quando os fornecedores estão localizados onde você possa fazer coletas programadas de uma forma viável.

Janelas de entrega

As janelas de entrega aumentam a previsibilidade e a estabilidade da entrada de materiais. Para estabelecer uma janela de entrega, você programa fornecedores para entregarem uma quantidade específica de produto. Em vários setores de atividade, isso é acordado em contratos com cláusulas específicas (sigla em inglês: SLA), e o não cumprimento das janelas de entrega pode resultar em multas pesadas ao fornecedor ou até mesmo a perda do negócio.

Rotas de entrega

As rotas de entrega ditam o cronograma, a localização e a quantidade de material movido através do fluxo de valor. As rotas de entrega ajudam a regular o ritmo do fluxo de material. Pense na rota de um ônibus municipal — é como uma rota de entrega. As pessoas locomovem-se pela cidade por um ônibus que pega e deixa os passageiros em locais determinados, de acordo com uma programação de tempo estabelecida quando os passageiros sinalizam no ponto de ônibus (um *kanban*). Em um ambiente de produção, o material é movido por um tipo específico de equipamento, de acordo com uma programação definida, para locais estabelecidos conforme sinalizado pelo *kanban*.

Usar a ferramenta Planejamento para Cada Peça (PFEP) e um layout da instalação irá ajudá-lo a estabelecer suas rotas de entrega.

Considerações globais

No mundo de hoje, é necessário olhar além da própria cidade, região, país, ou até mesmo hemisfério ao planejar a logística. É melhor se as peças são feitas próximo de sua empresa, dentro de um dia de trajeto, mas isso pode não ser prático no ambiente global de hoje. As peças podem vir de qualquer lugar do mundo. Ao executar uma análise total de custos sobre seus componentes, incluindo a avaliação de vários métodos de entrega, você pode chegar a uma melhor opção. Se decidir que suas peças sejam entregues por um veleiro da China, então pode considerar o material em trânsito como estoque buffer. Embora esta não seja uma aplicação do puro Lean, tal solução permite que o sistema continue fluindo.

Supor que o fornecedor estrangeiro seja a opção mais barata não é sempre o caso. Avalie o custo total para fazer a melhor seleção.

A visibilidade da cadeia de fornecimento e do software de gerenciamento pode ajudá-lo a mitigar seu risco de interrupção. Cada dia mais fabricantes e companhias logísticas estão desenvolvendo "torres de controle" que lhes permitem ver a demanda e o fluxo globais e fazer ajustes instantaneamente. Isso exige que informações sejam reunidas a partir de fontes do mundo todo e que se tenha acesso a sistemas de gerenciamento de pedidos globais.

Capítulo 12

Ferramentas de Perfeição

. . . .

Neste Capítulo

▷ Entendendo o poder do trabalho padronizado
▷ Criando um ambiente visual
▷ Identificando defeitos e variação

. . . .

*E*m um ambiente Lean, você compara tudo com um padrão e, então, trabalha em busca de melhorias. Você não muda nada indiscriminadamente ou "apenas muda" para melhorar o desempenho. Usa informações, análises e ferramentas visuais para ajudá-lo a identificar deliberadamente onde o desperdício e os defeitos estão ocorrendo.

Junto com as ferramentas de fluxo de valor e de cliente no Capítulo 10, o fluxo e as ferramentas de pull descritas no Capítulo 11 e as ferramentas de gerenciamento no Capítulo 13, as ferramentas de perfeição neste capítulo compõem o conjunto completo de ferramentas do Lean. Você precisa de todas elas para apoiar as práticas Lean.

Neste capítulo, você descobre primeiro como padronizar o trabalho — a fundação sobre a qual atividades e processos são construídos e a base sobre a qual as melhorias são feitas. Então, você organiza eventos de *kaizen* para estimular o melhoramento contínuo. E, finalmente, usando ferramentas de gestão visual, entende como criar um mundo onde é possível "gerir pelo olho". Isso inclui ferramentas estatísticas diárias que ajudam a monitorar e analisar a performance do sistema. Essa é a parte da caixa de ferramentas que permite que você lute pela perfeição.

Começando pelo Trabalho Padronizado

A busca pela perfeição começa pelo estabelecimento do *trabalho padronizado*, às vezes chamado de *trabalho padrão* ou *operações padrão*. O trabalho padronizado é a definição de métodos consistentes e previsíveis de se fazer as coisas. Pense no checklist que um piloto faz antes de cada voo como um exemplo de trabalho padronizado. O trabalho padronizado fornece a fundação para a implementação de muitas outras técnicas Lean e é também um ponto de partida para o melhoramento. Não se trata de políticas rígidas e imutáveis e procedimentos que ninguém segue. Muito pelo contrário: trata-se de um trabalho que todos seguem.

Comece com as tarefas de trabalho rotineiras que afetam mais diretamente sua habilidade de atender a demanda do cliente. Descreva o trabalho de modo simples, mas, ainda assim, de um modo que você consiga mensurar tanto a variabilidade quanto o desperdício da operação. Sua descrição também deve ser capaz de aplicar métodos e ferramentas para a melhoria contínua do desempenho com o passar do tempo. Repita esse processo até padronizar o trabalho padronizado em todas as atividades.

As melhores pessoas para definir o trabalho padronizado são aquelas que de fato o executam. Algumas exigências não são negociáveis, como o uso de equipamento de segurança. Defina quais são essas exigências e por que elas não são negociáveis, e então deixe que as pessoas partam daí.

O trabalho padronizado cria a base para o melhoramento. Para aplicar ferramentas de análise e melhoria, você precisa primeiro caracterizar o que está fazendo agora — os processos atuais. Precisa padronizar os processos sujeitos a melhorias. E deve estabelecer uma cultura e uma mentalidade em torno da definição, medição e cumprimento do trabalho padronizado.

Você acha que seguir algo tão simples como um checklist não é assim tão importante? De acordo com a Organização Mundial de Saúde, 234 milhões de cirurgias são feitas no mundo todo ano e, pelo menos, *meio milhão de mortes* por ano poderiam ser evitadas com a implementação efetiva do Checklist de Segurança Cirúrgica WHO no mundo todo. O trabalho padronizado é importante!

Orientações para o trabalho padronizado

Cinco regras governam sua abordagem de implementação do trabalho padronizado. Siga essas regras à medida que você desenvolve práticas de trabalho:

Capítulo 12: Ferramentas de Perfeição

✔ **Ajuste para a comodidade e eficácia humana, não para a eficiência de uma máquina.** O objetivo do trabalho padronizado é ajudar as pessoas a estarem mais seguras e serem mais eficazes no que fazem. Defina os processos e procedimentos de trabalho para otimizar as pessoas — não as máquinas. As máquinas são ferramentas que auxiliam as pessoas, *não o contrário*! Por concepção, não tem problema uma máquina esperar pelas pessoas. As limitações das capacidades da máquina não devem controlar sua implementação do trabalho padronizado.

Quando as pessoas estão esperando pelas máquinas, isso é um sinal visual de que há desperdício naquela operação e pode-se melhorá-la.

✔ **Padronize todo trabalho repetitivo.** Padronize todo e qualquer trabalho que seja executado repetidamente. Padronize tanto os processos fáceis quanto os mais difíceis. Você receberá os benefícios de padronizar todos os processos.

Quanto mais você puder repetir um processo, melhor poderá padronizá-lo e colher os benefícios. Busque enxergar o que é repetitivo de modo que possa padronizá-lo.

Não padronize por padronizar. O objetivo não é o padrão, mas as operações que se tornam mais seguras, com maior qualidade, mais eficazes e engajam as mentes das pessoas que as executam.

✔ **Mantenha o equipamento e os sistemas em boas condições.** Materiais, computadores e outros sistemas suportam seus processos de trabalho. Mantenha-os em condições padrão para garantir que você esteja produzindo tanto uma saída de alta qualidade quanto um fluxo de trabalho contínuo. Quebras e falta de qualidade dos materiais irão interromper o fluxo e impactar o produto e a qualidade do serviço. Repare ou atualize sistemas subpadrão. (Veja o Capítulo 11 para obter mais informações sobre manutenção.)

✔ **Elabore planilhas padronizadas, visíveis e acessíveis.** As pessoas se tendem a se desviar dos padrões de trabalho. Todo mundo precisa de referências e lembretes constantes. Mantenha as planilhas padronizadas, visíveis e de fácil leitura. Capture métricas-chave — e relate desvios. Certifique-se de facilitar a detecção de variações.

✔ **Revise regularmente.** Atualize e melhore o trabalho padronizado sempre que puder. Agarre qualquer chance de reduzir a variação, minimizar o estoque, melhorar o fluxo de trabalho e manter os tempos de ciclo individuais equilibrados com o tempo takt geral. Mude o padrão quantas vezes for necessário.

Como você vai responder quando vir alguém se desviando do padrão? Sua resposta ou irá construir confiança e colaboração, ou criar divisão. Para criar uma cultura de melhoramento contínuo, o melhor modo de abordar alguém que está saindo do padrão é fazendo perguntas. Perguntas como: "Como você melhorou o processo com seu método?", "Qual é seu entendimento do trabalho padronizado referente a esse processo?", "Por que você não está seguindo as operações padrão?".

As pessoas muitas vezes encontrarão métodos melhores que o padrão. Não trate o trabalho padronizado como um fim em si. O trabalho padronizado é a rotina, mas, quando você tem um melhoramento para o padrão, faça os ajustes regularmente através do *kaizen*.

Implementando o trabalho padronizado

Sempre que possível, execute o trabalho padronizado — tarefas, atividades, processos e procedimentos — que você pode conduzir de uma maneira padrão. Trata-se de um trabalho específico, documentado, mensurável e repetitivo. O trabalho padronizado pode se aplicar a qualquer pessoa trabalhando de modo cooperativo. Também pode incluir equipamento e sistemas, bem como interfaces homem-máquina. Essa padronização do trabalho ocorre não apenas em áreas de operação e produção, mas permeia toda a empresa — em todas as funções e por todos os fluxos de valor.

Para implementar o trabalho padronizado, siga esse processo de seis passos:

Passo 1: Verifique o equipamento

Analise suas instalações, sistemas e equipamentos para garantir que estejam nas condições adequadas e suficientes para atender às necessidades das atividades do processo. Ajuste e calibre os sistemas para maximizar a facilidade de uso e a eficácia. Isso inclui sistemas de informação e programas.

Passo 2: Verifique o tempo

Determine o ciclo de tempo inicial do trabalho — quanto tempo leva para que você ou sua equipe completem uma unidade de trabalho. Então compare esse ciclo de tempo com a exigência do tempo takt — quanto tempo deveria levar, baseado na demanda do cliente. Quando você tem esses dois valores, determine a diferença. Você está acima ou abaixo? É provável que o tempo do trabalho esteja maior do que o tempo takt. É necessário fazer ajustes para equalizá-los. Normalmente, isso significa

Capítulo 12: Ferramentas de Perfeição **261**

ajustar o tempo que leva para completar uma unidade de trabalho, em vez de tentar ajustar o tempo takt. Para reconciliar as discrepâncias entre os dois tempos, execute as análises e esforços de melhoramento a seguir:

- ✔ Analise o fluxo de trabalho, sequenciamento e organização do processo interno, e identifique onde se pode ganhar velocidade e eficiência.
- ✔ Reestruture o processo interno conforme necessário, de modo que o ciclo de tempo esteja em conformidade com o tempo takt.
- ✔ Institucionalize os novos tempos de produção como parte das instruções do trabalho padronizado.

Passo 3: Verifique o trabalho em processo

O próximo passo é minimizar o trabalho em processo (WIP), que se trata de um desperdício (*muda*) devido ao estoque. Examine o módulo de trabalho ou a área em busca de meios de reduzir a quantidade de estoque que o WIP exige. Você quer definir trabalho padronizado para todos os processos de um modo que exija o mínimo de WIP. Certifique-se de estabelecer a variação aceitável para os níveis de estoque.

Passo 4: Informe

Depois de você ter verificado os sistemas de suporte, balanceado a taxa de produtividade com o tempo takt e estabelecido a variação de estoque, forneça uma base para os processos e emita instruções padrão. As instruções de trabalho padrão podem assumir praticamente qualquer forma — contanto que sejam precisas, inteligíveis e mensuráveis — e contanto que possam ser seguidas pelos indivíduos que executam o trabalho.

As instruções padrão podem ser impressas em papel, lidas em uma tela de computador, colocadas em placas ou transmitidas por qualquer meio de comunicação — contanto que funcione. Exemplos de instruções padrão incluem o seguinte:

- ✔ **Planilhas de informação:** Descreva os procedimentos, incluindo a organização, fluxo e tempo das atividades; o limite WIP a ser mantido; e equipamentos de suporte e condições ambientais, quando aplicáveis. As planilhas de instrução devem ser breves, fáceis de serem lidas, visíveis e referenciadas.
- ✔ **Manuais de operação:** Descreva equipamento, instalações, programas de software e outros sistemas em termos de como eles são usados no processo. Os manuais de operação devem ser desenvolvidos como documentos de treinamento e referência, mantidos à mão nos locais de trabalho.

Poka-yoke (detecte os erros) suas instruções de trabalho. Sempre que possível, implemente métodos que ajudem a garantir que as pessoas seguirão as instruções da forma correta; esses métodos devem garantir que as pessoas sejam impedidas de *não* seguirem as instruções também.

Passo 5: Monitorar, medir e gerenciar

Parabéns — você cruzou a linha de partida! Você implementou uma unidade de trabalho padronizado e agora pode observá-la em ação. Monitore ativamente as atividades e meça continuamente o desempenho do modelo de trabalho. Compare constantemente as performances com o padrão e lute para mantê-las de acordo com o padrão:

- ✔ Para qualquer variação na qual a atividade não está conforme o padrão institucionalizado, identifique e entenda as causas, e interfira para corrigir as variações — e restaure a atividade para que ela fique de acordo com o padrão (ou então atualize o padrão através do Kaizen).
- ✔ Procure identificar desperdício e identifique a causa da não conformidade.

Passo 6: Ajuste e atualize

Quando uma mudança é autorizada, faça — e faça rápido. Fazer rápidas e detalhadas revisões do modelo deve ser um processo normal da rotina padrão. Tenha certeza de que você pode implementar mudanças formais rápida e facilmente, e introduzi-las em seu ambiente de trabalho suavemente. O rápido ajuste do processo é um ponto crítico para o aperfeiçoamento contínuo. Condicione sua equipe a absorver rapidamente novas mudanças.

Já que você quer que todos trabalhem dentro dos padrões, estes devem ser sempre certos e adequados — e isso significa que o processo de atualização deve ser rotineiro e balanceado. Se os padrões são ultrapassados, todos concluirão rapidamente que não é mais necessário trabalhar de acordo com eles e, então, você perde a batalha.

Atualizar o trabalho padronizado é uma parte integral do *kaizen*! Se você está fazendo *kaizen*, é bom que esteja atualizando os padrões.

Em um ambiente de melhoramento contínuo como o Lean, os padrões não são escritos em pedra — eles são feitos para serem mudados. Esse pode não ser o modo como se trabalhou no passado, então pode ser um desafio criar tal mentalidade. Desenvolva um processo para modificar regularmente os padrões de trabalho. Garanta que todos na organização entendam e apoiem o processo de modificação. Coloque no orçamento o tempo e esforço para moldar e absorver as modificações em seu planejamento de operações. Faça da mudança uma rotina!

As operações de padronização são uma das ferramentas mais importantes de um empreendimento Lean. Padronizar os processos de trabalho ajuda você a alcançar uma qualidade consistentemente alta de produtos e serviços, realizados por trabalhadores orgulhosos e produtivos, e recebidos por clientes satisfeitos, dentro de um ambiente seguro e uma forte performance de custo. Reduzir a variação em processos de trabalho (*muda*) leva a melhorias notáveis de produtividade.

Melhorando com o kaizen

Kaizen é a ação — e a arte — de melhora e mudança contínua e incremental. Ele diz a você que, mesmo que algo não esteja quebrado, pode e *deve* ser melhorado: faça melhor e torne melhor. As mudanças contínuas e incrementais do *kaizen* ocorrem em todas as áreas e em todos os níveis — pequenos e grandes, interno e externo — em formas que melhoram toda a organização. O *kaizen* mantém o foco no valor de cliente e na redução de desperdício no fluxo de valor. (Consulte o Capítulo 9 para uma discussão e explicação aprofundadas sobre *kaizen*.)

O *kaizen* vê a empresa através de duas lentes — a definição de novos padrões e a manutenção dos padrões existentes. A manutenção *kaizen* é o ato de estabelecer as políticas e regras que ajudam a manter os níveis de desempenho definidos pela gestão atual e padrões de trabalho operacional. O melhoramento *kaizen* foca você no melhoramento contínuo de padrões e processos existentes, bem como na inovação de padrões novos.

Em todos os casos, o *kaizen* exige aplicação de treinamento, materiais, ferramentas e observações para melhorar e manter padrões continuamente.

A cultura Lean baseia-se no melhoramento contínuo. Isso vem na forma de melhorias diárias ou *eventos de kaizen* especiais — você precisa incorporar os dois.

O evento de kaizen

O evento de *kaizen* — também conhecido como *workshop de kaizen* ou *blitz de kaizen* — é sua ferramenta mais poderosa e eficaz no engajamento de pessoas dentro de um módulo de trabalho ou área de processo para a realização de uma atividade de melhoramento focada.

Um evento de *kaizen* é uma recapitulação completa do ciclo PDCA, levando normalmente entre três e cinco dias. Durante o evento de *kaizen*, a equipe foca em uma área específica para encontrar desperdícios ou outros obstáculos para a criação de valor e removê-los do fluxo de valor. O melhoramento pode ser em segurança, qualidade, tempo de transição, comunicações, organização — quase tudo. Os eventos de *kaizen* são famosos por exigirem investimento mínimo e renderem grandes benefícios.

Um lugar para se começar são as "operações de gargalo" — aquelas executadas próximas ou no tempo takt. Quado você melhora as operações de gargalo, melhora a habilidade de atender ao cliente.

A equipe de projetos de *kaizen* para completamente seu trabalho normal e não produzirá como de costume ou executar seus serviços enquanto estiver participando do evento de *kaizen*. Você deve executar o planejamento avançado necessário para garantir que os clientes e outras áreas do negócio não estejam sendo excessivamente impactadas enquanto os aperfeiçoamentos estão sendo identificados e implementados.

Organizando a equipe de melhoramento

Todos do grupo de trabalho ou área de processo afetada fazem parte da equipe de *kaizen*. Não deixe ninguém de fora — ninguém. Além disso, envolva os membros das organizações de suporte, fornecedores e, é claro, os clientes. Para garantir a participação e contribuição máxima, certifique-se de que todos saibam por que estão envolvidos.

Se você está conduzindo um evento de *kaizen* em uma área de produção, pode querer incluir alguém do design e da engenharia de desenvolvimento. Eles ganharão perspectiva a partir do ambiente e contribuirão dando sua percepção ao grupo. Se você está fazendo um evento de *kaizen* na área de operações de um hospital, inclua assistentes e o pessoal da manutenção; eles são parte integral da transição e podem fornecer uma perspectiva única. Não faz mal envolver alguém que não esteja diretamente relacionado ao foco do evento; eles normalmente fazem as melhores perguntas e fornecem uma perspectiva de fora.

Tenha um especialista em Lean, ou *sensei*, liderando o evento de *kaizen*. (Veja o Capítulo 5 para mais informações.) O *sensei* não apenas entende as ferramentas, mas também pode explicar como aplicá-las para se obter o máximo de valor. Esse líder especialista também gerencia o evento, monitora o progresso e mantém todos nos trilhos. O *sensei*, tendo a perspectiva Lean, pode responder e resolver problemas usando conceitos Lean.

Selecionando o projeto

Comece um evento de *kaizen* validando e analisando o mapa de fluxo de valor e identificando as áreas problemáticas mais significantes. Empregue medições qualitativas e quantitativas para revelar os dados que destacam os problemas-chave — sendo particularmente responsivo ao feedback direto do cliente. Use a experiência da equipe para focar em áreas de desperdícios carentes de melhorias. Selecione os projetos cujos resultados serão altamente visíveis para o cliente e terão um impacto importante no fluxo de valor.

Melhoramentos contínuos aleatórios são um desperdício. Ter um evento de *kaizen* para que se possa marcar uma caixa de seleção é um desperdício de recursos e você corre o risco de desmotivar as pessoas. Tenha um foco, como resolver um problema do cliente, melhorar o fluxo, melhorar a qualidade, reduzir descartes, eliminar perdas, ou melhorar a segurança.

Muitas companhias Lean possuem um programa de sugestões para identificar projetos candidatos. Esses são uma fonte prolífera de ideias. As ideias podem vir de qualquer parte da organização, mas originam-se normalmente, de dentro dos grupos de trabalho.

Conduzindo o evento

Foque a equipe de *kaizen* em uma área. Se necessário, segmente o grupo em várias equipes para atacar diferentes áreas. Estruture o workshop para seguir a estrutura PDCA (para mais informações sobre o PDCA, consulte o Capítulo 9):

- **Durante a fase *planejar*, descreva objetivamente a mudança que você tem intenção de fazer.** Identifique o processo que tem intenção de mudar e pense em ideias de melhoramento. Defina os passos necessários para fazer a mudança e forme uma predição dos resultados. Use dados de qualidade e ferramentas de análise para apoiar o desenvolvimento do plano.

- **Use a fase *executar* para implementar o plano em um ambiente de teste ou protótipo — em pequena escala e sob condições controladas.** Mantenha o projeto pequeno o bastante para conduzir o teste rapidamente, mas grande o bastante para que os resultados sejam estatisticamente válidos.

O Lean é um processo visual. Certifique-se de fazer desenhos, fotos e vídeos, criar gráficos e representar as atividades através do processo. Pelo fato de os recursos serem tão comunicativos, eles aceleram os processos do evento de *kaizen* e documentam as mudanças feitas.

✔ **Na fase *verificar* ou *estudar*, examine os resultados do teste ou protótipo.** Quantifique a extensão na qual as mudanças que você fez melhoraram o processo de teste e extrapole os resultados para prever os efeitos sobre o processo maior.

✔ **Na fase *agir*, implemente as mudanças em grande escala no processo.** Atualize o mapa de fluxo de valor, trabalho padronizado e especificações, e verifique o desempenho do processo. Relate os resultados.

Como o evento de *kaizen* é conduzido em um período de uma semana, você terá que fazer um trabalho de acompanhamento para completar o processo de mudança. Acompanhe a conclusão dos itens de mudança e não hesite em fazer mudanças e atualizações adicionais conforme for exigido. Itens de acompanhamento devem ser completados dentro de 30 dias do evento.

O *evento de kaizen* é uma forma de *kaizen*. Idealmente, você também tem projetos diários de *kaizen* acontecendo na organização. (Veja o Capítulo 9 para mais informações sobre *kaizen*.)

Utilizando Ferramentas de Gerenciamento Visual

Se uma imagem vale mais que mil palavras, as ferramentas de gestão visual em ação valem mil minutos, mil passos, muitos milhares de dólares! Ao usar a gestão visual, você não desperdiça tempo, energia ou esforço, procurando coisas, pessoas, ou defeitos. Você pode ver melhor o que está acontecendo e se as coisas estão ocorrendo de acordo com o plano ou não.

Deixe de lado as ferramentas de gestão visual padrão e simples. Torne-as sensoriais — cores, luzes, som, pistas visuais ou espaço. Quanto mais sentidos estimular, mais rapidamente será capaz de ganhar informação de status.

Use desenhos. Seja criando auxílios visuais, escrevendo um problema, ou transmitindo informações de segurança, desenhos simples transpõem qualquer linguagem ou falha de alfabetização. As companhias Lean frequentemente usam desenhos simples em documentos, reuniões, instalações e operações.

Andon

Um *andon* é uma informação eletrônica ou dispositivo de sinalização que pode incluir gráficos, texto colorido e talvez até mesmo áudio. *Andons* são usados em ambientes públicos e privados para comunicar status importantes e mensagens de falha a empregados e clientes. O *andon* é focado em informar quando um processo ou produto está em risco de falha, ou falhou. Sabe aquela luzinha que aparece no painel, avisando que você está com pouca gasolina? Aquilo é um *andon*.

Em ambientes de produção, um *andon* pode ser tão simples quanto um semáforo de três cores indicando condições dentro da especificação, próxima dos limites e fora dos limites. Em ambientes de serviço, os displays de *andon* podem indicar filas e tempos de espera do cliente. *Andons* de transação podem ser programas de computador que avisam os operadores sobre falhas iminentes em sistemas de processamento de dados ou em pontos de interface.

Andons de cliente estão se tornando cada vez mais populares. Displays em aeroportos indicam status de partida e embarque. Os sinais das autoestradas informam acidentes e obras. E, então, é claro, tem aquele sinal luminoso no painel quando você está com pouca gasolina.

Painéis de exibição

Os painéis de exibição comunicam informações vitais sobre o cliente, desempenho de processo, trabalho padronizado, melhoramentos de *kaizen* ou status de equipe. Os painéis de exibição servem como centros eficazes e úteis de comunicação.

Os painéis de exibição não precisam ser pomposos — eles precisam apenas comunicar. Esses painéis são centros nervosos operacionais da organização, localizados onde a ação está. Eles podem até mesmo ser feitos à mão e incluir gráficos de dados, fotos de clientes ou membros da equipe e dados do processo, antes e depois das melhorias do *kaizen*. A tabela de treinamento da Figura 12-1 mostra um exemplo de painel de exibição.

Tabelas de treinamento cruzado

Idealmente, todo mundo está treinado para fazer qualquer trabalho de acordo com o design de trabalho padrão. As tabelas de treinamento cruzado rastreiam o progresso da equipe até esse objetivo e identificam as pessoas e suas habilidades. Em uma tabela de treinamento cruzado, como o mostrado na Figura 12-2, todas as operações dentro de um módulo de trabalho são listadas no topo e cada um dos membros da equipe é relacionado por nome no lado esquerdo.

Quando um membro da equipe é treinado em operação padrão, um círculo é colocado na interseção do nome dele e da operação. Quando ele pode executar a operação de forma competente de acordo com o trabalho padronizado, o círculo é preenchido. A Figura 12-2 é um exemplo de uma operação de duas equipes. Em cada equipe, pelo menos uma pessoa pode executar todas as operações dentro do padrão.

Figura 12-1: Um painel de exibição.

As tabelas de treinamento cruzado são ferramentas visuais poderosas. Em um primeiro olhar, você sabe:

- Quem pode substituir a ausência de outros, sem colocar o desempenho em risco.
- Quem é o membro mais experiente da equipe.
- Quando empregados não treinados estão executando operações.
- Quando a equipe é fraca.

Além disso, as tabelas de treinamento cruzado fornecem informações valiosas na hora de criar treinamentos e desenvolver planos. Poste suas tabelas de treinamento cruzado no painel de exibição de sua área.

Capítulo 12: Ferramentas de Perfeição   269

	Equipe	Operação 1	Operação 2	Operação 3	Operação 4	Operação 5	Operação 6
Ariel	A	●	●	●	●	●	●
Daniela	A	●	●		○		
Danilo	A			○	○		●
Henrique	A	○		●		●	
Marcos	A	●	○	○	●	○	●
Úrsula	A		●		○	●	
Bruna	B	●	●			●	○
Daniela	B		○		○	●	
Eric	B	●	○	●	○		○
Luísa	B	●	●	●	●	●	●
Pedro	B	○			●		○
Walquíria	B	●	○	●	●	○	●

Figura 12-2: Uma tabela de treinamento cruzado.

Resolvendo problemas com o A3

O A3 é uma é uma planilha simples sobre resolução de problemas e um documento de planejamento; seu nome vem do tamanho internacional de papel A3. A ideia é que, em uma única folha de papel, você tenha toda a informação que realmente precisa sobre uma situação. Você planeja seu A3 para atender às suas necessidades; no entanto, um A3 típico inclui as seguintes seções:

- Título.
- Detentor do problema e a data do documento.
- "Qual é o problema?" — informação de histórico.
- "Quais são as situações atuais relacionadas com esse problema?" — condições atuais.
- "Como queremos que seja?" — condição-alvo/Objetivos.
- "Qual a verdadeira causa do problema?" — análise da causa raiz.

Parte IV: A Caixa de Ferramentas do Lean

> ✔ "Quais são as ações a serem tomadas para resolver o problema?" —
> Contramedidas para sanar as falhas ou alcançar um objetivo.

> ✔ "Qual é o seu plano?" — Planeje definindo quem, o que, quando,
> onde e como medir e verificar a implementação das contramedidas.

> ✔ "Como rastrearemos o progresso, compartilhar aprendizados e
> lidar com problemas durante a implementação do plano?" —
> Acompanhe as ações para garantir que o problema está sendo
> resolvido e não ocorra novamente.

Desenvolva o A3 partindo do *gemba* (veja o Capítulo 13); esse é o único
modo de entender de fato o problema verdadeiro. A Figura 12-3 mostra um
exemplo de um modelo A3.

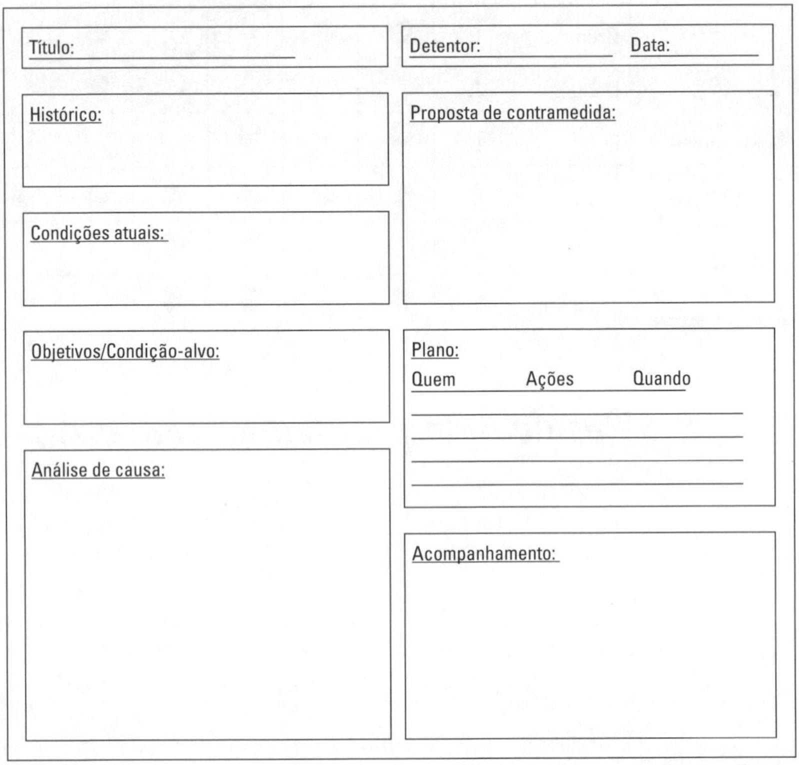

Figura 12-3:
Gestão visual
de problemas
usando
relatório A3.

Ferramentas de Melhoramento Diário

A caixa de utilidades do Lean ainda contém outro conjunto de
ferramentas: ferramentas de análise de dados a partir de processos,
redução de variação (*muda*) e melhoria do desempenho interno. Essas

ferramentas de qualidades são bem estabelecidas e têm sido usadas em círculos de qualidade por décadas. Sistemas como TQM (Total Quality Management) e Seis Sigma também usam essas ferramentas.

A beleza das ferramentas de melhoramento diário do Lean está em sua simplicidade de uso. Elas são visuais, mostram o que você precisa ver. Não exigem matemática ou estatísticas avançadas para serem usadas ou compreendidas. Elas podem ser feitas à mão, em uma calculadora ou em um computador. Essas ferramentas podem ser usadas por todos dentro da filosofia de *kaizen* para o melhoramento regular e contínuo. Elas sustentam opiniões com fatos e dados.

Os 5 Porquês

Para buscar a causa de um problema, você pergunta por que ele aconteceu. Mas sondar uma camada do problema o leva apenas até a primeira causa dele. A causa principal normalmente está muito mais no fundo. Você precisa continuar sondando. Noriaku Kano, criador do modelo Kano, compara esse processo a uma perfuração, "furando com 1m de largura e 1km de profundidade" para obter o entendimento real, em vez de uma noção superficial obtida em uma conversa — 1km de largura e 1m de profundidade.

Os 5 Porquês é uma ferramenta de sondagem simples que ajuda a chegar até a raiz do problema. Em cada nível de explicação, continue perguntando "Por que?" até chegar aos reais motivos subjacentes. Muitas vezes você precisa fazer a pergunta pelo menos cinco vezes.

Por que cinco vezes? O número cinco é arbitrário. O ponto não é o número — é a sondagem. Você pode chegar até o fundo no número 2, ou podem ser necessários 10 ou 20 ou 50 porquês, dependendo da complexidade da situação.

Nunca aceite a primeira resposta como sendo a razão verdadeira. Continue perguntando "Por que?" até ter chegado à raiz do problema.

Considere este exemplo bem-humorado: a superfície de mármore do Monumento de Washington nos EUA estava se desintegrando. Isso é terrível! Vamos perguntar por quê:

- ✔ Por que a superfície do monumento está se desintegrando?

    Resposta: Uso extensivo de produtos químicos de limpeza abrasivos causaram erosão no revestimento do mármore.

- ✔ Por que estamos usando esses químicos tão fortes?

    Resposta: Um excessivo número de pombos se reúne ao redor do monumento e deposita altos níveis de fezes na superfície de mármore.

Parte IV: A Caixa de Ferramentas do Lean

> ✔ Por que existem tantos pombos?
>
> *Resposta:* Os pombos comem aranhas e normalmente há um grande número delas no monumento.
>
> ✔ Por que há tantas aranhas no monumento?
>
> *Resposta:* As aranhas comem mosquitos e existe uma grande população deles no monumento.
>
> ✔ Por que há tantos mosquitos?
>
> *Resposta:* Os mosquitos são mais ativos ao entardecer e são atraídos pelas luzes claras. O Serviço Nacional de Parques ilumina o monumento quando anoitece, atraindo os mosquitos, o que aumenta a população de aranhas e, desse modo, a população de pombos.

A solução? Ajustar o tempo e as características da iluminação.

Em cada nível desse exemplo, você poderia ter parado de perguntar e começado a tratar os sintomas, nunca alcançando o fundo e descobrindo a causa real. O exemplo também ilustra que a solução para o problema real é muitas vezes mais simples do que atacar os sintomas!

Sonde profundamente, mas com cuidado. Você provavelmente precisará passar para o próximo "Quem?" com o intuito de encontrar alguém com conhecimento para responder o próximo "Por que?". Além disso, examine o problema por diferentes ângulos, porque podem haver respostas diferentes, dependendo de para quem você pergunta.

As sete ferramentas básicas de qualidade

A caixa de ferramentas de qualidade contém muitas, muitas ferramentas para análise e melhoria da qualidade dos produtos e processos. Algumas das ferramentas mais envolvidas, como a análise de variância (ANOVA) e a análise de capacidade de processo, são poderosas e importantes. No entanto, você não usa essas ferramentas avançadas todos os dias.

O conjunto diário de ferramentas de qualidade consiste de sete ferramentas simples que qualquer um pode usar. Trata-se de ferramentas de longa duração que apareceram inicialmente no livro de 1968 do Dr. Kaoru Ishikawa (sim, o mesmo que criou o diagrama espinha de peixe) e têm sido usadas em círculos de qualidade por décadas. Se você aplicar essas ferramentas básicas regularmente, conquistará a maior parte de seus desafios de qualidade.

Conforme a filosofia da gestão visual, essas ferramentas são primariamente gráficas por natureza. As representações gráficas comunicam mais informações do que dados crus e apresentam os dados de uma forma que muitas vezes permite que o problema seja óbvio.

Ferramenta #1: Diagramas espinha de peixe: Causa e Efeito

À medida que você sonda a natureza de um problema e pergunta os 5 Porquês, vai começar a criar um quadro mental de quais causas estão afetando os resultados. Você representa isso graficamente no que é conhecido como diagrama de causa e efeito (C&E) — às vezes chamado de diagrama Espinha de Peixe, devido à aparência gráfica.

O diagrama, às vezes, é conhecido como um diagrama de Ishikawa, que recebe esse nome por causa de Kaoru Ishikawa, que o aplicou inicialmente nos estaleiros de Kobe, no Japão, na década de 1940.

O diagrama Espinha de Peixe permite representar as influências e conexões sobre um resultado em particular. A Figura 12-4 é um diagrama Espinha de Peixe que exemplifica as categorias e subcategorias que podem compor a cadeia de causalidade.

Um diagrama Espinha de Peixe é simples de ser criado e aplicado. Você pode desenhá-lo em um quadro ou na parte de trás de um guardanapo. Você simplesmente identifica as categorias principais de influência sobre um resultado. Dentro dessas categorias, indica as causas e como elas se conectam. Você pode apresentar imediatamente uma figura de todas as causas e contribuições para o resultado e sugerir o próximo nível de sondagem e análise.

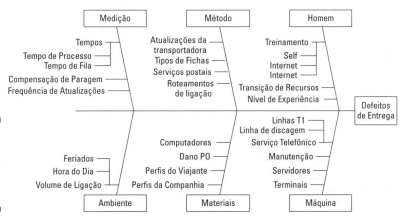

Figura 12-4: O diagrama de causa e efeito (Espinha de Peixe).

Ferramenta #2: Gráfico de Pareto: Encontrando os poucos significantes

Um *gráfico de Pareto* é um tipo especial de gráfico de barras onde os valores são arranjados em ordem descendente, com as contribuições maiores primeiro. Seu nome vem do economista italiano Vilfredo Pareto, que descobriu a "regra 80-20", hoje também conhecida como *Princípio de Pareto* (o princípio de que 20% das causas são responsáveis por 80% dos resultados). O gráfico de Pareto é uma forma rápida e eficaz de identificar as poucas influências significantes — e separá-las das muitas outras insignificantes.

Para fazer um gráfico de Pareto, você simplesmente organiza as observações com os maiores impactos ou valores à esquerda e as observações com valores decrescentes à direita. A Figura 12-5 é um exemplo que mostra as categorias de custo em um perfil de despesas. A partir desse gráfico, você é capaz de ver facilmente a significância de cada elemento de custo para o total — e que salários são os maiores contribuidores, seguidos pelo equipamento em segundo e o restante menor por comparação.

Como mostrado na Figura 12-5, um gráfico de Pareto mostra tanto o número absoluto quanto a porcentagem de contribuição. O eixo vertical da direita indica a porcentagem e uma linha é traçada indicando a porcentagem cumulativa total, até 100% com o item mais à direita. Pela figura, você pode ver rapidamente que salários e equipamento se combinam para representar mais de 80% do custo.

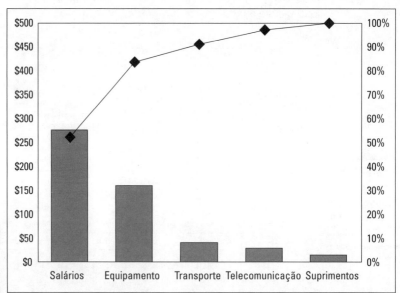

Figura 12-5: Um gráfico de Pareto.

Ferramenta #3: Fichas de controle: Capturar e ver

Uma *ficha de controle* é basicamente qualquer forma padrão que pode ser usada para reunir dados e visualizar uma atividade enquanto ela acontece.

Capítulo 12: Ferramentas de Perfeição *275*

O nome vem do uso histórico de uma folha de papel ou tabela na qual alguém indicava uma atividade e a controlava enquanto acontecia. A Figura 12-6 mostra um exemplo de uma ficha de controle.

A polícia usa "mapas de assassinatos", como ficha de controle, para rastrear onde os assassinatos ou outros crimes acontecem. Armados com essa informação, eles podem policiar os bairros de forma adequada, criar relações com os moradores e trabalhar para resolver e prevenir o crime. Essa mesma ideia pode ser usada em qualquer situação para identificar visualmente padrões de defeito, de modo que ações preventivas e corretivas possam ser tomadas.

Você pode criar fichas de controle para uma variedade de usos:

- ✔ **Registro:** Simplesmente conte as ocorrências de um evento, como corredores cruzando uma linha de chegada.

- ✔ **Itens defeituosos:** Marque a ocorrência de defeitos por categoria.

- ✔ **Distribuição de processo:** Indique a ocorrência de um evento por valor. Isso criará um histograma.

- ✔ **Roteiro de localização:** Marque a localização de um evento em uma representação gráfica.

- ✔ **Roteiro de localização de defeitos:** Marque a localização de um defeito.

- ✔ **Causalidade:** Indique a causa provável de eventos à medida que ocorrem.

- ✔ **Modelo de trabalho:** Indique como o tempo é gasto por categoria.

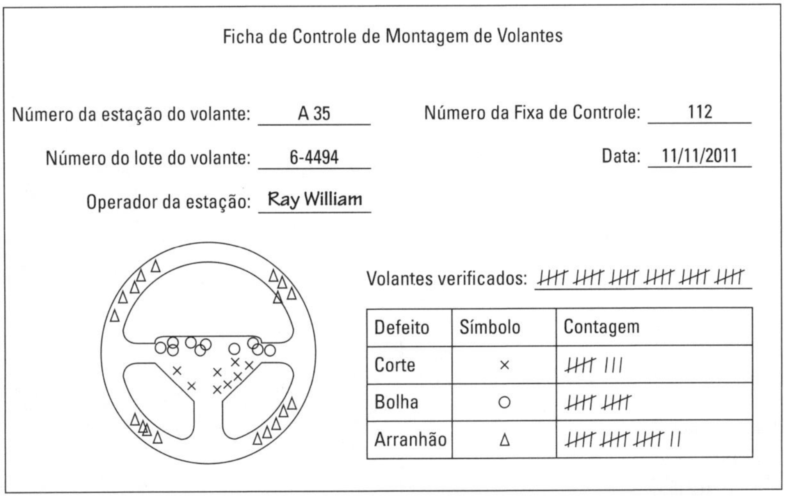

Figura 12-6:
Uma ficha
de controle.

Ferramenta #4: Gráficos de dispersão: Relações em um relance

Um gráfico de dispersão é o mais simples de todos os gráficos — e, ainda assim, também é o mais revelador. Em um gráfico de dispersão, você representa graficamente a relação entre dois itens ou variáveis. (Veja a Figura 12-7.)

Criar um gráfico de dispersão é fácil. Apenas desenhe e nomeie alguns eixos e trace os dados. Então, sente-se e o analise. O que você vê? Existe uma tendência (conhecida como *correlação*), ou é aleatório? Baseado no que está vendo, você pode criar conclusões a respeito do que está mais propenso a acontecer em seguida.

O gráfico de dispersão mostra de forma resumida se existe uma relação entre as duas variáveis e qual é a provável natureza dela. O número de pontos no gráfico indica o quanto de dados você coletou — quanto mais dados, mais válidas são as observações.

Neste exemplo, existe uma correlação óbvia entre o ano e o índice local. Análises mais profundas indicariam a natureza dessa correlação.

Ferramenta #5: Representando os dados

O uso de gráficos é uma ótima maneira de ver as diferenças entre itens em um pequeno conjunto de dados relacionados. Um tipo popular é o gráfico de barras, porque ele é fácil de ser feito e lido. A Figura 12-8 mostra um exemplo de um gráfico de barras.

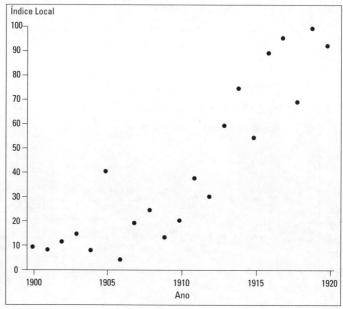

Figura 12-7: Um gráfico de dispersão.

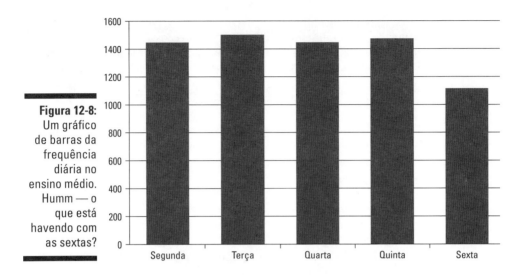

Figura 12-8: Um gráfico de barras da frequência diária no ensino médio. Humm — o que está havendo com as sextas?

Cada entrada é uma contagem dos dados daquela categoria e é exibida em uma coluna vertical na forma de uma barra retangular sólida proporcional a seu valor. Uma variação comum do gráfico de barras é chamada de *gráfico de barras empilhadas*, onde dois ou mais itens que compõem o valor são exibidos de forma independente. A Figura 12-9 contém um gráfico de barras empilhadas.

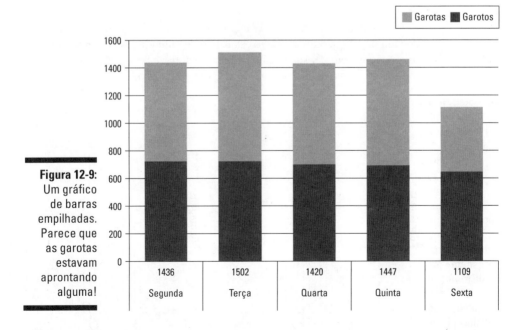

Figura 12-9: Um gráfico de barras empilhadas. Parece que as garotas estavam aprontando alguma!

Em um gráfico de barras, olha-se o mais alto e o mais baixo para entender a variação e ter um senso do significado e dos desvios. Você olha as barras que se relacionam entre si para ter uma noção de tendências, correlações e outras relações. A partir do gráfico de barras, você terá um senso do que examinar ou para onde olhar depois. Acontece que o novo filme de vampiros foi lançado na última sexta-feira!

Além dos gráficos de barra, outros gráficos úteis incluem gráficos de linha, gráficos de círculo ou de pizza e gráficos pictóricos.

Ferramenta #6: Histogramas: Frequência de ocorrência

Um *histograma* é um tipo de gráfico de barra organizado para mostrar as contagens da frequência com que algo ocorreu. Em um histograma, cada barra tem uma largura igual e representa uma variação fixa de medição. Depois de um certo tempo, você pode ver facilmente como os dados são distribuídos. (Veja a Figura 12-10.)

Os histogramas são formas poderosíssimas de se ver como os processos funcionam e o grau de variação e outros fatores que influenciam o desempenho.

Ferramenta #7: Gráficos de controle: "Vá em frente"

O gráfico de controle (veja a Figura 12-11) é considerado a ferramenta mais importante do controle estatístico de qualidade. O gráfico de controle foi desenvolvido não por Jean-Luc Picard (da série "Jornada nas Estrelas: A Nova Geração"), mas pelo Dr. Walter Shewart dos Laboratórios Bell, na década de 1920, como um meio estatístico de entender os processos de produção e melhorar sua eficácia. Ele serve como a base para determinar se um processo está dentro ou fora do controle estatístico.

Figura 12-10: O histograma da esquerda mostra uma distribuição "normal" de dados, enquanto que o histograma da direita representa uma distribuição não normal "bimodal" de dois picos.

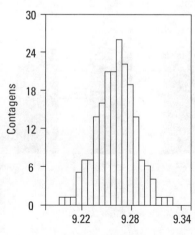
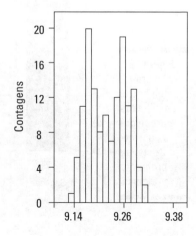

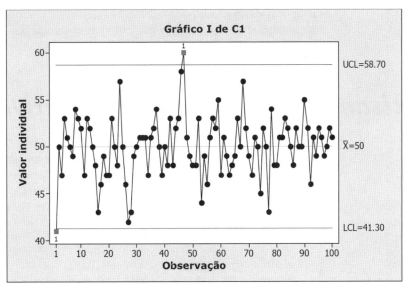

Figura 12-11: Um gráfico de controle.

O gráfico de controle é uma exibição gráfica do valor de alguns dos processos ou características de qualidade ao longo do tempo. Ele mostra o valor corrente do item e normalmente inclui o valor-alvo central, bem como os limites de controle mais altos e mais baixos.

Normalmente, contanto que os valores da amostra caiam entre os limites de controle mais altos e mais baixos, o processo é "controlado". No entanto, se a distribuição dos valores é sistemática e não aleatória, isso é uma indicação de uma causa especial de variância, indicando que o processo não é um controle estatístico e deve ser examinado mais profundamente.

Uma coleção de valores de amostra no gráfico de valor ao longo do tempo formará um histograma, bem como permitirá uma análise estatística da variação de desempenho da característica de qualidade.

Às vezes, você verá *estratificação* ou até mesmo *gráficos de fluxo* ou *gráficos correntes* substituídos pelos gráficos listados como ferramenta #5 das 7 ferramentas básicas de qualidade. Estratificação é uma técnica para visualizar padrões dentro de dados, como dados por transição, população ou ambiente; a visualização dos padrões pode ajudar a identificar correlação e causalidade. Os gráficos de fluxo (veja as Figuras 2-1 e 2-2) são um modelo gráfico de um processo em ordem sequencial, começando com o primeiro passo em um processo e mapeando as tarefas e passos até o final. Os gráficos correntes são roteiros de uma característica de um processo ao longo do tempo; eles parecem similares aos gráficos de controle, mas sem os limites de controle; é o valor resultante da variável ao longo do tempo. Essas ferramentas alternativas de qualidade talvez sejam

280 Parte IV: A Caixa de Ferramentas do Lean

tão aplicáveis ao projeto ou iniciativa Lean quanto as ferramentas gráficas. Use as ferramentas que sejam mais apropriadas em sua situação para a remoção de desperdício e adição de valor de cliente.

Usando Ferramentas Qualitativas

Depois de estabelecer as sete ferramentas estatísticas formais de controle de qualidade (veja a seção anterior), a União Japonesa de Cientistas e Engenheiros (JUSE) estabeleceu as *sete novas ferramentas* — um conjunto de ferramentas qualitativas. As setes novas ferramentas são tão importantes quanto as sete ferramentas originais. Você provavelmente já usa muitas delas.

- **Diagrama de relações** — Use um diagrama de relações quando as inter-relações de uma situação são complexas. Desenhe e identifique caixas para cada elemento de um problema, então desenhe setas onde um elemento influencia outro. Os elementos com mais setas saindo deles são as causas raiz.

- **Diagrama de afinidade** — Colete ideias (normalmente em cartões ou notas adesivas), identifique as relações naturais e divida em grupos para uma revisão e análise mais profundas. As afinidades são ótimos dados para matrizes Espinha de Peixe e C&E.

- **Diagrama de árvore** — Compare alternativas em uma matriz baseado nas relações de critério. Identifique relações com símbolos e veja o que os padrões resultantes implicam.

- **Diagrama de matriz** — Baseado nas relações de critério, compare alternativas em uma matriz. Identifique as relações com símbolos e veja o que os padrões resultantes implicam.

- **Matriz de priorização** — Estabeleça uma lista de critérios por ordem de prioridade e compare um conjunto de opções de acordo com o critério.

- **Gráfico de Programa de Decisão de Processo** (PDPC) — Usando um diagrama de árvore, identifique uma ou mais contramedidas para cada risco.

- **Rede de atividade (diagrama de setas)** — Similar ao gráfico PERT, mapeie as tarefas do projeto ou processo na ordem exigida, com durações e recursos, e conecte-os com as setas indicando o fluxo correto, o "caminho crítico" do projeto ou processo e as dependências relacionadas.

Essas ferramentas são boas especialmente em análises qualitativas. Os nomes podem soar complicados, mas eles são fáceis de usar. Para ver mais exemplos, visite: `www.syque.com/quality_tools/toolbook/toolbook.html`.

Capítulo 13

Ferramentas de Gerenciamento

. . . .

Neste Capítulo

▶ Entendendo a estratégia

▶ Fazendo-se presente

▶ Liderando por meio de ferramentas de informação de gerenciamento

. . . .

O Lean é uma iniciativa estratégica. Você empreende o Lean porque ele cria um bom senso financeiro e de negócio como uma direção de longo prazo para a organização. Ainda assim, o Lean exige não apenas uma visão estratégica, mas um comprometimento diário profundo e pessoal com o melhoramento; você está mudando sua cultura. (Veja a Parte II.) Você precisa ter o sistema de medição correto. Precisa assistir de perto as métricas de longo e curto prazo. Precisa aprender com suas experiências — tanto os sucessos quanto as falhas. E precisa ajudar todos a estarem ativamente envolvidos diariamente.

Sem a atenção dos gestores e a participação dos executivos, as mudanças desenvolvidas em uma implementação Lean não se sustentam. Neste capítulo, apresentamos ferramentas que apoiam o desenvolvimento e acompanhamento da estratégia de negócios, iniciativas táticas e o desempenho geral do negócio.

Como outros aspectos do Lean, as ferramentas de gerenciamento são visuais. Junto com as ferramentas de fluxo de valor e de cliente do Capítulo 10, as ferramentas de fluxo e pull descritas no Capítulo 11 e as ferramentas de perfeição do Capítulo 12, estas ferramentas compõem todo o instrumental do Lean. Você precisa de todas elas para apoiar a implementação Lean.

O capítulo termina com uma discussão geral sobre ferramentas de software de apoio ao Lean e sobre a extensão global do empreendimento. Embora o Lean tenha a ver com simplicidade e eliminação de desperdício, ele também envolve a implementação correta da tecnologia. Isso ajudará a guiar o time de gestão para o nível apropriado de implementação tecnológica.

Estratégia de Gerenciamento

Uma equipe gestora de sucesso gerencia tanto a estratégia de longo prazo quanto as atividades táticas diárias do negócio. O mesmo ocorre em uma organização Lean bem-sucedida: criar o plano mestre e medir o progresso diário rumo a esse plano. E, conforme os fundamentos do Lean, o processo de desenvolvimento estratégico, implementação e mensuração deve ser simples e visual.

As ferramentas de estratégia e medição são fartas no mercado e as que estão inclusas nesta seção se alinham com os princípios do Lean. O ciclo PDCA central para o *kaizen* também fornece uma ótima base para o desenvolvimento e a implementação estratégica. De modo coletivo, essas ferramentas ajudam a equipe de gestão a liderar sua organização eficazmente através da transformação Lean.

Em tudo que você faz, seu mantra deve ser: "Simplificar, eliminar, automatizar e, então, integrar." O Lean tem tudo a ver com simplificação, eliminação de desperdício e, assim, ajudar as pessoas a usarem ferramentas e tecnologia para integrar funções e processos. As equipes de gestores podem facilmente cair nas garras de consultores ou vendedores de TI oferecendo as mais novas e melhores soluções para todos os problemas. Automatizar práticas de negócio ruins não solucionará seus problemas. Não existem varinhas mágicas. Seja desenvolvendo uma estratégia, executando atividades de *kaizen*, ou avaliando uma tecnologia, não se afaste da essência do Lean: elimine o desperdício em tudo o que você faz.

Hoshin: Planejamento balanceado

O termo *hoshin kanri* significa "configuração da direção". O sistema de planejamento Lean construído em torno disso é conhecido como planejamento *hoshin* ou implantação de política. O processo de planejamento *hoshin* é uma estratégia provada e efetiva que segue o ciclo de melhoramento PDCA. No *hoshin*, a organização faz planos e conduz uma autoanálise padronizada regular. Os resultados fornecem dados para a atualização do plano.

Capítulo 13: Ferramentas de Gerenciamento

O planejamento *hoshin* é uma abordagem de dois níveis: (a) planejamento estratégico e alinhamento e (b) fundamentos diários de operações. O objetivo de *hoshin* é garantir que a organização esteja desenvolvendo suas estratégias e objetivos de longo prazo (de dois a cinco anos), bem como gerenciando a execução diária do negócio a curto prazo. Ele também é fundamentalmente baseado no princípio de que você alcança os melhores resultados quando todos na organização entendem completamente os objetivos e estão envolvidos nos processos de planejamento para alcançá-los.

Usar as sete ferramentas qualitativas (veja o Capítulo 12) ajuda você a criar seus planos *hoshin*.

O planejamento *hoshin*, para ser verdadeiramente eficaz, precisa ser multifuncional, promovendo cooperação ao longo do fluxo de valor, dentro e entre as funções do negócio. Os diferentes departamentos de uma organização devem colaborar e apoiar uns aos outros para alcançar os resultados extraordinários possíveis apenas através de sinergia e cooperação.

Entendendo o processo de planejamento hoshin

O planejamento *hoshin* sistematiza o planejamento estratégico. O formato dos planos é unificado por meio de padrões e medido através de tabelas. Essa padronização fornece uma abordagem estruturada para o desenvolvimento e produção do plano estratégico da organização. A estrutura e os padrões também permitem dispor de um modo eficiente de conectar o plano estratégico a toda a organização. Isso, por fim, faz com que todos tenham um entendimento amplo não apenas do plano, mas também do processo de planejamento.

O planejamento *hoshin* é um processo de sete passos em que você executa as seguintes tarefas de gerenciamento:

- ✓ Identifique os problemas-chave do negócio e os relacione com o modo como você fornece valor ao cliente/consumidor.
- ✓ Estabeleça objetivos de negócio equilibrados e mensuráveis que abordem esses problemas.
- ✓ Defina a visão geral e os objetivos.
- ✓ Desenvolva estratégias de suporte para perseguir os objetivos, incluindo como aplicar o Lean para alcançá-los.
- ✓ Determine as táticas e objetivos que facilitam cada estratégia.
- ✓ Implemente medidas de desempenho para cada processo.
- ✓ Meça os fundamentos do negócio.

Certifique-se de identificar objetivos mensuráveis e estratégias de suporte com detentores funcionais e de processo para abordar problemas críticos de negócio.

Criando as tabelas de hoshin

Os planos *hoshin* não são o resultado de exercícios acadêmicos; eles não acumulam poeira em uma estante. Você os verifica regularmente, comparando-os com a performance atual. No processo *hoshin*, você emprega um conjunto de relatórios, conhecidos como *tabelas*, no processo de revisão. Os gestores e as equipes de trabalho usam esses relatórios para avaliar o desempenho. Cada tabela inclui:

- Um cabeçalho, mostrando o autor e o escopo do plano
- A situação, para dar significado aos itens planejados
- O objetivo (o que se pretende alcançar)
- Marcos que mostrarão quando o objetivo é alcançado
- Estratégias para o modo como os objetivos são alcançados
- Medições para verificar se as estratégias estão sendo alcançadas

As diferentes tabelas *hoshin* são:

- **Tabela de revisão *hoshin*:** Durante as revisões, apresente planos na forma de tabelas de revisão *hoshin* padronizadas. Em cada tabela, mostre um único objetivo e suas estratégias de suporte. Um grupo ou um indivíduo responsável por vários objetivos deve gerar várias tabelas de revisão com o intuito de cobrir todos eles.
- **Tabela de implementação de estratégia:** Use as tabelas de implementação de estratégia para identificar as táticas ou planos de ação de que você precisa para realizar cada estratégia. Com as tabelas de implementação, apresente as seguintes informações:
    - As táticas necessárias para implementar a estratégia.
    - As pessoas envolvidas em cada tática e suas responsabilidades exatas.
    - A linha do tempo de cada tática, normalmente apresentada como um *gráfico de Gantt* (uma representação gráfica cíclica de atividades e tarefas de um projeto).
    - Medições de desempenho.
    - Como e quando você revisará a implementação.
- **Tabela de fundamentos de negócio (BFT):** Uma tabela de fundamentos de negócio representa os elementos que definem o sucesso de um processo de negócio. Na tabela, você mostra

como esses elementos são monitorados através de suas métricas correspondentes. Exemplos de fundamentos de negócios são segurança, pessoas, qualidade, receptividade e custo. Você deve ter as figuras da BFT sob controle antes de tratar das estratégias de longo prazo.

✔ **Tabela de planejamento anual (APT):** Registre os objetivos da organização e as estratégias na tabela de planejamento anual. Então, passe a APT para a próxima estrutura organizacional. Flua esse processo de passagem através de toda a organização. Cada nível da empresa desenvolve seu plano para suportar o plano organizacional geral de nível superior.

Você pode encontrar pacotes de software para ajudá-lo a criar essas tabelas.

A mudança real ocorre quando você é claro e específico a respeito de onde está indo e quem é responsável por cada item dos planos de implementação.

Criando e proliferando o plano anual

Os gestores seniores são, em última instância, os responsáveis por estabelecer as estratégias, objetivos e medições de desempenho equilibrado usados para abordar os problemas da organização para o ano seguinte. Algumas organizações consideram útil usar equipes de problemas. Essas equipes consistem dos gestores funcionais de processo e líderes seniores mais envolvidos com um dado problema. Juntos, eles formulam os objetivos e estratégias que melhor abordam os problemas críticos do negócio e mantêm ou melhoram a satisfação do cliente. Por último, a liderança sênior deve ser convencida de que as estratégias selecionadas possibilitarão o alcance dos objetivos e resolver os problemas críticos do negócio.

Registre os objetivos e estratégias da organização na tabela anual de planejamento. Passe a APT para a próxima estrutura organizacional. À medida que o plano prolifera através da organização, as estratégias de um nível se tornam os objetivos do próximo. Isso fornece direção e ligação hierárquica para o plano de nível mais alto. A cada nível que sucede, as estratégias são arrendadas, expandidas e transformadas em planos de implementação que contribuem para o alcance do objetivo geral.

Conforme cada nível posterior aceita sua porção do plano, ele se torna envolvido no desenvolvimento do plano, adicionando detalhes em que pode melhor contribuir e agregar valor. Também é dessa forma que a organização embarca no plano; ela agora tem certa posse sobre ele. A metodologia *hoshin* é um processo de planejamento estratégico com a habilidade incorporada de capacitar a organização.

Implementando o hoshin

O processo de implementação inclui a *Execução* das atividades *hoshin*, junto com as linhas do tempo e pontos de verificação dos eventos específicos. Use o plano de implementação como uma ferramenta de tomada de decisão contínua. Delineie ou note o desempenho atual para planejar junto com os eventos e pontos de verificação planejados.

O plano de implementação normalmente exige que você coordene tanto dentro quanto entre os departamentos funcionais e detentores de processo. Os planos de implementação não são apenas responsabilidades de um indivíduo completando o plano anual a nível mais baixo. Cada nível e processo da organização deve ser articulado e deter responsabilidades detalhadas para garantir o suporte e a realização dos planos da organização. É assim que você faz o passo *Executar* do PDCA (veja o Capítulo 9) acontecer.

A revisão anual hoshin

Como o *hoshin* é um processo cíclico, a revisão do desempenho do ano anterior é a base para o plano do ano seguinte.

- **Para os objetivos que foram completados com sucesso,** execute uma análise para determinar o que deu certo e se as estratégias de suporte e medições de desempenho inicialmente estabelecidas foram verdadeiramente apropriadas. Além disso, note quaisquer resultados excepcionais e como eles foram obtidos. Esse passo é crítico para a captura de conhecimento sobre como exceder objetivos e, então, para a transferência desse conhecimento para a organização.

Reconhecer os maiores contribuidores do sucesso do plano consolida a equipe e reforça a importância da realização do plano.

- **Para cada objetivo não obtido,** determine as razões para o deficit. Analise os dados de apoio detalhados e todas as estratégias associadas com o objetivo. Peça aos detentores da estratégia para que identifiquem o que suas equipes teriam mudado no plano para que tivessem mais sucesso no ano que se completou, assim como em relação ao futuro também. Esse processo de tanto olhar para trás quanto para frente melhora o aprendizado organizacional.

Conduza revisões em todos os níveis da organização. Começando do mais baixo, complete a revisão e passe a informação através de toda a estrutura organizacional (níveis de gestão). Faça com que cada nível use as tabelas de revisão das estruturas anteriores (níveis de gestão) para completar sua própria revisão. Estimule discussões entre as diferentes

Capítulo 13: Ferramentas de Gerenciamento **287**

estruturas da organização para alcançar um consenso sobre os resultados da tabela de revisão.

Além de listar os objetivos do plano do ano anterior, use a tabela de revisão para chamar atenção para assuntos importantes do ano seguinte. Quando a revisão alcança os gestores seniores, as tabelas de revisão *hoshin* destacam as áreas nas quais a organização fez progresso significativo e se ateve aos objetivos identificados e onde as mudanças devem ser feitas ou mais trabalho é necessário.

Complete a revisão, usando informações de:

- Tabelas de revisão *hoshin*
- Objetivos corporativos
- Planos de negócios
- Projeções econômicas
- Dados de clientes
- Uma avaliação de qualidade (se conduzida)

Os gestores seniores podem determinar se os problemas críticos do negócio no ano anterior e os objetivos ainda são apropriados para o ano que está por vir. Esse também é o momento para se certificar de que a organização está fornecendo valor a seus clientes como descrito nos planos. Além disso, eles garantem que os planos são consistentes com o rumo do negócio em relação à visão de longo prazo (estado ideal).

Revendo o progresso periodicamente

Embora o ciclo de planejamento seja anual, revise as métricas fundamentais do negócio mensalmente para garantir que o desempenho esteja cursando a direção correta. Revise o plano anual trimestralmente para garantir que o plano ainda é o certo. Se as métricas não estiverem na direção certa, identifique as contramedidas para colocar o plano de volta nos trilhos. As ações podem compreender três fases:

- Aliviar o problema imediato com uma contramedida de emergência.
- Evitar que o problema ocorra novamente com uma correção de curto prazo.
- Determinar e remover a causa raiz do problema. Esta é a solução permanente que prevenirá que o problema volte a ocorrer.

A revisão anual final é essencialmente a compilação e o resumo das tabelas de revisão *hoshin* acumuladas durante o ano. Ela leva você de volta ao passo *Estudar* descrito anteriormente. Esse passo exerce um papel crucial no melhoramento da habilidade de aprendizado da organização. Quando o desempenho real e os resultados são comparados e uma análise de desvio de plano é completada, aqueles que estão mais perto da estratégia tornam visível para o líder da organização uma grande quantia de informação.

Reflexão — analisar completamente o que deu certo ou o que deu errado em cada estratégia — é um aspecto importante das revisões de gestão. Determinar objetivamente quais estratégias e ações funcionaram — e quais estratégias e ações precisam de melhorias, porque não conseguiram alcançar os alvos — é necessário no processo de aprendizagem da organização. Não se trata de uma sessão de culpa! Foque nas estratégias e ações; não aponte o dedo.

O Balanced Scorecard

A saúde e eficácia de uma organização são refletidas apenas em parte pelo desempenho financeiro. Corporações relatam receitas, custos e ganhos; instituições sem fins lucrativos mensuram a angariação de fundos; e as organizações governamentais seguem seus orçamentos. Embora os números sejam importantes, todos sabem que eles são apenas um dos vários indicadores de uma real condição. Para criar um quadro mais equilibrado, os pesquisadores de Harvard Dr. Robert Kaplan e Dr. David Norton desenvolveram um conceito no início da década de 1990, chamado de Balanced Scorecard.

Kaplan e Norton reconheceram que uma retrospectiva sobre o desempenho financeiro por si só é um modo completamente insuficiente de medir e guiar as organizações na era emergente da informação pós-industrial. É tanto impraticável quanto inapropriado usar as finanças como base única para a avaliação e gestão de um amplo espectro de clientes, empregados, fornecedores e distribuidores, bem como os processos e tecnologias que habilitam um empreendimento moderno. Você precisa de algo mais holístico.

Quando Kaplan e Norton a formalizaram, o Balanced Scorecard se tornou uma plataforma para avaliação e gestão de uma organização ao longo das linhas de quatro perspectivas diferentes: financeira (é claro), mas também cliente, processo e aprendizado. A Figura 13-1 mostra a estrutura conceitual. Na abordagem do Balanced Scorecard, a organização cria, em cada uma das cinco áreas, indicadores mensuráveis, que são usados tanto para acompanhar o progresso quanto para gerir o percurso rumo à visão. Simples e fácil de entender, o Balanced Scorecard tem sido aplicado de um certo modo como um sistema padronizado de medição na maioria das companhias do mundo.

Capítulo 13: Ferramentas de Gerenciamento

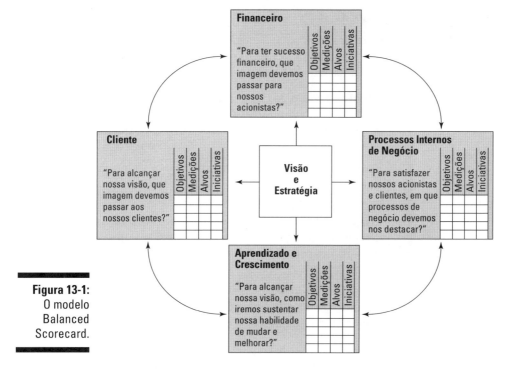

Figura 13-1:
O modelo Balanced Scorecard.

Conceitos básicos do Balanced Scorecard

A estrutura subjacente da metodologia do Balanced Scorecard é construída sobre muitos dos mesmos princípios do Lean, incluindo os seguintes:

- Foque no cliente e, em particular, no fato de que o cliente define o valor.
- Aplicação estruturada de medições e controles.
- Qualidade na fonte.
- Melhoramento contínuo, através de medição e feedback.
- Engajamento, capacitação e desenvolvimento de empregados.

Consistente com o *hoshin*, o Balanced Scorecard incorpora os resultados dos processos de negócio internos, bem como do planejamento de estratégia e visão. Isso exige que a organização desenvolva não só as métricas baseadas em prioridades de planejamento estratégico, assim como os fundamentos operacionais do negócio. Isso permite que todos observem os resultados dos processos medidos e estratégias e acompanhem esses resultados para guiar a organização e fornecer feedback.

As seções do scorecard

O Balanced Scorecard padrão contém quatro cartões — cliente, finanças, processos e aprendizado. Eles são propositalmente independentes, formando uma visão holística do empreendimento:

- ✓ **Cliente:** O cartão do cliente foca nas medições que demonstram a habilidade da organização de prover bens e serviços de qualidade, entrega efetiva e satisfação geral do cliente. Isso inclui tanto clientes internos quanto externos.

- ✓ **Financeiro:** O cartão financeiro reflete os relatórios financeiros de nível mais alto, consistentes com a natureza da empresa (pública, privada, sem fins lucrativos, governamental).

- ✓ **Processo:** O cartão de processo interno relata sobre o status e o desempenho dos processos-chave do negócio, que constituem as suas funções centrais (que é o que gera valor para o cliente).

- ✓ **Aprendizado:** O cartão final é um relatório dos elementos de aprendizagem, desenvolvimento e crescimento das pessoas, sistemas e cultura da organização. Isso inclui habilidades, comunicações, motivação e agilidade.

Você pode ver facilmente como o Balanced Scorecard padrão refletiria o status e o desempenho de uma organização Lean. Por essa razão, o Balanced Scorecard padrão é uma ferramenta aceitável de medição e trabalha sinergicamente em um empreendimento Lean.

Você pode usar o Balanced Scorecard padrão como mais do que um sistema de medição — também pode usá-lo como a base para um sistema de gerenciamento. Isso é verdadeiro na medida em que houver o que mensurar. Se está embarcando em uma jornada Lean, no entanto, tenha cuidado quanto a misturar seus sistemas de gerenciamento. No mundo Lean, o Balanced Scorecard padrão é uma estrutura de reporte.

Crie um scorecard que se encaixe em sua organização. Embora o Balanced Scorecard padrão seja prescritivo, você pode achar mais benéfico acompanhar uma mistura diferente de categorias — como segurança, pessoas, qualidade, receptividade ou custo. Encontre as métricas de negócio fundamentais certas para sua organização e revise-as frequentemente — pelo menos mensalmente.

Vá e Observe

Os gestores Lean sabem que não podem liderar suas organizações de maneira eficaz de dentro de seus escritórios. Eles precisam estar lá onde a ação está, onde o valor de cliente é criado — para criar relações, para entender os reais problemas e para definir expectativas de desempenho. Você pode criar o plano anual mais eloquente, mas, sem envolvimento nas atividades diárias, esses planos são um sonho impossível.

Porém, é mais do que apenas sair do escritório. As ferramentas desta seção criam uma estrutura para essas atividades gestoras. As caminhadas *gemba*, por exemplo, não são passeios aleatórios por uma operação — elas são focadas na implementação do Lean, na segurança, qualidade, ou alguma outra perspectiva. Seja ela conduzida por um indivíduo ou uma equipe, a intenção de uma revisão *gemba* é clara.

Em qualquer nível, a melhor maneira de saber o que está acontecendo no negócio é "ir, observar e obter os fatos".

O poder do 3 Gen

O princípio do *3 Gen* — *genchi* (como *gemba*), *genbutsu*, *genjitsu* — nos compele a ir até o local real, observar o produto ou serviço real e reunir fatos concretos. Em outras palavras, levantar o traseiro da cadeira e ir descobrir as coisas por si mesmo — de verdade! Reconheça que os canais eletrônicos — o telefone, videoconferências e a internet — não são suficientes para transmitir a história toda. Sim, as despesas com viagens (sejam elas até a porta ao lado, ou até outro andar, em outro prédio, ou através do oceano) são, a rigor, sem valor agregado, mas isso nem de longe supera a perda de detalhes, contexto, textura e interação pessoal.

A realidade é o *único* modo de você resolver verdadeiramente os problemas e, para saber o que está acontecendo de fato, você precisa ir até o local real (*gemba)* onde seus produtos ou serviços estão sendo produzidos.

No ambiente de trabalho moderno, tecnológico, hierárquico e geograficamente disperso, as pessoas raramente se sentem compelidas a vagarem demais além do espaço entre a sala de reuniões, a sala de descanso e seus escritórios ou cubículos (ou, para os que trabalham em casa, o espaço entre a cozinha, a varanda dos fundos e o home-office!). As comunicações acontecem por e-mail, chamadas de videoconferência, reuniões virtuais e apresentações online. O risco é que você nunca obtenha informações reais; é por isso que é vital praticar o 3 Gen. Aqui estão alguns exemplos do *3 Gen* em ação:

- ✔ Interagir com os clientes para melhor entender suas necessidades e comportamentos.
- ✔ Visitar as instalações de produção, distribuição e varejo antes de começar o trabalho de desenvolvimento.
- ✔ Ver o local do show-room antes de desenvolver os materiais de marketing.

- Experienciar o produto em ação antes de desenvolver a próxima geração.
- Gastar tempo com o atendimento ao cliente para entender melhor problemas de garantia e uso alternativo do produto pelo cliente.
- Visitar seus fornecedores — e os fornecedores *deles* — para entender suas capacidades e impedimentos.

Da próxima vez, antes de tirar conclusões prematuras baseadas em rumores, em opiniões, ou até mesmo em todos aqueles dados objetivos, considere o *3 Gen* — vá até o local real, observe por si mesmo o produto real e reúna fatos concretos. O *3 Gen*, às vezes, é traduzido como os *3 Reais*.

Perder a conexão com seu cliente final pode levar a erros onerosos e tomadas de decisão equivocadas. Você deve entender o que o cliente está experimentando para se manter ao lado ou à frente dele.

Em algum momento, você vai ver palavras como *genbutsu* escritas como *gembutsu*, isso porque, quando os caracteres japoneses são transliterados, ambas estão corretas.

Caminhadas gemba

O *gemba* é onde você vai ao "sair e observar". O *gemba* é onde a ação está — o local real onde o valor é criado para o cliente. É a cozinha de um restaurante, a sala de operações de um hospital ou um andar em uma loja varejista. O *gemba* é onde o negócio real ocorre. Se você não for ao *gemba*, nunca vai entender realmente seu negócio ou seus problemas.

A *caminhada gemba* é um tour de observação. Não é um tour de "passar por aquela área, acenar e voltar para o escritório". A chave é observar e fazer perguntas sobre as coisas que você nota. Durante uma *caminhada gemba*, pode-se focar em um único item selecionado no plano *hoshin*, como segurança, manutenção, desempenho ou satisfação do cliente. Por exemplo, se transições rápidas são uma prioridade, descubra quando as preparações acontecerão e assista-as. Você pode até mesmo ser capaz de sugerir melhorias adicionais.

Embora as caminhadas *gemba* não sejam roteirizadas, você precisa ter uma intenção principal ou uma plataforma padronizada. Se o tema da caminhada é segurança, você observará tudo a respeito de segurança, das ações dos empregados até a medição do desempenho das condições e localizações do equipamento de segurança.

Você pode estar se perguntando: "O que eu faço em uma caminhada *gemba*?" Aqui está uma lista:

- Construir relações com as pessoas da organização e quebrar barreiras que impedem mudanças.
- Aprender a observar sua organização com olhos "Lean". Inicialmente, saia em caminhadas *gemba* com seu *sensei* Lean (veja o Capítulo 5) para aprender o que e como observar.
- Treinar os outros a observarem, conduzindo caminhadas frequentes e regulares — como equipe ou membros individuais de equipes. Peça que membros individuais das equipes acompanhem você — esta é uma forma poderosa de educá-los.
- Revise as métricas de desempenho vinculadas ao plano *hoshin*.
- Revise os A3s, tabelas de desempenho das equipes, status de *andon*, manutenção e quadros de exibição. (Veja o Capítulo 12.)
- Fale com as pessoas. Procure entender o que elas fazem e quais são os problemas. Elas são especialistas em suas funções de trabalho, então, pergunte a respeito do que estão vendo. A maioria das pessoas adora falar sobre o que fazem.
- Sempre que possível, ajude as pessoas a criarem conexões entre os problemas globais e a estratégia da companhia com relação aos problemas do *gemba*.

Você pode criar harmonia em sua organização enquanto estiver em uma caminhada *gemba*. Ouça os problemas das pessoas e tome atitudes para ajudá-las. Com o tempo, você ganhará seu respeito e confiança. E, por fim, elas irão procurá-lo durante as caminhadas para recomendar melhorias e lhe dar retorno.

Os tours de manutenção são uma forma especial de *caminhada gemba* e uma boa forma dos gestores alcançarem vários objetivos:

- Destacar a importância de um ambiente seguro e ordeiro. (Se você encontrar problemas de segurança, corrija-os e contenha-os imediatamente. Acompanhe-os no futuro para garantir que uma solução permanente tenha sido implementada.)
- Praticar uma forma de trabalho padronizado.
- Conectar às pessoas através de toda a organização.

Os tours de gerenciamento cobrem toda a instalação, dentro e fora. Eles também devem seguir um conjunto de processos, incluindo um checklist de itens a serem revisados, uma agenda e uma rota (incluindo banheiros e equipamentos de segurança). Inconformidades devem ser registradas e abordadas. Esses itens devem ser checados na próxima visita.

Ferramentas de Gerenciamento de Informação

Mais e mais ferramentas e softwares estão disponíveis para facilitar todo o tipo de melhoria de processo, análise, gerenciamento e controle em um negócio. Essas ferramentas são de alcance crescente e muito capacitadas. No entanto, o software gera um certo desconforto no profissional Lean, porque é inerentemente complexo e a complexidade é um anátema para o Lean. Além do mais, você se arrisca a prender-se à ferramenta, o que também vai contra os ideais do Lean. Contudo, um programa de software bem desenvolvido pode ser uma ferramenta eficaz, permitindo que sua equipe execute tanto tarefas táticas quanto estratégicas de uma maneira mais rápida e mais acurada, reduzindo, deste modo, várias formas de desperdício.

Pela doutrina do Lean, mantenha seu uso de aplicações e softwares de acordo com o padrão, tão simples e ágeis quanto possível. Isso pode soar como um paradoxo, mas você pode conter o tamanho, escopo e proliferação de seus aplicativos de computador. Use-os onde forem necessários.

Software de facilitação do processo Lean

Você pode aplicar softwares à prática de mapeamento de fluxo de valor e atividades relacionadas ao Lean. As ferramentas do Lean incluem ferramentas de classe empresarial, como o ARIS da Software AG (www.softwareag.com), e ferramentas profissionais, como iGrafx Flowcharter (www.igrafx.com). Essas ferramentas também oferecem funcionalidades adicionais, incluindo mapeamento de processo, simulação e algumas capacidades analíticas.

As sete ferramentas básicas da qualidade do Capítulo 12, assim como o grande universo de ferramentas analíticas e estatísticas, são adequadamente facilitadas por fornecedores bem estabelecidos. Se você verificar o menu Iniciar do seu PC, provavelmente vai encontrar uma delas: Microsoft Excel (http://office.microsoft.com/excel), que executa todas as funções básicas de análise estatística para você. Para análises e estatísticas mais complexas, o Minitab (www.minitab.com) é o rei dos softwares de desktop. Se você precisa de mais do que estatísticas básicas, como análises de regressão, análise de variância (ANOVA), controle de processo (SPC), análise de medição de sistemas (MSA), design de experimentos (DoE), análise de pontualidade, análise multivariada e não paramétrica, o Minitab é a ferramenta certa. Ele também vem com uma ferramenta Quality Companion que executa o mapeamento de processo, diagramas Espinha de Peixe, Análise de Tipo e Efeito de Falha (FMEA), comparações de mapa de fluxo de valor e mais.

Gráficos de aranha

Os *gráficos de aranha*, também conhecidos como *gráficos de radar*, são ferramentas de gerenciamento populares no Lean. Ao colocar medições múltiplas de desempenho de modo radial, os gráficos de aranha são eficazes mostrando o desempenho de várias características de performance em um único gráfico. (Veja a Figura 13-2.)

Os gráficos de aranha são ferramentas populares, porque são gráficas, visuais e comunicam a informação de forma rápida. Com um gráfico de aranha, você pode fazer coisas como:

- Observar graficamente o desempenho das métricas do negócio para um determinado objetivo.
- Observar o valor relativo de diferentes fornecedores.
- Fazer comparações lógicas entre estratégias ou abordagens concorrentes.
- Ver instantaneamente as forças e fraquezas entre as alternativas.

Os gráficos de aranha são fáceis. Siga este processo rápido:

1. **Identifique a informação que você quer comparar.**
2. **Gere uma lista de aproximadamente cinco a dez critérios de avaliação.**
3. **Pontue as alternativas de cada um dos critérios.**
4. **Desenhe o gráfico e identifique a mesma quantidade de eixos (raios) que existe de critérios.**
5. **Identifique os eixos do gráfico — um eixo para cada critério — e coloque um sinal de jogo da velha em cada raio que represente uma contagem.**
6. **Pontue uma dada alternativa em cada braço de eixo — e conecte os pontos com uma linha reta.**
7. **Repita para cada alternativa. Quando terminado, o gráfico deve ficar parecido com uma teia de aranha.**

Ao usar um gráfico de aranha para acompanhar o progresso em direção a um objetivo, complete o espaço representando o desempenho atual. Isso irá ajudá-lo a visualizar o quão longe você precisa ir.

Agora observe os resultados e analise o gráfico. O que você vê? Olhe para o balanço, os extremos e a área total dentro de cada ponto. Os gráficos de aranha são uma ferramenta gráfica de gerenciamento reveladora e poderosa.

Não fique surpreso se acaso mudar sua pontuação com o tempo. As pessoas muitas vezes definem expectativas altas ou descobrem que suas avaliações iniciais foram generosas demais. Se sua teia está se preenchendo, é hora de reavaliar seu critério. Lembre-se de que o objetivo é o melhoramento contínuo.

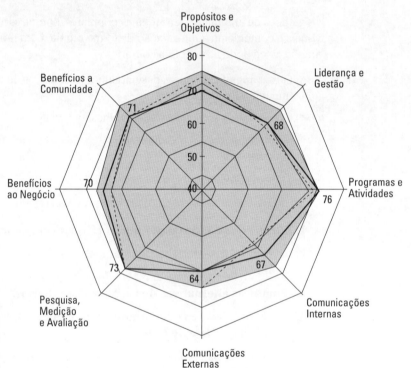

Figura 13-2: Um gráfico de aranha.

Visualizando os processos

Os gestores criam displays e painéis de controle para monitorar os processos-chave e acompanhar o desempenho em praticamente qualquer nível ou local, enquanto ele ocorre. Você deve ter transparência nos processos e operações para ver o que está acontecendo e saber que a ação é necessária para manter o fluxo. Seus painéis de gerenciamento devem ser flexíveis e de fácil customização para fornecer a qualquer um a visão do que é mais importante para eles — bem como do que é mais importante para os outros.

Os painéis de gerenciamento podem ser gerados manualmente, mas como a informação é normalmente espalhada por múltiplos locais e está disponível através de sistemas de informação, os painéis são normalmente gerados por computador. Os painéis automatizados podem exibir tudo, desde gráficos de pizza, mapas e histogramas, até gráficos de execução e controle com limites de espectro mais altos e mais baixos. Consulte a Figura 13-3. Os gestores obtêm inteligência de processo através da visualização computadorizada dos indicadores-chave de desempenho gerados em tempo real.

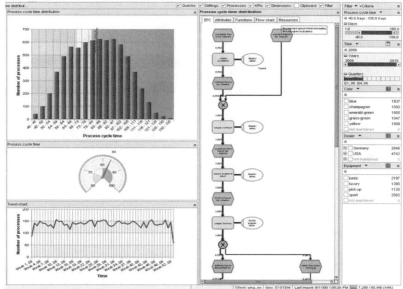

Figura 13-3: Inteligência de processo.

Cortesia da Software AG

De acordo com o Lean, seu painel de controle deve ser simples de ser lido e ter apresentação visual.

As ferramentas de visualização de desempenho relacionadas aos painéis de gestão estão sendo cada vez mais implementadas através de todos os tipos de negócio e organizações, tornando a organização e as métricas mais fáceis de monitorar, gerenciar e melhorar do que nunca. Isso, por sua vez, permite o *kaizen* e permite também que as organizações prosperem em direção a objetivos ainda mais altos. Com essas técnicas de visualização sofisticadas, o desempenho do negócio pode se tornar uma espiral ascendente que possibilita que seu empreendimento prospere para objetivos cada vez mais ambiciosos.

Software de Gerenciamento de Processos de Negócio

Uma das forças mais poderosas para imergir no mundo dos softwares de nível empresarial da última década consiste de uma suíte de ferramentas conhecida como BPM — Gerenciamento de Processos de Negócio. O BPM permite que você defina os processos que cruzam linhas funcionais, integrando informações de sistemas numerosos, como ERP, MRP, CRM e outros, e acompanhando processos através deles à medida que são executados.

Os sistemas BPM suportam a modelagem do processo, captura de dados, análise de dados, visualização e funções de controle de processo. Eles executam o andon, habilitam o desenvolvimento e a exibição em tempo real dos painéis de gestão, e até mesmo constroem Balanced Scorecards. Resumindo, as ferramentas BPM reforçam o empreendimento Lean.

Certifique-se de reagir da forma correta aos dados. Pontos únicos de dados refletem exemplos; pontos múltiplos indicam tendências. Uma reação inadequada a um ponto pode modificar o sistema e causar desperdício. Quando você visualizar um dado, vá ao *gemba*, veja o que está acontecendo, reúna fatos e determine as reações adequadas.

Parte V
O Empreendimento Lean

A 5ª Onda — Por Rich Tennant

"Se cortássemos os dividendos, reduzíssemos o estoque e viajássemos de volta no tempo até o século XIII, conseguiríamos durar mais um ano."

Nesta parte...

A transição bem-sucedida para o Lean não tem a ver apenas com as coisas que você faz, mas também com o modo como você supera os desafios. Algumas pessoas resistirão à mudança — como grupo ou como indivíduos. Nesta parte, você descobre como abordar a mudança, vê como implementar o Lean em diferentes partes do negócio e entende como são as organizações Lean através dos muitos setores de atividade.

Capítulo 14

O Lean Dentro da Empresa

....

Neste Capítulo

▶ Reconhecendo que o Lean se aplica a todas as áreas — não apenas à produção

▶ Entendendo o Lean em nível de empresa

▶ Identificando como o Lean é praticado dentro de diferentes atividades de negócio e funções

....

O Lean é uma metodologia de empreendimento. Algumas organizações acreditam (erroneamente!) que ele serve apenas para a parte de "produção" do negócio, mas ele é aplicável em todo o negócio. Tome sua cadeia de suprimento como exemplo: se leva dez vezes mais tempo para que consiga seus produtos dos seus fornecedores, você não será capaz de fornecer ao cliente de forma mais rápida. Além disso, ao aplicar o Lean através da empresa, as visões multidisciplinares e as experiências ajudam os negócios centrais a servirem melhor ao cliente. Já que os princípios do Lean se aplicam aos processos em geral, *qualquer processo em qualquer área da organização pode ser melhorado usando o Lean*.

Praticar o Lean em qualquer lugar beneficia a prática do Lean em todo lugar. Como destacamos em todo o livro, o Lean não é uma atividade secundária — não é apenas algo feito pelos especialistas em Lean ou pelos operários em um dos cantos da organização. Quanto mais ampla for sua prática do Lean através da empresa e quanto maiores forem o entendimento, a aceitação e o apoio que você consegue na área, melhor você irá servir a seu cliente e melhorar seu negócio.

Neste capítulo você verá como aplicar o Lean de cima para baixo e de um canto ao outro em uma organização. Das áreas de suporte ao andar operacional e do escritório de compras até o centro de serviço ao cliente, a prática do Lean reduz desperdício, tempo, e melhora a satisfação geral do cliente e o desempenho da empresa.

Gerenciamento do Empreendimento Lean

Implemente o Lean através de todas as funções e departamentos dentro da organização: permeie toda a empresa. Permita que todos na organização busquem meios de eliminar o desperdício. Encoraje todos a melhorarem de forma contínua e incremental os processos de trabalho — sempre fazendo melhor e melhorando a si mesmos e toda a organização para capacitar o negócio central.

No empreendimento Lean, as pessoas olham para todo o sistema de negócio. Elas conduzem atividades de melhoramento em todos os níveis com uma visão completa — vendo não apenas seu próprio fluxo de valor e seus próprios clientes, mas todos os clientes, os clientes da organização e os clientes finais. Todos examinam os processos que influenciam os resultados — causas e efeitos — e veem a organização através das lentes do *kaizen*:

- ✔ **Manutenção *kaizen*:** Sempre manter os níveis de desempenho por seguir o trabalho padronizado.
- ✔ **Melhoramento *kaizen*:** Melhorar continuamente os padrões e processos existentes ou inová-los.

Em uma empresa Lean, as pessoas aplicam todo seu treinamento e conhecimento, utilizam seus materiais e ferramentas e fornecem o suporte e a supervisão tanto para o melhoramento quanto para a manutenção dos padrões. Essa filosofia de negócio pede esforços sem fim, que envolvem a todos — executivos, gestores e trabalhadores do mesmo modo.

O mundo é Lean, Lean, Lean, Lean

Há no Lean uma ênfase apaixonada na questão da redução de desperdício e na criação de valor em todo e qualquer lugar da empresa. Ele enaltece a capacitação — a exuberância que vem do reconhecimento de que você tem o poder e a habilidade de superar obstáculos que de outro modo o frustrariam.

O Lean acima e além do piso

Não olhe agora, mas a maior parte do que acontece em muitas organizações não está, absolutamente, na fabricação física. Enquanto o Lean estava crescendo em arenas como a de montagem de automóveis, muitas organizações estavam envolvidas em entregar valor ao cliente em atividades não manufatureiras. Hoje em dia, muitas empresas conduzem a maior parte de seus negócios acima e além do que é conhecido como "operações em chão de fábrica". Para que as operações tenham sucesso, você também deve melhorar todas as outras atividades. (Nos Capítulos 15 e 16, você pode ver mais sobre como o Lean é aplicado em setores não fabricantes.)

Lean transacional

Pratique o Lean nos *processos transacionais* — os processos de negócio cujo papel principal é transacionar informações ou dados de processos. Só porque não criam nada físico, não significa que seus processos estão livres de desperdícios ou que você está de fato satisfazendo o cliente. Os processos de transação tipicamente não desperdiçam muito material, mas podem desperdiçar coisas muito mais valiosas, incluindo:

- **Tempo:** Uma transação mal feita desperdiça muito tempo. Aplique a prática do Lean de redução de ciclo de tempo nessas áreas.

- **Instalações:** Os processos transacionais usam instalações, assim como os processos físicos — prédios de escritórios e data centers, na maioria das vezes. Reduza o excesso de metragem quadrada, gerenciando as transações de modo mais eficaz.

- **Energia:** Quando você está desperdiçando espaço e movimentando mais transações, são grandes as chances de que esteja desperdiçando energia também. Os escritórios são grandes consumidores de energia e os data centers ainda mais. Com o tempo, o excesso de viagens, retrabalho — tudo isso consome energia desnecessariamente.

- **Pessoas:** O pior de tudo ao não engajar e utilizar as pessoas adequadamente é que as organizações ficam longe de alcançarem seu potencial.

O desperdício é mais difícil de ser percebido em áreas transacionais. Você consegue ver o desperdício facilmente nas áreas físicas: peças, estoque, material, pessoas que não estão trabalhando e assim por diante. Mas é mais difícil ver o desperdício nas transações. Aquela pessoa sentada na frente do computador está agregando valor? O programa de computador que ela está utilizando está agregando valor? O processo que está consumindo os resultados daquele programa está agregando valor? Os dados estão agregando valor? Você precisa olhar mais de perto — vá ao *gemba*!

O gestor de fluxo de valor

A empresa Lean possui um papel único chamado *gestor de fluxo de valor*. O gestor de fluxo de valor é responsável pelas melhorias de ponta a ponta e pelo desempenho através de um ou mais fluxos de valor. Esse papel é importante porque é focado em como entregar, de forma mais eficaz, valor para o cliente. É um papel multifuncional — integrando múltiplas disciplinas e áreas funcionais. Um gestor de linha de produto, que detém o lucros e perdas (P&L) de uma família de produtos ou serviços, é um candidato para ocupar o cargo de gestor de fluxo de valor, porque ele supervisiona os muitos fluxos de valor daqueles produtos ou serviços. Um gestor de projeto ou programa com um foco em um único programa ou projeto também poderia ocupar esse cargo. O gestor de fluxo de valor também poderia ser um cargo unicamente atribuído dentro de uma área operacional.

Tem Tudo a Ver com o Cliente

Os princípios do Lean levam a mudanças no comportamento organizacional de muitas maneiras. No epicentro dessa mudança está o cliente. No Lean, o cliente é foco primário — não é que o cliente esteja sempre *certo*; quer dizer que o cliente é *tudo*. É ele quem define o valor (veja o Capítulo 6); o cliente estimula a demanda por um produto ou serviço; o cliente define as exigências; o cliente avalia os resultados. Otimize todos os processos e atividades dentro de uma empresa para entregar valor ao cliente.

Dentro dessa filosofia, usar o kit de ferramentas do Lean permite que você flua informações de volta para o cliente, para fornecer os produtos e serviços através da empresa. Informações de design, informações de uso do cliente, informações de demanda, informações operacionais — tudo isso flui para e do cliente.

Mas e quanto ao relacionamento direto com o cliente? Como você gerencia isso em um ambiente Lean? Quem toca o cliente? O que é diferente a respeito da gestão de cliente no Lean?

Gerencie o cliente seguindo as mesmas regras, protocolos e filosofias de outras atividades Lean. Retire o desperdício das atividades de relacionamento com o cliente; otimize o fluxo de valor das funções voltadas ao cliente; diminua o tempo de ciclo da resposta ao cliente; assuma uma perspectiva holística dos sistemas do cliente; e entenda o cliente do cliente. Otimize as funções voltadas ao cliente, assim como você faria com qualquer função através da empresa usando o *kaizen*.

A maioria das organizações sofre com desafios similares de gestão de clientes:

- ✔ Muitos processos e sistemas diretamente interagindo com o cliente.
- ✔ Contatos e interfaces demais e muitas transferências e atrasos na gestão das relações com o cliente.
- ✔ Feedback de cliente desconectado do restante da organização.
- ✔ Erros em seleção, configurações, preço, cotação e conformidade com as ordens do cliente.
- ✔ Relações transacionais com o cliente sem intimidade ou longevidade.

As organizações Lean lutam para criar clientes para a vida toda. A relação com o cliente é onde suas expectativas estão de acordo com suas habilidades, onde você aborda seus objetivos e desejos por meio dos resultados da empresa e a capacidade dos sistemas de desenvolvimento, produção e suporte. Suas soluções Lean irão entregar altos níveis de satisfação, tanto para o cliente quanto para a empresa.

Marketing do cliente

O marketing é a dança — a arena onde você e o cliente desenvolvem interesses e entusiasmos mútuos. É do que os sonhos de valor futuro são feitos. No marketing, o Lean é o processo de conceber e refinar a base da troca — o que o cliente pode querer e o que a empresa pode entregar. Ferramentas como o Desdobramento da Função de Qualidade (QFD) e o modelo de Kano são parte da transição entre marketing e design.

Ao implementar o Lean no marketing, o fluxo de valor é um contínuo de ideias e conceitos; os produtos são emoções. O valor de cliente é medido conforme a demanda. O desperdício é tudo que não estimula esse fluxo de valor. Companhias que obtêm pesquisas de mercado de forma mais rápida e mais precisa e as processam completamente têm uma vantagem sobre seus competidores.

Integre o marketing Lean à empresa através de sistemas e processos de capacitação e rentabilidade. Ajude sua organização a satisfazer o interesse do cliente que você gerou ao produzir pontualmente e rentavelmente. O cliente está dizendo a você o que ele quer e seus processos internos devem captar isso de forma eficaz — mesmo se a mensagem do cliente for uma mensagem que eles não desejam ouvir.

Vendendo ao cliente

Os processos de venda são muitas vezes transacionais e baseados em sistemas e tendem a ser focados no processo de transação e receita.

Aplicar o Lean ao processo de vendas permite que você foque no valor de cliente e garanta que os clientes certos recebam a oferta certa.

Seleção e configuração

Os clientes precisam avaliar as opções rapidamente para que possam fazer seleções e comprar. A habilidade deles de selecionar e configurar uma solução rapidamente e de maneira fácil não é simplesmente uma questão de eficiência; trata-se de um habilitador de decisão de compra. Pense a respeito da experiência de sair para comprar qualquer coisa, de sapatos a computadores. Você precisa encontrar o que quer de forma rápida e fácil, ou ficará exasperado e irá para outro lugar. Os gerentes de venda garantem que o cliente tenha um caminho focado, rápido e preciso através do labirinto pela aplicação do Lean.

No mundo online, ferramentas como configuradores de produtos e ferramentas de vendas guiadas permitem que os clientes se movam de forma rápida e fácil através do processo de compra. Essas ferramentas combinam a capacidade de produção e fornecimento com as preferências de compra do cliente. Os fabricantes de computadores exemplificam esse processo. Se a produção de discos rígidos de 600GB está temporariamente parada devido a um tufão na Malásia, a ferramenta online da Dell irá rapidamente atrair os compradores para selecionarem os discos de 800GB por meio de incentivos e preços especiais. Os clientes estão fazendo um bom negócio, enquanto a Dell transforma um problema de produção em uma oportunidade de marketing.

Cotação e preço

Na área de vendas, aplique o Lean para remover o desperdício e o ciclo de tempo dos processos de descrição, cotação e custo. Use as práticas Lean para descrever e demonstrar seus produtos e serviços de modo mais eficaz e consistente, fazendo o mesmo com a cotação e custo de produtos e serviços. Tabelas de preço, listas de preço, contas complexas de material, mudanças de preço baseadas em opções e configurações — esses problemas confundem tanto o cliente quanto a equipe de vendas. Aplique o princípio do trabalho padronizado às ofertas de produtos. Como você pode atender melhor o cliente, enquanto minimiza a variação?

As organizações Lean tendem a ter menos configurações de produtos de alto valor. Isso possibilita uma variação reduzida no produto e evita promoções de "final de estação" para se livrar do estoque indesejado.

Encomenda e realização

Os processos de realização são candidatos ideais para a otimização Lean, porque são tipicamente uma combinação de processos físicos e transacionais que sofrem de erros e atrasos. Para evitar clientes irritados e altos custos de retrabalho e reparo, aplique as práticas Lean ao processamento de pedidos e operações de realização em cada nível da empresa. Defina o mapa de fluxo de valor e otimize o ciclo de tempo, níveis de estoque e prevenção de defeitos.

Servindo ao cliente

O serviço depois da venda é a função decisiva da relação de longo prazo com o cliente. Esse provavelmente é o período mais longo da interação direta com o cliente — mais longo do que os picos de marketing ou do que as atividades de venda. É algo que traz o cliente de volta para obter mais — ou o afasta, talvez ele nunca mais volte. Já que um bom serviço faz com que o cliente continue voltando — e um serviço ruim arruína a relação com ele de forma rápida e permanente —, você deve aplicar energia e atenção na otimização da função de serviço ao cliente. Desenvolva o processo de serviço ao cliente como parte de todo um fluxo de valor e aplique as técnicas Lean para garantir que ele seja desenvolvido para servir melhor ao cliente direto e seja bem integrado com seus processos de vendas e marketing.

O processo de serviço ao cliente é significativamente diferente em ambientes B2B (negócio a negócio) comparado aos ambientes B2C (negócio a cliente). Desenvolva seu processo de serviço ao cliente para melhor servir às necessidades de seus clientes diretos — sejam eles quem forem.

O processo de serviço pode fornecer uma valiosa informação sobre o cliente — trata-se do *gemba*. O modo como as lições aprendidas no *gemba* são reintroduzidas na organização impactará sua habilidade de satisfazer o cliente e, com a informação mais recente sobre ele, continuar a melhorar seus processos.

Satisfazendo o Cliente por meio de Produtos e Serviços

Mais do que nunca, a pressão está nos negócios de todos os tipos e tamanhos, para que desenvolvam e tragam rapidamente produtos e serviços inovadores e de alta qualidade para o mercado. Novos esforços de desenvolvimento agora são caracterizados por ciclos de desenvolvimento de produtos cada vez mais curtos, orçamentos mais baixos e exigência de aumento na qualidade. As exigências dos clientes são a cada dia maiores em termos de funcionalidades, customização, eficiência energética, compatibilidade ambiental, pontualidade, sustentabilidade e ciclo de vida útil.

Os processos de desenvolvimento Lean permitem que a empresa crie produtos e serviços mais rapidamente, com menos recursos e com níveis mais altos de qualidade, enquanto usa menos capital e gera clientes mais satisfeitos. As práticas de desenvolvimento Lean ajudam os gestores a abordarem uma miríade de desafios que conspiram contra eles, incluindo exigências incertas, ambientes de trabalho caóticos, design não reutilizáveis, complexidade de produto constante, prototipação proibitivamente cara e regimes de testes, mudanças de última hora no design etc.

A maioria dessas seções se relaciona com um produto físico, ainda que os fundamentos também se apliquem ao setor de serviços. Imagine que seu negócio seja um call center ou um varejo. Como o cliente irá interagir com você? Quais ferramentas e ambientes você está fornecendo a seus empregados para que sirvam ao cliente da melhor maneira possível? Imagine que você tenha um departamento de vestuário de tamanho pequeno, mas todos os mostruários estão adaptados a uma pessoa "alta". Ou um call center onde o sistema não permite que o representante do serviço responda de forma eficaz e rápida à situação específica do cliente. Design e desenvolvimento são igualmente importantes no mundo dos serviços.

O que acontece durante o processo de design e desenvolvimento afeta o que acontece nos processos de manufatura, produção, distribuição e suporte. O desenvolvimento está próximo da nascente do fluxo de valor da empresa. Quando ele é bem integrado ao fluxo, maiores eficiências, variações reduzidas e resultados de maior qualidade ocorrem através do ciclo de vida.

A Tabela 14-1 resume algumas das técnicas do desenvolvimento de produto Lean.

Tabela 14-1	Técnicas de Desenvolvimento Lean
Técnica	*Descrição*
Modelo de Kano (precisaria/deveria/poderia)	Entender as exigências do cliente em termos de necessidade, desejos e atrativos.
QFD — Desdobramento da Função de Qualidade	Capturar e traduzir a voz do cliente; designs baseados no valor.
3P (Produção/ Preparação/ Processo)	Começar no processo de desenvolvimento, para que sejam incorporados métodos aos produtos/serviços e processos.

Capítulo 14: O Lean Dentro da Empresa *309*

Técnica	Descrição
Limites de design	Definir limites altos e baixos para desempenho, funções, qualidades ou preço.
Vinculação de tarefas	Usar modelos e checklists para gerenciar as ligações e inter-relações entre tarefas de desenvolvimento.
Roteiro de entrega	Prever os resultados de desenvolvimento do itinerário.
Trabalho padronizado	Receitas de produção para a execução idêntica e consistente das tarefas.
Padrões de referência	Seguir orientações estabelecidas.
Aprovações de ciclo curto	Gerir por exceção; fornecer aprovações de valor agregado e suporte.
Reúso	Identificar onde o reúso de designs, produção e outros elementos de ciclo de vida reduz tempo, complexidade ou custo.
Ferramentas de gestão de reunião	Realizar instruções rápidas com resultados definidos; conduzir reuniões livres de desperdício.
Redução de complexidade	Otimizar a qualidade, custo e produção do produto, reduzindo a complexidade.
Visuais	Usar quadros de status, gráficos de Gantt, intranets; criar sistemas visuais de pull para ECNs, CRBs etc. Aplicar tabelas de ajuda às exceções do plano.
Ponto de congelamento formal	Permitir a execução de tarefas paralelas.
Gestão de caminho crítico	Introduzir o projeto de desenvolvimento através dos pontos críticos do cronograma de desenvolvimento.
Gestão de núcleo crítico	Focar recursos em tarefas nucleares que gerem todo o cronograma, custo e/ou qualidade.
Discussão	Conduzir eventos que abordem desafios e melhorem os processos e resultados. Refinar as ideias para implementar menos e melhores soluções usando o PDCA
Avaliações periódicas de processo	Melhorar continuamente a eficácia do processo de desenvolvimento.

A abordagem do sistema

No Lean, a primeira regra de desenvolvimento é levar uma visão completa e holística para o processo de desenvolvimento. Integrar os três componentes mais importantes do mundo do desenvolvimento — pessoas, processos e tecnologia — e garantir que eles se apoiem mutuamente. Mantenha-os alinhados, não apenas uns com os outros, mas com os objetivos e estratégias da organização como um todo.

- As **pessoas** são o coração do ambiente de desenvolvimento. O Lean dita que elas sejam bem treinadas e disciplinadas nos comportamentos Lean. Elas também devem ser altamente habilidosas e inteligentemente organizadas.

- Os **processos** de desenvolvimento devem ser planejados, padronizados e seguidos. Eles devem tanto minimizar o desperdício quanto maximizar a capacidade das pessoas que os utilizam.

- A **tecnologia** de suporte deve estar disponível, adequadamente dimensionada e configurada e focada na solução. A tecnologia deve ser selecionada para melhorar o desempenho das pessoas e dos processos.

Ouvindo a voz do cliente

Todo desenvolvedor deve dar ouvidos aquele passarinho verde sobre seu ombro... *piu-piu!* Aquela é a voz do cliente, cantando enquanto aguarda seu próximo movimento. Você está escutando? Consegue ouvir o cliente falando? O que você ouve? Você consegue dizer? Consegue explicar?

Use as ferramentas do Lean para conectar mais de perto o processo de desenvolvimento com o cliente. A voz do cliente não apenas diz aos desenvolvedores o que desenvolver, mas a noção dele sobre valor revela muito sobre o processo de design — e, desse modo, ajuda os desenvolvedores a eliminarem passos e atividades sem valor agregado. Ouça atentamente os detalhes — qualquer nuance que pode elucidar de forma mais aprofundada uma exigência ou especificação que pode então ser traduzida para um design funcional para produtos e/ou serviço. O processo Lean ouve a voz do cliente antes de mais nada e mais alto do que qualquer outra voz.

A aplicação do Lean para o desenvolvimento vem de um entendimento íntimo do valor definido pelo cliente. Sintonize as pessoas, processos e tecnologias para entender o valor definido pelo cliente desde o início. E, para cumprir a promessa de valor, o desenvolvimento do produto deve criar um design que alcance os múltiplos objetivos de habilidade de produção e habilidade de serviço, bem como atender e suportar as necessidades do cliente.

Antecipando o processo de engenharia

A maior parte dos custos de qualquer produto final ou serviço é assumida muito antes de o produto ser criado. Designs muito complexos não podem ser "enxugados" no processo de manufatura. Enquanto isso, esforços lentos de design atrasam a disponibilidade para o mercado e impactam negativamente as vendas e a rentabilidade. Você não pode criar mercado e vendas com produtos desenvolvidos sem a voz do cliente!

Basta dizer que um planejamento e desenvolvimento ruins debilitam a manufatura Lean. Mas fazer mudanças curtas no ciclo de engenharia é tão contraprodutivo quanto, porque apressar a produção causa mais problemas do que soluções. Designs chegando tarde na produção causam rendimentos baixos, deficiências importantes e problemas persistentes de engenharia.

Você pode reduzir a pressão sobre a equipe de design e desenvolvimento, aplicando as ferramentas do Lean e práticas como o 3P (veja o Capítulo 10) e DFM/A (mais à frente neste capítulo), durante o processo de desenvolvimento do produto, e envolvendo os fornecedores de serviço no processo de design — isso se chama *engenharia simultânea*. Ao assumir uma perspectiva mais ampla sobre o desenvolvimento do produto (ou serviço), você também pode reduzir os tempos de espera, evitar problemas de montagem e serviço, maximizar o desempenho do processo de ciclo de vida e custo do produto (ou serviço). À medida que a tecnologia evolui, mais equipes estão usando simulações e realidade virtual para melhorar a qualidade do processo de design.

A engenharia simultânea (também chamada às vezes de engenharia paralela, engenharia *concorrente* ou *execução simultânea*) é a prática racional onde todas as funções da empresa estão a par das atividades que ocorrem além dos limites de seu próprio departamento. A engenharia simultânea (veja a Figura 14-1) substitui um processo de desenvolvimento de produto serial tradicional. Com ela, todos, incluindo as áreas de suporte, colaboram com cada aspecto do processo de ciclo de vida do produto, permitindo produtos mais robustos e reações mais rápidas às condições de mudança.

Aplique rigorosamente o ciclo de vida do produto ou serviço antecipadamente, já no primeiro design das fases de desenvolvimento. Dessa forma, você maximiza a eficácia do processo de desenvolvimento do produto e fornece o máximo de alavancagem através da resolução antecipada de problemas, contramedidas incorporadas e participação multifuncional através do fluxo de valor. Além disso, com essa abordagem, você pode reduzir a incerteza inerente da fase de execução, reduzindo a variação do processo no "downstream" (veja o Capítulo 8) que é crítica tanto para a rapidez quanto para a qualidade.

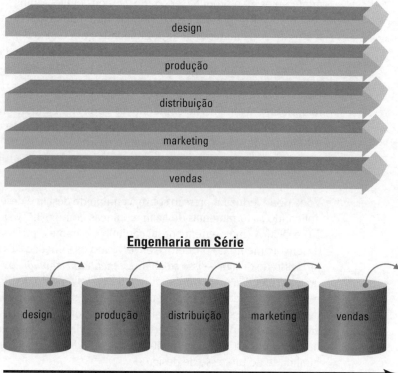

Figura 14-1: Na engenharia em série, uma tarefa é feita antes de a outra ser iniciada. Na engenharia simultânea, todas as funções são executadas de modo cooperativo e em paralelo.

Padronização rigorosa — para uma máxima flexibilidade

As metodologias rigorosas como o Lean são constantemente criticadas como sendo, supostamente, rígidas demais. Especialmente na cultura inventiva e peculiar do mundo do design, as pessoas pensam que os padrões e processos não fazem nada mais do que tirar a arte do processo. Afinal, onde fica a criatividade, se você está fazendo tudo de acordo com o processo de boas práticas de outra pessoa, certo? Nada poderia estar mais equivocado.

O Lean não tem a ver com se tornar um robô, programando a si mesmo para executar tarefas repetitivas com a precisão de uma máquina. Os padrões de trabalho do Lean, boas práticas e iniciativas de redução de desperdício de nenhuma forma implicam a limitação da criatividade e flexibilidade. De fato, é exatamente o contrário.

Os processos de desenvolvimento em organizações Lean são muito mais previsíveis, efetivos e de valor agregado do que de outro modo seria possível. Isso porque as equipes de desenvolvimento são apoiadas por ferramentas e recursos (consulte a Tabela 14-1). Elas eliminam o fator de ruído da desnecessária aleatoriedade e do caos nas estruturas de apoio, permitindo que as equipes foquem mais tempo e energia nos elementos criativos. Reformular a infraestrutura em cada projeto ou a cada passo desestabiliza e é sinal de desperdício — isso suga a energia criativa. Elementos como protocolos de trabalho, designs de referência e processos padrão permitem que os desenvolvedores e designers gastem mais tempo sendo criativos e aplicando suas energias preciosas nas tarefas com verdadeiro valor agregado, como o desenvolvimento de soluções para o cliente. Tais padrões também são cruciais para a inovação de novas capacidades de produção Lean no "downstream".

As pessoas temem que sistemas como o Lean sejam de algum modo confinadores ou limitantes. Eles não são — eles são capacitadores e inovadores! Sem eles, o desenvolvimento de qualquer coisa tomaria mais tempo e mais esforço — e tempo e esforço são exatamente os insumos de menor fornecimento.

Design para a produção

A prática do Design para a Produção (DFM ou DFA) é uma parte importante da prática Lean. Ela não é exclusiva do Lean; o DFM é parte da engenharia simultânea — ele reconhece que não importa o quão belo e elegante um design é se você não pode construí-lo de fato. O DFM é uma colaboração entre as funções de design e produção de uma empresa que garante que o produto possa ser desenvolvido dentro de limitações de produção razoáveis.

O Design para a Produção ajuda a melhorar a qualidade do produto e reduzir os custos de fabricação. Você envolve os representantes da produção bem no início do processo de design. Depois de completar preliminarmente os designs, você se reúne com a equipe de produção e revisa as exigências do produto e a intenção de design. Nesse ponto, a equipe pode determinar as exigências do processo de produção, e a equipe de produção pode determinar as capacidades do processo implícitas no design, de modo a atingir as metas de qualidade, custo e disponibilidade do produto; a equipe também compartilha lições aprendidas baseando-se em experiências do passado, especialmente com produtos similares.

Uma das áreas problemáticas mais angustiantes para produtos físicos é a *tolerância* (a prática de definir limites de tolerância para componentes, peças e montagens). Historicamente, os desenvolvedores definem os limites de tolerância de forma casual demais — e, no processo, ditam inadvertidamente o capital e necessidades de processo da produção. Evite tolerâncias que estejam além da capacidade natural dos processos de produção: muito apertadas ou generosas demais, pode, criar pilhas de problemas; ambas as condições podem resultar em produtos que não podem ser criados ou que não durarão. Além disso, a equipe de produção deve identificar quaisquer desafios de tolerância de produção e sugerir revisões de design ou exigências. Quando novas capacidades de processo de produção são necessárias, identifique essas necessidades no início.

Simplifique o design e a montagem, de modo que o processo se torne não ambíguo. Desenvolva componentes usando *poka-yoke*, de modo que possam ser montados ou utilizados de uma única forma.

Incorporação do Aprendizado

Na empresa Lean, garanta que o aprendizado e o melhoramento contínuo sejam partes fundamentais de cada trabalho. Embora certas habilidades de trabalho exijam um treinamento externo especial, torne a aquisição e refinamento do processo Lean e as habilidades de melhoramento uma parte regular e rotineira do trabalho diário. Incorpore o aprendizado em sua organização, incluindo práticas como:

- ✔ Durante projetos, revisões e eventos, encoraje todos a aprenderem e atualizarem seus padrões e práticas de trabalho.

- ✔ Use revisões em marcadores de projeto e término para fornecer oportunidades adicionais de aprendizado.

- ✔ Vá ao *gemba* (veja o Capítulo 13) regularmente para obter e validar o aprendizado.

- ✔ Torne o aprendizado e o melhoramento contínuo uma parte do processo de resolução de problemas. Foque em soluções potenciais múltiplas na raiz do problema e desenvolva soluções para evitar a recorrência futura.

Quando o produto é software

As práticas Lean se aplicam ao processo de desenvolvimento de softwares, assim como ao desenvolvimento de bens físicos e serviços. O desenvolvimento dos assim chamados produtos virtuais, como os softwares, tem suas idiossincrasias, mas lembre-se de que o *kaizen* é uma filosofia totalizante e que o Lean melhora *todos* os processos.

Todos os comportamentos, práticas, características e técnicas do Lean que permitem o melhoramento contínuo de produtos físicos também se aplicam ao software. Isso inclui o foco na eliminação de desperdício, valor agregado de cliente, desenvolvedores engajados, ciclo de tempo reduzido e qualidade melhorada.

A técnica mais importante do Lean para o desenvolvimento de software é simplificar antes de codificar — em outras palavras, corrija no desenvolvimento primeiro.

Algumas das outras importantes técnicas de desenvolvimento de software do Lean incluem:

- **Ouvir o cliente:** Particularmente em ambientes de software corporativos, entenda o cliente. E entenda o que seu cliente está fazendo para o cliente *dele*. Capacidades, prazo, custo — compreenda os problemas do seu cliente e o que é importante para ele. *Genchi genbutsu!*

- **Evitar excesso de recursos:** A Lei de Pareto se aplica ao utilitário de software: 80% do valor na maioria dos softwares é fornecida por 20 das funcionalidades. Não perca tempo e energia desenvolvendo funcionalidades que a maioria dos usuários não achará úteis.

- **Sentir a necessidade de velocidade:** O quão rápido você é capaz de responder à necessidade de um cliente por novas funcionalidades? Quanto de atividades sem valor agregado se misturam enquanto o relógio está correndo? O software deve ser modular, flexível e extensível; as equipes devem ser pequenas, rápidas e focadas.

- **Manter "agilidade hábil":** As equipes de desenvolvimento de software devem ser ágeis — o design modular e a integração do sistema devem permitir o trabalho em qualquer camada, função ou capacidade. Para fazer isso, a equipe precisa se engajar, comunicar e colaborar constantemente durante o processo de desenvolvimento. O objetivo é um software executando just-in-time, com informação e controle disponíveis sob demanda para qualquer cliente.

- **Simplificar as interfaces:** A chave para a modularidade e a extensibilidade é manter as interfaces limpas e simples. Exemplos incluem: interfaces entre módulos de código; interfaces funcionais entre aplicativos e sistemas; interfaces de uso entre departamentos.

- **Trabalhar continuamente, incrementalmente:** Adicione capacidade e novas funcionalidades regularmente. As técnicas de software Lean-ágil pedem por um desenvolvimento e implementação contínuos em pequenos conjuntos de funcionalidades.

- **Manter padrões e práticas padrão:** As lojas de software de fato têm dificuldades com a disciplina interna e, ainda assim, esse é um ambiente em que disciplina e controle são tão importantes quanto em qualquer outro lugar. Tudo, desde nomes de arquivos a padrões de codificação, práticas de documentação, gestão de configuração, controle de mudança, backups, atualizações e gestão de lançamento e 5S (veja o Capítulo 11) no local de trabalho.
- **Fornecer feedback visual:** O status visual, relatórios, métricas e controles são totalmente aplicáveis aos ambientes de software. Use-os livremente!

Processos de Produção Lean

O movimento Lean teve início na arena de produção, no chão de fábrica, nas instalações japonesas de montagem e fabricação de veículos. É daí que a filosofia, os comportamentos e as técnicas Lean foram inicialmente desenvolvidos e, mais tarde, aprimorados. Existe uma razão pela qual muito da linguagem do Lean soa como se você estivesse "fazendo" um novo Toyota!

Esta seção é sobre os processos de produção — aquele infame "chão de fábrica". Esse é o núcleo histórico do Lean.

A segurança, muitas vezes referida como O Sexto S (veja o Capítulo 11), vem antes de qualquer outra coisa em todas as atividades de produção. Nas palavras de Taiichi Ohno na Toyota:

> *"Nunca se esqueça de que a segurança é a base de todas as nossas atividades. Há momentos em que as atividades de melhoramento não procedem em nome da segurança. Em tais casos, volte para o ponto de partida e verifique novamente o propósito daquela operação."*

As técnicas de produção Lean são muito diferentes daquelas usadas na fabricação industrial em massa ao estilo século XX. Os princípios-chave são:

- O cliente define o valor e todas as pessoas, sistemas e processos de produção são focados em ampliar aquele valor.
- Reduza e elimine o desperdício — perda de tempo, energia, espaço, sistemas e processos, instalações e equipamentos.
- Em vez de focar *apenas* nos resultados, faça-o nos processos que criam valor através de toda a cadeia de valor que produz esses resultados. Use o mapeamento de fluxo de valor, *kaizen* e trabalho padronizado como ferramentas-chave de habilitação.

✔ A segurança é o fundamento de todas as atividades. As pessoas devem ser capazes de entregar valor para o cliente sem ficarem prejudicadas. Avalie todos os processos de forma que você garanta segurança a todos.

✔ Pratique o fluxo contínuo — mesmo que você tenha que reformular as instalações e sistemas e colocá-los em novos sistemas de controle e medição. Produza com uma cadência, como medido pelo tempo takt.

✔ Através de tempos reduzidos de preparação de equipamento, passe a produzir lotes pequenos, "todos os produtos, todos os dias" e idealmente em um fluxo único.

✔ Reduza e elimine estoque e armazenagem. Passe para um sistema de demanda pull iniciado pela ação do cliente.

✔ Defina processos de trabalho padrão e se prenda diligentemente a eles até fazer uma mudança formal.

✔ Crie qualidade na fonte.

A produção é aquele local do fluxo de valor onde você cria valor para o cliente através de seu produto ou serviço. É onde a ação está — *gemba* — e onde é mais fácil ver o processo em ação. Aplique ferramentas visuais para ver rapidamente status e referências. Vá onde a ação está, frequentemente, para garantir que você está atendendo da forma mais eficaz possível.

O Lean na área de produção sempre teve a ver com fazer mais com menos — melhorando a qualidade e eficácia enquanto se consome menos tempo, recursos, energia, estoque, pessoas e capital. O título clássico "manufatura Lean" tem sido aplicado ao grande movimento que elimina desperdício (*muda, mura e muri*), simplifica processos e acelera a produção como um todo, enquanto capacita e respeita as pessoas e satisfaz o cliente.

A arena de produção é onde a maior parte das companhias inicia seus esforços Lean. Infelizmente, também é onde muitas os interrompem. Não deixe isso acontecer com você!

No empreendimento Lean, a função de qualidade muda de reativa para preventiva; você desenvolve qualidade "na fonte". *Qualidade na fonte* é o princípio do Lean onde o resultado da qualidade não é medido apenas no final do processo, mas em cada passo do caminho, e, além disso, a qualidade é responsabilidade de todos que contribuem com a produção ou a criação de um produto ou serviço. O grupo de qualidade analisa causa e efeito, trabalha para predizer modos de falha e evita que eles ocorram. Trata-se de uma mudança de papel-chave — de reação a prevenção. O foco muda para ser ativo em *poka-yoke* (prevenção de erros)

também. Como resultado, a organização de qualidade irá se mover de inspeção de produto para um foco de audição de processo/produto.

"Enxugando" as Funções de Suporte

Nos termos do Lean, é fácil ver que funções e departamentos administrativos normalmente não agregam valor para o cliente. Onde está o valor de cliente em um contrato, um procedimento contábil, relatório de gastos ou sistema de gestão de base de dados? Falando tecnicamente, nada disso tem valor agregado. Como resultado, as empresas tendem a direcionar suas energias de melhoramento para processos nucleares de valor agregado e tratar funções de suporte como um mal necessário, pensando nelas como *muda* Tipo 1. Um grande erro!

Você tem dois motivos pelos quais as funções de suporte são de vital importância para o empreendimento Lean:

1. Tendo em vista que os departamentos indiretos e administrativos normalmente totalizam mais da metade dos custos, as áreas de suporte devem receber uma massiva atenção interna de melhoramento de processo. Como todo os outros, eles devem se tornar Lean.

2. As funções de suporte devem caminhar junto com as operações centrais de criação de valor. Essas funções fornecem pessoas, peças, materiais e outros recursos às áreas produtivas. Se seus processos impedem a entrega ao cliente, então você não está criando o máximo de valor para ele.

Você pode introduzir o Lean em áreas de suporte facilitando eventos de *kaizen*, pareados com uma modesta quantia de treinamento. Suporte-os com os seguintes comportamentos de gestão:

- Facilite um amplo entendimento da contribuição da função para a empresa e como ela cria valor para os clientes.
- Defina e meça os processos de trabalho padronizado da função.
- Crie mapas de fluxo de valor que mostrem como os processos se alinham com o fluxo e a geração do valor de cliente.
- Use medições de desempenho para motivar as ações Lean; recompense comportamentos Lean; incentive a eliminação de despesas gerais desnecessárias.
- Promova o treinamento múltiplo, permitindo a troca de trabalho para rotações e gestão de picos de carga.
- Defina as medidas do negócio interno em termos de valor de cliente.

Como uma função de suporte, declarar a si mesmo como um *muda* Tipo 1 não exclui você de ser parte do fluxo de valor. Aplicar o Lean internamente em sua função é importante, mas você não é uma ilha. Vá ao *gemba* e procure por meios de contribuir para o melhoramento contínuo do valor de cliente.

O Lean nos recursos humanos

O empreendimento do Lean depende em sua maior parte das pessoas; "respeito pelas pessoas" é um dos dois pilares da prática Lean. Nós sabemos também que o Lean simula a mudança transformacional e disruptiva no modo como as pessoas trabalham, se reúnem e se comunicam. Isso deve ser bem gerenciado e apoiado através dos impactos de curto prazo e ao longo da evolução de longo prazo. Como resultado disso, o setor de recursos humanos (RH) tem um papel habilitador crítico no empreendimento Lean.

- **Aquisição e retenção de talento:** O RH ajuda a fornecer os recursos certos para as equipes e garante que elas tenham as habilidades e competências adequadas, as ferramentas necessárias e a habilidade de trabalhar em ambientes que recompensem o melhoramento em uma atmosfera apoiadora. O RH usa estratégias de admissão para contratar tanto empregados permanentes quanto equipes temporárias para lidar com flutuações na demanda do negócio. Um RH é ainda mais crítico em condições de mercado voláteis, como mercados emergentes e altas taxas de aposentadoria, na contratação e retenção da força de trabalho.

- **Facilitadores culturais para sustentação do Lean:** O RH ajuda a fornecer as ferramentas e meios pelos quais os empregados em todos os níveis criam a cultura que sustentará os melhoramentos Lean. Ele facilita a comunicação através de barreiras funcionais e hierárquicas. Isso pode incluir tudo, desde definições de cargos, princípios e valores, problemas e desafios, a expectativas de comportamento, fóruns multifuncionais, celebração de sucessos e mais.

- **Sistemas de compensação e recompensa:** O RH implementa os sistemas de compensação do empregado e facilita os mecanismos de recompensa consistentes com os princípios e práticas do Lean.

- **Treinamento e desenvolvimento:** Ao se alinhar de perto com o negócio, entender as direções estratégicas e apoiar a equipe, o RH exerce um papel-chave na postura organizacional. O objetivo é conhecimento entregue da forma mais efetiva, para as pessoas certas no momento em que elas precisam dele.

Ao eliminar o desperdício de seus próprios processos internos, o RH também terá mais tempo para criar valor para seu cliente-chave: os

Parte V: O Empreendimento Lean

empregados. As maiores oportunidades incluem recrutamento, ciclo de tempo da nova contratação, treinamento e desenvolvimento, administração de benefícios, satisfação e retenção. No Capítulo 16, você vê como uma companhia aplicou o Lean em seu processo de recrutamento com o intuito de reter mais das pessoas que eles contratavam.

Administração e finanças no Lean

Uma iniciativa de empreendimento Lean exige que você transforme a mentalidade dos profissionais administrativos e de finanças, de modo que eles possam participar de uma melhor forma na entrega de valor de cliente. Isso vai além dos conhecimentos práticos das técnicas de aplicação do Lean para a melhoria dos processos financeiros internos; sua jornada Lean exige um tipo diferente de contabilidade — uma contabilidade que motiva as práticas Lean através de toda a empresa.

As equipes de processo precisam de informações que meçam corretamente o valor de cliente e o desperdício. Os gestores precisam de métricas para a avaliação do impacto financeiro dos eventos de *kaizen* e melhorias Lean. Além disso, é preciso que as informações estejam disponíveis de forma simples e visual. A administração e finança Lean trazem isso.

- **Orientação para o valor de cliente:** A contabilidade Lean é uma transição da alocação tradicional de recursos e dos sistemas de gestão financeira baseados em transações, que são orientados em torno dos controles de processo. Já que esses novos sistemas presumem que os processos estão controlados, eles medem os custos e margens de contribuição a partir do fluxo de valor.

- **Métricas e medidas:** Deixe as medidas financeiras de desempenho alinhadas com as práticas de criação de valor de cliente e com a redução das sete formas de desperdício. É melhor quando você as combina em Balanced Scorecard com as medidas de pessoas, processos e cliente.

- **Fácil de entender:** Use relatórios curtos, claros e visuais e painéis para transmitir o status e os resultados em termos de fluxo de valor de maneira que qualquer um possa entender.

TI Lean

Novas ferramentas e plataformas de programação estão permitindo que a Tecnologia da Informação (TI) aplique o Lean em si mesma e cumpra com sua responsabilidade de fornecer a tecnologia certa e sistemas de informação que viabilizem a fluidez dentro do fluxo de valor e a

Capítulo 14: O Lean Dentro da Empresa

entrega de valor ao cliente. O papel do TI na empresa continua a evoluir rapidamente à medida que a tecnologia evolui. A tecnologia agora está sustentando praticamente todas as funções da empresa, permitindo novas oportunidades de negócio e facilitando interfaces mais próximas, tanto do cliente quanto do consumidor. A indústria de TI tem desenvolvido plataformas, ferramentas e capacidades que melhor habilitam as práticas Lean e agora é mais capaz de exercer um papel central no desenvolvimento e na maturidade contínua do empreendimento Lean.

- **O Lean através de todo o empreendimento:** As práticas Lean têm sido efetivas sem a tecnologia em ambientes locais e grupos de trabalho, mas apenas o TI pode integrar de modo eficaz toda a gama de práticas Lean através das cadeias de valor que transcendem múltiplas geografias e barreiras corporativas. O TI habilita processos, informações, pessoas, sistemas e materiais no domínio global.

- **Foco do cliente:** Os diretores executivos e os profissionais de TI têm reconhecido há muito tempo que precisam melhorar seu foco de cliente, mas os sistemas e aplicações têm sido tipicamente desenvolvidos para executar funções isoladas. Novas tecnologias para o gerenciamento de processos de negócio e arquiteturas orientadas pelo serviço podem atar os sinais da demanda do cliente e outros eventos e medidas através do fluxo de valor, dando aos gestores de TI uma noção melhorada sobre o cliente, bem como controles de gestão sobre seus aplicativos e sistemas.

Muitas organizações tentam reparar processos falhos de negócio remendando-os com o TI. Mas o TI por si só não repara um processo falho. Repare a raiz dos problemas. Simplifique e/ou elimine o desperdício antes de automatizar e integrar processos.

Como exemplo, uma grande companhia manufatureira teve um departamento de compras com pouco pessoal e foi incapaz de produzir com as peças certas no tempo certo. Para manter o fornecimento ao cliente, a produção se desviava continuamente do plano e substituía outros componentes para criar e enviar o produto. A solução da produção foi fazer com que o TI melhorasse o processo de desvio, de modo que ele pudesse substituir as peças mais rapidamente. Em vez de focar no melhoramento na fonte do problema (compra), solicitou-se que a equipe de TI melhorasse um processo de "ajuste" para a produção.

Internamente, o TI tem muito trabalho de manutenção para fazer e pode melhorar a si mesma continuamente seguindo a prática Lean. Alguns exemplos:

- **Reduzir atividades sem valor agregado:** Simplificar processos de TI e eliminar processos ultrapassados, relatórios de papel, processamento redundante e manipulação múltipla de informação (internamente no TI e externamente no negócio).

Parte V: O Empreendimento Lean

- **Pull de cliente:** Apoiar as necessidades do cliente e do consumidor em uma base individualizada, usando ferramentas de TI que processam e entregam informações no ritmo da demanda do cliente. Evite criar softwares que tentem ser todas as coisas para todos os usos.

- **O fim do lote:** Eliminar as execuções de lotes de dados por meio de sistemas que possam suportar um processamento de dados de fluxo contínuo e integrado e em tempo real.

Gerenciamento Lean de Fornecedor

A jornada Lean dentro da empresa é assim: *dentro* da empresa. No entanto, o desempenho do fornecedor — *fora* da empresa — é, sem dúvida, uma parte-chave do fluxo de valor e afeta materialmente e significativamente o desempenho da empresa. Trabalhar com fornecedores dentro da plataforma Lean ajuda a otimizar o fluxo de valor através das interfaces complexas que existem entre as organizações.

A gestão de fornecedor Lean exige que você envolva múltiplas funções e departamentos dentro de ambas as organizações. Trata-se da operação de gestão multifuncional e simultânea — agora estendida através das barreiras. Por uma perspectiva Lean, seus fornecedores-chave são parceiros de longo prazo. Você forma relações de longo prazo e reconhece que o sucesso deles é seu sucesso também. Às vezes será necessário que você redefina toda a arquitetura em torno do processo de fornecimento. Mas vale a pena, porque você pode:

- **Agregar valor:** Fornecendo produtos e serviços de forma eficaz, com menos desperdício, menos defeitos e custos excessivos.

- **Fluir informação rapidamente:** Fluindo tanto a informação de desenvolvimento quanto operacional, de forma balanceada, completa e bidirecional.

- **Administrar efetivamente:** Tornando os arranjos contratuais mais fáceis e executando a gestão eficaz de mudança.

- **Fluxo contínuo de material:** Conectando e entregando bens e serviços sem interrupções como suporte a suas instalações e processos.

- **Gestão de estoque:** Alcançar um estoque de equilíbrio, através da cadeia de suprimento, cocriando estratégias de armazenagem e planos de contingência.

Agindo como tal: A arquitetura do fornecimento

As cadeias de fornecimento tendem a se formar de acordo com o volume e o tipo de insumo. A indústria automotiva, por exemplo, tem uma primeira camada de fornecedores que provêm os componentes e peças mais importantes para as diferentes marcas de veículos. Por sua vez, esses fornecedores têm uma segunda camada que fornece submontagens e componentes menores. Uma terceira camada fornece peças avulsas. Na indústria de computadores o esquema é similar — assim como a maioria das grandes indústrias globais maduras.

O número de camadas em uma indústria e o número de fornecedores em cada camada são baseados no grau de complexidade do produto e na extensão tanto da diversificação de insumos e componentes quanto do volume do produto no mercado. Consequentemente, existem muitos participantes em cada camada de indústrias, como a automotiva e a de computadores, menos na indústria de petróleo e gás e muito pouco em uma fábrica de sapatos esportivos.

As arquiteturas de fornecimento tendem a se equilibrar naturalmente baseadas em uma variedade de pressões e restrições. Assim:

- **Busque por simplicidade** em direção ao menor número de fornecedores a ser gerenciado e ao menor número de peças a ser desenvolvido, montado e suportado.

- **Alavanque competências estratégicas** em torno do que você escolhe como seu núcleo *versus* o que você traz de seus fornecedores externos.

- **Tire vantagem do preço** ou quando você pode fazer algo por menos do que o fornecedor pode, ou quando o fornecedor pode fornecer por menos do que seu custo para produzir.

- **Use componentes prontamente disponíveis** quando estes puderem ser facilmente encontrados no mercado.

Estreitando os vínculos

Tendo em vista que as organizações se conectam em muitos níveis, certifique-se de vincular-se com seus fornecedores tecnicamente, contratualmente e metodologicamente. Não deixe isso apenas por conta de sua equipe de compras.

Vínculos contratuais

As organizações Lean veem os fornecedores como parceiros de longo prazo, críticos para seu sucesso, e seus contratos refletem essa visão. Tente vincular as relações com os fornecedores mediante instrumentos contratuais os mais longos possíveis. Os contratos curtos e renovados saíram de moda na década de 1990. As cadeias de fornecimento são mais eficazes quando todos são parte de um consórcio estável. Com sua abordagem colaborativa, os integrantes da cadeia de fornecimento podem baixar custos fixos e focar na redução contínua de custos variáveis. Isso, por sua vez, permite que todos baseiem as medidas de desempenho na qualidade e entrega. Contratos de longo prazo e relações de confiança também facilitam a gestão de demanda melhorada e o balanceamento da produção.

O preço de compra raramente é o custo verdadeiro de um produto ou serviço. O verdadeiro custo contém a logística, defeitos de qualidade, retrabalho, retornos de produto, garantia, custos legais e administrativos — e lucro. Quanto mais a equipe de compra entender os custos de suas ações, mais enxuta será a cadeia de suprimento.

Métodos e modelos compartilhados

Certifique-se de alinhar seus métodos e abordagens com os de fornecedores. Como uma organização Lean, você quer que seus fornecedores também pratiquem o Lean. Quer que eles falem a mesma língua, usem as mesmas ferramentas e meçam valor e desperdício da mesma forma. Se você tiver modelado sua cadeia de valor de acordo com um modelo de referência como o modelo SCOR® (Supply Chain Operations Reference) do Supply Chain Council, pode obter uma vantagem mútua das definições de processo, melhores práticas e métricas para acelerar mudanças e melhorar o desempenho.

Conduza atividades de *kaizen* junto com seus fornecedores-chave. À medida que eles se tornam melhores, você está contribuindo para seu sucesso através de produtos que são mais consistentes com o sucesso e longevidade deles como seus fornecedores.

Tecnologias

Você vai precisar trocar informações extensivas com seus fornecedores com respeito a produtos, pedidos, conhecimentos de transporte, faturamento e mais. Tecnologias de integração, intercâmbios e

Capítulo 14: O Lean Dentro da Empresa **325**

protocolos como o RosettaNet permitem que as empresas se relacionem com seus fornecedores de forma mais eficaz.

Deixe fluir

Flua a informação livremente com seus fornecedores para criar e otimizar seu mapa de fluxo de valor. Informações de desenvolvimento e demanda são parte da relação cliente-fornecedor. Quanto mais livre a informação fluir, mais eficazes essas relações podem ser.

Informação de desenvolvimento inclui dados de design, informação de produção, experiência, dados de cliente e outras informações de base que auxiliam os membros da cadeia de suprimento a desenvolver produtos e serviços eficazes. Muitas vezes, essa informação é prioritária e o compartilhamento exige confiança — confiança de que você não vai compartilhar essa informação com um concorrente ou usá-la de forma maliciosa. No entanto, o compartilhamento de informações é um dos pontos-chave de alavancagem da gestão de fornecedores em uma organização Lean.

Informação de demanda é crítica para a realização de pedidos e para a entrega de materiais e serviços. Por muitos anos, o intercâmbio de dados eletrônicos (EDI) facilitou o fluxo de informações de demanda. Recentemente, intercâmbios online e outros sistemas eletrônicos têm facilitado o fluxo quase que em tempo real de dados de demanda. Isso inclui previsão de longo prazo e dados de reposição, assim como dados de pedido e entrega.

Logística

No Lean, você gerencia o fluxo de suprimentos para minimizar estocagem e o ciclo de tempo — tudo o que desperdiça seus recursos. A logística Lean inclui o seguinte:

- **Sistemas superiores:** Faça com que as mercadorias sejam entregues e gerenciadas onde o cliente está — no ponto exato de uso. Faça com que o cliente gerencie quebras de estoque.

- **Kits de montagem:** Subcontrate o processo de montagem, normalmente para um dos fornecedores de componentes. Isso exige um gerenciamento de rastreabilidade eficaz. Esse é um método popular nas indústrias automotivas e aeroespaciais.

- **Coletas programadas:** Em vez de ter múltiplas entregas de fornecedores em sua instalação, você envia um caminhão para coletar de vários fornecedores, de acordo com um cronograma e rota definidos. Você controla o fluxo de materiais em sua instalação.

- **Acordos globais estratégicos:** Trabalhe de forma estratégica com seus fornecedores para criar acordos referentes a métodos de entrega e níveis de estoque no canal global.

- **Centros de distribuição:** Faça com que os fornecedores entreguem em uma instalação central, onde a redistribuição possa ocorrer de um modo que melhor atenda ao cliente. Isso fornece um tipo de contenção contra eventuais desabastecimentos.

Não altere o *muda*! Aplique as técnicas do Lean à medida que implementa essas estratégias. Está usando equipamento terceirizado? Trabalhe com o fornecedor para maximizar a eficácia e eliminar o desperdício através do Lean.

Posicionando o estoque de forma estratégica na cadeia

Quando levado ao extremo, o Lean não tem estoque, não armazena! Mas, se houver um percalço em alguma parte do sistema, toda a cadeia de suprimento desmorona. Você se desvia desse cenário apocalíptico posicionando o mínimo de estoque estrategicamente ao longo da cadeia de suprimento, de acordo com cenários de risco.

No Lean, você prefere manter o estoque na direção do cliente final da cadeia — de modo que ele fique prontamente disponível quando necessário. Mas tenha em mente que isso limita sua flexibilidade, porque o estoque tende a ficar comprometido com aquele cliente. Você pode mantê-lo mais atrás da cadeia de suprimento e aumentar a flexibilidade, mas isso agregará menos valor.

Trabalhe com seus fornecedores para ter uma estratégia global para sua cadeia de suprimento. Planeje contingências coletivamente para interrupções naturais, econômicas e acidentais.

Capítulo 15

O Lean nos Vários Setores Econômicos

....

Neste Capítulo

▶ Observando como o Lean se aplica em qualquer setor de atividade econômica, e não apenas na fabricação

▶ Reconhecendo que o Lean funciona especialmente bem nas empresas de serviço

▶ Criando um exemplo para o Lean no sistema de saúde

....

*V*ocê encontrará o Lean em qualquer atividade econômica — fabricação, assistência à saúde, farmacêutica, logística, bancária, varejista, tecnológica, construção, educação e, até mesmo, governamental. Companhias grandes e pequenas, públicas e privadas, comerciais e sem fins lucrativos. Hoje em dia, é claro que empresas dos segmentos estão se beneficiando da aplicação do Lean.

Neste capítulo, você descobre mais a respeito do Lean através dos setores de atividade, incluindo, possivelmente, o seu próprio. Verá também que o Lean é Lean — o que quer dizer que o Lean é tão fundamental que é basicamente o mesmo em qualquer organização. Você ajusta a linguagem para refletir o setor, mas a mesma filosofia e princípios se aplicam; os mesmos métodos e técnicas se aplicam; todas as mesmas ferramentas se aplicam.

Começando com o que É Comum

Qualquer negócio em qualquer setor de atividade tem problemas — com ou sem fins lucrativos, pública ou privada. De uma forma ou de outra, todo empreendimento tem seus clientes. Todos eles têm processos, sejam formalmente documentados ou não. Todo empregador tem empregados que geralmente querem fazer um bom trabalho, usar seu conhecimento e habilidades, melhorar sua qualidade de vida e se sentir bem com o que fazem. Todo empreendimento tem um local onde o negócio é conduzido — um escritório, uma fábrica, um carro, um computador, ou até mesmo uma mesa na Starbucks.

Os pontos em comum são importantes, porque ajudam a transladar o Lean de suas raízes manufatureiras para "Nossa, isso se aplica a mim!". Siga essa estrutura comum para começar seu caminho até a implementação do Lean, independentemente de seu ramo de atuação.

- **Entenda seus clientes.** O que eles *realmente* querem e precisam? Qual é sua taxa de demanda? O que constitui sua satisfação?

- **Caracterize seus problemas mais urgentes.** O que está saindo errado? Quais são as prioridades? De onde os erros e desafios estão vindo?

- **Mapeie seus fluxos de valor.** Quais são os processos de trabalho? Quais são rotineiros? Como os materiais e transações fluem através deles?

- **Calcule o tempo takt.** Qual é a taxa de demanda do cliente? Com que frequência eles usam seus serviços ou compram seu produto?

- **Identifique claramente seus objetivos e metas.** Seja específico; o que você está tentando alcançar neste ano; em três anos; em dez anos?

- **Engaje seu pessoal.** As pessoas em sua organização têm ótimas ideias para a resolução de problemas e satisfação do cliente. Alavanque o conhecimento delas. O que você já está fazendo para engajá-las? O que mais você pode fazer?

- **Identifique desperdícios e os reduza.** Analise seus processos e encontre o desperdício, contribuindo para *muda*, *mura* e *muri*.

- **Implemente o *kaizen*.** Permita que todos pratiquem o PDCA e participem do melhoramento diário.

- **Use o 5S no ambiente de trabalho.** Limpe seus procedimentos; a partir daí, mantenha-os limpos e seguros. (Veja o Capítulo 11.)

- **Aplique a caixa de ferramentas do Lean.** Usando uma interpretação ampla, escolha a ferramenta certa para aquilo que você está tentando melhorar.

Capítulo 15: O Lean nos Vários Setores Econômicos   329

Fabricantes Lean

A indústria de manufatura é uma herança do Lean. O Sistema Toyota de Produção (TPS) é a incubadora da manufatura automotiva onde todos os princípios e práticas do Lean eclodiram e foram amadurecidos ao longo dos últimos 50 anos. Se você está fabricando, não importa qual seja o produto, o quanto você produz, ou o quão sofisticado seus processos são (alta tecnologia, baixa tecnologia, ou nenhuma tecnologia): o Lean é a estratégia de operações de fabricação mais eficaz do mundo. Os fabricantes podem escolher implementar o Lean em resposta a qualquer uma das estratégias e desafios a seguir:

- ✔ Iniciativas geridas pelo cliente
- ✔ Pressões competitivas
- ✔ Problemas de qualidade e prevenção de defeitos
- ✔ Evasão de capitais
- ✔ Problemas de fluxo de caixa e estoque

Independentemente de quais sejam os motivos pelos quais um fabricante inicia uma jornada Lean, depois de comprometidos, eles veem melhorias em todas essas frentes.

Do lote ao fluxo

Métodos tradicionais de produção funcionam com lotes, normalmente grandes em tamanho e organizados por função. Esse método de produção é forjado com os sete desperdícios. O Lean não é tradicional. Ele é baseado no fluxo — fluxo único, idealmente. Para alcançar esse fluxo único, você deve mudar o modo como faz negócio e remover todos os obstáculos do caminho.

Criando módulos de trabalho

Organize a fabricação de acordo com os grupos ou famílias dos produtos. Disponha o trabalho em módulos, de modo que o material flua em sentido anti-horário. Faça com que todo equipamento e instalações necessárias para a fabricação de uma peça ou uma família de peças estejam dentro de cada célula de trabalho. Mantenha o equipamento com o tamanho menor e mais flexível possível. (Veja o Capítulo 11.)

Baseie o ritmo da operação no tempo takt. Nos melhores designs de módulo, o pessoal de suporte nunca precisa entrar na área principal de produção para repor material ou reparar equipamentos — isso é feito pela parte de trás do equipamento. Essa abordagem melhora tanto a segurança quanto a produtividade, porque ninguém, além da equipe de produção treinada, tem acesso à área de produção.

Qualidade na fonte

Não existem grandes estações de inspeção no final de um processo; a qualidade é trabalho de todos ao longo do caminho. Em cada operação, as pessoas executam um trabalho padronizado, incluindo passos para que seu próprio trabalho seja verificado, bem como o trabalho da operação anterior. "Dispositivos" de prevenção de erros (*poka-yoke*) evitam que os operadores executem de forma incorreta e avancem uma baixa qualidade para a próxima operação.

Um dispositivo de prevenção de erros ou *poka-yoke* pode vir de muitas formas: um guia físico que ajude no posicionamento do material; um software que monitore as características-chave e pare o equipamento se as especificações forem violadas; ou solução de alta tecnologia, como câmeras infravermelhas — ou qualquer coisa que você puder imaginar! Se previne erros, é *poka-yoke*.

Trabalhando como equipes

Os operadores Lean trabalham como um time, executando o trabalho padronizado. O time é responsável pela satisfação do cliente e pela qualidade. Eles são responsáveis pela produção e manutenção de rotina de seus equipamentos e ferramentas. É a equipe que dirige o espetáculo!

Mudar de lote para fluxo afeta não somente o layout físico de uma instalação, mas também toda a estrutura de apoio organizacional. As organizações Lean tendem a usar menos camadas de gestão, menos gestores e menos pessoal de suporte. Com a equipe direta de produção responsável por algumas das tarefas tradicionalmente associadas com a supervisão de primeira linha ou com o departamento de manutenção, os papéis dos indivíduos nessas áreas mudam. Os supervisores agem como treinadores, mentores e removedores de obstáculos. O número de supervisores em relação aos membros das equipes é estabelecido de modo que os supervisores tenham tempo suficiente para, de fato, orientarem e capacitarem a equipe. Os trabalhadores da manutenção focam em manutenção preventiva, melhorias de equipamento para suportar o *kaizen* e mecanismos de prevenção de erros.

Reduzindo o estoque

A produção em fluxo muda o modo como você trata o estoque, porque estoque é desperdício. Ele prende dinheiro e corre o risco de se tornar obsoleto. Toda vez que o estoque é manipulado, ele pode ser danificado ou destruído. O estoque consome energia e espaço e para o fluxo da produção.

Quando você passa de manufatura tradicional orientada por departamento para células, já não precisa mais armazenar produtos em elaboração (WIP) esperando até poder ser transportado para o próximo passo, às vezes, localizado em outro prédio. "Ponto de uso" se torna a filosofia de design para a armazenagem de material em processo. Qual é a quantia mínima absoluta — baseado no uso takt — que pode ser armazenada onde você a utiliza?

Às vezes, restrições no processo ou mitigação de riscos impedem designs perfeitos de módulo e você precisa armazenar material em processo (*muda* Tipo 1 — veja o Capítulo 6). Nesse caso, você instala estoques controlados, ou "supermercados". Seu objetivo é sempre reduzir o estoque, mas, a menos que você consiga descobrir um modo diferente de remover a restrição ou o risco, implemente uma solução controlada e bem gerenciada, com armazenagens minimizadas e padronizadas de produtos em elaboração, localizadas o mais próximo do ponto de uso possível.

Para lidar com o estoque, você precisa de equipamentos para manipular o material. Mas, em vez de empilhadeiras para mover grandes gôndolas pesando toneladas ou sistemas de esteiras ligando prédios em áreas diferentes, opte por algo menor: considere usar caixas, porta-paletes manuais e carrinhos. Isso melhora a segurança — nada de empilhadeiras passando prontas para atropelar alguém ou arrancar uma das colunas do prédio! Os custos diminuem — nada de reparos no prédio e menos equipamentos de alta tecnologia para dar manutenção. E a qualidade melhora — menos risco de danos de transporte.

Proclamar que você vai reduzir o estoque não é uma atitude eficaz. Você deve usar todos os elementos e práticas do Lean, pondo-os para trabalhar juntos. Se ficar escolhendo uma ou outra técnica do Lean, como redução de estoque, por exemplo, é provável que você a acabe utilizando fora de contexto — e tornando a situação ainda pior.

Kanban, just-in-time e o sistema pull

O sistema Lean de reposição gerida pelo consumo tem há muito tempo se provado eficaz no ramo da manufatura, através de várias camadas de redes de fornecimento e distribuição. Ele é agora uma alternativa convincente para sistemas push tradicionais como o planejamento dos recursos de manufatura (PRM) por alguns motivos.

332 Parte V: O Empreendimento Lean

✔ **Os sistemas em estilo push contam com previsões para determinar o que e quanto repor.** As previsões podem ser indicadores úteis de demanda geral, mas são ruins na hora de identificar quais produtos serão necessários e quando. Em cadeias de suprimento multicamadas, sistemas push distanciam os fabricantes de seus clientes e levam as previsões para longe da realidade. A informação é diluída em cada camada do sistema. Como resultado, um estoque excessivo é criado e pedidos de última hora criam ondulações e efeito chicote na cadeia de suprimento.

✔ **Os sistemas push fazem com que os fabricantes incorram grandes custos com transporte de estoque.** Compra em excesso causa excesso de estoque, que, por sua vez, deve ser carregado e gerido. E sistemas push continuam sem peças! Rupturas de estoque, é claro, causam um caos nos sistemas de produção, atrasando as expedições para o cliente, aumentando os custos de frete, interrompendo todas as operações da fábrica e forçando transições caras e desnecessárias. Erros no MRP também fazem com que as pessoas trabalhem fora do sistema para expedir materiais e conduzir estoques físicos recorrentes. Cria-se um círculo vicioso.

Os sistemas Lean tipo pull não são como os sistemas de reposição geridos por previsão. A manufatura baseada em pull sincroniza a produção com o consumo em tempo real, aumentando o desempenho de entrega dentro do prazo e reduzindo as faltas de produto e mudanças custosas de última hora. Um sistema *kanban* (veja o Capítulo 11) reordena as peças e componentes baseado no consumo real no ponto de uso. À medida que os pedidos chegam, o material é retirado pela extremidade final da montagem, que envia instantaneamente uma ordem para o módulo final de montagem, para que este produza mais.

✔ **O método "duas gavetas":** Um operador possui duas caixas de material: uma está sendo consumida e a outra está cheia. Quando a primeira caixa se esvazia, o operador continua trabalhando, usando a segunda caixa. A caixa vazia, que age como um *kanban* ou sinal, é enviada para reposição. Uma nova caixa cheia retorna antes que o operador fique sem material.

✔ **O método de cartão kanban:** Um cartão *kanban* viaja com o estoque, contendo informações, tais como a descrição do item ou número da peça e sua localização. Quando o estoque é consumido, o cartão ativa a reposição.

Volume e variedade

O Lean se aplica à manufatura, quer você faça um por dia, cem por dia, ou centenas por hora. Uma empresa de gabinetes customizados pode parecer diferente de um fabricante de estantes de madeira, mas ambos usam madeira, cortam-na em um tamanho específico, lixam e dão o acabamento — e ambas fazem isso vez após outra. O local de início para a implementação é o mesmo: entenda o cliente, mapeie o fluxo, implemente o 5S, identifique o valor e padronize o trabalho. Além dos conceitos básicos, os fabricantes podem escolher uma ferramenta diferente a ser aplicada primeiro, mas tudo isso se aplica.

Alto volume, baixa customização

Numerosos livros e estudos de caso descrevem a produção em massa Lean; afinal, é como o Lean começou. Quando você faz a mesma coisa, do mesmo jeito, todos os dias, tem uma grande base para a implementação de qualquer uma das técnicas Lean, como o trabalho padronizado, módulos de trabalho, prevenção de erros ou sistemas pull. O Lean é perfeito para ambientes consistentes de alto volume.

Baixo volume, alta customização

Em contraste com os ambientes de produção de alto volume de uma Toyota, Motorola ou Dell, estão milhares de companhias especializadas em produção altamente customizada de baixo volume. Seja sua companhia uma oficina mecânica, um fabricante de placas, um fabricante de armários ou de saladas, os conceitos do Lean se aplicam a seu negócio. Não é uma questão de quão pouco você faz, ou das diferenças entre um item de design ou a elaboração de outro. Os detalhes podem incluir ingredientes diferentes ou dimensões diferentes, mas você continua executando passos similares de processamento em todas as vezes.

Procure por elementos em comum e repetições no que você faz — existem mais do que você pensa. Padronize tudo que é comum e comportamentalize o que é único. Se você foca apenas no quão diferente é e no quão novo tudo é, será mais difícil ver o quanto o trabalho padronizado pode ajudar em sua situação. Quanto mais você puder definir o trabalho padronizado, mais benefícios poderá acumular das práticas Lean.

Aplicar o Lean no escritório também é importante, porque seu cliente interage mais com os departamentos de vendas, serviço e contabilidade. Seu produto pode ser único, mas suas funções de escritório continuam as mesmas, independentemente do que seu cliente pede. Como você irá eliminar o desperdício dos processos do negócio?

As ferramentas de inicialização são as mesmas, independentemente do que você faz. Depois que você tiver o básico, examine seus processos com um olho em direção à eliminação de desperdício. Uma equipe de Fórmula 1 troca um pneu de forma muito diferente do que borracheiro da esquina, mas ambos estão fazendo o mesmo trabalho. A equipe de Fórmula 1 eliminou o desperdício do processo em tempo real e desenvolveu criativamente técnicas diferentes. Você, o consumidor, não gostaria que seus pneus fossem trocados naquela velocidade?

Quando você está produzindo em um ambiente de baixo volume e grande variedade, o Lean pode, de fato, ser *mais* valioso. Os clientes obtêm seus pedidos de forma mais rápida e as margens são melhoradas. Pense no seguinte: se um produtor de baixo volume cria um produto ruim, ele não tem um volume sobre o qual seja possível amortizar erros. Então, se você está construindo um satélite que não funciona ou se você é um fornecedor de comida gourmet que tem que jogar ingredientes estragados fora, suas margens são reduzidas. O Lean pode ajudar você.

O Lean nos Serviços

Cerca de 80% da economia dos EUA e crescentes porcentagens da economia global baseiam-se hoje nos serviços, em vez da manufatura. O Lean fornece algumas das maiores oportunidades e os resultados mais poderosos no setor de serviços. Embora as organizações de serviço tenham um processo diferente, métricas-chave diferentes e raízes de problemas e desafios diferentes, os métodos do Lean são igualmente eficazes.

As práticas do Lean melhoram o desempenho das empresas de serviços ao:

- ✔ Reduzir o tempo gasto executando atividades de negócios.
- ✔ Reduzir o custo total do negócio por eliminar tempo e esforço desperdiçados.
- ✔ Aumentar a satisfação do cliente por melhorar o tempo e a qualidade das entregas.
- ✔ Melhorar o moral do empregado e aumentar o entusiasmo por engajar a equipe no desenvolvimento e implementação de melhorias.

Ao aplicar conceitos que até pouco tempo atrás eram completamente incomuns para a maioria das empresas de serviço — atingindo velocidade e qualidade, simplificando a complexidade, escalando a diferenciação e capacitando os empregados — elas agora podem compartilhar alguns dos ganhos de produtividade já obtidos pelos fabricantes de carros, aviões, trens, eletrodomésticos e outros produtos. As economias irão variar significativamente por companhia e segmento, mas é realístico esperar reduções de 25% nos custos e 50% ou mais em tempos de resposta e em erros em processo pela implementação de práticas Lean nas empresas de serviço. Além disso, ganhos de receita de 50% ao ano não são incomuns.

Capítulo 15: O Lean nos Vários Setores Econômicos   *335*

Serviços comerciais versus Serviços internos

Os serviços comerciais são aqueles negócios que oferecem seus préstimos para outros negócios e para o público geral. Os serviços que eles oferecem representam sua competência central e formam a base de seu lucros e perdas (P&L). Por outro lado, os fornecedores de serviços internos são funções e departamentos operacionais de uma companhia que fornecem suporte para outros departamentos de geração de lucro. (Nós abordamos os grupos internos no Capítulo 14.)

Exemplos de negócios de serviço comercial incluem tudo desde linhas aéreas, serviços de comunicação (voz, celular, dados), provedores de TV por satélite, serviços de computadores, serviços de postagem e envio, companhias financeiras, serviços de educação e treinamento, serviços de reparo e manutenção e muitos mais. Alguns deles são baseados em trabalho braçal e equipamentos, enquanto outros são baseados em transações. Além disso, a maioria das agências do governo está no negócio de serviços, mas elas são um caso especial e nós as abordamos mais à frente neste capítulo, na seção "O Lean no Governo".

Em todos os negócios de serviço, o Lean é uma atitude e uma abordagem que qualquer um é capaz de entender, além de ser um conjunto de práticas e ferramentas que qualquer um pode aplicar. As técnicas do Lean não exigem um treinamento extensivo de funcionários ou suporte técnico complexo. Para início de conversa, em um contexto de serviço, adotar o Lean significa voltar ao motivo pelo qual todos entram no negócio de serviços: servir às pessoas!

Incorporar as práticas Lean dentro de uma organização de serviço não é um paliativo imediato ou uma reforma rápida. Isso exige a mesma diligência e abordagem holística da manufatura ou de qualquer outra atividade econômica. O Lean na área de serviços significa:

- Melhorar os processos de serviço para focar no cliente e criar mais valor de cliente.
- Capacitar seu pessoal para entregar um serviço excepcional ao cliente.
- Diminuir o desperdício no fluxo de valor.
- Reduzir processos de lote e mover-se cada vez mais em direção a um fluxo de atividades para entregar serviço.
- Lutar pelo serviço perfeito.

Tendo em vista que os negócios de serviço muitas vezes requerem e são mais dependentes do trabalho intensivo do que os negócios de produção, o respeito pelas pessoas na cadeia de valor dos serviços é de importância extrema.

Um serviço é um produto!

Os serviços são como produtos de muitas maneiras. Eles começam com a necessidade, ou desejo do cliente, e terminam quando isso é entregue a ele de uma maneira satisfatória — na hora certa, da maneira certa e pelo preço certo. O serviço é o resultado de um processo ou séries de processos agindo de uma maneira coordenada para produzir os resultados desejados. Existe um fluxo de valor de atividades e informação de suporte. O serviço é um resultado de design, desenvolvimento e entrega. E o serviço está propenso a defeitos e retrabalho — assim como os produtos.

Você deve pensar no serviço como um produto, porque:

- Os serviços são arquitetados e desenvolvidos para atender às exigências do cliente e para se encaixar à "manufaturabilidade" de um sistema de produção e entrega.
- Os serviços têm especificações — de qualidade, desempenho, tempo e preço.
- Os serviços têm uma cadeia de valor formada de componentes, tanto do lado do fornecimento quanto da entrega.

As sete formas de desperdício nos serviços

Desperdícios no processo de serviço é desperdício, assim como o desperdício no processo de material ou produto também é desperdício. A perda no ramo dos serviços pode ter uma aparência diferente, mas acontece do mesmo modo:

- **Transporte:** O desperdício do transporte em um ambiente de serviço é o movimento desnecessário e sem valor agregado de pessoas, bens e informações, de modo a cumprir com a obrigação do serviço ao cliente.
- **Espera:** Se pessoas, sistemas, materiais, ou informações estão esperando, isso é desperdício.
- **Superprodução:** Seus serviços estão produzindo mais cedo, mais rápido, ou em maior quantidade do que a demanda do cliente exige?
- **Defeitos:** Serviços defeituosos são aqueles que não atendem, da primeira vez, às exigências corretas do cliente.
- **Estoque:** Você tem produtos de serviço que ninguém quer? Você tem um excesso de capacidade para entregar serviços?

Capítulo 15: O Lean nos Vários Setores Econômicos **337**

✔ **Movimento: Há** atividades, documentos e outros esforços desnecessários?

✔ **Processamento extra:** Quanta papelada é gerada ou quanto esforço as pessoas precisam fazer para entregar um serviço?

Melhorando os serviços do modo Lean

Os serviços se beneficiam naturalmente de uma das ferramentas fundamentais do Lean: o sistema pull. Na maioria dos casos, a entrega de um serviço para um cliente é baseada na ação do cliente requerendo o serviço, o que estimula a cadeia de valor a montá-lo e entregá-lo. A chave para o serviço Lean está nos serviços comuns — os componentes essenciais que permitem uma montagem flexível em tempo real, assim que o cliente faz o requerimento.

O 5S nos serviços

O 5S do local de trabalho se aplica ao ramo de serviços:

✔ **Separar:** A organização do local de trabalho é universal. Classificar materiais de escritório, materiais de manutenção, ou outras ferramentas, é fundamental para a entrega de serviços de qualidade de forma pontual.

Hoje em dia, muitas empresas de serviços são ou baseadas em computação ou facilitadas por ela. Classificar seu ambiente computacional — seus e-mails, seus arquivos — é uma atividade Lean. Mantenha seu desktop e seu sistema de arquivos Lean limpos.

✔ **Organizar:** As ferramentas dos serviços devem ser arranjadas em locais padronizados para um acesso consistente e fácil. Isso inclui itens de mesa, bases de dados, repositórios, referências, procedimentos operacionais ou definições de processo. Informações, incluindo arquivos e nomes de sistemas, devem ser consistentes.

✔ **Limpar:** Mantenha as ferramentas de serviço limpas e organizadas. Isso inclui quaisquer áreas de trabalho, seja no escritório ou em campo.

✔ **Sistematizar:** Como sempre, não espere até que as coisas se acumulem. Como parte de sua rotina regular, passe pelo seu ambiente de trabalho e o mantenha. Defina um horário ou um evento regular como base. Isso inclui tanto áreas comuns quanto privadas.

✔ **Padronizar:** Exercite a disciplina, na manutenção do local de trabalho, e institua processos que garantam que essa manutenção regular ocorra, de uma maneira padronizada a níveis padronizados. Não exagere — apenas faça.

Rapidez e qualidade

Como uma organização de serviço Lean, esteja sempre em movimento para criar valor de cliente de forma ainda mais rápida e com qualidade consistente. Ao aumentar consistentemente a velocidade das operações, os negócios de serviço são mais flexíveis e podem responder com maior agilidade às mudanças de demanda do cliente e às condições do mercado. Serviços mais rápidos são entregues por uma quantidade menor de mãos e pela simplificação e eliminação de passos desnecessários. Ao processar mais rapidamente, a organização reduz o custo de oportunidade. E, é claro, os clientes ficam mais satisfeitos por receberem os serviços com mais rapidez. Garanta que o cliente tenha a mesma experiência de qualidade independentemente de onde ele recebe seus serviços ou de quem os faça.

Foque igualmente na qualidade. As empresas de serviço Lean reduzem significativamente o tempo gasto no retrabalho de tarefas. Certifique-se de estabelecer limites de especificação e coletar métricas sobre qualidade, aplicando ferramentas para reduzir variação, prevenir falhas e atacar a raiz dos problemas.

Verificando a variedade e reduzindo a complexidade

A complexidade no serviço surge do esforço bem-intencionado de torná-lo íntimo, altamente personalizado ou coordenado. Mas qualquer aumento de complexidade aumenta o risco de serviços mais lentos e defectivos e aumenta indiretamente os custos com manutenção e suporte — na forma de procedimentos de processamento altamente tributados, muitos sistemas de serviço ao cliente e muito treinamento de equipe.

Analise os processos de serviço quanto à variedade e complexidade. Separe os serviços rotineiros dos serviços especializados e trate-os de forma diferente. Padronize os serviços de rotina e gerencie os serviços de alta complexidade e volume mais baixo como itens especiais. Onde for necessário, monte esses serviços em uma cadeia de valor.

O poder da linha de frente

Para permitir que os serviços cumpram a promessa de qualidade e velocidade, passe a tomada de decisões para mais perto do cliente. A segmentação e a produção de componentes de serviço altamente estruturados permitem que a equipe de frente engaje os clientes de forma mais independente — com menos supervisão de gestão.

As operações de serviço Lean permitem que as pessoas façam mais com suas próprias decisões voltadas ao cliente. Os funcionários da linha de frente são capacitados para operarem, em vez de terem que buscar pela

Capítulo 15: O Lean nos Vários Setores Econômicos 339

aprovação de suas decisões. Essa organização também os liberta de terem que focar somente em transações básicas e permite que deem mais atenção pessoal aos clientes, o que, por fim, aumenta a receita.

Nada exemplifica melhor a capacitação da linha de frente do que a cadeia de hotéis Ritz-Carton Hotel Company, onde cada membro da equipe tem um orçamento discricionário para resolver disputas. Cada um deles tem a autoridade pessoal para oferecer regalias, como melhorias em quartos, comida complementar e outras amenidades em uma base de caso a caso. Quando um hóspede tem um problema, a equipe é habilitada e encorajada a sair de seus deveres regulares e abordar imediatamente o interesse do cliente.

Lean Transacional

Os negócios transacionais são uma forma específica de negócios de serviço, em que o produto é puramente dados e informação e é processado de acordo com procedimentos específicos. Alguns exemplos incluem reservas e negócios de pedidos online, negócios bancários, processamento de pagamentos e pedidos de seguro. O sucesso do processamento de transações é baseado na velocidade e na precisão. Como o Lean pode ajudar?

Mais uma vez, os fundamentos do Lean se aplicam: focando no cliente, melhorando o fluxo de valor, focando da fluidez, lutando pela perfeição e mantendo um alto respeito pelas pessoas. Os negócios transacionais ocorrem tipicamente em escritórios profissionais, com uma força de trabalho altamente educada, usando computadores e processamento de dados para executar suas tarefas. Os negócios transacionais Lean fazem o seguinte:

- ✔ **Mapeiam o fluxo de valor explicitamente para entender precisamente o que é requerido para completar a tarefa do processo para o cliente.** Usam esse mapa como base para a eliminação contínua de práticas desperdiçadoras.

- ✔ **Entendem que as transações de informação são produtos.** Desenvolvem, criam, originam, montam e entregam transações.

- ✔ **Empregam o *kaizen* para examinar e otimizar seus processos de processamento de transação.** Empregam mudanças pequenas, locais, contínuas e práticas. Garantem que a gestão responda e implemente mudanças rapidamente e recompense os empregados.

O Lean na Assistência à Saúde

O ramo do sistema de saúde é uma das fronteiras mais excitantes do Lean. Em um ambiente onde as necessidades de cuidados ao paciente estão aumentando e a disponibilidade de recursos qualificados e reembolsos por serviços estão diminuindo, o Lean está ajudando. O Lean foca nas necessidades do paciente (o cliente) e busca melhorar o tempo de entrega, conter custos, reduzir espaço, aumentar a velocidade do atendimento e eliminar erros — em resumo, melhorar a qualidade dos cuidados. Embora não existam dados definitivos sobre o impacto global de erros e doenças preveníveis, considere essas duas declarações da Organização Mundial da Saúde (OMS): "Erros nos cuidados médicos afetam até 10% dos pacientes no mundo" e "A cada momento, cerca de 1,4 milhão de pessoas no mundo inteiro sofrem de infecções hospitalares."

Melhorando a assistência à saúde através do Lean

Na assistência à saúde, o Lean não tem a ver com eliminar pessoas ou eliminar bens. O Lean está melhorando atividades e processos dentro do sistema. Isso é conseguido pela identificação e remoção de atividades que causam desperdício e por focar nas atividades baseadas no valor do paciente. As empresas de saúde que aplicam os princípios Lean em sua organização estão testemunhando aumentos em benefícios e desempenho:

- Redução na incidência de erros
- Educação do paciente melhorada
- Diminuição do tempo de espera do paciente
- Resultados clínicos melhorados
- Produtividade da equipe aumentada
- Redução dos custos clínicos e de gestão
- Satisfação de empregados melhorada para enfermeiras e equipes

Definindo o desperdício na assistência à saúde

Abra qualquer jornal em qualquer país e você encontrará um artigo sobre o sistema de saúde. Público ou privado, todos eles têm seus problemas.

Capítulo 15: O Lean nos Vários Setores Econômicos

Se você já esteve em um local de atendimento médico, conhece alguns desses problemas em primeira mão. Considere alguns modos como as clássicas sete formas de desperdício são traduzidas para um ambiente desse tipo:

- **Transporte:** Pacientes são deslocados excessivamente para exames e tratamentos. Amostras para análise viajam excessivamente até chegarem aos laboratórios.
- **Espera:** Os pacientes esperam pelo diagnóstico, tratamento, alta, leitos ou exames. Os médicos esperam pelos resultados do laboratório. As equipes esperam pelos especialistas.
- **Superprodução:** Excesso de testes é executado por conveniência (e proteção da confiabilidade) da organização, não para atender a demanda do cliente.
- **Estoques:** Equipamentos, materiais, medicamentos, regimes de teste, leitos, tempo de consulta, amostras de laboratório para análise, resultados de laboratório esperando distribuição... o sistema está repleto de estoques!
- **Movimento:** Movimentos em excesso ou desnecessários de equipamento, materiais, gráficos e medicamentos são comuns no sistema de saúde. Médicos e equipes têm movimentação em excesso enquanto executam procedimentos. Até mesmo os próprios pacientes são movidos desnecessariamente!
- **Defeitos:** Erros estão por toda a parte: paciente errado, procedimento ou medicamento errado, diagnóstico errado, tratamentos sem resultado.
- **Excesso de processamento:** A equipe faz múltiplos movimentos com os leitos, reexames, entrada de dados, papelada excessiva e assim por diante.

No sistema de saúde, quando se avalia o fluxo de valor, você analisa seis áreas específicas de fluxo: fluxo de paciente, fluxo de familiares, fluxo de provedor, fluxo de medicação, fluxo de equipamento e fluxo de informação.

De acordo com a OMS, "existem 234 milhões de operações executadas globalmente todo ano. Pelo menos meio milhão de mortes por ano seriam evitadas no mundo todo com a implementação do Checklist de Segurança Cirúrgica da OMS. Esse checklist passou de uma boa ideia reconhecida em um estudo piloto de 2008 para um padrão global de cuidados, que já salvou muitos milhares de vidas". Além de o checklist melhorar os resultados, ele também melhora a comunicação entre a equipe cirúrgica e, consequentemente, a qualidade do cuidado.

O Lean no Governo

De todos os setores fora da indústria, as práticas do Lean estão sendo implantadas no governo com tanta força quanto em qualquer outro. De início, isso talvez pareça um paradoxo. Afinal, a maioria das entidades governamentais parece ser o oposto do Lean! Como qualquer instituição, as agências governamentais enfrentam restrições orçamentais constantes. Ao mesmo tempo, espera-se que elas atendam às necessidades maiores por parte da população. Parece um caso de se fazer mais com menos, não é?

As opções são limitadas. Entregar menos não é bem-visto pelos eleitores. E não é uma questão de simplesmente trabalhar mais duro. Os desafios não são solucionados por qualquer abordagem única, como a redução de defeitos, gestão de obstruções, ou medição e geração de relatórios, embora todas essas sejam ferramentas úteis com seus devidos papéis. E quaisquer soluções viáveis devem ser um trabalho cultural compatível com a natureza do ambiente governamental.

O Lean é ideal para a implementação no setor público, especialmente quando você considera que os governos em todos os níveis precisam planejar a longo prazo, seja planejando serviços, infraestrutura ou defesa. Com muitas facções competindo pelos mesmos recursos limitados, o Lean permite que os governos atendam mais pessoas e de modo mais efetivo. O *kaizen* tem sido usado globalmente para padronizar processos, criar revisões de política regulares, melhorar a utilização de recursos naturais, reparar veículos militares danificados pela guerra (nos EUA), apenas para citar alguns exemplos.

No setor público, as práticas Lean ajudam as organizações a:

- ✔ Diminuir os ciclos de tempo para completarem e entregarem seus serviços.
- ✔ Melhorar a qualidade dos serviços.
- ✔ Aumentar a produtividade e utilização de recursos.
- ✔ Aumentar dramaticamente a satisfação do consumidor (eleitorado).
- ✔ Reduzir perdas de todas as formas.

A última barreira para a implementação do Lean no governo existe apenas em termos de oferecer as habilidades apropriadas, capacidades e experiências para aqueles responsáveis pelo processo.

Capítulo 15: O Lean nos Vários Setores Econômicos   *343*

O Lean no Varejo

O ambiente de varejo é onde o fluxo de valor encontra o último cliente — o consumidor. Os varejistas experienciam as necessidades e desejos do cliente em primeira mão: exatamente o que o cliente quer, onde ele quer e quanto ele quer e na quantidade e com a qualidade desejada. No mundo de hoje, os consumidores têm se tornado mais exigentes do que nunca: a inovação tem criado altas expectativas, o acesso é global e marcas e SKUs (código identificador de produto) têm proliferado.

Tem sido difícil para os varejistas se manterem entregando valor do ponto de vista do cliente. Os varejistas são desafiados com layouts e fluxo de armazenamento, categorização de produto, empacotamento, armazenagem, iniciativas de marketing corporativo, sobras de estoque sazonal e, é claro, preço. Os consumidores presenciam a proliferação do produto, duplicação e complexidade, promoções confusas, sinalização ineficaz, desordem e produto difícil de terminar, serviço ruim e longas filas de caixa. Não é um mistério que os consumidores fiquem estressados, procrastinem sobre fazer compras e comprem com cada vez menos frequência ou online!

As práticas do Lean melhoram o serviço ao cliente, diminuindo os tempos de espera e garantindo que os produtos certos estejam nas prateleiras na hora certa. Os dados de ponto de venda estimulam diretamente o fornecimento e a entrega baseados em compras em tempo real. O Lean os ajuda com o fluxo até as prateleiras das lojas e na minimização dos níveis de estoque.

Na próxima vez que você for a uma loja de varejo, procure por evidências de práticas Lean e são grandes as chances de encontrá-las. A Figura 15-1 mostra um exemplo de instrução visual de trabalho padrão para uma tarefa simples, como limpar o banheiro. Veja quais outras técnicas Lean você nota, do serviço ao cliente até os produtos nas prateleiras.

Parte V: O Empreendimento Lean

Figura 15-1: Um auxílio visual para instruções de trabalho padronizado em um ambiente de varejo.

Gráfico fornecido pelo Diversity, Inc., agora parte da Sealed Air

O Lean em Toda Parte

O futuro do Lean em todos os setores de atividade econômica é ilimitado. Os princípios, métodos, ferramentas e técnicas se aplicam a qualquer situação. Analisar um negócio, organização ou indústria pelos olhos do Lean abrirá novos caminhos para oportunidades de melhorias. No Capítulo 16, estão vários estudos de caso.

Capítulo 16

O Lean na Vida Real

Neste Capítulo

▶ Estudando o Lean na área da saúde

▶ Vivendo o *kaizen* na indústria

▶ Melhorando o engajamento do empregado

*N*este capítulo, você aprende sobre exemplos reais do Lean em prática. Verá o Lean através de várias organizações em três tipos de atividade — área de saúde, indústria e serviços financeiros. Essas histórias incluem aumento da produtividade nos laboratórios, maximização da capacidade de consulta do cliente, transição da sala de operações, o primeiro *kaizen* de uma área de montagem de alta tecnologia depois de uma fusão e engajamento de empregados. Em cada caso, uma variedade de práticas Lean resultou em melhorias dramáticas de performance e satisfação do cliente. O Lean pode ser aplicado de muitas formas em qualquer tipo de processo, em qualquer setor de atividade — use esses estudos de caso como uma inspiração para melhorar todas as áreas da organização.

Ao passo que você lê, pode ter que ajustar o modo como pensa a respeito da aplicação dos conceitos Lean em seus próprios processos. Neste capítulo, você verá que "estoque" pode ser definido como horários disponíveis para consultas e SMED, uma técnica de transição rápida (veja o Capítulo 11) se aplica à transição em salas de operação. Ambas são aplicações diretas das técnicas Lean.

Melhorando a Assistência à Saúde

Esta seção analisa três aplicações distintas do Lean em instalações de saúde. A primeira, da Faixa Preta de Erica Gibbons, foca nas melhorias no fluxo de trabalho de um laboratório de hospital. A segunda, de Linda LaGanga mostra como uma organização, o Centro de Saúde Mental de

Denver (MHCD), melhorou sua taxa de desempenho para processos de admissão de clientes. Finalmente, o Healthcare Performance Partners mostra o uso do SMED para melhorar o tempo de transição seguro das salas de cirurgia em centros médicos.

Fluxo de trabalho e fila de laboratório

Um laboratório em um hospital do meio-oeste nos EUA precisava de ajuda para manter sua crescente demanda por exames de sangue. Os pedidos chegavam de todos os 260 leitos das áreas de tratamento intensivo do hospital, especialmente durante dois períodos: entre 17h30 e 8h e de 14h30 e 4h, de segunda a sexta. Os responsáveis pelo hospital prescreveram o Lean para auxiliar os gestores do negócio na eliminação de problemas nas instalações. O laboratório ainda tinha que participar de uma atividade Lean. Inicialmente, tanto os líderes do laboratório quanto a equipe duvidaram que o Lean os ajudaria com a situação.

Condições iniciais

A equipe do laboratório fazia três turnos de 8 horas, com 30 minutos de almoço e duas pausas de 15 minutos. Nenhum turno de plantão estava disponível. Muitos dos membros da equipe do turno do dia abandonaram o trabalho devido à alta pressão e às condições urgentes de trabalho.

Para processar as amostras de sangue, a equipe recebia as amostras, em embalagens de vários tamanhos, através de dois elevadores. Eles separavam pedidos urgentes de pedidos rotineiros e processavam rapidamente as amostras em uma de suas quatro centrífugas. Depois de centrifugar os tubos, a equipe distribuía as amostras entre as máquinas apropriadas para carregamento e processamento. Depois que o trabalho de laboratório estava completo, a equipe registrava os resultados e contactava o pessoal da enfermagem sobre quaisquer resultados anormais. Exigia-se que eles completassem pedidos urgentes dentro de 30 minutos, partindo da hora registrada no rótulo do tubo, e pedidos rotineiros dentro de duas horas.

Pedidos urgentes começaram a aumentar em um ritmo mais rápido do que os volumes dos horários do laboratório podiam lidar. As taxas de deterioração eram de cerca de 7% a hora, com taxas mais altas durante os horários de pico de 8h até as 14h. Durante esses horários, os resultados muitas vezes levavam um tempo consideravelmente maior do que os prazos especificados para o processo, resultando em ligações exasperadas e visitas da equipe do hospital e dos gestores.

Em resposta, o laboratório trouxe um novo equipamento, o que causou restrições de espaço. Os gestores também colocaram um computador para entrada de dados entre os elevadores de amostras e ao lado de cada unidade de processamento. Normalmente, eles atribuíram um processador para cada unidade e tiveram de um a dois recebedores por turno. A Figura 16-1 mostra o layout do laboratório.

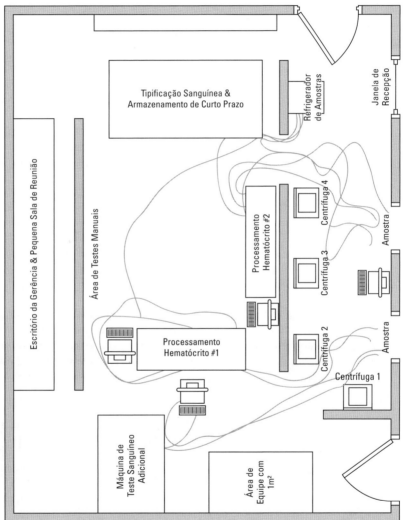

Figura 16-1: Layout inicial do laboratório.

Kaizen do laboratório

Para começar o esforço de melhoramento com o *kaizen*, os profissionais Lean, em conjunto com o pessoal do laboratório, caracterizaram o estado atual, coletando dados sobre os tipos de amostras e remessas por hora referentes aos três meses anteriores. O hematócrito e outras amostras de sangue apresentaram 78% dos volumes de amostras de laboratório. A Figura 16-2 mostra os dados.

Figura 16-2:
Volume inicial de amostras e equipe por hora.

Cada amostra sanguínea era separada em uma das quatro centrífugas. Uma centrífuga podia separar até 24 amostras em um prazo de 7 minutos. Com uma carga de 24 amostras, levava 3 minutos a mais para carregar e 2 minutos para descarregar. O tempo total para centrifugar 24 amostras era, portanto, os 3 minutos de tempo de carregamento, mais 7 minutos de centrífuga e 2 minutos para descarregar, dando um total de 12 minutos — ou 0,5 minuto por amostra.

As máquinas de hematócrito, então, processavam as 24 amostras centrifugadas em um escorredor que levava 6 minutos com 1 minuto para ser carregado. Testes sanguíneos adicionais eram feitos em uma máquina de testes maior, que processava até 48 amostras centrifugadas por um escorredor em 9 minutos, em média, com um tempo de carregamento de 2 minutos.

Ambas as máquinas lançavam seus resultados automaticamente nos sistemas de informação do hospital. Pedidos urgentes agiam como interrompedores no sistema. A equipe processava pedidos urgentes de imediato, não importando qual fosse o pedido recebido. Embora ambas as máquinas necessitassem de manutenção diária, os profissionais ignoravam o tempo de parada da análise.

Processo hematócrito = 24 amostras/7 min.   0,29 min./amostra

Processamento sanguíneo adicional = 48 amostras/11 min.   0,23 min./amostra

Distribuição de amostras = 0,1 min./amostra (pode ser feita em grupos)

A equipe usou a Lei de Little, que é o princípio matemático fundamental da teoria de filas aplicada a um processo em estado fixo, para analisar o processo de chegada das amostras. Para uma dada taxa de chegada, a equipe nos sistemas é proporcional à ocupação do pacote.

N = λ * T, onde:

N: Número médio de pacotes (amostras) no sistema.

λ: Chegada de pacotes por unidade de tempo.

T: Tempo médio no sistema por pacote (incluindo tempo de distribuição, espera e processamento).

O tempo do pacote no sistema é determinado subtraindo o tempo de resultado do laboratório (hora da partida) do tempo de recebimento (hora de recebimento). Geralmente, a equipe processava os pedidos de laboratório na ordem primeiro que entra, primeiro que sai (FIFO). Eles necessitavam de um tempo adicional para notificar a enfermagem e fazer transferências.

A equipe usava o tempo takt das amostras para determinar a equipe necessária, especialmente durante os horários de pico.

Depois da coleta dos dados iniciais, os profissionais Lean formalizavam a equipe do projeto de melhoramento, que incluía uma mistura de funcionários do laboratório com o Lean. À medida que o pessoal do laboratório ficou mais envolvido no projeto, eles começaram a ver como o Lean podia ajudá-los em sua situação.

Envolva a equipe o mais cedo possível em seus projetos. Quando eles ajudam a identificar e resolver seus problemas de fluxo de trabalho, começam a se responsabilizar pelo projeto e, a longo prazo, sustentarão os resultados. Você economizará tempo e melhorar o apoio ao envolver a equipe desde o início.

O laboratório melhorado

A equipe trabalhou junta para identificar melhorias para os processos do laboratório que resultariam no processamento mais efetivo de amostras e um serviço melhor ao cliente. O próximo estado futuro incluía melhorias altamente efetivas no processo:

- **Aplicar o Lean ao layout do laboratório:** Ao adicionar uma centrífuga e colocar todas as centrífugas alinhadas com o hematócrito e as máquinas alternativas, as amostras fluíram através do laboratório de uma forma mais linear, reduzindo o tempo de distribuição para 0,1 minuto/amostra. A Figura 16-3 mostra o layout depois do melhoramento.

- **Flexionando as horas da equipe:** Dois técnicos do turno do dia modificaram seus horários para acomodar o alto volume que havia pela manhã. Isso permitiu que o laboratório atendesse as demandas sem aumento do número de funcionários. Como um bônus adicional, o novo cronograma permitiu que esses dois técnicos pudessem estar com seus filhos em idade escolar depois das aulas.

- **Rótulos à prova de erros:** Erros devido a rótulos desalinhados eram a razão primária pela qual eles necessitaram de uma máquina adicional de testes. Para reduzir erros e o retrabalho associado a eles, a equipe do laboratório trabalhou em conjunto com os vendedores de tubos de teste, para que estes incluíssem um guia de orientações para o pessoal do hospital, de modo que os rótulos fossem mais bem posicionados nos tubos.

✔ **Educando os clientes — redefinindo o *urgente*:** Assim como o menino que gritava "olha o lobo", os clientes do laboratório se deram conta de que os tubos identificados como urgentes eram movidos para a frente da fila, então tudo se tornou *urgente*. Para superar essa síndrome, os técnicos do laboratório se reuniram com os usuários do hospital que enviavam os pedidos mais "urgentes". Eles os ouviram para entender o que geria as necessidades das amostras urgentes. Com esse entendimento, os técnicos criaram uma definição padrão para "urgente" e começaram a educar a equipe do hospital com respeito aos pedidos urgentes, usando reuniões presenciais; eles também criaram uma campanha de comunicação para espalhar o critério a respeito da nova definição de *urgente*. O esforço da equipe fez a diferença. Ao melhorar a entrega de amostras como um todo e padronizar a definição de *urgente*, menos pedidos urgentes chegavam ao laboratório.

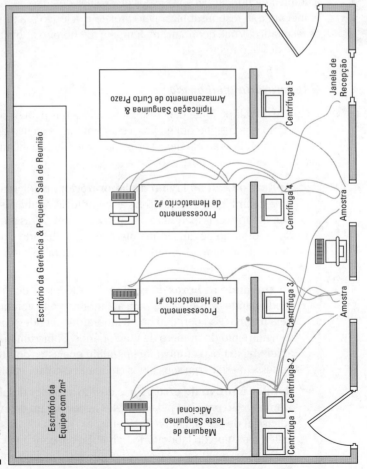

Figura 16-3: Volume de amostragem e alocação de pessoal melhorados por hora.

Resultados: Nós adoramos!

As novas mudanças de layout e pessoal contiveram o efeito do horário de pico. Amostras de rotina passaram a ser completadas dentro de 45 minutos. A equipe completava pedidos urgentes numa média de 25 minutos. Pedidos urgentes inapropriados diminuíram em 80%, enquanto que os tempos de entrega melhoraram. A Figura 16-4 mostra as mudanças no volume de amostras depois das melhorias.

Figura 16-4: Volume melhorado de amostras e alocação de pessoal por hora.

Os técnicos do laboratório gostaram da nova organização menos estressante da equipe. Com tempos de teste mais rápidos, eles focavam no trabalho em vez de terem que lidar com ligações de reclamações da equipe do hospital. O mais importante, os técnicos, agora mais capacitados, estavam orgulhosos de suas realizações e se tornaram detentores de seus resultados.

Fazendo os novos clientes comparecerem às consultas agendadas

O Centro de Saúde Mental de Denver (MHCD) é uma organização privada sem fins lucrativos e provedor dos serviços de saúde mental da cidade de Denver (http://www.mhcd.org). O MHCD acredita que as pessoas possam se recuperar — e, de fato, se recuperam — de doenças mentais, que o tratamento funciona para melhorar a vida de pessoas de todas as idades e que o trabalho e as missões do MHCD são vitais para a comunidade, além de a qualidade e eficácia dos programas pouparem dinheiro. É importante para o MHCD que as pessoas tenham serviços disponíveis e que elas possam comparecer quando forem agendadas para receber alguns dos serviços. O MHCD se refere às pessoas que utilizam os serviços como *consumidores*.

Começando

O MHCD teve um problema persistente de altas taxas de não comparecimento aos agendamentos iniciais. Com o apoio do presidente

(CEO) e de outros funcionários de nível executivo, eles decidiram usar o Lean para enfrentar esse problema. O projeto Rapid Improvement Capacity Expansion (RICE) (projeto *kaizen*) visou aumentar o número de clientes admitidos. O projeto focou na eliminação do desperdício causado pelo não comparecimento e pelo aumento da utilização dos recursos de admissão.

O apoio da gestão superior e uma cuidadosa seleção de equipe são essenciais para o sucesso a longo prazo da equipe Lean. Esse apoio ajuda a garantir a participação e os recursos do projeto ao longo do tempo. As pessoas certas na equipe — aquelas que valorizam a melhoria operacional e são afetadas pelo problema — podem ajudar a construir o apoio de toda a organização, especialmente quando os esforços do Lean estiverem apenas começando.

É necessário selecionar os projetos iniciais do Lean com os quais as pessoas se preocupam e queiram usar para resolver um problema operacional significativo, de preferência aqueles intimamente ligados à missão e valores da organização. O sucesso com esses tipos de projetos ganha força e aceitação do Lean na organização.

O MHCD selecionou os primeiros membros da equipe Lean baseando-se no respeito para com as pessoas, tal como seus papéis na organização, suas contribuições eficazes para com o projeto e a operação com foco nos clientes. A equipe foi composta por médicos, pessoal administrativo, gestores, funcionários do sistema de qualidade e consumidores, que vivenciaram o processo de acesso. Eles se encontraram durante um período de quatro dias para estudar e analisar todos os processos e atividades individuais que compunham o agendamento dos consumidores para suas consultas de admissão inicial nas várias instalações, tanto adultas quanto infantis, dentro da organização.

A equipe usou várias ferramentas Lean, tais como mapeamento do fluxo de valor, diagrama espinha de peixe, identificação das condições de estado atual e estado pretendido, além da análise de lacunas (veja Partes III e IV). Por intermédio dessas análises, a equipe identificou uma série de processos a serem aprimorados). As melhorias para esses processos resultariam em mais clientes agendados para as admissões e melhor desempenho no comparecimento. É vital que os consumidores realmente compareçam à admissão inicial, porque é a única maneira de eles serem de fato admitidos para receberem os serviços.

A equipe decidiu definir *estoque* como "horários disponíveis para consulta". Eles visualizaram o processo de agendamento dos consumidores que solicitavam as consultas como um consumo de estoque e sistema de distribuição.

Os médicos realizaram novas admissões de consumidores. Esses médicos estavam em equipes distintas localizadas longe do centro de acesso. As equipes de admissão clínicas forneceram a lista de acesso do centro de horários e dias para marcações de consultas com os médicos. O centro de acesso, então, preencheu esses horários vagos com os consumidores, que ligaram para solicitar uma admissão. Quando todos os horários atribuídos foram preenchidos, os consumidores, que ligavam para agendar as consultas eram orientados a ligarem de volta uma semana mais tarde. A figura 16-5 mostra o alto nível do fluxo de valor do processo de acesso e serviços dos clientes.

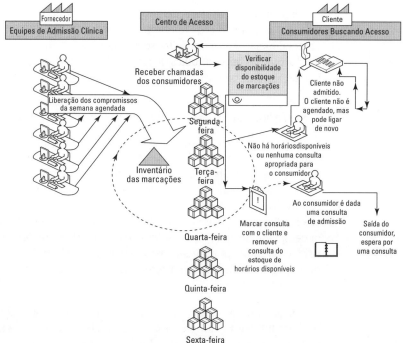

Figura 16-5: Alto nível do fluxo de valor para o processo de acesso e entrada dos clientes.

Compreendendo o problema e gerando melhorias

Foram preciosos os insights recebidos pela equipe RICE a respeito dos fatores que influenciaram a decisão dos consumidores de participar de uma entrevista de admissão, depois de terem perdido as primeiras consultas marcadas — em outras palavras, a equipe ouviu a voz do cliente (VOC). Isso levou os médicos a pensarem sobre o que poderiam fazer para receber novos clientes, aliviar sua ansiedade, garantir que eles tivessem transporte confiável para as consultas e saber como chegar à clínica.

A VOC fornece concepções importantes que impulsionam a melhoria do processo. Nesse caso, incluir consumidores na própria equipe contribuiu para que a equipe entendesse como suas ações podem afetar o comportamento do consumidor, gerando, portanto, novas ideias para a melhoria do processo.

A equipe caracterizou o estado atual de medição e análise de informações sobre as consultas e as taxas de não comparecimento por dia da semana. A figura 16-6 mostra a medição antes e depois do projeto de melhoria Lean. A equipe utilizou a experiência dos médicos e clínicos, além dos dados fornecidos, para identificar oportunidades de melhorias adicionais. Por exemplo, eles determinaram que as terças-feiras eram bons dias para admissões porque as taxas de não comparecimento foram relativamente baixas e as chamadas de lembrete poderiam ser feitas com um dia de antecedência, ao contrário das segundas-feiras. A equipe também notou que às quintas-feiras as taxas de não comparecimento eram relativamente baixas, porém somente algumas consultas eram agendadas.

Transformando o "não comparecimento" em admissão

Essas observações conduziram a equipe à redefinição dos horários de consulta e adição de mais horários às quintas-feiras. A mudança aumentou as chances de se obter uma consulta na mesma semana sem ter que esperar até a próxima, quando as equipes de admissão clínica lançam os novos agendamentos. O novo processo de desenvolvimento ajudou os clientes a compreenderem a importância de seus compromissos e a necessidade de cancelá-los antes do tempo, se não puderem comparecer. Isso gerou uma oportunidade de reaproveitar os horários marcados para que os clientes que ligaram posteriormente e conseguiram uma consulta mais tarde na semana, pudessem aproveitá-los.

A equipe combinou, em um único passo, etapas distintas no fluxo de trabalho (por exemplo, uma consulta de orientação e avaliação real de admissão), que originalmente ocorria em dias separados, para eliminar a possibilidade de um não comparecimento após a orientação. Um excesso moderado de marcação de consultas também foi utilizado para orientações em grupo de modo a reduzir a incidência de não comparecimentos. Se mais consumidores comparecem além do esperado, a capacidade flexível foi posta em prática, através da chamada dos gestores do programa e estagiários para realizarem a avaliação da admissão individual, sob a orientação. Por possuir os participantes certos na equipe Lean, as novas práticas foram implementadas de forma rápida e eficaz.

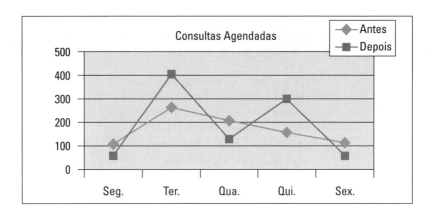

Figura 16-6: Dados antes e depois das consultas e não comparecimentos.

Resultados

Apenas no primeiro mês de operação, o número de consultas agendadas aumentou 22% em relação ao mesmo mês do ano anterior. O aumento das consultas, combinado com uma diminuição imediata de 5,67% da taxa de não comparecimento, resultou em um aumento de 30,26% do número de consultas de admissão concluídas.

Um ano de análise de seguimento dos resultados mostrou que esse projeto inicial do Lean resultou em um aumento da capacidade de atendimento de 27%, uma diminuição do não comparecimento de 12%, além de fornecer a 187 pessoas o acesso aos serviços, tudo sem aumentar o número de pessoal ou outras despesas.

O MCHD reconheceu a importância da medida e validação para o processo de melhoria. Uma análise do processo depois de um mês confirmou que o sistema estava funcionando e fornecendo feedback e motivação para a organização continuar com a iniciativa Lean. O teste definitivo que comprovou o sucesso foi dado por uma análise mais extensiva, que comparou dois exercícios inteiros, um antes e outro depois da implementação do programa.

Focando no que realmente agrega valor aos clientes e eliminando o desperdício, o processo Lean no MHCD resultou na ampliação do acesso aos serviços para os consumidores que precisam deles, e uma utilização mais eficaz em termos de custos de recursos. O programa promoveu abordagens inovadoras e um compromisso com a melhoria da qualidade em toda a organização, tanto nas áreas clínicas quanto nas de negócios. Através da liderança sustentada e do comprometimento organizacional e resultados demonstrados, o Lean no MHCD acaba prosperando. Os funcionários amam o processo e os clientes apreciam os resultados!

O SMED e a rotatividade nas salas de cirurgia

Transições e transferências balanceadas entre os procedimentos nas salas de cirurgia (SC) são fundamentais para o desempenho geral do hospital. O Healthcare Performance Partners (HPP) usou as práticas do Lean ao trabalhar com um centro médico particular de 260 leitos na Geórgia, para maximizar o desempenho da rotatividade das SC. Turnos eficientes e seguros são importantes para garantir que o próximo caso comece a tempo, com todas as condições e ferramentas necessárias. Assim como um pit stop de Fórmula 1, uma transição suave na SC significa tomar apenas o tempo necessário com a equipe bem coordenada usando um trabalho padronizado (veja o Capítulo 11) para se certificar de que nada será esquecido. A equipe *kaizen* desenvolveu e implementou procedimentos aperfeiçoados para a sala de cirurgia geral naquela unidade.

A condição atual

A equipe da SC estava cumprindo a meta corporativa de 20 minutos para a rotatividade em apenas 66% do tempo. A equipe *kaizen* observou que, se tudo corria perfeitamente conforme o esperado, a enfermeira só tinha cerca de 20 minutos de trabalho para fazer. O número de membros da equipe envolvidos nessa ação, incluindo técnicos e enfermeiros, variava entre os casos, assim como o número e tipos de tarefas. Olhando para o processo com novos olhos, a equipe se perguntou:

- Quais as tarefas que realmente tinham de ser feitas para preparar a sala para uma nova cirurgia?

- O que pode ser realizado antes ou depois, ou como parte de outro trabalho?

- O que poderia ser feito de forma mais eficaz durante essa preparação?

Capítulo 16: O Lean na Vida Real **357**

Tarefas internas versus tarefas externas

Quando você pensa em um tempo de resposta tal como um pit stop, é mais fácil ver que somente as tarefas mais importantes devem ser realizadas durante o tempo *interno* — o momento em que os carros entram nos boxes. Por exemplo, a equipe do pit stop só aperta as porcas das rodas durante a parada. Outras tarefas, como encher os pneus, são feitas durante o tempo *externo* — o tempo antes ou depois do pit stop.

Em um exemplo do *pit stop* da SC, a equipe viu que o técnico da sala de cirurgia usaria um tempo interno crítico para ir à outra área do hospital pegar os instrumentos para usar no próximo caso. A equipe encontrou uma maneira de liberar o tempo do técnico, durante o caso, antes de recolher os instrumentos necessários para o próximo caso — em outras palavras, eles mudaram a atividade para um caminho não crítico. Realizar esta tarefa no tempo externo fez com que o técnico estivesse mais disponível durante os minutos críticos do tempo de resposta.

Em outro exemplo, a enfermeira muitas vezes utilizava o tempo de resposta para fornecer uma amostra para o laboratório. A equipe *kaizen* encontrou uma maneira de criar uma área de depósito para as amostras, dando mais tempo para a enfermeira se concentrar no tempo de resposta.

Dominando a troca rápida

A equipe continuou a avaliar todas as atividades de transição da SC e encontrar mais maneiras de criar atividades de tempo externo. A equipe *kaizen* também analisou formas de reduzir as etapas desperdiçadas, confusão e movimentos extras durante o período de tempo de resposta crítico.

Por exemplo, a equipe observou que a enfermeira transportava o paciente para a unidade de recuperação pós-anestésica (PACU), em seguida retornava para a SC, onde o computador estava localizado, preenchia o mapeamento lá mesmo e, depois, voltava para a área de pré-operatório para buscar o próximo paciente. Para reduzir o desperdício de tempo e esforço, a equipe instalou um computador diretamente na PACU, onde a enfermeira pudesse completar os gráficos, estando mais perto do paciente e evitando uma viagem extra de volta para a SC. Esta mudança poupou cruciais 2 minutos (10%) do tempo chave (RN) durante a transição, tornando o trabalho mais fácil.

A equipe também descobriu uma variação no número de pessoas que trabalham durante uma transição — entre três e oito membros da equipe. Eles criaram uma forma de nivelar e uniformizar a carga de trabalho, fazendo com que o número de pessoas envolvidas fosse mais previsível e sensato.

Acima de tudo, a SC deve ser limpa. A solução de limpeza que eles estavam usando precisava de 10 minutos para superfícies úmidas. A equipe decidiu que essa quantidade de tempo de espera era muito longa e procurou, assim, outra solução que atendesse aos padrões de limpeza em menos tempo. Depois de terem encontrado um produto que requeria apenas 1 minuto de tempo de imersão para atingir o mesmo grau de limpeza, a troca foi feita. Finalmente, eles atualizaram as instruções de trabalho padronizando as transições da SC para refletir as novas exigências de limpeza.

Os resultados

A equipe do hospital fez várias experiências bem-sucedidas usando seus novos procedimentos. A Figura 16-7 mostra os dados de antes e depois do processo. Esses resultados indicam:

- Uma redução de 8 minutos (40%) no tempo de transição, correspondente a 160 horas de tempo na SC anualmente.
- Melhoria da qualidade da transição.
- Melhoria da equipe e satisfação do médico.

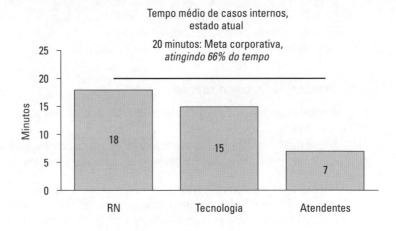

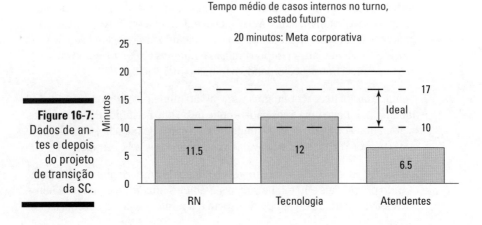

Figure 16-7: Dados de antes e depois do projeto de transição da SC.

Primeira Experiência de Kaizen após uma Fusão

Todd McCann, um líder e *sensei kaizen*, trabalhou com um fabricante do ramo de telecomunicações de grande porte com diversas ofertas de produtos e uma grande instalação. A empresa tinha acabado de ser vendida para um novo proprietário. A equipe de Todd apoiou essa nova organização, através da realização de atividades *kaizen* em todas as operações de fabricação e montagem.

A primeira área-alvo para melhoria foi a montagem final de roteadores de 24/36 portas. A equipe avaliou várias áreas de processo de melhoria: relacionamento com clientes externos, entrada de pedidos, materiais fabricados internamente, materiais comprados e planejamento de compras/logística, fabricação interna e planejamento de produção de montagem, e a área de trabalho de montagem final.

Todd e sua equipe também se concentraram sobre o pessoal e a cultura da organização, respeitosamente instruindo, desafiando, treinando e orientando o pessoal da produção; e nutrindo e fazendo crescer o espírito *kaisen* nos corações e mentes da força de trabalho, para revolucionar pensamentos, atitudes e comportamentos. Como *sensei*, ele sabia que essas atividades resultariam em um maior valor para os membros da equipe, com uma maior habilidade, capacidade e lucro para o negócio.

Realizar e conduzir atividades de *kaizen* no início de uma transição é fundamental para um processo bem-sucedido e incorporação de uma nova equipe em uma organização Lean já existente. Através dessas atividades, você pode criar um alinhamento cultural mais rápido entre as organizações, gerar uma melhoria operacional rápida e suavizar a transição total.

Condições iniciais — antes do kaizen

O desafio do espaço físico para a montagem do roteador envolveu uma planta de quase três mil metros quadrados, composta por três edifícios interligados. Um prédio destinava-se à fabricação de fios. Em um outro ocorria a fabricação de componentes de peças, montagem final e recebimento de material. O último edifício era responsável pelo armazenamento e transporte de produtos acabados.

Abordagem da liderança

Os novos proprietários sabiam que as práticas de trabalho existentes não obteriam os resultados de que precisavam. Eles sabiam que era necessário mudar, mas não tinham certeza de como fazer isso. Uma abordagem Lean, incluindo atividades de *kaizen*, proporcionou o caminho para alcançar a mudança e melhores resultados.

Usando instrução e aprendizado prático baseados no Lean, a força de trabalho recebeu novos conhecimentos sobre como abordar e realizar seu trabalho; também aprendeu a identificar e resolver problemas que eram intrínsecos às práticas de trabalho atuais. As pessoas aprenderam novas formas de pensar, que as orientaram sobre como poderiam aplicar continuamente esse novo conhecimento fundamental. O uso dos princípios Lean, as práticas, ferramentas, técnicas — em combinação com novos comportamentos e atividades de liderança — permitiu que a equipe alcançasse os resultados desejados pelos novos proprietários: o aumento de valor para o cliente e melhores lucros para o negócio.

Faça a instrução e o treinamento em intervalos curtos. Crie um ambiente de instrução com forte contato humano — baixa ou nenhuma tecnologia. Evite entediar os alunos com o uso do PowerPoint. Gaste menos tempo em sala de aula e mais tempo no *gemba* — indo aonde a ação está.

Sistema de avaliação de estado atual

A equipe, sob a orientação de seu *sensei*, realizava duas semanas de *waste walk* (caminhada do desperdício) colaborativa, usando um mapa do fluxo de valor do estado atual (criado pela equipe de montagem final). Essa caminhada lhes forneceu evidências empíricas de áreas imediatas de oportunidades. A equipe encontrou uma abundância de todos os sete tipos de desperdício (veja o Capítulo 2), áreas sem fluxo, falta de pull, falta de padrões conhecidos e trabalho padronizado. Havia medidas inadequadas de segurança, custo, qualidade e entrega, e a maioria dos trabalhadores não tinha uma consciência clara sobre o valor que estavam entregando aos clientes internos e externos e sobre como gerar lucro para o negócio. Eles também encontraram evidências de que o uso de seu sistema de Planejamento de Recursos de Produção (ERP) estava fazendo com que o produto fosse empurrado através do sistema de produção, em vez de ser puxado por ele. (Veja o Capítulo 11.)

Ao examinar como a instalação era medida e monitorada durante o progresso da produção, a equipe encontrou muitas oportunidades de melhoria. Eles descobriram que as disciplinas de medição de estado atual eram ultrapassadas e ineficazes. Além disso, as taxas de defeitos na montagem final não eram medidas e os controles para a detecção e prevenção de defeitos de fabricação também eram ineficazes. Os defeitos acabavam chegando regularmente à área de montagem final. Diversas vezes, os supervisores e gerentes estavam recebendo sinais equivocados de que o trabalho estava livre de defeitos e de acordo com o planejado.

Avalie e questione o seu sistema de medição e normas relacionadas de forma constante e consistente. Esteja atento, caso observe constantemente sinais de que a produção está de acordo com o planejado. Isso geralmente sinaliza alguma oportunidade de melhoria. Ao desafiar o status quo, você criará um pensamento inovador.

Kaizen: Pessoas, processo e atitude

A equipe de *kaizen* era um mix diversificado de pessoal constituído por trabalhadores finais do *gemba*, gerente e planejadores da área de produção, um Engenheiro Industrial/Faixa preta em Seis Sigma dedicado à área-alvo, membros ad hoc, incluindo um operador de empilhadeira, fornecedores externos e pessoal da área de recebimento de bens acabados. A equipe desafiou-se a identificar e eliminar o desperdício e produzir pull e fluxo.

A diversidade das equipes cria uma perspectiva e permite uma visão compartilhada (*hoshin*). Esteja atento ao mix, conhecimento, posição e diversidade de habilidades das equipes.

Reflita constantemente, a fim de estimular o crescimento de um novo pensamento. Isso é *hansei*. Aplique o método socrático e reflexões constantes como disciplinas fundamentais — antes, durante e depois das atividades de *kaizen*. Faça perguntas, como:

1. O que deveria acontecer *versus* o que está acontecendo?
2. Quais serão os benefícios mensuráveis da melhoria?
3. A melhoria é real ou aparente?

Usando o VSM de estado atual para guiar o melhoramento

A equipe construiu e validou o mapa do fluxo de valor (VSM), aplicando a disciplina do 3 Gen (veja o Capítulo 13), conduzindo o material e as informações das atividades do VSM através do fluxo de valor. Eles começaram com o cliente, continuaram até os produtos finais, passaram para a montagem final e, depois, para o resto das operações, até que chegaram ao início do fluxo de valor — o processo de entrada de pedidos.

A equipe usou um inquérito simples, planilhas padronizadas, observação direta e coleta através de medição. A equipe também aprendeu a identificar e medir os desperdícios e construir alternativas para eliminá-los, além de se preparar para atividades de *kaizen* para julgamento e teste. A equipe começou a ver como o fluxo de valor estava operando de ponta a ponta entre os fornecedores internos, clientes internos e, finalmente, o cliente final. Quando foram identificados problemas, eles os compartilharam com as equipes de todo o fluxo de valor e se dirigiram a eles através do *hoshin kanri*. (Veja o Capítulo 13.) A essa altura, a equipe estava esclarecida, mas ainda pessimista.

Enfrentando os medos

Um *sensei* Lean é consciente do pessimismo causado quando as pessoas sentem medo ou incerteza e como isso pode ser especialmente verdadeiro quando elas formam parte de um grupo ou equipe. Todd McCann sabia que a única maneira de se livrar do medo era compreender e lidar com ele — o medo do desconhecido, medo do fracasso, lutas internas, a falta de confiança, ou conflitos. Sem abordar isso, as pessoas não avançam, porque, quando elas estão com medo, muitas vezes não enxergam como mudar ou podem até se recusar a acreditar que a mudança é realmente possível. Nessa condição, é muito mais difícil alcançar os resultados desejados. Na verdade, não abordar os medos pode prejudicar a organização e produzir *muri* — desperdício devido à sobrecarga ou ao estresse das pessoas ou sistema.

Todd e sua equipe criaram um ambiente seguro, onde as pessoas podiam discutir e expor seus medos sem se ridicularizarem ou sofrerem retaliações. Ele reconheceu que a equipe estava relutante em fazer qualquer melhoria — não só eles não eram claros sobre os resultados e os benefícios futuros, mas também tinham medo do desconhecido. Todd começou introduzindo a disciplina do 3Gen — ir para onde a ação acontece, observar e obter os fatos. Tal disciplina permitiu que todos pudessem ter uma perspectiva, compreender o processo como um todo, refletir e contribuir com ideias de forma livre. Ele então foi capaz de inspirar as pessoas, criar conflito positivo e criativo e aumentar a confiança nos outros para o benefício dos outros — não para o benefício do *sensei*.

Ao refletir sobre seu trabalho com a equipe, Todd se lembrou de uma trabalhadora da linha de montagem final, que disse: "Todd, 24 minutos é impossível. Nós estaremos correndo como galinhas sem cabeça." Ele simplesmente respondeu: "Eu tenho muito respeito por você e pelos outros para torná-los galinhas sem cabeça." A trabalhadora sorriu e sua confiança cresceu, mesmo que o medo do desconhecido se mantivesse dentro dela. O *sensei* foi humilde ante o comentário dela e continuou a manter elevado seu padrão de respeito pelos outros. Ele construiu a confiança através do respeito, proporcionando uma razão para os outros o seguirem.

A caminhada de mapeamento do fluxo de valor

A equipe descobriu desperdícios — *muda, mura* e *muri* — em todas as atividades do VSM e identificou as áreas para a melhoria através do *gemba*. Eles:

- Observaram um aumento da reserva de pedidos de roteadores de 24/36 portas.

- Mediram o tempo de montagem final, teste, embalagem e tempo de ciclo em 2,5 dias.

- Testemunharam a ausência de fluxo contínuo e tempo takt — o pensamento de lote prevalecia (200 unidades por carrinho).

- Descobriram um sistema de reposição e armazenagem no ponto de uso ineficazes na montagem final.

- Caracterizaram uma desatenção quanto à ergonomia nos postos de trabalho, iluminação deficiente, numerosos perigos para a segurança industrial — sem 5S (veja o Capítulo 11) presente na área de montagem final.

- Notaram a ausência de trabalho padronizado.

- Identificaram agendamento não claro e reativo em todo VSM, causando uma entrega inconsistente, imprevisível e irregular de material de fornecedores internos para a montagem final.

- Testemunharam uma disposição ineficaz da montagem final, na qual a proximidade dos postos de trabalho estava entre 1,5 a 6 metros de distância um do outro.

- Descobriram uma programação reativa dos processos de montagem automatizados localizados na área de montagem final.

- Observaram a falta de planejamento de produção e/ou agendamento e a falta de gerenciamento visual ou controles na área de montagem final.

Em suma, a equipe viu que o processo de montagem final e seu pessoal estavam sofrendo há anos com a desatenção e negligência. As razões para os defeitos e as taxas de defeitos eram desconhecidos, os problemas de escala e a resolução não eram claros — e tudo isso resultou em horários de montagem comprometidos.

A mentalidade do norte verdadeiro: o estado ideal

Depois de refletir sobre o que observaram no VSM de estado atual, a equipe estabeleceu um novo pensamento que era radicalmente diferente do passado. Eles criaram uma nova paixão pelo seu estado ideal e começaram a mudança. O pensamento de *kaizen* e o espírito de desafio começaram a criar raízes. Até mesmo os descrentes mudaram lentamente seu pensamento depois que experimentaram os benefícios das melhorias.

Ao considerar a mudança do processo, lembre-se de que 90% envolve pessoas e 10% é pura mecânica. Esqueça a mecânica. Esteja atento às condições do passado que ainda estão presentes, seja humilde e olhe respeitosamente para as mentes e espíritos das pessoas na área a ser melhorada, pois elas têm muito a oferecer.

Estado futuro — depois do kaizen

A equipe produziu seu *hoshin kanri* para a montagem final, criando o plano através de cuidadosa reflexão, da intensa revisão detalhada e da seleção de alternativas para implementar e testar. O mantra da equipe tinha duas faces: "nenhum pensamento ansioso ou excesso de elucubrações são permitidos", juntamente com "kaizen diário e desafio de padrões atuais para eliminar o desperdício".

Excelentes resultados

A equipe redesenhou a área de trabalho para produzir um módulo de trabalho, modificando radicalmente o layout, de lote para fluxo único. Os resultados foram significativos:

- O tempo de espera da montagem final caiu de 2,5 dias para 24 minutos.
- O WIP da montagem final foi reduzido em 98%.
- O espaço físico necessário para a montagem final foi reduzido em 65%.
- A escassez de materiais caiu de 25% para 2%.
- Um sistema *kanban* foi instalado com fornecedores internos para criar um fluxo de material suave e equilibrado.
- Os atrasos em pedidos de clientes foram eliminados em duas semanas, sem horas extras.
- A proximidade dos postos de trabalho de montagem passou de metros para centímetros.

Trabalhando do jeito Lean

A equipe alcançou excelentes resultados através do envolvimento direto dos trabalhadores *gemba*, gerentes de produção e todos os fornecedores de apoio. Os principais fatores incluíram a paixão, habilidades e conhecimento da força de trabalho, os problemas passados e a equipe abraçando novos desafios criados através do aprendizado prático. Os novos comportamentos Lean criaram raízes:

- O tempo *takt* foi calculado e as metas de produção diárias foram desenvolvidas e visualmente administradas na célula de montagem final.

- O trabalho padronizado foi criado pelos trabalhadores de montagem final para o uso por eles mesmos e pelos gerentes de produção.

- O 5S foi incorporado durante os esforços de projeto do módulo de trabalho.

- As atividades diárias de *kaizen* se tornaram uma norma de comportamento.

- Os fornecedores externos apoiaram a implementação de um sistema de duas gavetas para o ponto de reposição e entrega.

- O deslocamento diário de reuniões passou a ser realizado na área de montagem, com os gerentes de produção atuais usando novos painéis de gestão visual.

- Um centro de comando para escalonamento de problemas foi formalizado e começou a remover os problemas a partir do *gemba*.

- Os gerentes de produção eram constantemente vistos na área de trabalho, procurando auxiliar e gerenciar a criação de contramedidas, análise de causa raiz, resolução de problemas e prevenção.

- Os fornecedores internos de fabricação foram desligados do ERP e este foi readaptado para acomodar o sistema *kanban*. Os programadores sindicalizados de produção ficaram mais do que satisfeitos em voltar às suas atividades diárias e melhorar o novo sistema de programação no *gemba*.

- A montagem final foi aplicada em um sistema *kanban* para criar um cronograma just-in-time (JIT) com fornecedores internos:

  - Novos carrinhos personalizados foram criados e novas embalagens do tamanho certo foram compradas, um sistema de barra Limbo foi instalado para peças moldadas injetadas, resultando em 100% de entregas completas.

  - As operações de revestimento e estampagem de alta velocidade adotaram o sistema de planejamento *kanban* sincronizado com a programação da montagem final.

  - O estoque por componente foi reduzido de 12 para 2 dias para todas as peças internas manufaturadas.

- As máquinas de montagem automatizadas internas ao módulo de trabalho foram programadas usando o *kanban*.

- O estoque desnecessário foi reduzido em 15%.

- A ergonomia e outros fatores associados foram abordados durante o projeto por parte dos trabalhadores, com o apoio da gestão de produção.

Certifique-se de que os resultados de uma atividade *kaizen* localizada, como esta, não produzam consequências não intencionais, encargos e perda em outras partes do fluxo de valor. Tire um tempo para o 3 Gen, entenda como a sua parte contribui para os impactos de toda a cadeia de valor e compartilhe suas ideias de melhoria com outras áreas. O objetivo é uma melhoria *real* do fluxo de valor global.

Redução Lean de Atrito em Call Center

As organizações de serviços financeiros, como muitas indústrias, dependem de call centers para atendimento ao cliente e resolução de problemas. Os consumidores formam opiniões sobre uma empresa com base em suas experiências com os call centers. Em última análise, muitos consumidores tomam suas decisões de compra em função disso. As empresas sabem que precisam garantir que os funcionários de call center sejam bem treinados e as representem da melhor forma possível.

Os serviços financeiros da organização One Fortune 100 tinham 5.000 funcionários de call center trabalhando globalmente. Eles tinham um problema de retenção: a taxa média de rotatividade anual do trabalhador era de 55%. Isso custava à empresa milhões de dólares em recrutamento, posicionamento e treinamento de novos atendentes, colocando assim a experiência do cliente em risco com a chegada constante de novos funcionários.

Os líderes seniores reconheceram que tinham que fazer alguma coisa para travar a porta giratória em seus call centers. Eles patrocinaram um projeto Lean — e apostaram ainda em um desafio extra: melhorar a situação em 4 semanas! Elissa Torres, uma Mestre Faixa Preta e profissional Lean, trabalhou com uma equipe multifuncional para entender e encontrar maneiras de reduzir imediatamente o ciclo de tempo funcional e aumentar as tarefas de valor agregado. A equipe incluiu membros do processo central, tal como recursos humanos, tecnologia da informação e área de treinamento de pessoal.

Caracterização do problema

À medida que a equipe começou as investigações, imediatamente descobriu que as novas contratações de 4 a 7 semanas tiveram a maior taxa de atrito. A equipe realizou discussões preliminares com os funcionários, líderes e formadores, utilizando diagramas de afinidade. (Veja o Capítulo 12.) À medida que as conversas progrediram, um tema central emergiu nesses grupos focais: o atraso na obtenção de acesso ao sistema, necessário para concluir os processos de admissão. Isto incluiu coisas simples, tal como se inscrever para os benefícios e obter o acesso ao sistema para trabalhar.

Como parte do plano (veja PDCA no Capítulo 9), a equipe, em seguida, reduziu o âmbito de seu projeto. Com o apoio da gestão, ela estreitou seu foco para a redução do tempo necessário para engajar um empregado, particularmente o tempo requerido para obter acesso a todo o sistema que permitiria a ele exercer suas funções. Em seguida, a equipe se reuniu durante 3 dias, e começou a mapear os processos que permitiam o acesso ao sistema para funcionários recém-contratados. E descobriu que, em média, uma nova contratação tinha que ser criada e ter acesso a sete sistemas diferentes, a fim de realizar seu trabalho. Cada um desses processos poderia demorar cinco dias — mas também poderia demorar até 65 dias!

Certifique-se de realmente definir o escopo de um projeto, entender o processo e identificar a causa raiz na fase de planejamento. Caso contrário, você vai perder tempo, esforço e recursos resolvendo o problema errado. Além disso, também não vai tirar proveito da aceleração das iniciativas de melhoria que o Lean permite.

A equipe resumiu o processo de mapeamento em um gráfico mostrando as etapas do fluxo de valor de alto nível — tornando as barreiras maiores para um ciclo de tempo mais visível. A Figura 16-8 exibe o formato do fluxo de valor de alto nível através do Excel. Esse gráfico captura as etapas do processo do fluxo de valor e informações relacionadas, tais como dados de relatórios, calendário, notas importantes, tipos de desperdícios identificados a cada passo, pontos de tensão e oportunidades.

A criação de um fluxo de valor de alto nível no Excel pode ser um primeiro passo simples e rápido para caracterizar o processo e identificar as ligações para o desperdício, pontos de tensão e oportunidades.

Parte V: O Empreendimento Lean

Passo VSM	Oferta e seleção	Líderes a postos e iniciação dos empregados	Acesso ao sistema solicitado	Acesso ao sistema processado	Líder e empregado obtêm notificação de acesso ao sistema
Mapa de processamento	Recrutamento	Líderes para novas contratações	Processo de Solicitação de Acesso ao Sistema	Fornecimento de acesso à rede, estrutura principal, Sistema A, Sistema B, E-mail, IntraNet, Internet	Processo de comunicação dos administradores de acesso ao sistema
Passos	10	20	8	142	21
Tempo médio	7,2	1,5	4	15	5
Min.	3	1	1	5	2
Máx.	15	2	8	65	10
Medida de tempo	dias	dias	dias	dias	dias
Fonte	Sistema HR	Sistema HR	Amostra de 6 meses de amostras	Pedido de Relatório	Pedido de Relatório
	Esta etapa está fora do escopo				
Notas	Atraso na aceitação. Atraso de 4 dias, devido à verificação de antecedentes do recrutador	O líder não solicita acesso ao sistema até que o empregado comece o 1º dia	O líder atrasa na apresentação do pedido. Quatro formulários diferentes de solicitação. Formulários confusos que provocam retornos e mais atrasos	Transferências Múltiplas Processamento manual de acesso à estrutura principal	Muitas comunicações recebidas
Tipos de desperdício	Espera		Excesso de processamentos defeituosos	Espera Deslocamento Defeitos Estoque	Ao longo do processamento
Pontos fracos	Recrutador		Existem quatro processos diferentes para a apresentação de pedidos de acesso ao sistema. Os Novos Líderes não estão conscientes de sua responsabilidade com o pedido de acesso.	Falta de fluxo de trabalho automatizado no grupo. Os administradores de sistema são limitados em recursos de provisionamento para a primeira resolução de parada. Manual conjunto de acesso ao sistema.	Várias comunicações recebidas Mais acessos dependem de outros tipos, notificação do tipo B é irrelevante sem o tipo A.
Oportunidades	Novo SLA com recrutador existente. Novo recrutador	Pedir acesso ao sistema antes da data de início do empregado	Solicitações de acesso dos departamentos centralizadas nas novas admissões. Consolidar formulário de requisição e processo.	Pedido automatizado do fluxo de trabalho. Treinar administrador de sistema no fornecimento de mais sistemas.	Simplificar comunicação e enviar comunicações de acesso dependentes ao mesmo tempo.

Figura 16-8:
VSM de alto nível no Excel.

Depois que a equipe criou e categorizou seu VSM, verificou que o maior culpado, sem valor agregado, era um dos sete tipos de desperdícios: a espera. Então, tiveram que entender por que houve tanta "espera". O que eles descobriram foi que o estoque de pedidos de acesso ao sistema estava em uma fila de trabalho atrasada, já que o processo manual necessário era insuficiente.

A solução da equipe Lean

À medida que a equipe se movia através do PDCA, pensava em soluções de curto, médio e longo prazo para reduzir o tempo necessário para um empregado ser efetivado no call center. Cada membro da equipe foi responsável por expandir a solução designada para a revisão com as partes interessadas e patrocinador executivo, no prazo de uma semana.

Eles estabeleceram bases para cada um dos sistemas e criaram um quadro de pontos semanal para o rastreamento de progressos e mudanças. A equipe começou a implementar as primeiras soluções de curto prazo no fim da segunda semana e a solução final automatizada foi implementada em 60 dias. Além de focar nos processos de acesso ao sistema, o departamento de treinamento reconfigurou seu currículo para que ele fosse mais prático antes do empregado ter de trabalhar em um ambiente de produção completo.

Para garantir que implementaria soluções em tempo hábil, ao longo da duração do projeto a equipe criou um quadro de pontos semanal para todos os tipos de acesso ao sistema e monitorou toda a implantação de soluções. A equipe também sabia da importância da medida para assegurar que os ganhos do projeto fossem mantidos a longo prazo. Eles implementaram controles nos processos de negócio e sistema para monitorar o desempenho ao longo do tempo.

Sempre meça seu progresso, durante a implementação do projeto e como parte do trabalho padronizado. Isso mantém sua implementação nos trilhos e garante que suas soluções de projeto sejam sustentáveis ao longo do tempo.

Aqui estão alguns dos resultados alcançados pela equipe:

- ✔ O processo de acesso ao sistema passou de um intervalo de 5 a 65 dias, para um intervalo de 1 a 4 dias.
- ✔ A nova meta de ciclo de tempo médio foi fixada em no máximo 3 dias e foi acompanhada em um quadro de pontos semanal para novas contratações.
- ✔ A taxa de atrito das novas contratações para a central de atendimento caiu imediatamente de 65% para 40%.

✔ O tempo de treinamento diminuiu de 6 semanas para 4 e reduziu a curva de aprendizado em 15%, depois de terem implementado o novo currículo prático.

Pelo fato de a solução ter funcionado tão bem para o call center, a empresa decidiu implementá-la em todas as outras novas plataformas de admissão. Isso resultou em uma economia e prevenção de custo de mais de 10 milhões de dólares. Os processos melhorados também aumentaram a eficácia organizacional e abordaram as preocupações dos funcionários que não tinham ferramentas para realizar seu trabalho.

Parte VI
A Parte dos Dez

Nesta parte...

Nesta parte, vamos orientar você com relação a alguns excelentes recursos para obter mais informações sobre o Lean. Nós também vamos apresentar os melhores processos para adotar e armadilhas a serem evitadas. Se estiver sendo pressionado pelo tempo e deseja obter algumas informações importantes rapidamente, esta parte é para você.

Capítulo 17

As Dez Melhores Práticas do Lean

Neste capítulo

▶ A satisfação dos clientes e a entrega de valor é o segredo de práticas Lean de sucesso

▶ Encare o Lean como uma jornada, não como um destino

▶ Mantenha as coisas simples, visuais e centradas nas pessoas

*E*ste livro narra os princípios, métodos, ferramentas e técnicas que compõem o Lean. À medida que você embarcar em sua própria jornada Lean, reconheça as seguintes dez melhores práticas. Elas vão ajudá-lo a manter o foco.

Mas, primeiro, uma observação importante: a liderança — não apenas a orientação firme e apoio dos gestores do alto escalão, mas também a liderança pessoal de cada um, diariamente — é tão fundamental para o sucesso de qualquer iniciativa que vem em primeiro lugar em uma lista de melhores práticas. A liderança é a primeira lei do sucesso. Habilite-a. Incentive-a. Recompense-a.

Sinta a Força (do Cliente), Luke

O *sensei* Lean está chamando por você: *sinta a força*. Você o ouviu? Você pode sentir? Essa força é a vontade do cliente — chamando-o, puxando-o, estimulando-o, orientando todas as suas ações. Sua missão é alinhar todo seu poder cerebral, sua energia, seus recursos e seu poder de responder a esta chamada.

Mantenha-se focado no cliente; ele é o centro do seu universo — os desejos do cliente, suas necessidades e definição de valor. Sinta a força do cliente como a força da gravidade. É constante, inegável e implacável, mas é o que o mantém com os pés no chão.

Pessoas Primeiro — e Acima de Tudo

Os clientes, organizações, empresas, fornecedores — todos eles são pessoas. Eles são liderados por pessoas, formados por pessoas e servem às pessoas.

E, assim, o Lean também tem a ver com pessoas. As pessoas vêm em primeiro lugar. Elas *sempre* vêm em primeiro lugar. Não importa onde estiver em sua jornada, você sustentará uma prática Lean só porque as pessoas estão envolvidas e são apoiadas.

Seu pessoal é motivado e recompensado pelo sucesso, não pelas ferramentas. As pessoas estão constantemente tentadas pela alavancagem e economias oferecidas pela tecnologia e suas ferramentas. Mas as ferramentas não "vencem"; as pessoas, sim. Lembre-se de que as ferramentas existem para ajudar as pessoas. Ajude as pessoas a mudarem seu pensamento e comportamentos, para que elas usem as ferramentas como recursos que são. Você precisa de ferramentas, mas as pessoas são o que fazem ou destroem uma iniciativa Lean.

Genchi Genbutsu

Essa expressão poética expressa isso perfeitamente: vá e veja. Ou, mais diretamente, levante seu traseiro da cadeira, vá lá fora no mundo e veja por si mesmo! E-mails, relatórios, planilhas, conference calls, apresentações, rumores — eles não podem e não contam toda a estória. Você tem que ver com seus próprios olhos. E não apenas seus olhos — você deve experimentar com todos os seus sentidos.

O mundo é sutil e cheio de nuances. Nada é preto e branco. Muitas vezes, essas sutilezas não são apenas importantes, mas fazem a diferença crítica. Os relatórios e dados apenas dizem uma parte do quadro geral. Não há nada como estar lá para ver toda a imagem — o lugar real, os produtos e fatos (3Gen; *gemba, genbutsu, genjitsu*).

Algumas pessoas podem rotular esses esforços como extravagâncias — ou, pior, completamente *muda*. Mas você está agregando valor quando suas observações e experiência em primeira mão permitem processos e procedimentos mais rápidos e eficazes.

Capítulo 17: As Dez Melhores Práticas do Lean   375

A Arte da Simplicidade

A simplicidade é uma das melhores práticas do Lean. O mundo é complicado e as complicações causam problemas — e desperdício. A melhor prática do Lean é simplificar e eliminar o desperdício antes de automatizar e integrar. Sempre pergunte a si mesmo: "Qual opção é a mais simples?" Escolha a opção mais simples antes de avançar.

Note que o *kaizen* é a própria arte da simplicidade. Para tornar a melhoria algo contínuo, você não deve implementar soluções complexas e complicadas. Idealmente, você deve mudar uma coisa de cada vez. O aumento da complexidade aumenta o risco de falha e diminui a confiabilidade. O *kaizen* é a alternativa mais simples.

Só de Olhar

Um ambiente Lean é altamente sensorial. Projete seu ambiente para transmitir informações críticas com uma passada de olhos. Use técnicas simples, como *quadros de andon* (veja o Capítulo 12) para mostrar onde o problema está se formando ou já se formou; emita sinais sonoros e visuais para indicar o tempo takt (veja o Capítulo 7), ou placas de ferramentas para ilustrar quando algo estiver fora do lugar ou em falta. Use centros de informação ao cliente, quadros de treinamento cruzado e gráficos de tendências de desempenho das principais métricas, para apresentar informações sobre o negócio de uma maneira que você possa responder a situações inusitadas.

Um ambiente Lean deve permitir que todos — até mesmo um estranho — entenda o status e como as coisas estão indo. Você está cumprindo a norma? Existe algum problema? Tudo em um piscar de olhos.

Passo a Passo, Centímetro a Centímetro

O sucesso não é um big bang. Você pode ter grandes vitórias ao longo do caminho, mas um único avanço ou vitória do projeto não será capaz de sustentar realizações a longo prazo.

O Lean é uma jornada, não um destino. Você vive o Lean todos os dias, através de sucessos e insucessos. Lean é a força de um milhão de pequenas coisas, o tempo todo. O Lean é tentar, fazer, aprender e tentar novamente — e novamente.

Lean é a tartaruga ("devagar se vai ao longe"), e a pequena locomotiva que dizia "eu posso" de The Little Engine That Could (livro infantil ilustrado publicado pela primeira vez em 1930, que ensinava às crianças o valor do otimismo e do trabalho duro). O Lean é a bola de basquete marcando pontos de novo e de novo ao ser encestada. Lean é o slogan da Lexus: A *Busca Incessante pela Perfeição*.

O Modo Padrão

Padronize seu trabalho. Faça das rotinas sua rotina. Seja consistente. Encontre e siga uma maneira padronizada de trabalho.

O trabalho padronizado fornece a base para operações mais eficazes — e para a inovação. Quando você implanta o trabalho padronizado, pode contar com ele, treinar para ele, delegá-lo ou até mesmo terceirizá-lo. E, então, pode construir sobre ele! Isso acontece por você não ter que reinventar o básico ou sofrer variações de desempenho pelo fato de seu trabalho ser fora do padrão. O trabalho padronizado é um bloco de construção que permite melhorar, avançar e realizar mais.

É claro que certas práticas são personalizadas por definição — elas não se encaixam em um padrão. Mas, mesmo assim, você pode padronizar as partes que podem ser padronizadas. É bom que as partes personalizadas sejam assim — torne-as oficialmente personalizadas. Com o tempo, você pode procurar por maneiras de padronizá-las também.

Não Deixe Pedra sobre Pedra

Vasculhe qualquer parte da organização e encontrará as oportunidades. Você pode ser tentado a limitar o Lean apenas para as áreas de linha de fabricação, mas não faça isso!

A maioria das organizações incorre em grandes desperdícios quando evitam obstáculos ou ignoram lugares que elas supõem estar fora do alcance do Lean ou onde ele não poderia realmente ser aplicado — como no desenvolvimento de novos produtos, atendimento ao cliente ou funções de back-office.

Você encontrará oportunidades de aplicar o Lean por todos os lados. Seu trabalho é aplicar o Lean em todas as áreas da organização.

Siga o Fluxo de Valor

O valor "flui" para o cliente. Use todas as ferramentas de comunicação, liderança e gestão visual para ajudar as pessoas a enxergarem o alinhamento e permanecerem no fluxo de valor do cliente. Projete seus ambientes, suas ferramentas, suas práticas e seus hábitos para manter o fluxo de valor sempre fluindo e para reconhecer quando ele não estiver. Apoie as pessoas e os processos de centralização, usando ferramentas como rebocadores, para incentivá-los a voltarem para onde estavam.

Às vezes, você pode facilmente encontrar-se em meio a um turbilhão, gastando energia, mas não indo a lugar nenhum. Todas as técnicas do Lean — para reduzir o desperdício, organizar células e equipes, realizar trabalho padronizado e aplicar as ferramentas de qualidade e controle — estão lá para ajudá-lo a alinhar seus esforços para o centro do fluxo de valor.

A Dieta Balanceada

A ampla gama de ferramentas e técnicas do Lean pode lhe parecer um verdadeiro banquete convidando-o a escolher o que parece apetitoso. Você pode ser tentado a optar por algumas ferramentas complicadas (muitos doces!) e negligenciar outros elementos (frutas e legumes). Mas o Lean requer que você mantenha uma dieta equilibrada e uma nutrição completa. Você é saudável somente quando está completo. Não negligencie qualquer uma das partes.

Você não deve apenas seguir os elevados princípios do Lean — também deve usar as ferramentas. Mas não deve ficar apenas na aplicação das ferramentas técnicas — deve usar as pessoas também. Os projetos de curto prazo são eficazes, mas apenas dentro do contexto de uma visão a longo prazo. O Lean se aplica a todo o corpo da organização — e não apenas à sua organização, mas a todas as organizações do fluxo de valor.

378 Parte VI: A Parte dos Dez

Capítulo 18

Dez Armadilhas a Serem Evitadas

Neste capítulo

▶ Pensando diferente, porque o Lean é diferente

▶ Saiba com o que ter cuidado

▶ Evitando os erros mais comuns

O Lean é diferente do jeito ocidental de pensar, organizar estruturas e estilos de gestão; portanto, manter o foco pode ser difícil. As formas tradicionais de trabalho têm força e ímpeto. Muitas pessoas — algumas bem-intencionadas e outras nem tanto — podem tranquilamente conspirar, acidentalmente ou de propósito, para atrapalhar sua iniciativa. Muitas empresas grandes e bem-intencionadas foram vítimas de uma ou mais dessas armadilhas e acabaram sofrendo imensamente por isso.

Neste capítulo, vamos falar sobre as causas mais comuns de problemas com as iniciativas Lean e como evitá-las. Tais questões são reais — e podem ser um problema real, se você não tiver cuidado. Preste atenção a esses perigos e fique alerta para os sinais de insatisfação ou descontentamento. Fazer isso pode salvar sua iniciativa e, em última instância, sua empresa.

Objetos Reluzentes

Existem várias abordagens para a alcançar a melhoria. E novas ideias e ferramentas de melhoria surgem constantemente na paisagem. O que há de tão especial sobre o Lean? O que há de errado com os outros caminhos? É simples: tal como a dieta da moda e programas de exercícios, esses outros caminhos podem distraí-lo de sua jornada de aperfeiçoamento. Embora as inovações sejam boas — e muitas iniciativas tenham algo de fato a oferecer —, procure entender a melhor forma de incluir essas abordagens de uma forma que seja consistente com os princípios e métodos Lean.

Considere o Seis Sigma, por exemplo. As ferramentas estatísticas mais comumente associadas ao Seis Sigma podem ser muito úteis na redução da variação (*mura*) e na eliminação dos defeitos, mas a abordagem e infraestrutura de uma iniciativa Seis Sigma são muito diferentes do Lean. Você pode facilmente incluir ferramentas Seis Sigma dentro do Lean, mas, pelo fato de o Lean ser uma metodologia fundamental, não pode ser totalmente subjugado a outras metodologias ou plataformas. O Lean é um sistema holístico e completo. Se você o estiver praticando, seja cuidadoso e atento na forma como adota outros métodos e ferramentas.

Por que Fazer Isso? Isso Não É para Nós

Você pode encontrar pessoas em sua organização que tenham uma ideia preconcebida ou crença de que o Lean não é para elas — nem mesmo para você. Essas pessoas podem ter outras ideias ou estão acostumadas a pensar de outra forma e não querem mudar. Ou talvez elas pensem que o Lean é estritamente para indústrias, como a Toyota, e, portanto, não é o seu caso. Ou, se você é ou tem uma indústria, elas podem pensar que o Lean é aplicável somente no chão de fábrica e não em outros processos como o gerenciamento de pedidos, processamento de faturas ou recrutamento de cliente.

É fato comprovado que o Lean se aplica a todos os lugares — para empresas de qualquer setor e para todas as funções e processos. Lembre-se de que o modo como você aplica o Lean é exclusivo para as circunstâncias: o Lean não é estereotipado, o que faz com que todos se adaptem à forma como ele funciona melhor para eles, naquele contexto específico. Mas não deixe ninguém dizer: "Lean? Isso não é para nós." Porque é! Você vai precisar ajudar as pessoas a entender por que ele é a coisa certa a fazer e como cada um pode se beneficiar com ele.

Complacência

A complacência é o inimigo mortal número um de iniciativas como o Lean. É difícil para as pessoas realmente mudarem seus comportamentos e manterem o curso. Mesmo se as coisas não estiverem indo bem, muitas vezes é difícil para as pessoas mudar, assumir uma nova iniciativa e levá-la adiante; se não há uma crise, as pessoas geralmente não enxergam razão para mudar.

E, mesmo se você tiver uma iniciativa Lean em andamento, as pessoas naturalmente tendem a pensar que os problemas não são delas. Afinal, se é problema de outra pessoa, por que elas deveriam mudar?

Além disso, pelo fato de o Lean ser um processo contínuo de mudança incremental, às vezes é difícil para algumas pessoas ou organizações perceberem o significado ou o valor das pequenas mudanças *kaizen* contínuas. E, se essas pessoas não podem ver as mudanças, ou se estas não parecem ser significativas o suficiente, elas vão se perguntar por que deveriam fazê-la.

A resistência à mudança é natural a qualquer iniciativa de mudança e não é diferente com o Lean. Mas o Lean quase intensifica essa resistência através de sua abordagem incremental, pouco a pouco.

Como fazer com que as pessoas adotem as práticas do Lean se elas não podem facilmente ver os resultados? Você luta contra a complacência utilizando várias armas:

- **Consciência dos clientes:** As pessoas precisam saber o que os clientes querem, como eles estão mudando e o que eles dizem sobre sua organização.
- **Comunicações:** Tenha comunicações fortes que sejam implacáveis e convincentes no propósito e objetivos da iniciativa Lean, assim como suas ferramentas e métodos comprovados pelo tempo.
- **Atualizações de informação:** Certifique-se de comunicar os resultados e benefícios das atividades de melhoria Lean à medida que ocorrem — tanto em sua empresa quanto em outros lugares.
- **Competição:** As pessoas precisam saber o que seus concorrentes estão fazendo, quais são as práticas em seu setor de atividade e o que é preciso para manter o ritmo.
- **Medições do Lean:** Crie medidas de desempenho que reforcem os comportamentos Lean.
- **Medidas punitivas:** Às vezes, você tem que usar a vara de marmelo. Em cada grupo, há algumas pessoas que não vão embarcar no trem.

Os Mesmos Velhos Gerentes Seniores de Sempre

Como em qualquer programa ou iniciativa, se os gestores não estiverem abraçando totalmente o Lean, você terá um caminho muito, mas *muito* difícil pela frente. Muitos diriam que, sem compromisso total e ação da gerência sênior, suas chances de uma implementação bem-sucedida do Lean são nulas. Por quê? Porque a iniciativa é tão abrangente e transformadora que, sem a participação ativa da administração, ela simplesmente não vai acontecer.

Os gerentes seniores não podem continuar a viver os velhos costumes e esperar uma mudança na forma como a organização funciona. Os gerentes devem mudar a forma como levam a organização a cada dia, se o Lean se tornar a forma como a organização lida com os negócios. As funções de gestão não podem ser delegadas ou entregues, pois devem ser praticadas e realizadas pelos próprios gestores. Todos os gestores têm de participar dos eventos de *kaizen*, devem ir ao *gemba*. Eles devem se concentrar em como os resultados são alcançados, tanto quanto focar nos próprios resultados. Eles questionam e orientam, e não ordenam ou demandam.

Além disso, os gerentes seniores devem comunicar regularmente a natureza da mudança para a cultura e práticas dos negócios, além de reforçar por que eles optaram por mudar para o Lean. Os administradores devem estar presentes e disponíveis para conversar com as pessoas de todos os níveis, dentro e fora da organização.

A troca constante de gerentes seniores, nomeados através de fusões e aquisições, também tem sido a fonte das falhas da iniciativa Lean. A substituição dos líderes Lean por gestores de mentalidade tradicional causou o desaparecimento de algumas empresas muito notáveis em tempo recorde. Você não pode ter uma jornada Lean bem-sucedida a menos que todos os líderes entendam e estejam comprometidos com seu sucesso.

Preso no Meio do Caminho Novamente

Os gerentes intermediários tradicionais estão de fato no meio: eles são influenciados por ambas as extremidades. Os administradores estão sempre cobrando um aumento de produtividade e desempenho, além de uma "menor sobrecarga" (isto é, reduzir o número de funcionários). Enquanto isso, seus subordinados agem muitas vezes como um bando de gatos que nem sempre fazem o que é pedido para fazer; além disso, não necessariamente gostam de ser "tangidos" em mais uma iniciativa nova que não esperavam. Eles pensam em seus gerentes imediatos mais como obstáculos do que facilitadores.

Bem-vindo ao médio escalão clássico — muita pressão, muitas vezes em uma posição de pouco reconhecimento, lutando para satisfazer dois círculos diferentes e tentando se contentar com ferramentas inadequadas e apoio insuficiente.

Os papéis dos gerentes médios e supervisores são muito diferentes no Lean daqueles dos níveis hierárquicos tradicionais, organizações e sistemas. Em empresas que aplicam o Lean, os supervisores se tornam treinadores e mentores. Eles renunciam a uma considerável autoridade e tomada de decisão para as equipes de funcionários, que encontram suas próprias soluções para os problemas e desafios. Os gerentes médios perguntam, ouvem e preparam seu pessoal. Sua missão é quebrar os obstáculos que impedem o sucesso da equipe.

Estes papéis da média gerência e dos supervisores são diferentes dos sistemas tradicionais de estilo ocidental. Os gerentes e supervisores devem ser devidamente treinados, equipados e apoiados, a fim de realizar o sistema Lean. Não é uma transição fácil para as pessoas. Algumas delas simplesmente não conseguem.

É um Reparo Rápido!

Não entregue a si mesmo ou sua empresa ao Lean buscando uma solução rápida. Você pode perceber os benefícios de curto prazo e ganhar força através de um projeto Lean especial ou um evento *kaizen*; no entanto, o verdadeiro sucesso do Lean não vem através de eventos especiais de curto prazo. O verdadeiro poder do Lean é através de contínuas melhorias incrementais de longo prazo.

Se a empresa estiver severamente prejudicada a ponto de você ter que tomar medidas imediatas e apressar uma reforma radical, a fim de melhorar drasticamente os resultados do próximo trimestre, o Lean não é a melhor opção. Se esse é seu caso, boa sorte para você, mas busque em outro lugar.

Use o Lean como uma solução de longo prazo. Use o Lean para uma mudança mais paciente, ordenada e consistente do pensamento e dos comportamentos das pessoas, mudando a cultura e melhorando-a de forma contínua e permanente. Não se cria esse tipo de mudança da noite para o dia. Você pode fazer progressos a curto prazo, mas, para mudar realmente, precisa de tempo.

Escolha Seletiva

Um dos erros mais comuns em implementações Lean é a aplicação gradual de ferramentas individuais. As empresas que acreditam que um par de ferramentas vai resolver seus problemas mais básicos estão redondamente enganadas.

Os esforços isolados sempre saem pela culatra. Pelo fato de o Lean ser um sistema completo, usar algumas ferramentas e aplicá-las em aspectos isolados é a receita para o desastre. Sem a compreensão holística, adoção e apoio dos princípios e métodos do Lean, as ferramentas estarão fora de contexto. Claro, você nunca implementa todos os elementos do Lean ao mesmo tempo, mas tenha em vista que as inter-relações de todos os elementos do sistema global são totalmente críticas.

Os abusos mais escandalosos foram caracterizados pela falta do princípio do Lean "Respeito pelas Pessoas", em que se tentou implementar ferramentas Lean dentro da gestão e quadros de operações tradicionais. Isso simplesmente não funciona.

Com o Lean, é fazer ou não fazer. Mas não pense que você pode simplesmente percorrer metade do caminho e, ainda assim, manter seus lucros.

Jogando o Jogo dos Copos

Digamos que uma pepita de desperdício está em cima da mesa, sob o copo de sua organização. O gerente de operações — totalmente treinado nas práticas Lean — saca habilmente dois copos adicionais: um para um fornecedor e outro para um distribuidor. Ele começa a mover os copos e de repente — *presto!* — A pepita de *muda* não está mais sob seu copo. Ela está agora sob um dos copos dos outros. Ele eliminou o desperdício de sua organização, e isso não é o melhor?

Você acabou de cometer uma infração ao Lean: você moveu o *muda*. Mover o muda não vale no Lean, porque melhorar a si mesmo às custas de outra pessoa não é uma melhoria de fato. Vocês estão todos interligados através do fluxo de valor. Em última análise, o objetivo do Lean é melhorar *todo* o fluxo. Você tem que eliminar os desperdícios — ponto final.

Os Mecânicos

Muitas pessoas ao seu redor terão todo o prazer em pegar uma ferramenta e usá-la — incluindo as ferramentas Lean. Uma nova técnica, uma nova forma de análise, um novo programa de software — eles são bons nisso. As pessoas adoram ferramentas. Parecem brinquedos. Quando você tem um novo brinquedo, começa a brincar com algo diferente que não tinha antes. Você procura por oportunidades de mostrar o novo brinquedo, quer dizer... ferramenta. Mas você precisa se lembrar de escolher a ferramenta certa para o trabalho.

Um carpinteiro não pode construir uma estante com apenas um martelo, e você não pode construir uma organização Lean com apenas um cartão *kanban*. Uma ferramenta não realiza uma transformação. Você precisa descobrir como usar o conjunto completo de ferramentas em sua caixa e escolher a melhor para realizar o trabalho.

Grãos São Grãos

Não espere que os métodos e sistemas de contabilidade tradicionais reflitam as melhorias realizadas através do Lean. Ao final, os resultados virão, mas mesmo esses resultados não darão conta de completar o quadro geral. De todos os nêmesis para se sobreviver às iniciativas Lean, este é talvez o mais insidioso: acreditar que as velhas formas de contabilidade para o negócio são as únicas maneiras de explicá-lo.

A implementação do Lean vai redefinir as fronteiras, quebrar paredes funcionais tradicionais e alterar a natureza de como você define o custo e o valor da empresa. Isso continuará a mudar a forma como as contribuições das pessoas são medidas, incentivadas e recompensadas. O espaço físico será reduzido, o fluxo será melhorado e o ciclo de tempo será mais rápido. Você não poderá fazer todas essas mudanças operacionalmente e continuar a contabilizar do jeito antigo — todos os números não se mostram abertamente para a contabilidade de custos tradicional.

Os gerentes de contabilidade podem dizer como é difícil para eles mudar ou mesmo acenar as bandeiras amarelas (pense na Lei Sarbanes-Oxley, lei federal americana de 2012 que visa proteger os investidores melhorando a precisão e confiabilidade das divulgações corporativas efetuadas em conformidade com as leis de valores mobiliários). Ajude-os a entender como eles podem ser parte da solução, em vez de serem o problema. Mostre-lhes os resultados e desafie-os a apresentar uma melhor forma de contar as melhorias que você faz. Traga-os a bordo e eles poderão fazer uma diferença fundamental!

Abelhas Ocupadas

Atividade ≠ Progresso. Todo mundo sabe que as pessoas podem estar ocupadas — muito ocupadas — sem serem produtivas de alguma forma. As burocracias estão repletas de atividades inúteis, desperdiçando pessoas, tempo e esforço, sem produzir qualquer coisa de valor. Certifique-se de que as atividades de melhoria Lean que você conduz realmente agregam valor.

Quando você tem eventos *kaizen*, certifique-se de que estejam bem organizados, com objetivos definidos, e que as equipes de criação de resultados duradouros estejam alinhadas com sua visão de longo prazo. Certifique-se de que os gestores participem deles, para garantir que as pessoas com autoridade e responsabilidade entendam e apoiem os resultados. Por exemplo, se o objetivo for liberar espaço, então certifique-se de que ele seja liberado em áreas utilizáveis e coletivas, em vez de cantos isolados que não fazem diferença nenhuma.

Abelhas ocupadas devem estar ocupadas fazendo mel. Certifique-se de que suas abelhas estejam fazendo mel também.

Capítulo 19

Dez Lugares Onde Procurar Ajuda

. . . .

Neste Capítulo

▶ Procurando na internet

▶ Entrando na blogosfera do Lean

▶ Integrando associações e sociedades

▶ Usando os serviços de facilitadores e consultores

. . . .

*E*ste livro é uma excelente introdução ao Lean. Nós fornecemos uma compreensão ampla e conhecimento funcional, mostrando os princípios e práticas, métodos e ferramentas, linguagem e jargões. Mas, por mais completo que este livro seja, há muito mais para saber sobre o Lean do que poderia caber em suas páginas.

Felizmente, o Lean é tão bem conhecido e amplamente praticado que muitas, mas muitas, fontes de ajuda — em todos os aspectos e elementos do Lean — estão disponíveis para você. Pesquisadores e profissionais, empresas e organizações, blogs e web sites, sociedades e associações, autores e historiadores — estão todos acessíveis e disponíveis para ajudar, se você quiser obter mais conhecimento, educação e treinamento, consultoria e projetos, assistência, ferramentas e tecnologias, ou publicações de referência. Neste capítulo final, vamos apresentar o mundo maior de apoio do Lean que pode auxiliá-lo quando necessário.

Livros e Publicações

Acredite ou não, o *Lean Para Leigos* não é o único livro sobre o Lean! (Pode ser o melhor, mas não é o único!) Existem centenas de livros sobre o Lean, escritos partindo de todos os ângulos. Se você quiser saber mais sobre uma ferramenta ou técnica particular, ou sobre a implementação do Lean em uma determinada empresa ou atividade, existem grandes chances de você encontrar um livro sobre isso. Você pode procurar em qualquer uma das principais livrarias online.

Confira a Productivity Press (www.productivitypress.com), que oferece a mais ampla seleção de livros e ferramentas de aprendizagem sobre o Lean e as metodologias baseadas no Sistema Toyota de Produção (TPS). Muitos de seus livros são traduzidos diretamente das versões japonesas. Um site brasileiro também se dedica a apontar livros de referência sobre o Lean: www.lean.org.br/referencias.aspx.

Existem vários livros interessantes sobre a construção de uma cultura para apoiar o Lean. Três livros que oferecem uma perspectiva única são *Toyota Culture*, de Jeffrey Liker, *Toyota Kata*, de Mike Rother e *Stomp the Elephant in the Office*, de Steven Vannoy e Craig Ross.

O *Lean Hospitals: Improving Quality, Patient Safety, and Employee Engagement* (segunda edição), por Mark Graban, é um livro premiado sobre a implementação do Lean em hospitais. Ele também é o coautor de outro importante livro Lean sobre cuidados de saúde, o *Healthcare Kaizen: Engaging Front-Line Staff in Sustainable Improvements*, (2012). Ambos os livros são da Productivity Press.

Informação Online

Na era da internet, você pode encontrar uma quantidade quase ilimitada de material de referência. Use seu buscador favorito para encontrar informações sobre praticamente qualquer assunto. Se quiser mais detalhes, confira os seguintes sites:

- **Wikipedia** (www.wikipedia.com): Este site tem informações gerais sobre uma grande variedade de tópicos, incluindo o Lean, sua história e as pessoas por trás dele.
- **The Improvement Encyclopedia no Syque.com** (www.syque.com/quality_tools/index.htm): O consultor de qualidade do Reino Unido Dave Straker implementou uma extensa referência bibliográfica online que inclui informações úteis sobre o Lean e outras ferramentas de qualidade.
- **The Lean Library** (www.theleanlibrary.com): Fundada por Jamie Flinchbaugh, do Lean Learning Center, a Biblioteca Lean oferece resenhas de livros, jornais, links e notícias do setor.

- **The Lean Enterprise Institute** (LEI; www.lean.org): Fundado por James Womack, o pesquisador Lean, este site fornece recursos do Lean, produtos e informações do evento. A rede LEI se estende globalmente.

Blogs

Quer ficar a par das tendências do momento? Você tem um problema específico que gostaria de abordar? Quer participar de discussões com os verdadeiros especialistas da comunidade Lean? Confira os seguintes blogs:

- **O Lean Blog** (http://leanblog.org): O profissional Lean sênior Mark Graban mantém um dos blogs sobre Lean mais ativos da internet.
- **O Lean Insider** (http://leaninsider.productivitypress.com): Este é o blog da Productivity Press, a empresa que traduziu para o inglês a maioria dos livros japoneses sobre qualidade e melhoria contínua.
- **Evolving Excellence** (http://superfactory.typepad.com/blog): Bill Wadell e Kevin Meyer, fundadores da companhia Superfactory, administram um blog vívido e completo.
- **Lean Healthcare Exchange** (www.leanhealthcareexchange.com): Charles Haygood, fundador da Healthcare Performance Partners, compartilha estudos de caso e informações de ponta sobre o Lean na área de saúde.
- **Gemba Panta Rei** (www.gembapantarei.com): O diretor-executivo do instituto Kaizen, Jon Miller, hospeda este blog informativo sobre muitos aspectos do Lean. Esse blog está agora afiliado ao Instituto Kaizen (www.kaizen.com).

Além dos blogs, você pode encontrar muitos grupos virtuais para se conectar com seus colegas. Procure no LinkedIn, Facebook e Yahoo!.

Sociedades e Associações Profissionais

Várias sociedades e associações profissionais têm dedicado esforços ao Lean e é possível contatá-las para obter informações adicionais:

Parte VI: A Parte dos Dez

- **Shingo:** O Shingo Prize foi criado em 1988 para promover a conscientização dos conceitos do Lean e reconhecer as empresas, em toda a América do Norte, que alcançam o status da classe mundial. O Shingo Prize é administrado pela Escola de Negócios da Universidade Estadual de Utah. (`www.shingoprize.org`)

- **The Society of Manufacturing Engineers (SME):** A SME é a principal sociedade profissional do mundo apoiando a educação industrial. A SME promove uma maior conscientização da engenharia de produção e ajuda a manter os profissionais de produção atualizados sobre as principais tendências e tecnologias. A sociedade tem membros em 70 países e é apoiada por uma rede de centenas de representantes em todo o mundo. Informações do certificado Lean são encontradas no site. (`www.sme.org`)

- **The Association for Manufacturing Excellence (AME):** A AME é uma organização sem fins lucrativos dedicada a cultivar a compreensão, análise e intercâmbio de métodos de produtividade e sua aplicação bem-sucedida na busca pela excelência. A AME é baseada na prática, eventos e workshops focados em aprendizagem prática. A AME publica a revista premiada *Target* e se apresenta em vários eventos regionais e nacionais a cada ano. (`www.ame.org`)

- **Manufacturing Extension Partnership (MEP):** Patrocinado pelo Instituto Nacional de Padrões e Tecnologia dos Estados Unidos (NIST), o MEP é uma rede nacional com mais de 350 centros, financiados por uma parceria dos governos federal, estadual e verbas privadas, proporcionando recursos, conhecimentos e serviços para os fabricantes. Ele ajuda as empresas a competirem globalmente, melhorarem a integração entre elas e terem acesso à tecnologia para a melhoria de sua produtividade. (`www.mep.nist.gov`)

Conferências e Simpósios

Numerosas organizações patrocinam regularmente conferências e simpósios sobre a qualidade e melhoria dos processos de negócios do Lean ao redor dos Estados Unidos e do mundo. Estas conferências são fóruns excelentes para se reunir com parceiros, fazer o levantamento de produtos e prestadores de serviços, além de participar de seminários sobre temas atuais e de interesse. As principais conferências e organizações sobre o Lean incluem as seguintes:

- The Society of Manufacturing Engineers (SME) hospeda uma variedade de eventos técnicos e exposições. Confira a seção de eventos em seu site. (`www.sme.org`)

Capítulo 19: Dez Lugares Onde Procurar Ajuda *391*

✔ Numerosas cúpulas do Lean são patrocinadas pelo instituto Lean Enterprise. (`www.lean.org/Summits/Index.cfm`)

✔ A ASQ é uma fonte de excelência de qualidade global. Ela oferece várias conferências por ano focadas na qualidade e apresenta uma conferência anual que reúne Lean, Lean Seis Sigma e Seis Sigma para explorar as tendências de melhorias contínuas. (`http://asq.org/conferences`)

✔ A Productivity Inc. hospeda uma variedade de conferências e workshops durante o ano. (`www.productivityinc.com`)

✔ Conferências temáticas são realizadas regularmente durante todo o ano. Exemplos incluem a cúpula Lean RH (`www.leanhrsummit.com`), a cúpula Lean Accounting (`www.leanaccountingsummit.com`), Lean in Healthcare (`www.leanhealthcare.com` e `www.leanhealthcarewest.com`) e a Lean Educators Conference (`www.leaneducatorconference.org`).

✔ O Lean Enterprise China é um instituto que patrocina os eventos na Ásia e Pacífico. (`www.leanchina.org`)

✔ O Lean Central Europe apresenta uma série de boas informações. (`www.lean-kanban-conference.de`)

✔ O Lean Summit UK é o instituto que patrocina os eventos na Europa. (`www.leanuk.org/#summit`)

Consultores, Facilitadores e Treinadores

Se você estiver embarcando em uma iniciativa Lean, ou tiver uma iniciativa em andamento, pode ser necessário uma ajuda na forma de consultoria especializada, treinamento e facilitação experiente do *kaizen*, *kaikaku* ou outros eventos. Não se preocupe! A comunidade Lean tem especialistas disponíveis para ajudá-lo em todas essas áreas.

Você pode encontrar maneiras de aplicar o conhecimento de várias formas:

✔ **Métodos e ferramentas**: Em sua maioria, treinamento e organizações de consultoria especializados nos métodos e ferramentas Lean — tudo a partir do mapeamento de valor e modelagem Kano para realizar as análises estatísticas e os eventos de *kaizen*.

- **Gestão da mudança**: Liderar uma organização através do processo de mudança de entendimento e prática filosófica do *kaizen* é muito diferente de aprender e aplicar as ferramentas. Procure por um tipo diferente de experiência para ajudá-lo através do processo de mudança.

- **Contrate um *Sensei*:** Às vezes, você só precisa de um especialista que facilite o trabalho de sua equipe através de um projeto ou fase de uma iniciativa. Certas consultorias têm esses peritos na forma de líderes experientes, ou *senseis*, que podem ajudá-lo.

Para encontrar pessoas para ajudá-lo, basta digitar "consultores Lean" em seu mecanismo de busca favorito.

Entreviste consultores de empresas cuidadosamente para garantir que tenham experiência nas áreas de suas maiores necessidades e interesses.

Além de consultorias privadas, um número crescente de instituições acadêmicas está ensinando e treinando as práticas Lean. Uma organização conhecida como Lean Education Academic Network (LEAN) é um grupo de educadores universitários que está buscando inserir a educação Lean nos EUA, tal como gerar uma melhoria contínua na educação do Lean em sala de aula, através do compartilhamento de conhecimentos e material didático, colaboração e trabalho entre colegas. Você pode encontrar mais informações em www.teachinglean.org. A Toyota e a Universidade de Kentucky criaram uma das primeiras parcerias. Você pode encontrar mais informações em www.lean.uky.edu. O Centro de Mudança Competitiva da Universidade de Dayton tem ajudado as empresas a se tornarem mais competitivas por mais de 20 anos. Você pode encontrar mais informações em www.competitivechange.com. A Universidade de Michigan, lar de Jeffrey Liker (autor de vários livros sobre a Toyota), oferece diversos cursos de educação continuada sobre o Lean. Mais informações no site: http://interpro.engin.umich.edu/proedhome.htm.

Periódicos sobre Lean

Inscrever-se para os periódicos Lean dará a você a oportunidade de obter conhecimento regular através de seu e-mail! As seguintes publicações periódicas estabelecidas são orientadas à manufatura:

- *Assembly Magazine* (www.assemblymag.com; assinatura: grátis, 12 exemplares/ano).

Capítulo 19: Dez Lugares Onde Procurar Ajuda 393

- ✔ *The Manufacturer Magazine* (`www.themanufacturer.com`; inscrição: grátis; 12 exemplares/ano).

- ✔ *Industry Week* (`www.industryweek.com`; assinatura: grátis; 12 exemplares/ano e, sim, é chamada *Industry Week*, mas os exemplares são mensais).

- ✔ *Lean Directions*, como publicação SME (`www.sme.org/ leandirections`; assinatura: grátis; 12 exemplares/ano).

- ✔ *Target*, uma publicação AME online (`www.ame.org`; acesso grátis; 4 exemplares/ano).

- ✔ *The Superfactory*, boletim informativo online (`www. superfactory.com`; assinatura: grátis; 12 exemplares/ano).

Provedores de Software

Os fornecedores de software estão construindo o conhecimento crescente dos métodos e ferramentas Lean. Além de seus produtos — que têm uma ajuda online considerável e tutoriais —, eles prestam serviços de educação e de apoio.

- ✔ O Software AG (`www.softwareag.com`) é um fornecedor de classe empresarial de ferramentas para informações e processos através das cadeias de valor estendidas. O Software AG ARIS inclui a capacidade de mapeamento do fluxo de valor, junto com SIPOC, Espinhas de Peixe e análise de processos.

- ✔ O iGraphx (`www.igrafx.com`) fornece ferramentas de análise de processos de negócios, incluindo o mapeamento do fluxo de valor.

- ✔ O System 2 Win (`www.systems2win.com`) fornece modelos da Microsoft© Excel para uma variedade de ferramentas Lean, incluindo entrevistas de trabalho padrão *gemba*, mapas espaguete e muito mais.

- ✔ O eVSM (`www.evsm.com`) fornece ferramentas de mapeamento do fluxo de valor simples como extensões para o Microsoft Visio© e Excel.

- ✔ Uma variedade de empresas de software oferece visualização de informação e ferramentas de visualização, além de kits de ferramentas que ajudam a construir suas próprias extensões e exibições. Você pode pesquisar na internet ou pedir mais informações a seu *sensei* Lean.

Profissionais

Provavelmente, você conhece alguém que tenha se envolvido com o Lean, talvez até mesmo um especialista de algum tipo. Se você estiver trabalhando em uma empresa Lean, estará cercado por profissionais experientes.

Eles têm a experiência e o material de referência disponíveis para você.

Mesmo se você não conhecer ninguém pessoalmente, pode ser surpreendido pela pequena distância que separa seu interesse de um especialista Lean. Pergunte a colegas em organizações profissionais, vá até sua universidade local, procure conexões via mídias sociais, como o LinkedIn, ou pesquise na web.

Antes de se envolver em um relacionamento com um profissional ou praticante Lean, certifique-se de que ele é exatamente o que sua empresa precisa.

Gêneros Relacionados

O Lean é tão amplo e abrangente que ele toca e afeta muitas disciplinas e gêneros relacionados. Por outro lado, o Lean por si só não possui todas as respostas. Você deve manter uma perspectiva ampla e um quadro completo. Procure estas disciplinas relacionadas para obter informações de apoio importantes:

- **Ergonomia e engenharia industrial:** como os clientes usam os produtos e serviços e como os trabalhadores usam máquinas e ferramentas.
  - Usernomics: `www.usernomics.com/ergonomics-standards.html`
  - O Institute of Industrial Engineers: `www.iienet2.org`
- **Cadeia de suprimentos e logística de abastecimento**: Otimização, entrega, estoque e prontidão.
  - The Council of Supply Chain Management Professionals: `www.cscmp.org`
  - The Association for Operations Management: `www.apics.org`
- **Projeto e gerenciamento de programas:** escopo do projeto de controle, cronograma e recursos, gestão de configuração, extraindo o máximo das equipes de projeto.

Capítulo 19: Dez Lugares Onde Procurar Ajuda   395

- The Project Management Institute: `www.pmi.org`
- The Project Manager's Homepage: `www.allpm.com`

✔ **Análise estatística:** Compreensão profunda dos comportamentos que influenciam os resultados.

- The American Society of Quality: `www.asq.org`
- The Online Statistics Textbook: `www.statsoft.com/textbook/stathome.html`

✔ **Comunidade Six Sigma:** Porque defeitos são uma forma de desperdício.

- The Online Six Sigma Forum: `www.isixsigma.com`
- The International Society of Six Sigma Professionals: `www.isssp.com`

✔ **Gestão de Processos de Negócios:** Um campo que cresce rapidamente e está se tornando um centro de todos os processos.

- The Business Process Management Initiative: `www.bmpi.org`
- Business Process Trends: `www.bptrends.com`

✔ **One Page Business Plan:** Descrições concisas da missão, objetivos e estratégias, não apenas para as pequenas empresas em fase inicial — é aplicável como a descrição de uma página de qualquer projeto ou plano de programa.

- The One Page Business Plan: `www.onepagebusinessplan.com`

✔ **Organizational Development (OD) and Training:** Formação, facilitação e desenvolvimento organizacional de recursos e profissionais.

- Organizational Development Network: `www.odnetwork.org`
- American Society of Training & Development: `www.astd.org`
- International Association of Facilitators: `www.iaf-methods.org`
- Free Management Library — OD Information: `www.managementhelp.org/org_chng/org_chng.htm`

396   Parte VI: A Parte dos Dez

Glossário

3Gen: Derivado de três palavras Japonesas — *genchi* (como o *gemba*), *genbutsu*, *genjitsu* — é a prática de ir aonde a ação está, observar o que está acontecendo e obter dados/fatos concretos para resolver problemas e melhorar os processos. Às vezes, a palavra é escrita com "*gem*" em vez de "*gen*", por causa da transliteração dos caracteres japoneses.

3P: O Processo de Preparação de Produção é a ação de aplicar conceitos essenciais na fase de projeto, geralmente envolvendo a funcionalidade da equipe, mostrando todas as expectativas e eliminando os desperdícios antes da implementação dos processos.

5 Porquês: É o método de análise de causas que implica interrogar "Por quê?" pelo menos cinco vezes ou até que a causa raiz seja estabelecida.

5S: O princípio da eliminação de desperdícios através da organização do trabalho. Derivado das palavras Japonesas: *seiri, seiton, seiso, seiketsu* e *shitsuke*, que traduzidas significam *separação, organização, limpeza, sistematização* e *padronização*. E *segurança* é incluída frequentemente como o sexto *S*.

A3: Um relatório de uma página (tamanho 11 x 17), de acordo com o padrão internacional. Ele contém, em uma página, informações críticas sobre problemas, como descrições, custo, cronometragem, dados, solução e resolução planejada.

andon: Um sinal para alertar as pessoas de problemas em um local específico do processo; uma forma de gestão visual.

Ciclo de tempo: A quantidade total de tempo decorrido entre o início e a conclusão de uma tarefa, processo ou serviço.

cliente: É a pessoa ou entidade que se beneficia do que é produzido dentro ou fora da organização. *Veja também* consumidor.

consumidor: É a pessoa ou entidade que obtém bens e serviços para seu próprio uso. *Veja também* cliente.

desperdício: Uma atividade que usa recursos, mas não cria valor para o cliente. Normalmente expressa como *muda, mura,* ou *muri.*

fluxo contínuo: Estado ideal no qual produtos se movem através do processo de fabricação — ou pessoas se movem através dos processos de serviços — um de cada vez, sem parada ou espera.

fluxo de informações: A progressão ininterrupta de dados e instruções de apoio ao longo do fluxo de valor.

fluxo de valor: O fluxo de materiais e informações através de um processo que resulta na entrega de um produto ou serviço para um cliente.

gemba: Onde a ação ocorre. *Veja também* 3Gen.

genchi genbutsu: Ir e ver. *Veja também* 3Gen.

heijunka box: Ferramenta usada no controle do volume e mix de produção através do controle da distribuição do *kanban* em intervalos de tempo fixos e padronizados.

heijunka: A técnica de balancear ou nivelar cronogramas.

hoshin kanri: *Veja* hoshin.

hoshin: Um sistema de planejamento, formulários e regras que enquadram todas as pessoas, abordando negócios nos níveis táticos e estratégicos. Eles são conhecidos também como *implementação de política* ou *hoshin kanri.*

jidoka: Transferência da inteligência humana para máquinas via automação. A automação permite que o equipamento detecte defeitos e pare até alguém resolver o problema. Isso sustenta a qualidade na fonte e evita que defeitos progridam ao longo do fluxo de valor. Além disso, a pessoa que cuida desse passo no fluxo de valor é responsável por resolver o problema ou interromper o fluxo para obter assistência externa.

just-in-time (JIT): Fornecer o que é necessário, na quantidade necessária e com o nível de qualidade necessário.

kaikaku: Atividade radical de aperfeiçoamento para reduzir o desperdício.

kaizen: Melhoramento contínuo incremental que aumenta a eficácia de uma atividade para produzir mais valor com menos desperdício.

kanban: Um sinal que aciona o reabastecimento ou retirada em um sistema pull. O kanban, muitas vezes, tem a forma de um cartão em um contêiner em ambientes de produção. O sinal regula a produção no fluxo de valor.

Lean: Uma metodologia de aperfeiçoamento baseada em uma definição de valor centrada no cliente e na obtenção desse valor da forma mais eficaz possível, através da combinação de eliminação do desperdício e força de trabalho engajada e motivada.

mapa de fluxo de valor de estado ideal: Um mapa de fluxo de valor que retrata o fluxo de valor composto apenas de atividades de valor agregado.

mapa de fluxo de valor: Uma representação gráfica de como todos os passos de qualquer processo se alinham para criar um produto ou serviço, e do fluxo de informações que engatilha o processo.

mapa do fluxo de valor do estado atual: O mapeamento do fluxo de valor retrata as coisas como elas existem atualmente dentro do fluxo de valor. _Veja também_ mapa de fluxo de valor.

mapa do fluxo de valor do estado futuro: O mapeamento do fluxo de valor representa uma visão melhorada do fluxo de valor que avança em direção ao estado ideal.

muda: Qualquer atividade que consome recursos, mas que não cria valor. O _muda_ é categorizado em duas formas: _muda_ Tipo 1 é necessário para os processos, mas não agrega valor; _muda_ Tipo 2 é desnecessário e não agrega valor.

mura: Desperdício devido à irregularidade ou variação.

muri: Desperdício ou estresse no sistema devido à sobrecarga ou irrazoabilidade.

Lean Para Leigos, Tradução da 2ª Edição

Planejar, Executar, Verificar e Agir (PDCA ou PDSA): É um esquema de melhoria interativa no centro do processo de *kaisen*. Esses quatro processos incluem (1) definição de objetivos, problemas e possíveis soluções; (2) realização do plano em modo de teste; (3) verificação e estudo dos resultados dos testes; (4) plena implementação e padronização das soluções. É chamado também de *ciclo de Shewhart* ou *ciclo de Deming*.

poka-yoke: É um dispositivo que impede a produção ou ocorrência de defeitos.

Respeito pelas pessoas: O engajamento e o investimento nas pessoas, incluindo treinamento, capacitação, saúde e segurança no trabalho, contribuição, respeito pelas ideias e estímulo moral. Isso é fundamental e essencial na criação de uma cultura na qual o *kaizen* prospere.

sensei: Mestre ou professor, no contexto Lean.

sete formas de desperdício: Transporte, tempo de espera, excesso de produção, defeitos, estoque, movimentação e processamento extra são as sete formas de desperdício identificadas por Taiichi Ohno, um dos pioneiros da Toyota Production Systems. Esse desperdício normalmente é encontrado na produção em massa. Também conhecido como sete desperdícios ou sete *mudas*. Às vezes, incluem também a oitava forma — força de trabalho descomprometida.

single minute exchange of die (SMED): Termo usado para descrever a compilação de ferramentas e técnicas usadas para reduzir drasticamente o tempo necessário para completar a transição na linha de produção e suporte de um "produto" para outro. Pense nas trocas de pneu da Fórmula 1.

SIPOC: Um acrônimo (em inglês) para fornecedores, entradas, processos, saídas e clientes. É uma forma de definir um processo que inclui a relação entre essas entidades; muitas vezes, graficamente.

tempo takt: *Takt* é a palavra em alemão para "ritmo". No Lean, o tempo takt é o ritmo da produção baseado na taxa de consumo do cliente. Ele é calculado pegando os minutos disponíveis de trabalho e dividindo-os pelas unidades exigidas pelo cliente naquele período de tempo.

trabalho padronizado: A definição de uma etapa do processo caracterizada pelo tempo takt, uma sequência de trabalho determinada e um estoque de produtos em elaboração. Desvios do trabalho padronizado constituem uma anomalia, que é, então, uma oportunidade de melhoria.

Glossário *401*

valor agregado: Definido pelo cliente e que deve atender aos seguintes critérios:

valor não agregado: Qualquer atividade, produto ou processo que não atenda ao critério de valor agregado. *Veja também* valor agregado.

- ✔ O cliente deve estar disposto a "pagar" por aquilo. O pagamento é geralmente efetuado em termos monetários, mas também pode incluir tempo ou outros recursos.
- ✔ O produto ou serviço deve ser feito da forma certa logo na primeira vez.
- ✔ O produto ou serviço deve ser transformado.

valor: O valor atribuído a bens ou serviços, como definido pelo cliente. *Veja também* cliente.

voz do cliente (VOC): As necessidades, desejos e vontades coletivas do recebedor do resultado de um processo, um produto ou um serviço, seja ele expresso ou não. A VOC é normalmente expressa por meio de especificações, exigências, ou expectativas.

402 Lean Para Leigos, Tradução da 2ª Edição

Índice

Símbolos

3 Gen (genchi, genbutsu, genjitsu) 397
   Balanced Scorecard 288–289

3P (preparação do processo de produção)
   definido, 397
   prevenção de desperdício, 229–231

5 Porquês
   análise de fluxo de valor, 30, 185
   avaliação de estado atual, 360
   definido, 397

(movimento) moção
   forma de desperdício no produto, 336
   forma de desperdício no serviço, 334
   forma de desperdício no sistema de
      saúde, 340

• A •

abastecimento, avaliação de estado
   atual, 394

acordos globais estratégicos, 326

adaptabilidade
   atributo da organização, 69–70

ajustes, processo de padronização do
   trabalho, 96, 223, 256, 260–261

alunos
   buscando conhecimento, 106
   certificação Lean, 106–107
   currículo em curso, 106

ambiente de varejo, princípios Lean,
   343–344

American Society of Quality, 395

American Society of Training &
   Development, 395

análise comparativa, ferramentas focadas
   no cliente, 222–224

Análise de efeitos de modo de falha
   (FEMA), 246

andon
   definido, 397
   ferramenta de gestão visual, 257, 266

aprendizagem integrada,
   práticas, 315, 360, 387
   satisfação do cliente, 41, 58, 61, 134,
      137–138, 210, 222, 231, 285, 292, 328,
      330, 334, 345

à prova de erros (poka-yoke), 330

ARIS
   ferramenta de mapeamento de fluxo de
      valor, 154–155
   software de facilitação do processo
      Lean, 294

armazenamento em ponto de uso (POUS)
módulos de trabalho, 242–243

ASQ, conferências Lean, 391

Assembly Magazine, 392

Association for Manufacturing Excellence
eventos Lean, 390

atitude do não foi inventado aqui, 75

atitudes, resistência a mudança, 56

atraso (espera), forma de desperdício, 367

atrativos, satisfação do cliente, 135, 137,
138, 222, 308

atualizações
processo de trabalho padronizado, 43

autonomação
automação com um toque humano, 244

benefícios na estação de trabalho, 35,
229, 242, 244–245

qualidade na fonte, 40–41

• *B* •

Balanced Scorecard,
3Gen, 291–292

cartão de aprendizagem, 290

cartão de processo, 290

cartão do cliente, 290

cartão financeiro, 290

vá e observe, 290–291

Biblioteca Lean, 388

blitz de kaizen. *Consulte* evento de kaizen

Blog Lean, 389

Brounstein, Marty

Coaching & Mentoring For Dummies, 3

Managing Teams For Dummies, 3

Buckingham, Marcus (Now, Discover Your
Strengths), 83

Business Process Management
Initiative, 395

• *C* •

caixa de ferramentas, ferramentas de
suporte, 26, 91–92, 101, 108, 219, 257,
272, 328

caixa heijunka, 253, 398

call centers, estudo de caso do atrito,
366–369

câmeras digitais, ferramentas de
suporte, 101

caminho crítico, mapeameno do fluxo de
valor, 163, 173, 280, 309

cartão de aprendizado, Balanced
Scorecard, 290

cartão de cliente, Balanced Scorecard,
288–290

cartão de processo, Balanced
Scorecard, 290

cartão financeiro, Balanced Scorecard, 290

casa da qualidade, Desdobramento da
Função de Qualidade (QFD), 220–221

causação, folhas de controle, 275, 279

Causa e efeito (C&E), 21, 117, 199, 273,
317–318

células de trabalho, 191, 239

Centro de saúde mental de Denver
(MHCD), estudo de caso do consumidor,
345–346, 351–352, 356

Índice 405

Centro para a Mudança Competitiva, 392

centros de distribuição, logística de fornecedores, 118, 326

ciclo de tempo, 179, 187, 191, 241, 260, 261, 303, 304, 306, 307, 315, 320, 363, 366, 367, 369, 385

clientes

definido, 397

Design para a Montagem (DFA), 246, 313

determinações sem valor agregado, 129–131, 146, 150–152, 164, 166, 185, 310, 315, 321, 336, 369

diagrama SIPOC, 132

elementos de satisfação, 142

feedback, 79, 87, 110, 173, 204, 265, 289, 316, 355

foco principal, 192

identificando, 160, 265

modelo de Kano, 134, 135, 157, 222, 305

padronização, 79, 213, 260, 263, 283, 400

processos de serviços, 398

processos de vendas, 307

sinta a força, 373

Clifton, Donald O. (*Now Discover Your Strengths*), 83

Coaching & Mentoring For Dummies (Marty Brounstein), 3

colaboração, ambiente de equipe desejável, 82–85, 106, 239, 260, 313, 392

compartilhamento de informações, 325

complacência, superação, 380–381

compra, especificação de exigência de cliente, 136

comprometimento, 10, 11, 12, 17, 20, 23, 56, 65, 67, 69, 71, 75, 82, 83, 85, 88, 89, 98, 113, 211, 215, 281, 356

comunicação de mão dupla, papel do gerente, 64, 75

comunicações

feedback do cliente, 87, 204, 265, 305, 316, 355

finalidade do mapa de fluxo de valor (VSM), 101, 145, 148–150

gemba walks, 98, 103

voz do cliente (VOC), 220, 353, 401

comutação rápida, just-in-time (JIT), 39

conceito a ser lançado, Lean versus produção tradicional em massa, 12

confiabilidade, especificação da exigência de cliente, 136, 341, 375

configuração de direção. *Consulte* hoshin Kanri (configuração de direção)

confirmação, controle de estoque, 196

Conheça a si mesmo, resposta à mudança, 77–78

consultas, estudo do negócio de assistência à saúde 345–349

consultores, localizando, 101, 106, 112, 139, 282, 391–392

consumidores

definido, 137, 398

contenção, qualidade na fonte, 48, 129, 326

correção, forma de desperdício, 287

correlação, dispersão, 276, 279

Council of Supply Chain Management Professionals, 394

cronogramas, elemento de tabela hoshin, 39, 165, 188, 191, 236, 251

406 Lean Para Leigos

cronômetros, ferramentas de suporte, 165

cúpula Lean Accounting, 391

cúpula Lean HR, 391

• D •

DeCarlo, Neil (*Six Sigma For Dummies*), 3, 175

defeitos
definidos como forma de desperdício, 201, 204, 208, 395

definição de metas, hoshin Kanri, 282, 398

Definir-Medir-Analisar-Melhorar-Controlar (DMAIC), Seis Sigma 26, 202

demanda de cliente, conceito Lean, 172

demanda, medição do valor do cliente, 15–16, 150, 377

Deming, Edwards W.,
ciclo de Deming, 400

desejos, satisfação do cliente, 135, 137, 138, 143, 149

desempenho, exigência do cliente, 136–137, 284–289

Desenvolvimento de ciclo PDCA, 200

designers de processo, mapas de fluxo de valor (VSMs), 150

design, Lean versus produção tradicional em massa, 48, 126, 129, 148, 156, 173, 180–181, 185, 220–221, 229, 230–231, 234, 246, 264, 267, 294, 308, 310–311, 313–314, 315, 331, 333

Design para Experimentos (DoE), 48, 294

Design para Fabricação (DFM), engenharia concorrente, 311, 313

Design para montagem e Fabricação (DFA/DFM), 246

desperdício (muda)
atividades sem valor agregado, 129
definido, 398
formas na assistência à saúde, 340–341

detentores de processo, mapas de fluxo de valor (VSMs), 150, 286

detentor natural, identificação do fluxo de valor, 152–153

diagrama de afinidade, 280

diagrama de árvore, sete novas ferramentas JUSE, 280

Diagrama de espinha de peixe
avaliação de estado atual, 360–361
ferramenta de causa e efeito, 273–274

Diagrama de Ishikawa, 173–174, 273

diagrama de matriz, sete novas ferramentas JUSE, 280

Diagrama de relações, sete novas ferramentas JUSE, 280

diagrama de setas, sete novas ferramentas JUSE, 280

diagramas de espaguete
análise de fluxo de valor, 228–229

diagramas de fluxo de processo, versus mapas de fluxo de valor (VSMs), 17, 191

diagrama SIPOC, ferramenta de identificação de processo, 132

disciplinas de engenharia, 180

displays de comunicação, 39

• E •

Economy, Peter (*Managing For Dummies*), 3

eliminação de desperdício

formas de desperdício, 45–47

objetivo do kaizen, 198

transparência, 41

empregados, 14, 17, 18, 22, 41, 55, 57, 67–68, 86–88, 93, 98, 100, 128, 133, 184, 199–200, 202, 207, 211, 215, 267, 268, 288, 289, 292, 308, 319–320, 327, 334, 339, 340, 345

empresas de saúde

filas de laboratório, 346–347

formas de desperdício, 341–342

manutenção de consultas, 351–355

melhorias de desempenho, 340

empresas de serviços

comercial versus interno, 335

energia, processos de transacionais, 12, 14, 41, 72, 127, 130, 201, 266, 303, 307, 313, 315, 316, 317, 331, 373, 377

engenharia de manutenção, 181

engenharia de produção, avaliação de estado atual, 180–182

engenharia simultânea (CE)

Design de fabricação (DFM), 246, 313–314

Design de Montagem (DFA), 246, 313

entregas, gestão de cliente, 182, 190, 210, 255, 325, 334, 365

entregas LTL (less than truckload), 255

equipamento, regras do trabalho padronizado, 156, 168, 176, 178, 180, 259

equipes

ambiente de colaboração, 84–85

características desejáveis, 82–83

evento de kaizen, 229, 263–264

facilitadores externos, 84

fase de execução, 84

fase de normatização, 84

fases de formação, 83–84

instrumentos de avaliação, 83

trabalhadores multifuncionais, 85

workshops de kaizen, 210

equipes de projeto, workshops de kaizen, 88, 394

escalabilidade, especificação de requisitos do cliente, 136

escopo

workshop de kaizen, planejamento, 209–210

espera (atraso)

forma de desperdício na área da saúde, 341

forma de desperdício no serviço, 336

estabilidade operacional, Sistema de produção Toyota (TPS), 24, 38

estado atual

atividades de valor agregado, 31, 33, 146, 162, 164, 226, 399

atividades sem valor agregado, 129–130, 146, 226, 227, 310, 315, 321

diagrama de Ishikawa, 173–174, 273

diagramas de espaguete, 176, 228–229, 232

estudo de caso, 156–159

fluxo de informações, 325, 398, 399

fluxo de material, 173, 182, 203, 233, 255, 364

mapeamento do fluxo de valor, 2, 5, 32, 106, 153, 155, 172, 191–192, 193, 225, 232, 352, 363, 393

profissionais de qualidade, 178

visão do sensei, 177–178

estado atual e mapeamento do fluxo de valor, 399

estado futuro

estouro de kaizen, 155, 189

fila de laboratório, 346–347

mapeamento do fluxo de valor, 2, 5, 32, 106, 153–155, 172, 191–194, 225, 232, 352, 363, 393

estado futuro e mapeamento do fluxo de valor, 399

estado futuro próximo, método de identificação kaizen, 32, 145, 171, 172

estado ideal

mapeamento do fluxo de valor, 2, 5, 32, 106, 153–155, 172, 191–192, 193, 225, 232, 352, 363, 393

estoque

avaliação de estado atual, 360–361

backflushing, 254

equipamento, 229, 236–237, 243–248, 255, 259–261, 274, 292

forma de desperdício, 201, 204, 208, 395

forma de desperdício do campo da saúde, 340–341

just-in-time (JIT), 58, 198, 315, 331–332, 365, 371, 398

sinais kanban, 253–254

supermercados, 161, 177, 187–188, 191–192, 240, 253–254, 331

estouro de kaizen, 189

estratégia de negócios, Lean versus produção tradicional em massa, 13

estratificação, exibição de dados, 279

estrutura operacional, 202

estrutura organizacional, Lean versus produção tradicional em massa, 285–287

evento de kaizen

ciclo Planejar-Executar-Verificar-Agir (PDCA), 200, 202–205, 207–209

estrutura do workshop, 210

fase Agir, 206, 207

fase de planejamento, 205–206

fase Executar, 206

fase Verificar, 206–207

seleção de projetos, 204–205

eVSM, ferramentas Lean, 393

execução simultânea. *Consulte* engenharia concorrente

facilitadores, 84, 319, 383, 387, 391–392

facilitadores externos, criação de equipe, 84

Faixa Preta, profissionais de Seis Sigma, 26, 345–346, 361, 366

família de produto, mapas de fluxo de valor (VSMs), 152, 238, 240, 304

fase de agir, 206, 207, 266

fase de desenvolvimento, 180

fase de execução, formação de equipe, 84, 312

fase de planejamento

organizações, 63–64

workshop de kaizen, 209–210

fase de turbulência, organizações, 64

fase Estudar (Verificar)

projetos kaizen, 206–207

workshop de kaizen, 263

fase executar, 206, 265

fase Planejar, projetos de kaizen, 205–206

fase Verificar (Estudar), 206–207, 266

fase Verificar, kaizen workshops, 209–210

feedback, 79, 87, 110, 173, 204, 265, 289, 305, 316, 355

feedback visual, desenvolvimento de produtos de software, 316

ferramentas de suporte, passo de implementação, 101–102

ferramentas focadas no cliente, 219

fila de laboratório, estudo de negócios de saúde, 346–350

flip charts, suporte a ferramentas, 101

FlowCharter, software de facilitação, 294

fluxo

células de trabalho, 187, 191, 239

equipes, 245

estabilidade operacional, 24, 38–39

fluxo de valor do cliente, 377

just in time (JIT), 39–40

módulos de trabalho, 187, 240, 239–244, 245, 329–330, 333

qualidade na fonte, 40, 42–43, 58, 178, 245–246, 289, 317, 330, 398

redução de estoque, 198, 331

Tecnologia de Grupo (GT), 238–239

fluxo contínuo, 1, 20, 33, 35, 40, 177, 187–188, 191, 237–238, 240–241, 253, 317, 322, 363, 398

fluxo de informações

definido, 398

fluxo de valor

caminho crítico, 163

células de trabalho, 191

definido, 398

diagramas de espaguete, 228–229

elemento de fundação, 30–32

estado ideal, 172, 185, 186–187, 189, 193, 195–196

estudo de caso, 156–159

ferramentas de mapeamento, 153–155, 393

fluxo de processo, 191–192

funcionamento do marcapasso, 187

heijunka, 187

informações de suporte, 155, 171

kanban, 188

mapa de fluxo de valor do estado futuro, 187–192, 190–191

mapa do fluxo de valor do estado atual, 160–166

pitch, 188

processo de gargalo, 242

quadro de pontos, 226

qualidade na fonte, 40

reunindo, 153–154

supermercados, 187

tempo takt, 152, 168

fluxo único contínuo, 33

foco, 10, 13, 14, 22, 25, 26, 30, 89, 112, 114, 118, 124, 133, 153, 160, 161, 192, 195, 214,

410 Lean Para Leigos

221, 263–265, 304, 315, 317–318, 321, 352, 367, 373, 379

foco do processo, característica do gerente, 133

formação, caminhada gemba, 293

formadores, localizando, 367

fornecedores

acordos estratégicos globais, 326

centros de distribuição, 326

elementos de arquitetura, 323–324

fluxo, 325

informação sobre desenvolvimento, 325

informações de demanda, 325

kits de montagem, 325

Lean versus produção tradicional em massa, 13

logística, 325–326

métodos compartilhados, 324

milk runs, 151

modelos compartilhados, 324

posicionamento de estoque, 326

Processo, Entradas, Saídas e Clientes (SIPOC), 393

sistemas de topo, 325

tecnologias compartilhadas, 324

Franklin, Benjamin, história do Lean, 20

Free Management Library, 395

funcionalidade, exigência do cliente, 82, 136, 153, 165, 397

funcionários da linha de frente, empresas de serviço, 338

funções de suporte, 211, 318

• G •

gemba

definido, 192, 398

desenvolvimento de folha A3, 269–270

processo de atendimento ao cliente, 366, 376

Gemba Panta Rei, 389

gemba walks, 98, 103

genchi genbutsu (indo e vendo)

definido, 398

General Electric, adoção do Seis Sigma, 22, 26

Gerenciamento de Processos de Negócios (BPM), ANO, 32

gerentes

abraçando o Lean, 100–101

avaliação das necessidades do empregado, 87–88

características desejáveis, 89–91

criação de visão, 85–86

estratégia de comunicação, 86–88

liderar pelo exemplo, 88–89

mapas de fluxo de valor (VSMs), 191–192

tours de manutenção, 293

gerentes seniores, abraçando o Lean, 382–383

gestão de estratégia

Balanced Scorecard, 288–293

caminhadas gemba, 291–293

hoshin kanri (configuração de direção), 282–283

gestão visual

quadros de exibição, 293

relatórios A3, 269–270

Sistema Toyota de Produção (TPS), 49

transparência, 41

gestor de fluxo de valor, nível corporativo, 147–148, 304

Gilbreth, Frank, desenvolvimento Lean, 20

Gilbreth, Lillian, desenvolvimento Lean, 20

Going, Charles Buxton, história do Lean, 20

governo, princípios Lean, 14, 16, 19, 22–23, 53, 133, 243, 335, 342–343

Graban, Mark
Healthcare Kaizen: Engaging Front-Line Staff in Sustainable Improvements, 388
Lean Hospitals: Improving Quality, Patient Safety, and Employee Engagement (segunda edição), 388

gráfico de aranha, ferramenta de gestão de informações, 295–296

gráfico (PDPC), sete novas ferramentas JUSE, 280

gráficos de barra, exibição de dados, 278

gráficos de controle, transporte (transporte), forma de desperdício, 279

gráficos de execução, visualização de dados, 297

gráficos de Gantt, elemento de tabela hoshin, 309

Gráficos de Pareto
ferramenta de redução de variação, 26, 67, 129, 270
influências pouco significantes, 273–274

gráficos de radar. *Consulte* gráfico de aranha, ferramenta de gestão de informações

gráficos de aranha fase de reconhecimento, organizações, 295–296

gráficos, visualização de dados, 59, 99, 101, 115, 186, 209, 231–232, 265, 267, 276–279, 295–297, 309, 341, 357, 375

Gustafson, Terry (*Six Sigma Workbook For Dummies*), 3, 26

Gygi, Craig
Seis Sigma Para Leigos, 3, 26
Six Sigma Workbook For Dummies, 3, 26

• *H* •

habilidades de planejamento, alunos Lean, 106

habilidades técnicas, alunos do Lean, 211

hansei, história do desenvolvimento Lean, 23, 90

Healthcare Kaizen: Engaging Front-Line Staff in Sustainable Improvements (Mark Graban), 388

Healthcare Performance Partners (HPP), OU estudo de caso de rotatividade, 356–357

heijunka, 187–188, 191, 251, 398

histogramas, 278, 297

hoshin, 282–284, 285–286, 289, 292, 293, 361, 398

hoshin kanri (configuração de direção)
implementação da estratégia tabela, 284–285
planos anuais, 285–286
processo de implementação (Executar), 286
processo de sete passos, 283–284

quadro de planejamento anual (APT), 285

revisão anual, 286–287

revisões periódicas, 287–288

tabela de fundamentos de negócios (BFT), 284–298

tabela de revisão, 284

tabelas do relatório, 284–285

• I •

ícones, mapas de fluxo de valor (VSMs), 154–155

iGrafx, Flowcharter, 294

iGraphx, ferramentas Lean, 393

Imai, Masaaki
definição de gemba 205
definição de kaizen, 198

impacto de cliente, ponto de partida, 95–96, 109–110, 160, 169, 316

implementação
aquisição de material de treinamento, 100–101
colocação de pessoas, 101
elementos de infraestrutura, 100–102, 313, 342, 380
etapas de preparação, 96–101
ferramentas de suporte, 101–102
fluxos de valor corporativo, 51
foco da mensagem, 98–99
foco de visão, 98–99
identificação do ponto de partida, 95–96, 109–110
liderar pelo exemplo, 99
padrões descendentes, 97–98

políticas de pessoas, 100

síndrome do programa do mês, 112–113

Improvement Encyclopedia no Syque.com, 388

índice Kolbe A, ferramenta de avaliação, 83

individualismo de cowboy, 66

Industry Week, 393

informações de demanda, fluxo de fornecedor, 304, 325

informações de desenvolvimento, fluxo de fornecedor, 325

inovação, característica da equipe, 44, 83, 192, 199, 200, 203, 263, 313, 343, 376

inspeção de fonte, prevenção de bloqueio de fluxo, 245–246

inspeção progressiva, 245

inspeção, qualidade da fonte, 42–43, 48, 129–131, 245–246, 318, 330

instalações, processo de transação, 305–306

Institute of Industrial Engineering, 394

Instituto Nacional de Normas e Tecnologia (NIST), serviços MEP, 390

integridade, característica do gestor; 55, 90, 141

intercâmbio eletrônico de dados (EDI), 325

interfaces, 38, 151, 180, 191, 260, 305, 315, 321, 322

investimentos, Lean versus produção tradicional em massa, 18, 203

Ishikawa, Kaoru, Dr., diagramas espinha de peixe, 272–273

Índice 413

• J •

já estive lá, já fiz isso, atitude de resistência a mudança, 68

janelas de entrega, entradas de materiais, 151

Japanese Union of Scientists and Engineers (JUSE), 280

jidoka

benefícios na estação de trabalho, 229

definido, 398

história do desenvolvimento Lean, 21

os 5 Porquês, 40

poka yoke, 40

qualidade na fonte, 40

Sistema Toyota de produção (TPS), 40

julgamento, 362

Juran, Joseph, desenvolvimento Lean, 21

just-in-time (JIT), 58, 198, 315, 331–332, 365, 371, 398

• K •

kaikaku

definido, 399

kaizen

definido, 399

elementos de workshop, 209–215

elementos filosóficos, 199

eliminação de desperdício, 89, 176, 182, 254, 282, 315, 333–334, 397

fase Agir, 206–207

fase Executar, 206

fase Planejar, 205–206

fase Verificar (estudar), 206–207

fila de laboratório, 346–347

formas de desperdício, 129, 146, 175, 201, 294, 320, 336, 341–342, 400

gestão de projetos, 205

identificação do próximo estado futuro, 32–33

implementação, 229–230, 233, 245, 258–259, 270, 281–282, 284–286, 291

lutando pela perfeição, 339

melhoramento contínuo, 5, 10, 13, 19, 22, 32, 57, 60, 65, 69–70, 72–73, 75, 80, 82, 95, 108, 112, 120, 122, 124, 193, 199, 200, 202, 212, 257, 260, 262–263, 296, 314–315

níveis de envolvimento, 198–199

nível empresarial, 298, 307

padronização do trabalho, 260

Planejar-Executar-Verificar-Agir (PDCA), 193, 200, 202–205, 207–209, 246, 264–266, 282, 286

projetos da equipe de trabalho, 209

projetos do grupo, 208–209

projetos individuais, 207–208, 209

kanban

caixas de heijunka, 253

definido, 399

método duas gavetas, 332, 365

sistemas de pull, 233, 254

versus sistemas de push, 35, 254, 331–332

Kano, modelagem, 134–135, 137, 139, 156–157, 305, 308, 391

Kano, Noriaki, modelo de requisitos do cliente, 134, 271

Kaplan, Robert, Dr. Desenvolvedor do Balanced Scorecard, 288

414 Lean Para Leigos

kit de montagem, logística de fornecedor, 325

• L •

Lean, 399

Lean Education Academic Network (LEAN), 392

Lean Insider, 389

Lean na área da saúde, 340

Lean Seis Sigma
abordagem DMAIC, 202
certificações Lean, 106
melhoria de processo contínuo (CPI), 25–26

Lean Summit UK, 391

Learning to See (Mike Rother and John Shook), 154

liderança, 23, 27, 30, 39, 40, 54, 68, 75, 77, 83–85, 89–90, 92, 96, 97, 104, 106–107, 122, 200, 211, 218, 285, 356, 360, 373, 377

liderança de serviço, 89

Liker, Jeffrey, informações Lean, 24, 388, 392

Liker, Jeffrey (*Toyota Culture*), 24, 388, 392

limpar, o processo 5S, 236, 343

local de trabalho, papel do gerente, 69, 79, 91, 92, 105, 112, 198, 234, 237, 316, 337

lógica, estilo de aprendizagem, Lean, 15–16

logística
considerações globais, 256
expedições less than truckload (LTL), 255
janelas de entrega, 151
ligações de fornecedor, 151, 255
milk runs, 151
rotas de entrega, 151

logística integrada, 118, 151, 325, 394

• M •

Managing for Dummies (Bob Nelson, PhD, e Peter Economy), 3

Managing Teams for Dummies (Marty Brounstein), 3

manuais de operação, processo de trabalho padronizado, 261

Manufacturing Extension Partnership (MEP), 390

manutenção, 36, 101, 126, 136, 141, 180, 181, 199, 214, 237, 240, 243, 245, 247–248, 259, 263, 264, 292, 293, 302, 321–322, 330, 331, 335, 337, 338, 348

manutenção autônoma, prevenção de bloqueio de fluxo, 248

manutenção planejada, prevenção de bloqueio de fluxo, 248

manutenção preditiva, 248

Manutenção Produtiva Total (TPM), prevenção de bloqueio de fluxo, 247–249

mão de obra indireta, 44–45

mapa de fluxo de valor, 399

mapa de fluxo de valor de estado ideal, 399

mapa de fluxo de valor do estado atual, 146, 158, 160, 171

mapa de fluxo de valor do estado ideal, 32

mapas de fluxo de valor (VSMs)

Índice *415*

avaliação de estado atual, 360–361

definido, 399

detentores de processo, 150, 286

diagrama de Ishikawa, 173–174, 273

escopo, 150

estoque 322

etapas do processo, 367

família de produtos, 238, 241, 304

listagem de ícones, 154–155

pacotes de software, 285

quadro de pontos, 152, 166–168

tecnologia da informação (TI), 320–321

tempo takt, 225–226

marcadores, ferramentas de suporte, 154–155, 314

marketing, estratégias de cliente, 15, 16, 36, 43, 116–117, 221, 230, 291, 305–306, 307, 343

materiais de treinamento, etapa de implementação, 100–101

matriz de priorização, sete novas ferramentas JUSE, 280

medidas de desempenho

elemento de tabela Hoshin, 284

Hoshin kanri (configuração da direção), 283

medo do desconhecido, superando barreiras para o sucesso, 66, 362

medo do fracasso, resistência à mudança, 362

melhoramento de processo contínuo (CPI), 25

melhoramento diário, conceito Lean, 14, 27, 30, 38, 81, 270–279, 328

métodos compartilhados, 324

Microsoft Excel, software de análise estatística, 294

milk runs, 151

Minitab, software de análise de dados, 294–295

moção (movimento), forma de desperdício, 45

modelo de preços, especificação da exigência de cliente, 141

modelos, 230, 324

modelos compartilhados, 324

Modo de Falha de Processo e Análise de Efeitos (PFMEA), projetos kaizen, 205

módulos de trabalho, fluxo contínuo de valor agregado, 187, 240, 245, 329–330, 333

monitoramento, 27–28, 75

monitoramento de atividade, trabalho padronizado, processo, 28

monumentos, módulos de trabalho, 107, 240–241, 253

Motorola, desenvolvimento Six Sigma, 26, 333

muda (desperdício)

atividades sem valor agregado, 129

conceitos Lean, 45–47

definido, 399

muda (desperdício) 45

mudança contínua e incremental, 27, 75, 77, 185, 192, 199, 203, 209, 263, 302, 315, 381, 399

mudança rápida, prevenção de bloqueio de fluxo, 250–251

muda Tipo 1, 164, 235, 318, 319, 331, 399

muda Tipo 2, 164, 399

multidirecional comunicações, 82, 89

Mura (desnível)

atividades sem valor agregado, 129

Conceitos Lean, 47, 48

definido, 399

Muri (sobrecarga)

atividades sem valor agregado, 129

conceitos Lean, 48

definido, 399

Myers-Briggs Type Indicator (MBTI), ferramenta de avaliação, 83

• N •

Não se aplica aqui, resistência para mudar de atitude, 75

necessidade de velocidade, produto de software, 315

necessidades, elemento de satisfação do cliente, 307, 311, 322, 340, 343

Nelson, Bob, PhD (*Managing For Dummies*), 3

nível empresarial

ferramentas de software, 101, 154, 192, 231–232, 282

gestor do fluxo de valor, 153

implementação do Kaizen, 200, 202

Norte Verdadeiro, Toyota está guiando direção, 60, 77, 185–186

Norton, David, Dr., desenvolvedor do Balanced Scorecard, 288

Now, Discover Your Strengths (Marcus Buckingham/Donald O. Clifton), 83

• O •

objetivos, elemento da tabela hoshin, 284

observação, caminhadas gemba, 292–295

Ohno, Taiichi, desenvolvimento Lean, 21, 24, 44, 45, 316, 400

One Page Business Plan, 395

Online Six Sigma Forum, 395

Online Statistics Textbook, 395

operações de gargalo

alvo do evento de kaizen, 263–264

identificando, 242

operações, módulos de trabalho, 187, 239–241, 245, 329–330, 333

operações padrão. *Consulte* trabalho padronizado

ordenação, o processo de 5S, 397

Organização Mundial da Saúde, 340

organizações

avaliação de princípio, 58–60

barreiras para o sucesso, 65–67

elementos de avaliação cultural, 54–59

estado atual de identificação, 56–57

exteriormente, Lean, 117–118

fase de aceitação, 62–63

fase de direção, 62–63

fase de integração, 65

fase de planejamento, 62–63

fase de reconhecimento, 62–63

fase de turbulência, 64

fases de mudança, 61–65

funções da contabilidade, 121

funções financeiras, 121

Índice **417**

fusões e aquisições, 118–119

gráfico de aranha, 60

individualismo de cowboy, 66

Lean, interiormente, 116–117

medo do desconhecido, 66

padrões de comportamento, 64–65

papel do aluno, 105–107

papel do sensei, 102–104

perda de emprego, 66

ponto de partida determinações, 56–58

praticamente Lean, 119–120

princípios formais, 55

princípios informais, 55

processo de avaliação formal, 57–59

resistência à mudança, 67

Organizational Development Network, 395

orientação de melhoria contínua, 258, 389, 392

otimização, regras de trabalho padronizadas, 101, 251, 306–307

● *P* ●

padrões de comportamento, 68, 84

painéis, 40, 267, 296–298, 320, 365

painéis de gestão, 297, 298, 365

Pareto, Vilfredo, Pareto Princípio, 273

peças por hora de trabalho, métrica do quadro de pontos, 168

pedido a ser entregue, 12

pedidos, processo de vendas, 13, 115, 151, 165, 305

percepção

especificação da exigência de cliente, 135–136

Perfil Clássico DISC, ferramenta de avaliação, 83

perspectiva do cliente, 146, 149

perspectiva, finalidade do mapa de fluxo de valor (VSM), 149–150

pessoas

alinhar princípios, 78

aspecto Respeito pelas Pessoas, 40–41

autonomação, 41

características desejáveis da equipe, 82–83

colaboração, 84–85

conheça a si mesmo, 77–78

estilos de aprendizagem, 81–82

fases de formação de equipe, 83–84

funções de gerente, 85–93

gestão visual, 24, 39, 40, 41, 106, 257, 266, 272, 365, 377, 397

motivação do Sistema Toyota de produção (TPS), 38

mudar as respostas, 76–77

mudar implementação, 89–90

papel do indivíduo, 79

processo de transação, 305–306

reações irracionais, 76–77

resistência para mudar a realidade, 75–76

resposta ao estresse, 76

trabalhadores multifuncionais, 85

pitch, fluxos de valor de estado futuro, 188, 191

Planejar-Executar-Estudar-Agir (PDSA), 400

Planejar-Executar-Verificar-Agir (PDCA)

418 Lean Para Leigos

definido, 400

kaizen, 77, 200, 202

planilhas, regras de trabalho padronizadas, 259, 261, 362, 374

Plano para cada parte (PFEP), sistema pull, 243, 253

planos anuais, hoshin kanri, 285

poka-yoke (à prova de erro)

definido, 400

prevenção do bloqueio de fluxo, 246–247

técnica de prevenção de erros, 40

políticas de pessoas, etapa de implementação Lean, 100–101

políticas, passo de implementação do Lean, 100–101

postar instruções, processo de trabalho padronizado, 259–260

Prêmio Shingo

Certificação Lean, 106

Faculdade de negócios da Universidade do Estado de Utah, 390

Práticas Lean, 14

Princípio KISS, simplicidade do Lean, 42

princípios, elemento da organização, 55–56

princípios formais, elemento organizacional, 55, 57

princípios informais, 55, 57

problemas-chave do negócio, 283

processamento em excesso, forma de desperdício do sistema de saúde, 45, 400

processamento extra, 47, 201, 337

Processo 5S

definido, 397

empresas de serviços, 337

etapas do fluxo, 367

local de trabalho limpo, 91

processo de trabalho, mapas de fluxo de valor (VSMs), 43

processo de vendas, preços, 306

processos

abordagem de sistemas para satisfação do cliente, 307

análise comparativa, 222–225

característica da equipe, 82–83

determinações de valor agregado, 127–128

mapas de fluxo de valor (VSMs), 150–151

princípios de produção em massa, 12, 20, 21, 49, 400

processos-chave, 12, 189, 290, 296

processos claros, característica da equipe, 82

processos de contratação, papel do gestor, 90

processos de produção, princípios de fabricação em massa, 176–178, 278, 314, 316

processos de transação, 303

processos de vendas, seleção/configuração do cliente, 307

produção em massa, 12, 20, 21, 49, 400

Productivity Press, ferramentas de aprendizagem Lean, 388

produtos

análise comparativa, 222–224

análise de Tecnologia de Grupo (GT), 238–239

Lean versus produção tradicional em massa, 13

milk run, 151, 255

qualidade na fonte, 40, 43, 58, 178, 245–246, 317, 398

técnicas de desenvolvimento de software, 315–316

tolerâncias, 136, 181, 314

produtos em elaboração (WIP), 156, 201, 261, 331, 364

profissionais, 389–390

profissionais de qualidade, avaliação do estado atual, 178–179

Project Management Institute, 395

Project Manager's Homepage, 395

projetos de trabalho em equipe, kaizen, 209

projetos individuais, kaizen, 207–208

projetos, seleção de evento de kaizen, 265

propósito, característica de equipe, 82

• Q •

quadros de exibição, 293

quadros de ferramenta, aspectos de gestão visual, 39

quadros de treinamento cruzado, 375

qualidade na fonte
inspeção do produto, 42–43
prevenção de bloqueio de fluxo, 245

Quality Function Deployment (QFD)
ferramenta focada no cliente, 135–136, 220–221
transições de marketing/design, 305

• R •

recursos humanos, 137, 319–320, 366

rede de atividade, 280

redução da variação, 380

reflexão, característica do gerente, 23, 44, 90, 92, 171, 364

reflexão profunda, do gerente, 90, 92

registrando, folhas de verificação, 153

Rei Henrique III da França, história do Lean, 20

rejeitos, forma de desperdício, 175

relações das partes interessadas, 14

relatórios A3
definido, 397
ferramentas de gestão visual, 257, 266
formato de página única, 41

reparo de problema, 10

representação baseada em fatos, finalidade do mapa de fluxo de valor (VSM), 32, 101, 145, 148, 171, 172, 197, 361

resistência à mudança, atitudes, 81, 381

resolução de problemas
5 Porquês, 271–272
diagramas de espinha de peixe, 273
folhas de controle, 274
gráficos, 276–278
gráficos de controle, 278–280
gráficos de dispersão, 276
gráficos de Pareto, 273
histogramas, 278–279

Respeito pelas Pessoas

definido, 4, 55, 400

Sistema Toyota de Produção (TPS), 49

resposta ao estresse, reação à mudança, 76

resposta fisiológica, reação à mudança, 76

revisão anual, hoshin kanri, 286–287

revisões periódicas, hoshin kanri (configuração de direção), 286–287

revisões, regras do trabalho padronizado, 284, 288

Ross, Craig (Stomp the Elephant in the Office), 388

rotas de entrega, manipulação de material, 151, 255–256

Rother, Mike

Learning to See, 154

Toyota Kata, 388

Rumsey, Deborah, PhD (Statitics For Dummies), 3

• S •

salas de cirurgia, estudo de caso do tempo de entrega, 240, 250, 345–346

salas de desmontagem, indústria automotiva, 225

satisfação do cliente, 41, 58, 61, 134, 135, 137, 138, 210, 222–225, 231, 285, 292, 328, 330, 334, 345

segurança

processo 5S, 234–235

tours de gestão, 293

tours de manutenção, 293

segurança, especificação da exigência do cliente, 136

semelhanças de valor agregado, 130–132

sem valor agregado

atividades de muda, mura, muri, 129

critérios de estado atual, 128–129

definido, 401

determinações, 128–129

sensei

avaliação de estado atual, 360–361

benefícios, 103

características desejáveis, 103–104

definido, 400

expectativas, 104

localizando, 104

processo de orientação, 104

serviço

análise comparativa, 222–223

formas de desperdício, 336

funcionários da linha de frente, 338–339

melhorias de desempenho, 334

melhorias de qualidade, 338–339

melhorias de velocidade, 338–339

processo de gestão de clientes, 305–306

processos 5S, 337

semelhanças de produto, 336

variedade de verificação, 338

verificando a complexidade, 338

sete formas de desperdício, 341–342

Setores de atividade econômica

alto volume/baixa customização, 333

ambiente de varejo, 343–345

baixo volume/alta personalização, 333–334

campo da saúde, 340–342

Índice 421

células de trabalho, 191, 239

empresas de serviços, 334–339, 337

estrutura comum, 328

governo, 342–343

qualidade na fonte, 330

redução de inventário, 330–331

sistemas kanban, 332, 364–365

Shewart, Walter, Dr.

gráfico, de controle , 278

Shingo, Shigeo

definição da oitava forma de desperdício, 201

Shook, John (*Learning to See*). *Consulte* gráficos de aranha fase de reconhecimento, organizações,

simplicidade, melhores práticas, 323

síndrome do programa do mês, 112–113

single-minute exchange of die (SMED)

definido, 400

prevenção do bloqueio de fluxo, 249–250

SIPOC, 400

sistema kaizen. *Consulte* kaikaku

sistema pull

backflushing, 254

conexões de kanban, 254

just-in-time (JIT), 58, 198, 315, 331–332, 365, 371, 398

kanban, 252–253

plano para cada parte (PFEP), 253

supermercados, 253

sistemas de compensação, função de HR, 319

sistemas de contabilidade analítica, 121, 385

sistemas de contabilidade, expectativas, 385

sistemas de desenvolvimento, função HR, 305

sistemas de medição

comportamentos Lean, 121–122, 310, 318, 365, 381

processo de trabalho padronizado, 43

sistemas de recompensa, função HR, 100

sistemas de topo, logística de fornecedor, 325

sistemas push, versus kanban, 331–332

Sistema Toyota de Produção (TPS)

andon, 39, 267

estabilidade operacional, 24–25, 38–39

gestão visual, 39

história do desenvolvimento Lean, 22–24

Jidoka, 40

just-in-time (JIT), 39–40

motivador de pessoas, 38

respeito pelas pessoas, 40–41

Sites

American Society of Training & Development, 395

ASQ, 391

Assembly Magazine 392

Business Process Trends, 395

Centro de Mudança Competitiva da Universidade de Dayton, 392

cúpula Lean Accounting, 391

cúpula Lean RH, 391

Evolving Excellence, 389

422 Lean Para Leigos

eVSM, 393

Free Management Library, 395

Gemba Panta Rei, 389

iGraphx, 393

Industry Week, 393

Institute of Industrial Engineering, 394

International Association of Facilitators, 395

Lean Blog, 389

Lean Central Europe, 391

Lean Directions, 393

Lean Education Academic Network (LEAN), 392

Lean Educators Conference, 391

Lean Enterprise, 391

Lean Enterprise China, 391

Lean Healthcare Exchange, 389

Lean in Healthcare, 391

Lean Insider, 389

Lean Summit UK, 391

Manufacturing Extension Partnership (MEP), 390

Organizational Development Network, 395

Productivity Inc., 391

Shingo Prize 390

Software AG, 393

System 2 Win, 393

Target, 393

The American Society of Quality, 395

The Association for Manufacturing Excellence (AME) 390

The Association for Operations Management, 394

The Business Process Management Initiative, 395

The Council of Supply Chain Management Professionals, 394

The Improvement Encyclopedia no Syque.com, 388

The International Society of Six Sigma Professionals, 395

The Lean Enterprise Institute, 389

The Lean Library, 388

The Manufacturer Magazine, 393

The One Page Business Plan, 395

The Online Six Sigma Forum, 395

The Online Statistics Textbook, 395

The Project Management Institute, 395

The Project Manager's Homepage, 395

The Society of Manufacturing Engineers (SME) 390–391

The Society of Manufacturing Engineers (SME), 390

The Superfactory, 393

Universidade de Kentucky, 392

Universidade de Michigan, 392

Usernomics, 394

Wikipedia 388

situações, elemento de tabela hoshin, 240

Six Sigma, 3, 26, 202, 395

Six Sigma For Dummies (Craig Gygi, Neil DeCarlo, e Bruce Williams), 3, 26

Six Sigma Workbook For Dummies (Craig Gygi / Bruce Williams/Terry Gustafson), 3

Society of Manufacturing Engineers (SME)

certificação Lean, 106–107

software

ferramentas de nível corporativo, 223–224

mapas de fluxo de valor (VSMs), 145–146, 186–187

tabelas hoshin, 284

técnicas de desenvolvimento de produto, 315–316

Software AG

ARIS, 393

ferramentas Lean, 393

software de facilitação, 294–295

Statistics For Dummies (Deborah Rumsey, PhD), 3

Stomp the Elephant in the Office (Steven Vannoy / Craig Ross), 388

subutilização de pessoas, 201

Superfactory, 389, 393

supermercados, 161, 177, 187–188, 191–192, 240, 253–254, 331

superprodução

forma de desperdício no campo da saúde, 340–341

forma de desperdício no serviço, 334

• T •

tabela de fundamentos de negócios (BFT), 284–285

tabela de planejamento anual (TPA), hoshin kanki (configuração de direção), 285

tabela de revisão, hoshin kanri (configuração de direção), 287–288

tabelas, hoshin kanri (configuração de direção), 282–283

Target, 143, 390, 393

táticas, elemento de tabela hoshin, 283

Taylor, Frederic Winslow, história do Lean, 20

tecnologia, abordagem de sistemas para satisfação do cliente, 315–316

tecnologia da informação (TI), 137, 366

Tecnologia de grupo (GT), 238

tecnologias compartilhadas, 324

tempo de espera

mapas de fluxo de valor (VSMs), 152, 165–166

quantificação de estado atual, 357

tempo de espera global, estado atual, 78, 114

tempo de operação, métrica de caixa de pontos, 152, 181, 214

tempo, processo de transação, 305

tempo takt

definido, 400

mapas de fluxo de valor (VSMs), 152, 172

métrica da caixa de pontos, 168, 226

The Council of Supply Chain Management Professionals, 394

The Manufacturer Magazine, 393

tolerâncias, produtos físicos, 136, 181

tomada de decisão, característica da equipe, 23, 286, 383

tours de manutenção, 293

Toyoda Automatic Loom Works, 21

Toyoda, Eiji, desenvolvimento Lean, 21, 24

Toyoda, Kiichrio, história do Lean, 21, 24

Toyoda, Sakichi, história do Lean, 21

Toyota, 21, 22, 24, 44

424 Lean Para Leigos

Toyota Culture (Jeffrey Liker), 388

Toyota Kata (Mike Rother), 388

trabalho padrão. *Consulte* trabalho padronizado

trabalho padronizado
 ambiente just-in-time (JIT), 39–40
 definido, 400
 processos de implementação, 286
 regras, 258–259

trabalho repetitivo, regras do trabalho padronizado, 259

transporte
 forma de desperdício, 201
 forma de desperdício no campo da saúde, 341
 forma de desperdício no serviço, 336

transporte, forma de desperdício, 31

treinamento dentro da indústria (TWI)
 Serviço, história do desenvolvimento Lean, 21

trocas online, fluxo de informação de demanda, 156

• U •

Universidade de Dayton, Center for Competitive Change, 392

Universidade de Michigan, 392

Universidade Estadual de Utah, Prêmio Shingo, 390

Usernomics, 394

• V •

valor
 definido, 401
 definido como um valor de item, 126
 determinações de valor agregado, 127
 determinações sem valor agregado, 128–129
 determinado pelos clientes, 126
 fatores relativos, 126

valor agregado
 critérios do cliente, 30–31
 critérios do estado atual, 160–161
 definido, 401

valor de cliente, 1, 5, 14–18, 20, 30, 40, 110, 128–129, 131, 133–134, 142, 200, 204, 205, 222, 263, 280, 290–291, 305–306, 318–319, 320, 335, 338

valor global, 366

Vannoy, Steven (*Stomp the Elephant in the Office*), 388

variação, mura (irregularidade), 48, 380

visão de longo prazo, 68, 86, 89, 91, 103, 104, 112, 186, 192, 211, 287, 386

visão macro, mapas de fluxo de valor (VSMs), 192

voz do cliente (VOC), 222, 353, 401

• W •

Whitney, Eli, história do Lean, 20

wikipedia, 388

Williams, Bruce
 Six Sigma For Dummies, 26, 175

Six Sigma Workbook For Dummies, 26

workshops de kaizen

celebrando, 214–215

conduzindo as atividades, 213–214

elementos da agenda, 209, 210, 212–213

elementos de planejamento, 210–211

equipes de projeto, 211–212

escopo, 210–211

sustentar ganhos, 215

426 Lean Para Leigos